教育部人文社会科学重点研究基地重大项目成果

德国新闻传播史

吴璟薇 著

人民日报出版社

图书在版编目（CIP）数据

德国新闻传播史 / 吴璟薇著 .— 北京：人民日报出版社，2016.3
ISBN 978-7-5115-3657-0

Ⅰ.①德… Ⅱ.①吴… Ⅲ.①新闻事业史－德国 Ⅳ.① G219.516.9

中国版本图书馆 CIP 数据核字（2016）第 033919 号

书　　　名：	德国新闻传播史
著　　　者：	吴璟薇
出 版 人：	董　伟
责任编辑：	梁雪云
封面设计：	主语设计
出版发行：	人民日报出版社
社　　　址：	北京金台西路 2 号
邮政编码：	100733
发行热线：	(010) 65369527　65369846　65369509　65369510
邮购热线：	(010) 65369530　65363527
编辑热线：	(010) 65369526
网　　　址：	www.peopledailypress.com
经　　　销：	新华书店
印　　　刷：	大厂回族自治县彩虹印刷有限公司
开　　　本：	710mm×1000mm　1/16
字　　　数：	411 千字
印　　　张：	26.75
版　　　次：	2017 年 4 月第 1 版　2017 年 4 月第 1 次印刷
书　　　号：	ISBN 978-7-5115-3657-0
定　　　价：	45.00 元

代序

1833年8月1日,德国的新闻报刊与中国文化在广州第一次相遇。

来自普鲁士的传教士郭士立(Karl Friedrich August Gützlaff, 1803-1851)对中国文化和社会生活都有着浓厚的兴趣。他创办了《东西洋考每月统记传》月刊,并以"爱汉者"为笔名,撰写介绍西方政治、经济、科学文化知识、宗教、新闻和杂文逸事的各类文章。"中国境内第一份近代化的中文报刊"由此诞生了。1834年1月,郭士立又在《东西洋考每月统记传》发表《新闻纸略论》一文,短短331字介绍了西方报纸的起源和当时西方一些国家的报纸出版情形。

这一次的相遇带来了中西文化的交流,也引起了中国传统知识分子对西方的关注。从魏源《海国图志》到徐继畬《瀛环志略》,再到梁廷枏的《海国四说》,大量关于西方各国地理历史的介绍、蒸汽技术等自然科学的资料都来自《东西洋考每月统记传》。一场中国和欧洲之间思想启蒙式的对话,随着西学东渐开始生根发芽。

而近两百年后的今天,我们不得不说,我们对于郭士立的家乡德国,尤其是德国新闻传播业的了解还十分有限。这里有着悠久的新闻媒介发展史,更有着多个世界新闻传播史上的第一:

——最早的欧式活字印刷机:1450年前后,古登堡发明欧式活字印刷术

——世界上最早的周报：1615年的《法兰克福新闻》

——世界上第一份日报：1650年在莱比锡出版的《新到新闻》

——世界上第一本新闻学专著：1690年托比亚斯·波伊瑟（Tobias Peucer，生卒年不详）的博士论文——《关于新闻报道》（*De Relationibus Novellis*）

本书的作者在呈现历史上数个"第一"的时候，并不是像编年史那样简单列举史实，而是将每个时代的新闻媒体的发展融入那个时代的背景中去、把德国放到整个欧洲和世界发展的格局下，来分析不同时代的新闻发展特色。跟随作者的文字，我们看到的不仅是德国各个历史时期新闻的点点滴滴，还有那个时代的文化特色、人们生活的原貌和德国各地的风俗。我们更看到在每份报刊、每个广播电视台、每位新闻人背后鲜活的故事，看到他们在各个时代中不同的命运和独特的办报理念。特别是作者在德国六年多的生活、在德国和欧洲各地的参访游历和对德国风俗与德语文化的了解，为这本《德国新闻传播史》增添了很多有趣的背景介绍和深度解读。

为什么最早的报纸和新闻学研究产生于德国呢？独特的地理位置不仅决定了德国成为欧洲的商业和贸易中心，也注定了这里必然成为连接欧洲和世界各地的重要信息集散中心——向北欧连接斯堪的纳维亚半岛、向西连接西欧的法国和英国、向南可通达南欧的意大利和地中海沿岸，向东则可以途经东欧各国到达阿拉伯各地，甚至亚洲。德国的出版商在各地设立信息采集点，汇总印刷成报刊后向各地发行。

而发明于15世纪的欧式活字印刷术和16世纪马丁·路德的宗教改革，则直接影响了此后三百年的欧洲格局。印刷成本的降低、手写新闻向印刷新闻的快速转变，也使得遍布于德国美因茨、纽伦堡、柏林、汉堡、法兰克福和莱比锡各地的印刷商能快速地印刷和传播新闻信息。随即带来的便是书籍印刷量的增加和识字率的提高，马丁·路德从拉丁语翻译成德语的圣经迅速在普通百姓间普及。原本操持着各地方言的德意志民族，终于在阅读圣经的过程中完成了语言的统一。随即到来的宗教改革，让天主教和新教之间针锋相对，甚至引发了欧洲各国竞相角逐的三十年战争。罗马教廷控制下的天主教和为老百姓所接受的新教，也开始借用报刊展开激烈的思想宣传战。这些决定性的瞬间，将德国的新闻传播业的发展一次次推到历史大潮的最前端。

德国历史上曾长期分裂、争战不止。18世纪的三十年战争和七年战争、19世纪初的拿破仑战争和紧接而至的欧洲革命，直接导致了人们对战争新闻的巨大需求。虽然普鲁士最终在1871年统一了德国，但各地的差异仍然非常明显。一战以前，德国报业逐渐在商业化和集团化发展上都达到了一定高度，但紧随其后的战争打破了一时的和平和安逸。战后的社会和经济危机让报刊再次陷入停滞状态。尤其在经历了纳粹政府的严格管制和二战的破坏后，德国媒体又被美、苏、英、法四国划区管制。1949年后德国分裂为东西德，不同的社会制度进一步加大了德国各地的媒体差异。直到1989年东西德统一成为德国媒体发展的转折点，但是各个地区的媒体仍保持了很大的独立性，全国性的媒体也只有几家跨区域的报刊和电视台。因此，在了解德国新闻媒体的时候，最不能忽略的便是德国媒体的地方特色。

在这本书里，我们随着作者对时代背景的分析，也可以了解到每个时期德国人的生活和新闻媒体在他们生活中的作用。阅读报刊从最初作为获取知识和信息的工具，转变为一种休闲娱乐方式。尤其在一些生活休闲杂志里，我们能明显发现德国人对园艺和汽车的特殊热爱。电视和互联网等电子媒体的发展对德国媒介格局的影响也很大。进入80年代以后，德国广播电视在私有化浪潮下开始实行双重广播电视体制，但公共和私营两种截然不同的体制对新闻节目的质量和要求也完全不同。公共广播电视开始关注如何在获得收视率的同时保证节目质量，"公共性"成为公共广播电视台对新闻质量的基本要求，它们"应该为受众提供一个广阔的国际视野，关注世界各地的、欧洲的、德国全国各地发生的、涉及生活各个领域的事情。所引导的观点，也应该是广泛地站在国际化、全体欧盟成员国和德国各个联邦州的立场上，从一个社会发展的深度视野来诠释新闻。节目内容应该为教育受众、提供信息、生活资讯服务，特别是必须为文化的发展做贡献。同时也应提供和公共服务理念相契合的娱乐信息。"①

近年来,德国的报刊和电视也面临着互联网所带来的冲击,虽然报纸的发行量有所影响,但仍然保持在读者中的巨大影响。《南德意志报》《世界报》《法兰克福总汇报》等报刊都陆续开设网络报纸供读者付费订阅。德国报业市场的规模在西欧各国中排名第一。②从全世界来看,德国日报的发行量排名第五,仅次于中国、印度、日本和美国。③2012年,德国人均读报时间已经缩短至每天23分钟,而上网时间则迅速提升到83分钟。④私营广播电视台和互联网的可信度与公共电视和报纸相去甚远,报纸则继续保持较高的媒体可信度。

德国媒介的发展过程无疑为中国媒体提供了有意义的参考和借鉴。这是第一本全面介绍德国媒体发展的中文专著:它是一部资料翔实、论证严谨的新闻史,将史料与时代背景深入结合、细致解读;它也是一部生动有趣的德国社会生活史,在德国媒介的发展历程中,我们看到这个国家百千年来的生活情况;它更是了解德国社会和欧洲历史文化的一扇窗口,透过这里我们将看到欧洲近六百年来的发展脉络。希望这本《德国新闻传播史》能够促进中德之间的交流,增进读者对西方国家的了解。

中华人民共和国驻德意志联邦共和国特命全权大使

史明德

---

① Interstate Treaty on Broadcasting and Telemedia, 2013.

② BDVZ: Deutscher Zeitungsmarkt ist der größte in Westeuropa.http://www.finanzen.net/nachricht/BDVZ-Deutscher-Zeitungsmarkt-ist-der-groesste-in-Westeuropa-36065 [21.09.2014].

③ World Press Trends 2007, World Association of Newspapers (WAN).

④ Birgit van Eimeren und Beate Frees: Ergebnisse der ARD/ZDF-Onlinestudie 2012: 76 Prozent der Deutschen online-neue Nutzungssituationen durch mobile.

前言

《德国新闻传播史》是一本系统研究德国新闻传播业发展历程的著作。在叙述史实的基础上，本书将媒体的发展融入整个德国历史文化背景中、把德国放到整个欧洲和世界的格局中来分析不同时代的媒体发展特色，解读为什么在不同的历史时期会产生不同的媒介形态，德国为何会产生多个新闻传播史上的"第一"，而媒体与当时的政治、经济和文化发展又是如何紧密相关的。

纵观近600年的发展，德国新闻传播业一直与德意志历史进程紧密联系在一起。这里的新闻传播业主要是指报刊和广播电视等大众新闻媒体行业。报刊发展初期，德意志地区各个邦国基本都是政教一体，君王与教皇之间联系紧密，主要由教会来进行新闻审查，君王只是审查的辅助力量。古登堡发明印刷机后，印刷品变得普及并推动着新教思想的传播，随后也带来了影响整个欧洲的宗教改革。皇帝也意识到思想传播带来的威胁，并开始在中央和地方设立审查机构。新教和天主教阵营的斗争使得德意志地区进一步分裂，再加上16世纪奥斯曼帝国西征欧洲和各地不断的大小战事，人们对情报和信息产生了巨大需求，早期的德国新闻媒介便在这样的环境下应运而生了。德意志境内的商业和政治中心城市成为信息集散地，他们同时也是报刊和印刷行业最为发达的地区。例如，法兰克福是议会和展会所在之地，政治新闻和法国、荷兰方面的消息也首先汇聚于此，然后发往各地；斯特拉斯堡位于德法交界,两国的信息也在这里交换;纽伦堡则接收来自维也纳和布拉格等东欧各地的资讯。就这样,德意志地区渐渐形成了一个宗教与政治阵营相结合的、非常典型的欧洲新闻传播网络。

19世纪德国统一前后,媒介审查达到了高度集中的程度。而此时的欧洲由于受到自由主义思潮的影响,民众的立宪呼声不断涌起,德意志邦联以及后来的第二帝国(德意志帝国)开始以立法的形式管理媒介。第二帝国末期,第一次世界大战爆发,战后成立的魏玛共和国通过制定宪法来保证媒体权力,暂时结束了德意志境内长达300年的媒介审查制度,媒体也获得了相对宽松的环境。然而好景不长,希特勒上台后,纳粹政权和媒体的集权化都发展到极致。纳粹政府在行政、法律、经济和内容层面都制定了一套完整而细致的媒介审查体系。但随之而来的第二次世界大战彻底改变了德国的局面,特别是在战后,在英、法、美、苏四国的占领下,东西两德慢慢形成了各自独特的媒介体系。时至今日,虽然两德统一已经超过25年,但东西部地区的媒体格局和媒体使用情况都存在明显差异。

德国新闻传播业就是德国历史的缩影。报刊和广播电视的发展,以及各个时期的媒介管理和媒介政策都体现出明显的时代特色。因此,本书也将媒体的发展与德国历史文化联系起来。第一章分析新闻传播业在德意志产生之前的历史背景,介绍德意志这片土地上的主要居民——日耳曼人是如何形成的,德意志的地理范围又是如何划定的。此外,在新闻传播业产生初期,德意志君主与教会之间的独特关系又决定了早期新闻审查方式。所以这一章也会详细描述19世纪以前,德意志政教合一的体制是如何产生的,宗教改革和启蒙运动又是如何影响社会思想并推动印刷媒体发展的。

在铺叙了德意志的社会和文化背景之后,接下来的每一章都会将新闻传播业的发展带入到历史大背景中进行解读,逐一介绍每个历史时期新闻传播业的发展情况,这将有助于深层次把握德国新闻传播业的发展特色。第二章中所介绍的15—18世纪是现代报刊的雏形期。随着印刷术的发明和普及,出版物的出版时间逐渐由不定期向定期转变。当刊载最新消息的定期出版物出现的时候，报刊也就产生了，但同时出版自由和新闻管制之间的矛盾也开始了。此后三百年间，报纸杂志一直处于严厉的审查中。第三章介绍德国新闻传播业进入现代化进程后，大规模发展和大型报业集团如何形成和发展起来。报业集团和媒体的集中化发展一直是德国新闻传播业的特色，从19世纪延续到后来的联邦德国，再到两德统一后。第四章主要着墨于德国历史上的一个特殊时期——魏玛共和国时期的新闻传播业。经过多年的准备，德国终于以宪法的形式保证了媒介自由，媒体得以多元化发展，各方政治力量崛起也带来了丰富的政党报刊，广播也随着无线电技术的普及而进入人们的生活。但随后爆发的经济危机带来社会动荡，相对宽松的媒介环境也仅仅维持了15年，便进入纳粹高度集权化的统治时期。第五章分析纳粹德国时期的新闻媒体。纳粹政府所设计的媒介管理体系之严密程度，在整个德国新闻传播史上都是令人叹为观止的。第六章介绍二战后德国一分为四的格局和英、法、美、苏占领区内的媒介政策。虽然各占领区都实行出版许可证制度，但媒体的定位和媒介政策都各有千秋，这种差别随着两德的分立而进一步加剧。接下来的第七章和第八章分别介绍联邦德国和民主德国的新闻传播业发展情况，第九章分析两德统一后的媒体格局。东德的媒体虽然在统一后已经彻底市场化，且融入西德的大型媒介集团中，但东西两德的受众在媒体使用上仍然存在很大差别。此外，随着媒体的集中化程度进一步加剧，融合了报刊、广播电视和互联网的德国大型媒介集团完全控制着整个媒介市场。第十章分析当前德国新闻传播业的发展和德国十大媒介集团的情况，并对目前德国的媒介政策和媒介规制措施做简单介绍。

上述十章内容涵盖了德国媒体近600年来的发展历程，希望能够为读者清晰地呈现出德国新闻传播业的历史脉络和发展特色。书中的资料融合了近年来与德国新闻传播史和新闻传播理论相关的重要论文和专著，众多德语原文资料和报刊版面经过翻译整理后，首次以中文的方式公布，希望能够填补中文研究资料的不足。同时，作者在写作过程中也走访了相关历史古迹和媒介机构，查证与核实多方资料，力图准确地还原历史事实。其中的资料来源也尽可能做了详细的注释，以方便研究者参阅相关资料。

《德国新闻传播史》从一开始就得到了很多帮助和支持。特别感谢中国人民大学的陈力丹教授、柏林自由大学的德国媒介制度研究专家 Klaus Beck 教授、班贝格大学的媒介史学家 Rudolf Stöber 教授的指导和帮助。尤其感谢翻译家周坚老师以其深厚的拉丁语、德语和法语功底，以及对欧洲文化和社会的深入了解，对本书中报刊名称的翻译和欧洲历史文化的解读提供了极为详细的建议和指导。特别是最后核校时期，周老师不辞辛苦熬夜校对，保证了本书中媒体专有名词的翻译质量。这本书因此在后文附上索引，以方便研究者查阅和引用。此外，柏林洪堡大学政治学院、台湾"中央研究院"人文社会科学研究中心政治思想专题中心的杨尚儒博士对本书中关于魏玛共和国和纳粹德国的历史部分也提供了重要的指导和建议。柏林洪堡大学媒体学的曾莉博士、法学的杨登杰博士、社会科学研究所的博士候选人黄柯劼，以及柏林自由大学历史学院的康翘楚也为本书提供了详尽的建议和校对。特别感谢本书的责任编辑梁雪云女士认真而耐心的编辑和校对工作，以及对索引词条的细致整理，为本书质量一再把关。最后，由衷感谢我的先生王涵博士一直陪伴我到德国各地寻访历史遗迹和到跳蚤市场找寻旧报纸，以及他细致的更正和校对。感谢所有曾经帮助和鼓励过我的所有人！

吴璟薇

于柏林蒂尔加滕

目录

CONTENTS

第一章 新闻传播业在德国产生的历史背景 001
 一、日耳曼民族的形成 002
 二、德意志版图的确立 004
 三、德意志君王与教会的关系 007
 四、宗教改革与三十年战争 011
 五、德国的启蒙运动 017

第二章 15—18世纪现代报刊的雏形 021
 一、15—17世纪中期的不定期出版物 023
 二、17世纪末—18世纪的定期刊物 031
 三、新闻管制与实现出版自由的漫长历程 043

第三章 19世纪德国报业的现代化 061
 一、报纸的发展 063

二、杂志的发展……………………………………………… 077

　　三、报业康采恩的出现和集团化发展……………………… 084

　　四、通讯社的成立和发展…………………………………… 088

　　五、新闻行业的专业化及职业分化………………………… 091

第四章　魏玛共和国时期的新闻媒体……………………… 095

　　一、魏玛共和国宪法与媒介自由…………………………… 098

　　二、魏玛共和国的官方媒介机构…………………………… 100

　　三、报业市场和报业经济格局……………………………… 103

　　四、政党报刊的发展和分化………………………………… 104

　　五、广播的起步和发展……………………………………… 114

第五章　纳粹德国的新闻管制……………………………… 119

　　一、纳粹政府的新闻引导和媒介管制……………………… 122

　　二、纳粹党的报刊…………………………………………… 134

　　三、纳粹政府管制下的德国广播电视……………………… 141

第六章　二战后德国新闻传播业的重建…………………… 151

　　一、同盟国的媒介政策……………………………………… 153

　　二、同盟国军方报纸和通讯社……………………………… 154

　　三、二战后广播的恢复和重建……………………………… 166

第七章　德意志联邦共和国的新闻业……………………… 173

　　一、1949—1954年建设时期的报刊发展…………………… 176

　　二、1954—1976年报刊集中发展时期……………………… 178

　　　　三、1976—1985年德国报刊的巩固时期……………………… 194
　　　　四、两德统一前的报刊…………………………………………… 199
　　　　五、广播电视的发展…………………………………………… 222

第八章　德意志民主共和国时期的新闻事业……………… 233
　　　　一、民主德国的媒介政策和媒介管理………………………… 236
　　　　二、民主德国的报业结构……………………………………… 242
　　　　三、社会主义制度下的新闻从业人员………………………… 265
　　　　四、民主德国国有广播电视制度的发展……………………… 270

第九章　两德统一后的德国新闻业………………………… 287
　　　　一、两德统一前的政治和媒体变革…………………………… 288
　　　　二、两德统一后各联邦州报业发展情况……………………… 300
　　　　三、统一之后的德国媒介市场………………………………… 315
　　　　四、广播电视的发展与变革…………………………………… 322

第十章　德国媒介现状……………………………………… 339
　　　　一、当前德国媒介格局………………………………………… 340
　　　　二、当代德国媒介政策与媒介规制…………………………… 361

参考文献……………………………………………………… 373
　　　　外文文献………………………………………………………… 373
　　　　中文文献………………………………………………………… 385

索引…………………………………………………………… 387

第一章 新闻传播业在德国产生的历史背景
CHAPTER 1

现在称为"德国"（Deutschland）的这片土地，在19世纪统一、民族国家形成以前，长期处于四分五裂的状态，通常使用其地理名称"德意志"。但为了区别于其他国家，"德国"和"德意志"也可以等同使用。虽然德意志这片土地战争不断，却成为新闻传播业的起源地，产生了世界上最早的欧式活字印刷机、最早的周报、第一份日报，还相应出现了世界上第一本新闻学研究的专著。要了解德国新闻传播业的起源，则需要回到那个时代背景之下，去探讨新闻传播业产生的社会根源和社会环境是怎样的。日耳曼民族和文化如何在战乱纷争中形成？德意志的版图又是如何确立的？在整个欧洲新闻传播业产生初期，教会直接控制着出版行业，所以教会权力的大小也直接决定了媒介审查的严厉程度。那么，德意志教会的权力又有多大？宗教改革为何发生在德国？印刷书籍如何促成宗教改革？宗教改革对思想传播的需求又如何推动早期报刊的发展？以及后来的启蒙运动对德国新闻传播业又有怎样的影响呢？

一、日耳曼民族的形成

现在称为"德国"（Deutschland，也译作德意志兰）的这片土地，其历史最早可以追溯到青铜时代。公元前2000年，属于日耳曼语系的日耳曼族部落聚居在今天的日德兰（Jütland）、石勒苏益格－荷尔斯泰因（Schleswig Holstein）和丹麦半岛。日后几百年间，日耳曼人慢慢向南推进到埃姆斯河（Ems）[①]，公元前1500年左右到达奥得河（Oder）的下游，公元前900—前700年又继续南下到莱茵河（Rhein）。到公元1世纪时，在北至今天的丹麦沿海，南至多瑙河，西至莱茵河，东到加里宁格勒（Kaliningrad，又称柯尼斯堡，Königsberg）地区，逐渐形成定居人群。罗马历史学家塔西佗（Gaius Cornelius Tacitus，约55—117）把这片土地上生活的人称为日耳曼人（Germanen）。日耳曼的意思也和"令人生畏的好战的战士"有关。[②] 这里需要特别说明的是，"德意志"作为一个地理概念，是从中世纪之后才形成的。

日耳曼各部落四处征伐，从公元前1世纪开始与罗马人发生冲突，后来被逼退到莱茵河东岸。所以日耳曼这个词在古罗马文献中，也指莱茵河右岸的部族。不过，尤里乌斯·恺撒（Gaius Julius Caesar，约公元前100—公元前44）并没有像对付高卢那样来征服日耳曼部落并进行殖民统治。因为他认为，日耳曼地区居住着野蛮人，茂密的森林里居住着独角兽和其他神秘的生灵，最好不要去理会。[③] 恺撒的侄子，古罗马另一位皇帝奥古斯都（Imperator

---

[①] 源于德国北部的河流，流经北莱茵－威斯特伐利亚与下萨克森，注入北海。目前也是德国下萨克森与荷兰格罗宁根省之间的国界。

[②] 丁建弘，《德国通史》，上海，上海社会科学院出版社，2002年，第8页。

[③] 马丁·基钦著，赵辉、徐芳译，《剑桥插图德国史》，北京，世界知识出版社，2005年，第8页。

Caesar Divi F.Augustus，约公元前 63—公元前 14）制定了对付日耳曼的战略，此后几个世纪罗马军队沿莱茵河、多瑙河建立防御堡垒和城市。到公元前 6 年，罗马人几乎把所有莱茵河以东到威悉河（Weser）和易北河（Elbe）地区都归属罗马帝国，这引起了日耳曼人的不满。公元 9 年，日耳曼人阿米尼乌斯（Arminius，公元前 17—公元 21，德语名字为赫尔 Hermann der Cherusker）在条顿堡森林（Teutoburger Wald）战役中击败罗马军团，解放了大部分日耳曼领土，并把罗马人赶过莱茵河。

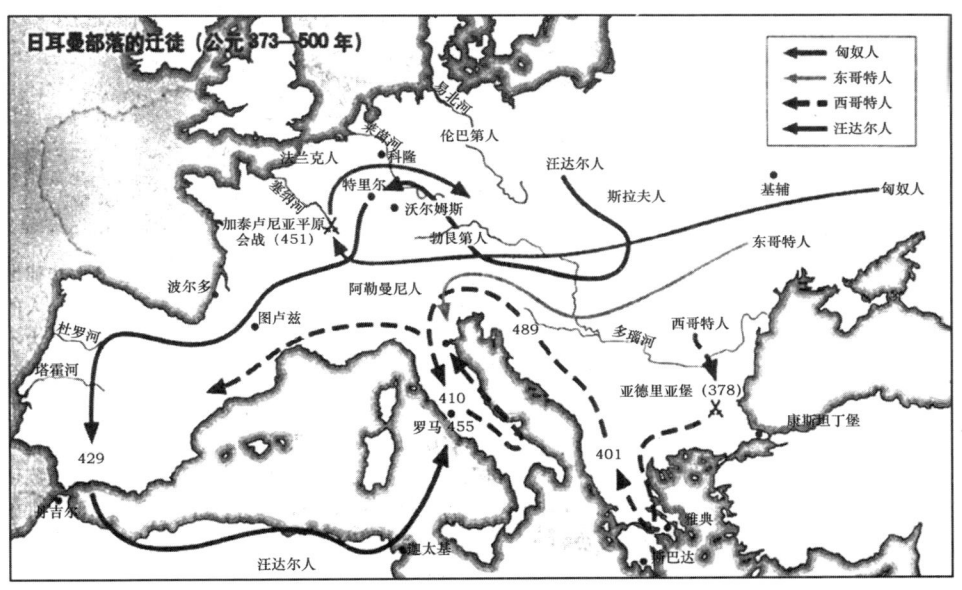

图 1　日耳曼部落的迁徙（公元 373—500）[①]

在抗击罗马人中，日耳曼人各个部落开始组成部落联盟，并渐渐形成了日耳曼民族认同，各个部落的团结得以加强。其中比较大的部落联盟，包括阿拉曼人（Alamannen）、勃艮第人（Burgunden）、法兰克人（Franken）、哥特人（Goten）、格皮德人（Gepiden）、伦巴第人（Langobarden）、马可曼人

---

① 马丁·基钦著，赵辉、徐芳译，《剑桥插图德国史》，北京，世界知识出版社，2005 年，第 13 页。图中的阿勒曼尼人即阿拉曼人。

（Markomannen）、萨克森人（Sachsen）①、图林根人（Thüringer）和汪达尔人（Vandalen）。公元4世纪，日耳曼人由于受到匈奴人逼迫，开始另一轮新的迁徙，他们突破莱茵河的防御工事向罗马帝国进军，引起了整个欧洲的混乱。这里的匈奴人并非一个单独的种族，而是来自亚洲的诸多部落的统称。②一支匈奴军队沿黑海向西进入罗马帝国地区。在匈奴的打击下，日耳曼人逃往南欧。直到453年匈奴国王阿提拉（Attila）去世、匈奴人群龙无首，逐渐被当地人同化，他们对日耳曼人的威胁才结束。

二、德意志版图的确立

476年，西罗马帝国灭亡。此后不久，法兰克人克洛维（Chlodwig，466—511）打败了罗马帝国最后一任高卢总督，率军攻打阿拉曼人，还大败西哥特人。一连串的战功使克洛维很快在法兰克人的诸位酋长中脱颖而出，甚至杀死对自己提出挑战的酋长，最终被拥戴为法兰克人唯一的王。位于莱茵河东部的法兰克王国，成为中世纪欧洲最主要的政治力量。在克洛维的带领下，日耳曼人皈依了正统基督教，他所统治的法兰克王国正处在墨洛温王朝（Merowinger，481—751）时期，也是法兰克王朝的全盛时期，版图甚至扩大到了今天的法国、德国、低地国家（荷兰、比利时、卢森堡和法国西部）及半个意大利。

但是，克洛维死后，整个法兰克王国每况愈下。墨洛温家族中经常父子相残、兄弟争斗抢夺遗产。7世纪，上层氏族之间开始展开激烈的斗争，最终墨洛温家族垮台，加洛林王朝（Karolinger，751—911）上台。整个加洛林王朝时期，最著名的国王就是查理大帝（771—814）。③他是一位虔诚的基督徒，

---

① 公元5世纪，迁移到英格兰的萨克森人称为安格鲁-萨克森人，而继续留在大陆上的称"旧萨克森人"。
② 马丁·基钦著，赵辉、徐芳译，《剑桥插图德国史》，北京，世界知识出版社，2005年，第11页。
③ 德语为卡尔大帝 Karl der Große，拉丁语名为卡罗路斯·马格努斯 Carolus Magnus，法语名为查理曼 Charlemagne。

并以弘扬基督教事业为己任。查理大帝与罗马教廷组成紧密联盟,并把阿拉伯人赶出西班牙,让日耳曼的异教徒也皈依基督教。他的一生充满征战,曾征服了萨克森和巴伐利亚,并让巴伐利亚人信仰基督教。查理大帝的南征北战,最终使法兰克王国的土地扩张到西起埃布罗河(Ebro)[1]、东到易北河和多瑙河、北起北海和波罗的海、南至意大利北部。

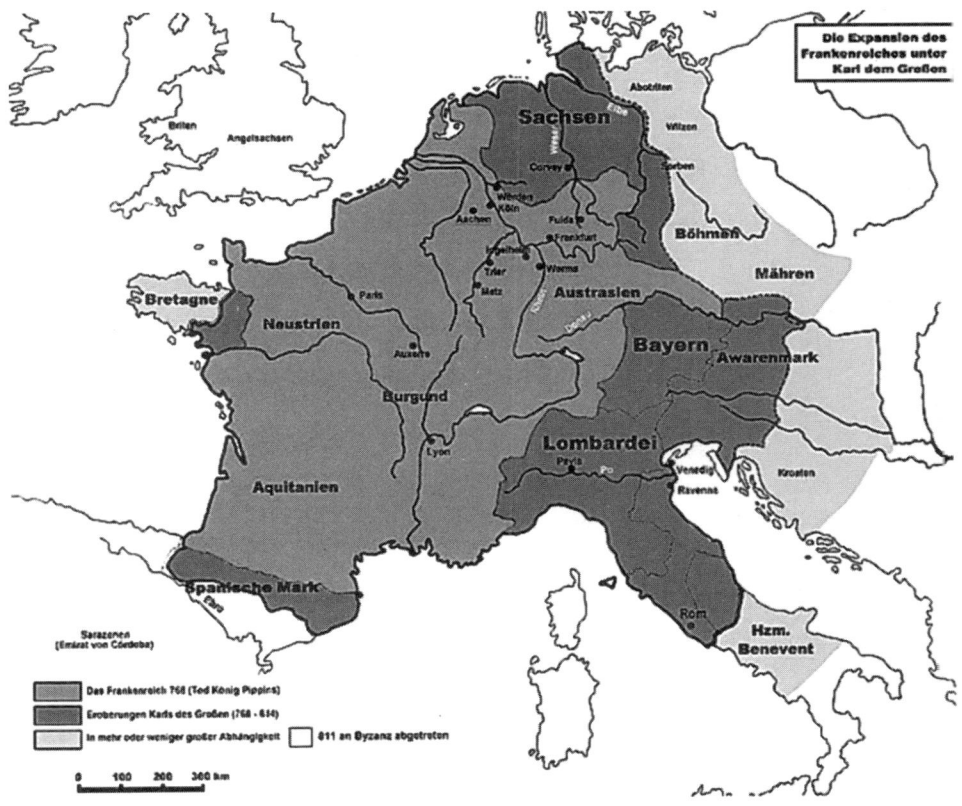

图2 图中左侧中度灰色地区为原法兰克王国领土。右侧深灰色地区为查理大帝所征服的地区,浅灰色为独立地区。[2]

公元800年,罗马主教因受反对派教士威胁而向查理大帝求助,随后罗马主教成为教皇,查理大帝被加冕为皇帝,法兰克王国也被称为"罗马帝国"。

---

[1] 伊比利亚半岛第二长河。

[2] Erstellt von Wolpertinger.

图3 德国画家阿尔布雷希特·丢勒（Albrecht Dürer, 1471–1528）所绘的查理大帝像。

在查理大帝统治时期，日耳曼与罗马合而为一，他建立起一个统一的中央集权制国家。但是，很多伟大的君主在去世后都会留下同样的问题，查理大帝也不例外。他去世后，帝国很快开始分裂。继任者"虔诚者路易"（Louis，778—840）将王国分为四个主要的公爵领地——巴伐利亚、弗兰肯（Franken）、施瓦比亚（Schwabia）和萨克森。843年，路易的第二任妻子的儿子、继任者"秃头查理"（Charles le Chauve，823—877，德语名为Karl der Kahle）与第一任妻子所生的两个儿子洛泰尔（Lothar，795—855）和日耳曼人路德维希（Ludwig der Deutsche，806—876）签订《凡尔登条约》（Vertrag von Verdun），暂时结束了兄弟之间的冲突。西边的部分，即莱茵河左岸的西法兰克王国分给秃头查理，成为后来法国的基础；而东边的部分，即莱茵河以东讲德语的东法兰克王国分给路德维希，成为后来的日耳曼王国的基础和未来的神圣罗马帝国，也是今天德国的雏形；中间的部分分给洛泰尔，后来又一次分裂，一直以来是法德争斗的根源。

在日耳曼人路德维希的德语名字中，出现了"Deutsch"（德意志，或者德语）这个词。这个词是随着高地德语而产生的。所谓的高地德语即南部阿雷曼人说的古日耳曼语，在5至6世纪开始向北延伸到亚琛（Aachen）-杜塞尔多夫（Düsseldorf）-爱北斐特（Elberfeld）-马格德堡（Magdburg）一带。以此为界，南边说高地德语，北边说低地德语。Deutsch这个词在8—10世纪之间出现，也就在这个时期，日耳曼部落间不断融合。789年德语成为东法兰克的民族语言。"德意志"这个词最初是语言上的称谓，到了10世纪初才成为国家的名称。加洛林王朝结束后，奥托王朝（Ottonen，919—1024）开始，首

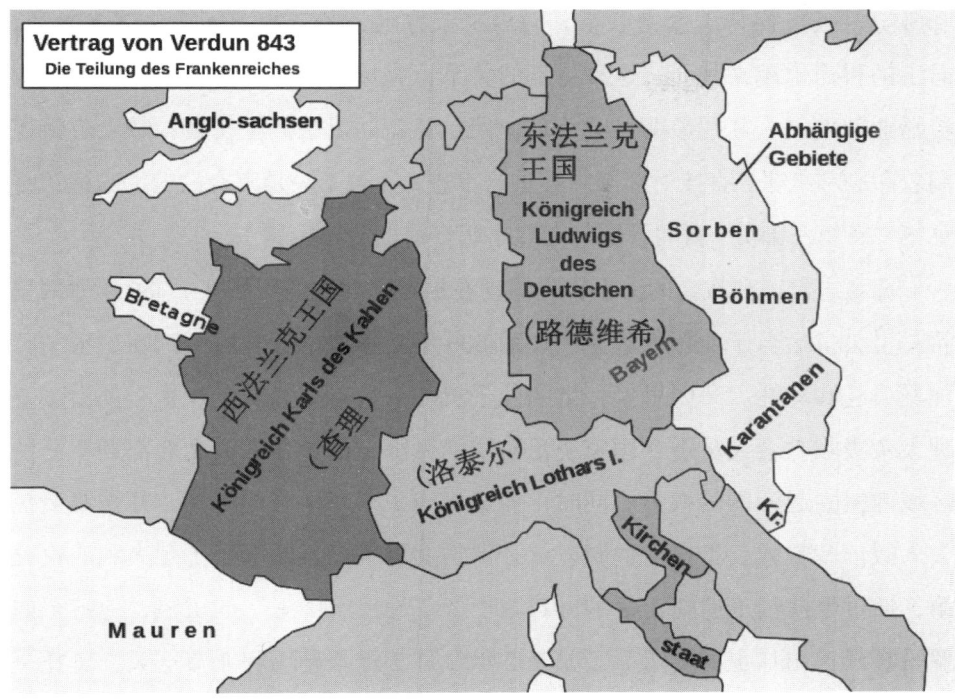

图 4 《凡尔登条约》的地区划分

任国王海因里希一世（Heinrich I der Vogler，在位时间 919—936）于 920 年将东法兰克王国改为德意志王国（国名先用拉丁语，后来用德语 Deutsches Reich）。962 年，奥托一世（Otto I，在位时间 962—973）建立"德意志神圣罗马帝国"（Heiliges Römisches Reich Deutscher Nation，HRR），"德意志"成为国家的名称。[①] 德意志地区的版图在日耳曼人不断的征战和合并中基本得以确立。在此后德国历史发展的不同时期，国土疆域和国家的名称虽然都有所变化，但基本都是以德意志地区为核心，并以日耳曼人为这一地区的主要居民。

三、德意志君王与教会的关系

从查理大帝时期，也就是德意志版图基本确立的时候开始，德意志君王

---

① 参见杜美，《德国文化史》，扬智文化，台北，1993 年，第 32-33 页。

和教会就长期保持着紧密联系，而后来双方则为争夺权力而产生诸多矛盾，君王的权力也越来越弱。这种特别的关系也直接影响着德意志的历史和新闻传播业的发展。其中最明显的体现，便是在新闻出版产生初期，教会直接控制着印刷和纸张，直接对新闻内容进行审查，而君王只是审查的辅助力量（详见第二章第三部分：新闻管制与实现出版自由的漫长历程）。

德意志君王和教会的关系首先体现在加冕和葬礼的习俗上。936年海因里希一世去世后葬于亚琛大教堂。此后600年，每位德意志君王都在这里举行加冕典礼和葬礼。海因里希一世的儿子奥托一世首先在这里加冕，他沿袭查理大帝吸收教会人员进入国家统治阶层的做法，借此在意大利北部到罗马的区域内树立起帝国的权力。同时，他还巩固了东部地区的统治，并强制斯拉夫人皈依基督教。奥托一世同样承诺保护罗马教皇，并征服了意大利的伦巴第，通过娶前国王遗孀为妻的方式戴上了"伦巴第国王"的王冠，他甚至向罗马教廷提出加冕的要求。于是962年2月2日圣母玛利亚节这天，奥托一世来到罗马的圣彼得教堂，接受教皇约翰十二世的加冕，仪式也完全效仿当年查理大帝的加冕流程。奥托于是成为"德意志神圣罗马帝国"的皇帝。[①]

因为罗马发动暴乱，奥托一世的孙子奥托三世（Otto III，在位时间996—1002）不得不离开意大利，并宣布放弃罗马皇帝头衔。继任者是巴伐利亚公爵的儿子海因里希二世（Heinrich II，在位时间1014—1024），由于奥托王朝男系绝嗣，他成为奥托王朝最后一位国王。1024年，公爵们推举出萨利安家族的康拉德二世（Konrad II，在位时间1027—1039）继承王位，萨利安王朝（Salier，1024—1125）开始。在萨利安王朝时期，罗马教皇试图遏制买卖圣物的行为，最终爆发了神权之争，主教和君主们对圣职的任命和授予权产生了巨大的争执。1075年，教皇格雷戈利七世（Gregorius VII，1020—1085）警告神圣罗马帝国皇帝海因里希四世（Heinrich IV，在位时间1056—1106）不要干预米兰大

---

① 神圣罗马帝国的名称在历史上发生多次变更，962年称罗马帝国，1157年称神圣帝国，1512年后称"德意志神圣罗马帝国"。

主教职位的确定和受职，海因里希四世认为这是教皇和皇帝之间的公开冲突。第二年，他在沃尔姆斯（Worms）召开宗教会议，在取得德意志主教团同意的情况下宣布废黜教皇格雷戈利七世。最终，教皇决定把海因里希四世逐出教会。皇帝和教皇之间的冲突最终以皇帝的失败而告终，海因里希四世也主动从莱茵河左岸的施佩耶尔（Speyer）徒步走到意大利的卡诺莎（Canosa），最后在雪地中长跪忏悔才得到教皇的赦免。但是，海因里希四世的仇敌却借此掀起叛乱，为了控制主教而爆发长达20年的内战。1122年，买卖圣物的问题终于在沃尔姆斯得以解决，所签订的《沃尔姆斯条约》承认地方主教独立于帝国。

萨利安王朝后，德意志地区又经历了施陶芬王朝（Staufer，1138—1254），德意志封建主也开始向东部拓展，参加了历次的十字军东征。施陶芬王朝以后，德意志基本陷入一个分裂时期，皇权完全衰落，最终导致神圣罗马帝国的没落。1254—1313年在德意志历史上成为"空位时期"（Interregnum）。原先大封建主殊死争夺王位，而现在突然没有了皇帝，诸侯们相互争斗，尽可能地把土地据为己有，修道院和主教，以及骑士和城市也都在争夺地方君主的权力。"空位时期"各个分离的政权以选举国王/皇帝的办法来替代王位世袭制度。1257年，神圣罗马帝国选举皇帝时，由七大选帝侯[①]来投票决定，他们分别是科隆大主教（Erzbischof von Köln）、美因茨大主教（Erzbischof von Mainz）、特里尔大主教（Erzbischof von Trier）三大教会选帝侯，以及萨克森公爵（Herzog von Sachsen）、莱茵兰－普法尔茨伯爵（Pfalzgraf bei Rhein）[②]、勃兰登堡镇疆侯（Markgraf von Brandenburg）和波希米亚捷克国王（König vcn Böhmen）四大世俗诸侯。他们是拥有选举神圣罗马帝国皇帝权力的诸侯，德意志历史上首次出现七大诸侯选举皇帝的事件。选帝侯在选举皇帝的时候，总是尽量选势力较小、对自己不构成威胁的家族代表。此后一段时间，德意志皇帝持续更换。到14世纪下半叶，常常出现两个德意志皇帝互相争斗的局

---

① 有的选帝侯同时身兼主教。
② 普法尔茨在英语中又称为巴拉丁（Palatine），意为在领地内享有王权的封建贵族。因此莱茵兰－普法尔茨伯爵也有译作巴拉丁伯爵。

面，教皇也加入纷争为自己谋求权力。

图5　1308年11月27日，七位选帝侯共同选举卢森堡伯爵亨利（Heinrich VII）为国王。由左至右分别是：科隆、美因茨、特里尔大主教、莱茵－普法尔茨伯爵、萨克森公爵、勃兰登堡镇疆侯与波希米亚国王。①

1338年，七大选帝侯在兰斯（Rhens）②召开德意志选帝侯会议，最终决定"凡由选帝侯选出的德意志皇帝无须取得教皇同意即可执政"。但是，选帝侯们只是为了对抗教皇的干涉而临时联合起来保护自己的利益，此时的德意志还没有形成民族国家。被推举为选帝侯的人，名字将写在"金玺诏书"（Bulla aurea）中，由神圣罗马帝国皇帝来发布。金玺诏书一直到1648年都具有法律效力，德意志王国成为一个选帝侯－皇帝国家。如果诸侯们觉得某位皇帝的权力过大，就会促成政权更替，德意志皇帝的权力和威望越来越低，这样的局面一直持续到1438年哈布斯堡王朝（Habsburg）上台。

---

① Landeshauptarchiv Koblenz.
② 莱茵兰－普法尔茨的一个城市。

四、宗教改革与三十年战争

14—16世纪，反对宗教的人文主义开始在欧洲兴起。人文主义思想要求以"人"为本，维护人的尊严，让人在社会生活中得到自由的发展，并为人们能够发挥才能创造必要的条件。那时候，教会和世俗的统治阶层为了维护宗教的行为和思想，出售赎罪券并推广经院哲学神秘论。特别是罗马天主教会本身就是大封建领主，拥有无数惊人的财富，而内部却极其腐败。人文主义者反对利用教权愚弄人民，要求肯定人的现实生活，人应该追求幸福财富，求得个性解放，提倡理性地发展个人才智，并富于勇敢进取精神。始于意大利的文艺复兴和始于德意志的宗教改革运动，为欧洲开辟了一个新纪元。这一时期不定期出版物的出现，为传播宗教改革和人文主义思想起到了巨大的推动作用。而思想传播的需求，也间接推动着新闻出版业的发展。

1. 宗教改革

当我们对比德、英和法三个相邻的国家，就会发现宗教改革之所以发生在德意志境内是有一定原因的。一直以来德意志君王和教会之间都存在矛盾。相比之下，法国和英国比德意志统一的时间早，民族凝聚力和独立性也更高，而且他们的国王也相当强大，足以抵制教皇的各种权威，阻止罗马天主教会向自己国家臣民征收税款。因此，法国和英国的主教和教会也越来越本土化，成为王权的支柱。而与此相反，德意志境内的教会与君王仍然紧密联系在一起，德意志人民每年要向罗马教会缴纳大量财物。1517年，路德的宗教改革最终成为导火索，隐藏在德意志人民和罗马教会之间的矛盾最终爆发。

宗教改革的倡导者马丁·路德（Martin Luther，1483—1546）生于农户人家，父母亲对他极为严格，路德还不到6岁就进入了当地的拉丁文学校就学。17岁进入埃尔福特大学哲学系，1505年取得法学硕士。毕业后按照父亲的意愿，路德进入法学院继续攻读博士学位。当年7月2日路德正在回学校的路上，途经斯道特亨（Stotternheim）时险些被闪电击中。在十分危急的情况下，他对矿工的保护圣人呼喊说："圣安娜，不要让我死，我愿意成为一个僧侣。"出于这个发愿,路德在脱险以后进了埃尔福特的奥斯定会修道院。1510年,路德被所属的修会派往罗马讨论修会的问题,因而目睹了罗马教廷的腐败,他深感不平。1512年,路德在维滕贝格大学获得神学博士后留校任教,并和同为维滕贝格大学哲学教授的语言学家菲利普·梅兰希通(Philipp Melanchthon,1497—1560)一同研究拉丁语和希腊语圣经,发现其中很多内容和罗马教廷所宣扬的完全不同。因此,他要求按照古代基督教的初衷进行教会改革,并遵循保罗使徒书中"因信称义(信仰即得救)"的原则。

图6　德国画家卢卡斯·克拉纳赫(Lucas Cranach the Elder,1472—1553)所绘的路德和梅兰希通肖像

而引起路德强烈抨击教廷的直接原因,是教会贩卖赎罪券的问题。1517年教会开始了一次大规模的赎罪券售卖活动,一方面是为了修梵蒂冈的圣保罗教堂,而另一方面因为之前美因茨大主教向富可敌国的富格尔家族(Fugger Familie)借了很多钱,需要还债。10月31日,路德在维滕贝格的城堡教堂(Schlosskirche)门上贴出拉丁语写成的《九十五条论纲》(95 Thesen)。其主要内容是:获得神赦免的唯一途径是悔改(第1条);赎罪券仅能赎买来自于他人的惩罚(第34条),不能赎买人在炼狱中所受的刑罚:第一,因为那是神所加的刑罚,教会或者教皇无权减免(第5、20、22条)。第二,赎罪券也不能换取耶稣和圣徒的功德来减免刑罚(第56-58条),反而会助长发行经手人

的贪婪（第66、67条），引发大众对教皇的反对（第81条），是对信徒进入天国的虚假的平安保证（第95条）。

路德的言论就像一把烈火点燃了人们的思想觉醒，《九十五条论纲》得到了人们的广泛支持。农民和平民甚至以此作为起义的信号，认为反抗压迫者的时候到来了，而教会很快认识到这一行为的危险性。1520年6月15日，教宗发表诏书下令焚烧路德的一切书籍，并勒令路德在60天内撤销他的41项言论。而此后几个月，路德又相继发表《致德意志基督教贵族公开书》（1520年8月出版）、《教会被掳于巴比伦》（1520年10月出版）、《论基督徒的自由》（1520年11月出版）等若干文章。最终，路德和教会的决裂已无法挽回。12月10日，诏书送达满第60天时，路德与维滕贝格大学的许多教师、学生在城门口公开地焚烧了教皇诏书、教会法、经院神学的书籍，与罗马教会公开对抗。

图7 维滕贝格城堡教堂的大门，当年路德将《九十五条论纲》贴在这里。如今大门上分别用拉丁语和德语刻着《九十五条论纲》的内容。（吴璟薇摄）

1521年4月17日，路德被传讯到沃尔姆斯，教会当着所有的王公和帝国城市代表的面要求他忏悔，然而路德则与教会展开了激烈的辩论。5月25日教会发布判决，路德被确认为异端，开除出教，并销毁其一切著作。为了保护路德，萨克森选帝侯约翰·弗里德里希（Johann Friedrich der Großmütige，1503—1554）派人在路德回维滕贝格路上假扮将其截走，并秘密送到位于埃森纳赫（Eisenach）的瓦尔特堡（Wartburg）。路德利用在这里隐居的一年时间，将希腊语的圣经新约翻译成德语。由于当时还没有统一的德语，各个地方都

图8 路德位于瓦尔特堡的小屋，1521—1522年间他在这里将希腊语圣经新约翻译成德语，小屋保存了当年的样子。（吴璟薇摄）

有各自的方言，路德就观察普通老百姓的语言，用朴实的文字来翻译圣经内容。

在路德隐居瓦尔特堡期间，维滕贝格的人们也开始实行路德所提出的宗教改革方案，并获得了很多学生和市民的支持。路德于1522年3月冒着危险回到维滕贝格，并做了6天的布道。此后几年，路德在这里实行一系列稳健的改革步骤，维滕贝格因此成为宗教改革的重镇。宗教改革之火也开始在德意志境内蔓延。而此时已经普及的古登堡印刷机更是进一步促成了路德思想的广泛传播。1518年全德意志境内只有200种印刷书籍，而到了第二年，这一数字便达到了900种。路德的著作不仅在法兰克福书展上热卖，还大量销往欧洲各地。当沃尔姆斯帝国议会于1521年下令烧毁他的所有著作时，市场上发行的路德书籍已经达到了50万册。[1]

1527年，萨克森将路德宗的改革教派定为官方信仰。到1530年时，德意志境内已经有一半的地方成为新教领地。路德思想还在欧洲其他地方广泛传播，宗教改革开始蔓延。而德意志境内的宗教改革，却使得这片原本就邦国林立的土地，以宗教为阵线进一步分化为若干个邦国和城市。分化也加剧了不同地区在思想文化上的差异性，这种差异一直延续到了今天。路德从未想过反对教会的论纲能够产生如此深远的影响，在德意志境内引发了骑士暴动、农民起义和战乱，乃至改变了整个欧洲的格局。随着路德思想的传播，宗教

---

[1] 马丁·基钦著，赵辉、徐芳译，《剑桥插图德国史》，北京，世界知识出版社，2005年，第80页。

改革运动也日趋暴力化。对于诸侯们来说，宗教改革提供了一个难得的机会来夺取教会名下的土地和征税。而另一方面，势力强大的选帝侯主教，例如美因茨、特里尔和科隆的大主教，则决心维护教会特权、抵制宗教改革。直到 1555 年，天主教教会和路德宗才被一视同仁，而这都归功于卡尔五世（Karl V，在位时间 1520—1558）所签订的《关于帝国与宗教信仰的奥格斯堡和约》（Augsburger Reichs-und Religionsfrieden，简称《奥格斯堡和约》）。立约允许诸侯选择自己所归属的宗教，相对世俗化的北德意志各个诸侯选择信仰路德宗，而在南部、西南部德意志和奥地利等比较传统的地区，仍然坚守天主教教义。

2. 三十年战争

在《奥格斯堡和约》签署后的几年里，天主教和新教相安无事，和谐地并存着。但是因为天主教丧失了对欧洲大部分地区的统治权，从 16 世纪下半叶开始反对宗教改革。当然，天主教会也为了加强统一，进行内部改革，消除一些弊病并取消赎罪券。同时教皇对出版物的检查也严格起来，常常公布《禁书索引》（Index Librorum Prohibitorum），禁止天主教徒去研读新教书籍和自然科学的新著作。另一方面，《奥格斯堡和约》只不过是诸侯和皇帝之间的暂时妥协。渐渐地，一些新教诸侯开始违背和约，继续争夺领土、没收教会财产。支持天主教的诸侯们则重整旗鼓，扩大势力范围。再加上 16 世纪下半叶，德意志范围内经济衰落，特别是新航路开辟和美洲大陆的发现直接冲击了欧洲市场，商业中心开始转移。

和英法等国家相比，德意志只是一个四分五裂又经济落后的地区。17 世纪初以来，哈布斯堡王朝中支持天主教的奥地利和西班牙共同采取行动，打击宗教改革。他们希望建立一个包括德意志、意大利和尼德兰在内的哈布斯堡帝国，实现欧洲霸权。如果奥地利和西班牙的计划实现，就会阻止法国向南和向东扩张，甚至对法国形成包围之势。于是，法国决定同哈布斯堡王朝一战；英国也想借机削弱西班牙势力，并压制奥地利在尼德兰和下莱茵兰地区的发展；而丹麦因为在商贸上和北德地区有着密切联系，意图控制北德海港，所以更不希望哈布斯堡王朝在北德建立统治；瑞典也力图在波罗的海沿岸拓展势力，进而争夺北海。在这一背景下，德意志内部诸侯之间的争夺逐渐扩展为欧洲各国的角逐。1608 年，新教诸侯组成"新教联盟"，他们由普法尔茨选帝侯领导，与英国、丹麦和荷兰结盟，并得到法国的特别支持。与之相对的"天主教联盟"则由巴伐利亚公爵领导，联合马格德堡、美因茨、科隆和特里尔大主教，并得到了神圣罗马帝国皇帝和西班牙的支持。

图 9　描述布拉格"掷出窗外事件"的铜版画，雕刻于 1618 事发当年。

就在双方严阵以待的时候，布拉格突然发生"掷出窗外事件"（Prager Fenstersturz）。捷克原本属于神圣罗马帝国的诸侯国波希米亚王国，却因为哈布斯堡家族成员继承王位而成了奥地利哈布斯堡家族的世袭领地。1618 年 5 月 23 日，波希米亚首都布拉格的新教徒发动起义，他们冲进布拉格城堡，以侵害宗教自由的罪名将两名帝国大臣及一位书记官从窗口扔出。整个事件震动欧洲宫廷，奥地利决心征战，捷克民族也决定发动起义。欧洲各国之间长达三十年的战争随后爆发，欧洲各国先后被卷入。三十年战争给德意志带来的是生产力破坏、人口减少和不断加剧的分裂。德意志曾经分裂为 314 个邦国和 1475 个骑士庄园，即 1789 个独立的拥有主权的政权。而神圣罗马帝国也呈现出分崩离析的状态，皇帝成为完全听命于哈布斯堡家族行事的傀儡。诸侯们则小心翼翼地保护着自己的经济，关卡林立，由此对近代经济的发展构成了严重的制约。而就在整个神圣罗马帝国分裂的时候，霍恩索伦（Hohenzollern）家族统治下的普鲁士邦国正在德意志的北部和西北部悄然崛起，并发展成为欧洲军事强国，最终在 1871 年统一德国。

五、德国的启蒙运动

在 17 世纪末的宗教改革思想与自然科学发展的影响下，产生了新的启蒙思想。自然科学家创立的理性主义，法国的百科全书派首创的批判精神和启蒙思想家维护人的尊严的思想，成为启蒙时代的核心。德国的启蒙运动是整个欧洲启蒙运动的一个侧面。在 18 世纪 20 年代到 70 年代的半个世纪里，启蒙运动精神贯穿整个德国社会，推动了教育学、哲学和文学的发展。[①] 而报刊也起到了巨大的推动作用，特别是这个时期的道德周刊和文学杂志，广泛传播了启蒙主义思想（详见第二章第二部分 17 世纪末—18 世纪的定期刊物）。德国启蒙运动的思想先驱，最著名的有以下几位：

启蒙教育家约翰·伯恩哈德·巴塞多夫（Johann Bernhard Basedow，1724—1790）主张开展学术自由讨论，人和自然应该具有博爱精神，同时强调儿童应该通过与自然接触来认识世界，摒弃宗教对人思想的束缚。他的启蒙教育思想对后来德国教育家强调体格教育、重视实践能力的培养和提高方面产生了重要影响。

在启蒙哲学方面，克里斯蒂安·托马修斯（Christian Thomasius，1665—1728）倡导理性，反对偏执思想，并且认为哲学应摆脱经院哲学的束缚。他在 1688 年创办德语学术月刊。另一位重要的人物是戈特弗里德·威廉·莱

---

① 杜美，《德国文化史》，扬智文化，台北，1993 年，第 112 页。

布尼茨（Gottfried Wilhelm Leibnitz，1646—1716）。他眼界开阔，不仅对中世纪神学有深切了解，而且精通数学、物理学、法学、史学、诗学、语言学、逻辑学和政治学等人文和自然学领域。1675年，他在数学上创立了微积分学理论和二进制。莱布尼茨在哲学上赞同先验论，认为客观世界存在的时空观念不是人的意识的反应，而是人类理智所固有的。他还热衷古生物研究。另一位启蒙哲学家是生于布雷斯劳的克里斯蒂安·冯·伍尔夫（Christian von Wolff，1679—1754）。他受到笛卡尔和莱布尼茨的影响，在学术上坚持理性，认为精神与物质、行为与观念是两种并行不悖的现象，它们之间并无影响，这一点和莱布尼茨非常契合。同时，他坚持用德语写作，在1712—1725年间连续完成了逻辑学、数学、伦理学、政治学、物理学和生物学等7本论著。

德国的文学也随着启蒙运动而发展，其中最著名的代表就是戈特霍尔德·埃弗拉姆·莱辛（Gotthold Ephraim Lessing，1729—1781）。1749年，他写了剧本《自由精神》，描述一个年轻僧侣所渴望的真正自由思想。后来又写了《犹太人》，提出犹太人与基督教徒联姻的问题。1755年发表了德国市民悲剧《萨拉·萨姆逊小姐》。而在创作戏剧的时候，还着手研究戏剧理论，1767年4月22日发表市民剧《萨拉·萨姆逊小姐》是德国文学史上第一部市民悲剧。他认为戏剧是文艺创作的最高形式，其剧作和理论著作对后世德语文学的发展产生了极其重要的影响。到了启蒙运动的狂飙突进时代，文学的代表还有约翰·沃尔夫冈·歌德（Johann Wolfgang von Goethe，1749—1832）和弗里德里希·席勒（Johann Christoph Friedrich von Schiller，1759—1805）。歌德的书信体小说《少年维特之烦恼》是狂飙突进运动中最具价值的作品，对后世的德国文学产生了深刻影响。而席勒所创作的剧本《强盗》《阴谋与爱情》《唐·卡洛斯》等在整个欧洲引发了广泛的反响。法国大革命之后，歌德与席勒一改年轻时激进和浪漫的特征，创作风格开始走向崇高和理性。1794年歌德与席勒相识后，席勒陆续发表了《华伦斯坦》《威廉·退尔》等大量优秀剧本，而歌德则完成了《浮士德》。

图10 矗立于魏玛（Weimar）国家歌剧院前的歌德（左）席勒（右）像。两人在这个城市里创作了众多优秀的文学戏剧作品。（吴璟薇摄）

德国早期新闻传播业便是在这样的历史背景下应运而生的。日耳曼民族和文化的形成以及德意志版图的确立，划定了我们所探讨的"德国"的基本范围。另外，德意志君王与教会之间一直存在特别的关系，特别是在新闻传播业发展早期，这种关系决定了教会进行新闻审查的特殊权力。新闻传播业与德国社会的发展，以及每个时代的思想文化背景紧密相关。在宗教改革和启蒙主义等社会变革中，对思想传播的需要推动着媒体的发展，而印刷技术的普及和媒体的发展又进一步促进了新兴思想的传播。这些历史背景介绍意在为了第二章中分析德国为何会在新闻传播历史上产生无数个"第一"所做的历史文化铺垫。

第二章 15—18世纪现代报刊的雏形

第一章介绍了德国报业产生的社会文化背景。此外，德国新闻传播业的产生还有一个重要的原因，那就是其独特的地理位置。德国很早就成为联系东西欧的商业贸易和信息交流中心。到13世纪中叶，德意志的城市开始繁荣发展，商业和集市遍布各地，众多手工业者联合组成商会。许多城市贵族还利用借款和高利贷，使得一些封建贵族甚至皇帝也在财政上依附于他们，当时最著名的是奥格斯堡的富格尔家族。城市之间为了商业贸易往来也结成同盟，其中最强大的就是汉萨（Hansa）城市同盟。13世纪往来于瑞典戈特兰岛（Gotland）、尼德兰（Niederland）、英格兰和德意志的商人们，为保护自己的利益而成立该组织。鼎盛时期，北德波罗的海沿岸有80多个城市加入汉萨同盟。

在商业发展的基础之上，德国报刊在15—18世纪取得了相对完善的发展，一些城市成为近代报业的中心。15世纪，随着各种集市在欧洲各国的发展和商业贸易的不断扩大，各地之间开始以邮政作为信息传递的基本方式，从而保证稳定的商业往来。各商业集散地之间，常常通过邮驿定期传递信息，甚至私人之间的书信里也常夹杂着各地的商业信息。早期的新闻就以这样的方式在欧洲各地传输。一些商业中心城市按区域划分来负责收集商业信息，整理汇编后发往周边各个城市。这些新闻最早是手抄的，价格昂贵且发行量非常小，而真正的报刊是随着印刷技术的发明才问世的。

一、15—17 世纪中期的不定期出版物

德国新闻出版业的发展起源于1450年前后[1]古登堡（Johannes Gensfleisch，又称 Gutenberg，1397/1400—1468）发明的欧式活字印刷机。1430 年，古登堡离开美因茨，在斯特拉斯堡[2]进行了印刷术实验，并发明了铅活字印刷技术。其中重要的技术是制作冲模，冲模在硬金属（如黄铜）上手工刻制，模仿当时哥特体手稿所有的缩写、连字，一套字模要为每一字号制作出 150 多个字模。再用字模铸成铅锡合金的活字。

图 11　古登堡肖像

1448 年古登堡筹借了一笔款项后回到美因茨，两年后在当地富商约翰内斯·福斯特（Johannes Fust，1400—1466）那里筹集到 1600 个古尔登[3]，建立印刷厂，主要印刷拉丁文圣经。圣经全书共 1284 页，每页两栏，每栏 42 行，所以也称作《四十二行圣经》。每

---

① 关于古登堡发明印刷机的时间目前尚有争议，各家说法不一。Pürer 和 Raabe 所著的《德国报刊》（Presse in Deutschland，3.Auflage，S.37）中明确指出是 1445 年。而 Stöber 编著的《德国报业史》（Deutsche Pressegeschichte）一书中则认为在 15 世纪 50 年代初，古登堡在美因茨创立了一个书籍印刷厂（Werk der Bücher）并开始印刷闻名于世的四十二行圣经。

② 斯特拉斯（Straβburg），德法的边境城市，与德国西南部相接壤。

③ Gulden，当时钱币名称。

图 12　古登堡 1455 年印制的《圣经》①

页共印字母约 2500 个，边框由工匠手工彩绘装饰物，所以每一本古登堡圣经的装饰都是不一样的。正文特地采用哥特体，使字形粗黑而庄重古朴。

1455 年因为福斯特讨还借款，双方最终诉诸法庭，古登堡也被迫破产。此后他又开设了一家规模较小的印刷厂，1457 年印刷了《圣经·诗篇》，1462 年印刷了约翰内斯·巴尔布斯编纂的拉丁文字典，并且在当地创立了 3 家书籍印刷厂。同一时代欧洲已经存在其他印刷技术，但只有古登堡的活字印刷技术得以在欧洲迅速推广。比起中国宋代毕昇在 1040 年发明的活字泥版技术，古登堡的活字印刷技术虽然要晚好几百年，但他率先使用印刷机器，成为现代机械化印刷技术的先驱。②令人惊讶的是，古登堡的印刷技术已经比较完善，所以此后 350 年里，古登堡印刷机都一直在使用。

古登堡印刷机发明以后，活字印刷术在德国各地得以普及，随之而来的是印刷品价格的大幅度下降，加之造纸作坊早已遍布于德国南部各城市，印刷厂开始大量印制书籍、日历，以及教会、城市和乡村的官方文书。公元 1500 年之前的时代，被人们称为"印刷术发展雏形期"（Wiegendruck，或者叫"Inkunabeln"），公元 1500—1520 年后称为"印刷术发展初期"（Frühdrucken，

---

①　Als die Lettern laufen lernten：Medienwandel im 15.Jahrhundert.Inkunabeln aus der Bayerischen Staatsbibliothek München；［Ausstellung 19.August–31.Oktober 2009］/［Ausstellung und Katalogredaktion：Bettina Wagner］.Wiesbaden：Reichert–Verlag，2009，S.53.

②　马丁·基钦著，赵辉、徐芳译，《剑桥插图德国史》，北京，世界知识出版社，2005 年，第 78 页。

或者 Postinkunabeln）。印刷术发明以前采用雕刻好的木板来印刷文字，主要是单页印刷，内容大多与宗教有关。此时，造纸术也通过阿拉伯人，从中国传入欧洲。早在 14 世纪末期，纽伦堡出现了德国历史上第一家造纸厂，到 15 世纪 40 年代时，已经发展到了近 10 家。①

早期的**不定期出版物**，包括通讯（Korrespondenzen）、新闻信（Brief-Zeitungen）、手抄新闻（geschriebene Zeitungen）、传单（Flugblätter）和宣传册（Flugschriften），以及"新报纸"（Newe Zeitungen，又作 Neue Zeitungen）和展会报告（Messrelationen）。它们

图 13　1568 年的一幅木刻画描绘了古登堡印刷机的印刷过程。右侧的印刷工正在用墨球给压印版上色，分两侧上色正好形成每页两栏的版面。左侧的印刷工正在压纸格上拿下刚刚印好的纸张。②

登载着有关商业、战争、宗教和政治信息，成为真正的报纸诞生以前，德国最早的新闻媒介形式。这些出版物起初用手工抄写，后来改为木刻雕版印刷。古登堡发明印刷机以后，改用活字印刷，印刷质量和速度都得以大幅提高。

1. 通讯、新闻信和手抄新闻

早期的新闻媒介起源于书信往来。这些传递私人信息的媒介中，常常夹杂着各地发生的新鲜事。早在中世纪，往来于各地的商人以及官员就已经开始通过信件定期传递信息。规模较大的商行甚至结成通讯网络（Korrespondenzennetz），从商业中心获取信息后，以通讯的形式，手抄后通过邮件传遍欧洲各地。

---

① Pürer, Heinz/Raabe, Johannes: Presse in Deutschland（3.Auflage）.Konstanz: UTB，2007，S.38.
② Meggs, Philip B.: A History of Graphic Design.John Wiley & Sons，Inc.1998，p.64.

图14　美因茨印刷博物馆仿制的古登堡印刷机（吴璟薇摄）

一些商业通讯（Geschäftskorrespondenzen）中，常混杂着战争结果、政治和宗教事务、地理探索和发现等新信息，并标上"新闻"（Zeytung）的标题，但极少涉及私人事务。这样的媒介形式被定义为新闻信。在报刊发展的早期，新闻信的使用极为普遍，这个概念也一直沿用到19世纪。1400年左右，意大利裔商人丹提尼（Francesco Datini，1335—1410）将一则通讯通过14万封邮件发送到各地。德国最大的银行家富格尔家族也专门在奥格斯堡的商行收集信息，把手抄的《富格尔商业通讯》（Fugger-Zeitung）寄给在商业和政治上最有影响力的合作伙伴。这份商业通讯一直出版到17世纪。

15世纪以来，邮局、商行、宫廷办事处（höfische Kanzleien）和修道院一直是新闻传播中枢。1571年后设立通讯处（Korrespondenzbüro），用于统一抄写新闻信，每封新闻信誊写20-25份后寄到特定地方。整个16世纪，诸侯贵族和官员们都通过新闻信保持稳定的联系和信息交流。[①] 同一时期，手抄新闻也是重要媒介，但它们与新闻信的最大区别在于，其内容都是特定的，并且拥有更为广泛的读者群，而新闻信仅在特定的群体内部传播。16 世纪上半叶，手抄新闻和印刷新闻同时存在，但手抄新闻却具有更广阔的生存环境。因为按照当时的书报检查制度，印刷品受到更为严厉的审查。手抄新闻虽然也难逃审查一关，但规定较为宽松。某些登载在印刷品上的新闻，如果在付梓后的审查中被禁止，则改用手抄新闻的形式发行。[②]

2. 传单、"新报纸"和展会报告

大概从 15 世纪开始，单页的印刷品就已经存在。起初在木刻雕版上印刷，文字旁常配有图片。17 世纪以后，图片改为铜板印刷。这些单页印刷品传递的不仅有新闻，也包含宗教、官方事务、博物学和文学方面的信息。传单就是单页印刷品中的一种。从内容上看，每张传单上至少有一幅图画，并以简明扼要的形式登载每日的奇闻逸事和战事消息。这些传单不仅印刷时间短，而且价格成本低，但其中并没有标明由哪家印刷商出版。当时，这些传单并非用于个人阅读，而是在集会时或者在广场上高声宣读，从而起到舆论宣传和广而告之的作用。一些论战、指令号召、意见表达和警示告诫都印在传单上。[③] 目前最早的配图政治传单，是 1492 年由塞巴斯蒂安·勃兰特斯（Sebastian Brants，1457/1458—1521）出版的《恩西斯海姆的陨石》（*Donnerstein von Ensisheim*），图中一颗陨石坠落到阿尔萨斯地区的城市恩西斯海姆（Ensisheim），隐喻上天对皇帝的警告。

---

① Pürer, Heinz/Raabe, Johannes: Presse in Deutschland（3.Auflage）.Konstanz：UTB, 2007, S.41.
② Lindemann, Margot: Deutsche Presse bis 1815.In: Geschichte der deutschen Presse, Teil 1.Berlin: Colloquium Verlag, 1969, S.20.
③ Wilke, Jürgen: Pressegeschichte.In: Noelle-Neumann, Elisabeth/Schutz, Winfried/Wilke Jürgen (Hrsg.): Fischer Lexikon Publizistik-Massenkommunikation.Frankfurt/M：Fischer, 2003, S.462.

图 15　最早的配图政治传单《恩西斯海姆的陨石》①

表 1　17 世纪木刻雕版印刷传单的内容主题 ②

主　题	数　量	比　率
天气/天文	98	26.6
奇闻逸事	84	22.8
政治	37	10.0
野人/野生动物	29	7.7
犯罪	28	7.6
土耳其战争	22	6.0
宗教改革	21	5.7
道德习俗	12	3.3
鬼怪巫术	10	2.7
地震	7	1.9
奇迹奇观	7	1.9
其他	14	3.8

15—16 世纪之间，由邮局发行并印有新闻信息的新闻纸（Nachrichtenblätter）

---

① Stöber, Rudolf: Deutsche Pressegeschichte（2.Auflage）.Konstanz: UTB, 2005, S.39.
② Walter Strauss: The German Single-Leaf Woodcut. New York: Abaris Books Inc., 1976, p.6.

与单页印刷传单相融合，形成了"新报纸"——一种短期发行的载有新近消息的单页或者多页印刷品，它被认为是现代报刊的雏形。[1] 和传单相比，"新报纸"的最大区别在于，对一件事情的报道往往并列多条新闻。除了新近发生的新闻外，还刊载官方的布告，以及战争结束的信息或者所签订的合约。报纸（Zeitung）一词最早出现在1502年的《来自东方的新报纸》（Newe Zeytung von Orient und Aufgange），这份报纸报道了爱琴海上的莱斯沃斯岛（Lesbos）被法国人再次占领的新闻。"Zeytung"即为"Zeitung"的古德语，表示消息（Nachrichten）、新闻（Neuigkeit）和通告（Mitteilung）之意。但凡标有"Zeitung"一词，都毫无疑问地表示载有消息的印刷品（Nachrichtendrucke）。现代报刊的一些特性，例如"准确性"（Genauigkeit）也逐渐在早期的报刊中体现出来。1560年，在奥格斯堡的一则新闻中，明确标出了事件发生的时间、地点、消息提供者和报道者。[2]

除单张印刷品传单以外，还存在着由多张传单组成的宣传册。二者并无太大差别，但宣传

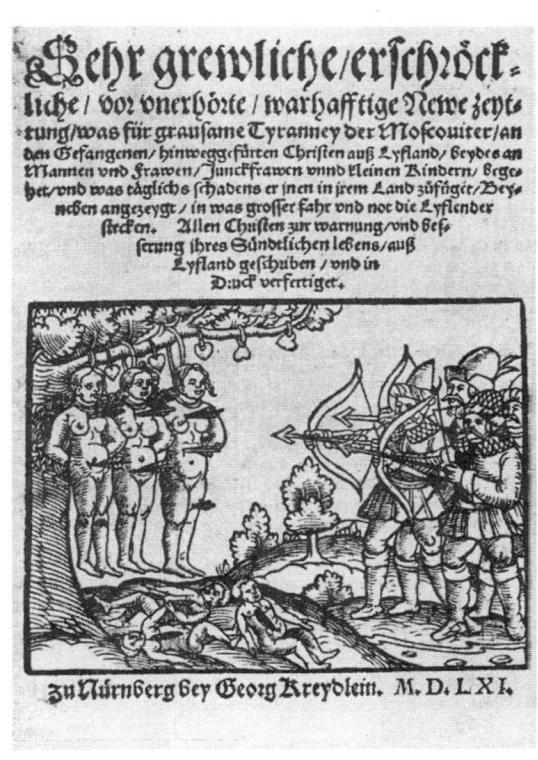

图16 一份出版于1561年的"新报纸"，由Georg Kreydlein 印刷，以文字和图片报道抵抗拉脱维亚战争中惨绝人寰的场面。[3]

---

[1] Stöber, Rudolf: Deutsche Pressegeschichte（2.Auflage）.Konstanz: UTB, 2005, S.42.

[2] Lindemann, Margot: Deutsche Presse bis 1815.In: Geschichte der deutschen Presse, Teil 1.Berlin: Colloquium Verlag, 1969, S.73.

[3] Pürer, Heinz/Raabe, Johannes: Presse in Deutschland（3.Auflage）.Konstanz: UTB, 2007, S.43.

册印刷面积较小，通常为4-16页，页与页之间并无装订，扉页上印有图画。宣传册的发行遍及整个德语区，登载的文章被用来对抗天主教教权，并试图影响民意和进行政治宣传。在三十年战争期间，甚至1848年欧洲革命和后来的法国大革命中，宣传册都在推进政治改革上起到了重要作用。[1] 从16世纪开始，尤其1517年后，宣传册的印刷数量迅速增加，游走于四处的商人将它们带到各种集市和展会上销售，一些带有舆论宣传性质的册子甚至免费发放。仅仅16世纪的头30年里，就有近1000种、总计10000册的宣传册得以印刷和发行。其数量之大，即便在今天也令人惊叹。[2]

表2 16—17世纪书报发行行业较发达的城市列表[3]

城市	报纸出版商	比率	其他出版商	比率	总计	总比率
奥格斯堡	81	27%	51	4%	132	9%
法兰克福	31	10%	107	9%	138	9%
科隆	25	8%	74	6%	99	6%
莱比锡	8	3%	114	9%	122	8%
纽伦堡	56	19%	51	4%	107	7%
其他城市	100	33%	843	68%	943	61%
总计	301	100	1240	100%	1541	100

16世纪末期，在一些展会城市，如科隆、法兰克福、莱比锡和斯特拉斯堡等地，开始出现每年发行2-3次的展会报告。其样子近似小册子但未经装订[4]，平均厚度可达100页。1583年，著名的期刊出版商艾津（Micheal von Aitzing，1530—1598）出版了最早的展会报告《历史报告》（Relatio historica），在科隆印刷好后送往法兰克福的秋季展会销售。《历史报告》在内容上涵盖了两次展会之间发生的政治和军事事件，消息主要来源于"新报纸"、

---

[1] Stöber, Rudolf: Deutsche Pressegeschichte（2.Auflage）.Konstanz: UTB, 2005, S.44.
[2] Pürer, Heinz/Raabe, Johannes: Presse in Deutschland（3.Auflage）.Konstanz: UTB, 2007, S.43.
[3] Wittmann, Reinhard: Geschichte des deutschen Buchhandels. München: C.H.Beck, 1999, S.48.
[4] Pürer, Heinz/Raabe, Johannes: Presse in Deutschland（3.Auflage）.Konstanz: UTB, 2007, S.45.

邮局主管、商人和旅行者。但是，展会报告这个概念在当时并不存在，直到1620年，隆多普（Michael Caspar Lundorp，1580—1629）才把这样的出版物定义为"展会报告"。因为《历史报告》这个名字不能完全表达出这类刊物的特点，而展会报告则充分说明了刊物发行的主要场所。在形式上，展会报告类似于登载着最新消息的周报（Wochenzeitung）。而之所以称其为"报告"，是因为出版商认为"报告"具有"连续出版"（continuatio）之意。"展会报告"也是后来出现的编年史（Chronik）和年报（Jahrbuch）的雏形。展会报告最大的特点是内容主要针对特定区域，例如出版商艾津主要在科隆和法兰克福等地发行展会报告。从16世纪到17世纪，展会报告中的标题数量呈现迅速增长的态势。1595—1629年期间，每年至少有十种展会报告发行。特别是在1618—1648年欧洲各国为争夺霸权而进行三十年战争期间，人们对战争新闻的需求大大增加，展会报告的发行周期也随之缩短。

二、17世纪末—18世纪的定期刊物

17、18世纪之间，欧洲社会在政治、经济和科学领域发生了巨大变革，这些变革直接影响了19世纪的欧洲政治革命。也是在这样一个大变革的年代里，人们对商业、政治和战争信息的需求不断增加，定期出版物逐渐产生。按照出版时间顺序和媒介形式，德国早期的**定期出版物**，可归纳为以下几大类：

1. 报纸

德国新闻传播史研究的主流观点认为，目前有实物可证的第一份报纸产生于1609年，但一些研究也指出，其实早在4年之前，即1605年已经出现了现代意义上的报纸。[①] 大概在1605年10月，身兼通告作者（Avisenschreiber）

---

① Weber, Johannes: Der große Krieg und die frühe Zeitung.Gestalt und Entwicklung der deutschen Nachrichtenpresse in der ersten Hälfte des 17.Jahrhunderts.In: Böning, Holger/Kutsch, Arnulf/Stöber, Rudolf（Hrsg.）: Jahrbuch für Kommunikationsgeschichte. Stuttgart: Franz Steiner Verlag, 1999, S.23-61.

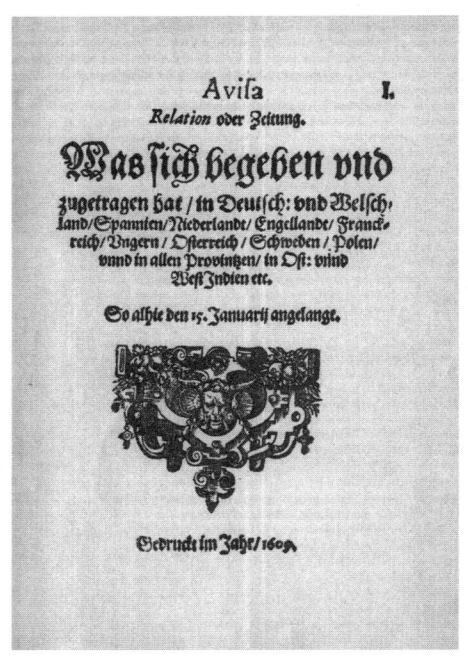

图 17　1609 年出版于沃尔芬比尔特的 "通报" [1]

和印刷商的约翰·卡洛斯（Johann Carolus，1575—1634）在斯特拉斯堡出版《报告》（*Relation aller Fürnemmen und gedenckwürdigen Historien*，或简称为 Relation）。他向当地市政厅申请出版特许，要求该地区的其他出版商不得再出版类似的报纸，否则将予以处罚。4 年后的 1609 年，在临近布伦瑞克（Braunschweig）的沃尔芬比尔特（Wolfenbüttel）首次出现《通报》（*Aviso*）。这两份报纸都是每周出版一次，4 开本，与展会报告的区别在于它们定期出版，并登载最新新闻。

"报纸"一词，指经过一定规范化的编辑后向不确定的公众传播的、一周内出版多次的印刷品，其登载最新发生的事情，所选题目的范围并无限制。根据德国新闻学者奥托·格罗特（Otto Groth，1875—1965）的定义，报纸具有新近（Aktualität）——最大可能地报道当前信息、定期（Periodizität）——定期出版、普遍（Universalität）——主题范围不受限制、公开（Publizität）——面向所有人发行等特点。[2]

报告与通告都是早期报纸的形式，都和"新闻"（Nachricht）有关。两者在字面上有所区别：通告（Aviso）是书信形式的，其动词 avisieren（书面通知）有宣布、预告（ankündigen）之意；而"报告"来自汇报（referieren，有"描述"之意）一词，与报道（Berichterstattung）有关。就报告和通告的内容来看，当时的新闻按照从邮局发出的日期进行先后排序，因此最新的消息总是放在

---

[1] Stöber, Rudolf: Deutsche Pressegeschichte（2.Auflage）.Konstanz: UTB, 2005, S.62.
[2] Pürer, Heinz/Raabe, Johannes: Presse in Deutschland（3.Auflage）.Konstanz: UTB, 2007, S.12.

最后。所以现代报纸所重视的新近性等新闻价值标准在当时并不重要，但是在这两类报纸中，新闻已成为主要内容，总体来说通告中新闻占67%，在报告中则为55%。① 此外还需要说明的是，报告这一报纸形式是从《展会报告》中延伸出来的。"报告"一词作为标题首次出现在艾津的《展会报告》中，所以很多历史学家认为通告应该出现在报告之后，是报告发展到后期所形成的、内容更少的定期出版物。② 为了加以区分，半年出版一次的定期出版物被划分为"报告"，其所刊载的即时信息也比较少；而出版时间更短的报纸则被划分为"通告"。因此为了在名称归类上有所区别，就把展会上半年出版一次的报告命名为"展会报告"。③

15—18世纪德国一直是欧洲的报业中心。报告和通告出现后不久，一些城市也开始出版发行类似的报纸，例如巴塞尔（1610）、法兰克福（1615）、柏林（1617）、汉堡（1618）、斯图加特（1619）、科隆和比利时的安特卫普（1620）、英国伦敦（1621）、奥地利维也纳（1622）、瑞士苏黎世（1623）和法国巴黎（1631）。④ 从这些报纸在各城市的发行时间可以大致归纳出，早期报业从德国南北部不断向其他欧洲国家扩散的路径。18世纪以后，这些城市成为欧洲大陆的信息中心，并形成新闻传播网。

随后，报刊的发行周期不断缩减，周报和日报逐渐问世。1615年，弓商艾莫尔（Egenolff Emmel，生卒年不详）创办第一份周报《法兰克福新闻》（*Frankfurter Journal*），且至今仍在发行。⑤ 1624年，纽伦堡和奥格斯堡已经出现每周出版两次的新闻纸。1650年，书商提莫特乌斯·里兹（Timotheus

---

① Schöne, Walter（Hrsg.）: Der Aviso des Jahres 1609. In: Faksimiledruck: Diedeutsche Zeitung im ersten Jahrhundert ihres Bestehens（1609–1770）, Bd.1 & 2. Leipzig, 1939, S.28.
② Zeitung, in: Zedlers Universal-Lexikon, Bd.61, S.908f.
③ Stöber, Rudolf: Deutsche Pressegeschichte（2.Auflage）.Konstanz: UTB, 2005, S.61.
④ Pürer, Heinz/Raabe, Johannes: Presse in Deutschland（3.Auflage）.Konstanz: UTB, 2007, S.47.
⑤ 关于《法兰克福新闻》是否为世界上第一份周报讨论详见吴璟薇：《探寻15—18世纪德国早期现代报刊》，《国际新闻界》2011年第10期，第107–113页。

Ritzsch，1614—1678）在莱比锡出版《新到新闻》(*Einkommende Zeitung*)，每周6期，这也是世界上第一家日报。此前，这份报纸的出版周期不断变化，在1635年为每周4期，1636年起改为每周5期。1660年后，里兹又出版了每周7期的《战争与世界商业快讯》(*Neu-einlauffende Nachricht von Kriegs-und Welt-Händeln*)。报纸在当时仅仅服务于那些文雅阶层，根据神圣罗马帝国皇帝1570年发出的决议，印刷厂只可以在选帝侯皇宫和大学所在地以及神圣罗马帝国的直辖市（Reichstädten）设立。此外，一些商业中心也为报纸的发行提供了良好的社会环境。1640年前后，在政治和经济比较发达的城市已经出现了60种报纸，仅汉堡一个城市就发行五种报纸。①

报纸的内容在17世纪也得到扩充。印刷商通常集邮递员、消息汇集者和出版商的身份于一身，但是当时搜集到的消息，并未经过编辑就出版了。直到1665年出版的《北方信使报》(*Nordische Mercurius*)才首次出现内容导读。后来出版的一些报纸也渐渐有了自己的编辑，例如1673年发行的《阿尔托纳报》(*Altonaische Relation*)和1674年在汉堡出版的《信使报》(*Relations-Courier*)。《北方信使报》主编暨诗人格莱芬格（Georg Greifinger，1620—1677）不仅根据消息来源地分类汇总新闻，而且还自己撰写文章，因此也被认为是第一位记者。②1731年发行的《汉堡无党派通信》(*Hamburgische unpartheyische Correspondent*，HUC）是最早对消息进行编辑和排版的报刊，人们可以根据编辑过的导读快速浏览新闻和已经具有雏形的副刊内容，然后顺着导读平行移目到时政新闻和文学内容部分。③到17世纪末已经有60到70

---

① Pürer, Heinz/Raabe, Johannes: Presse in Deutschland（3.Auflage）.Konstanz: UTB, 2007, S.49.
② Meier, Klaus: Resort, Sparte, Team.Wahrnehmungsstrukturen und Redaktionsorganisation im Zeitungsjournalismus. Konstanz: UVK Verlagsgesellschaft, 2002, S.111; Wilke, Jürgen: Grundzüge der Medien-und Kommunikationsgeschichte.Von den Anfangen bis ins 20. Jahrhundert. Köln, Weimar, Wien: Böhlau, 2000.
③ Wilke, Jürgen: Grundzüge der Medien-und Kommunikationsgeschichte.Von den Anfangen bis ins 20.Jahrhundert. Köln: Böhlau Verlag, 2008, S.83; Meier Klaus: Resort, Sparte, Team.Wahrnehmungsstrukturen und Redaktionsorganisation im Zeitungsjournalismus. Konstanz: UVK Verlagsgesellschaft, 2002, S.114.

种德语报纸，每种报纸平均每期发行 300 至 400 份，读者人数大概在 20 万至 25 万之间。① 随着报纸发行数量的上升，德国各地的报纸得到了多元化的发展，也渐渐呈现出德国报业的特色，即报纸的区域化特色明显，报纸只在特定地区发行，这一特色一直延续至今。

后来发行的报纸也逐渐效仿，开始简单的编辑工作。这一时期，虽然采编工作在报纸的出版编辑过程中占有重要地位，但报纸的最终成本还是取决于刊载信息的大小，也就是印刷多少页。1697 年出版的一份报纸具体区分了每部分的成本：15% 的预算用于订阅其他报纸、其他消息来源或者手写新闻；30% 用于支付编辑酬劳；42% 支付印刷成本；8% 的纸张成本；还有 5% 上交审查费用。②

表3　17—18 世纪四份报纸成本分布表③

成本	法兰克福邮报（*Frankfurter Postzeitung* 1629）	莱比锡报（*Leipziger Zeitung* 1668）	巴塞尔报（*Basler Zeitung* 1697）	汉堡无党派通信（HUC 1730）
通讯员酬金，邮资	27.5%	25%	15%	25%
印刷和纸张	72.5%	32%	50%	29%
编辑和杂费		43%	35%	46%

从 17 世纪开始，随着报纸的发展，欧洲各城市之间已经形成了新闻通讯网络，早期的消息集散地包括维也纳、奥格斯堡、科隆、安特卫普、但泽和布雷斯劳。维也纳负责收集巴尔干地区的信息；奥格斯堡则是德意志南部、意

---

① Pürer, Heinz/Raabe, Johannes: Presse in Deutschland（3.Auflage）.Konstanz: UTB, 2007, S.50.
② Stöber, Rudolf: Deutsche Pressegeschichte（2.Auflage）.Konstanz: UTB, 2005, S.73.
③ Groth, Otto: Zeitung.Ein System der Zeitungskunde（Journalistik）, Bd.3. Mannheim/Berlin/Leipzig: J. Bensheimer, 1930, S.400.Werner, Hadorn/Cortesi, Mario: Mensch und Medien.Die Geschichte derMassenkommunikation, Bd.2.Aarau/Stuttgart: AT Verlag, 1986, S.37-42.Tolkemitt, Brigitte: Der Hamburgische Correspondent. Zur öffentlichen Verbreitung der Aufklärung in Deutschland,（Studien und Texte zurSozialgeschichte der Literatur, Bd.53）. Berlin: de Gruyter, 1995, S.28f. Behringer, Wolfgang: Zeichen des Merkur: Reichspostund Kommunikationsrevolution in der Frühen Neuzeit,（Veröffentlichungen des Max-Plank-Instituts für Geschichte, Bd.189）. Göttingen: Vandenhoeck & Ruprecht, 2003, S.389f.

大利和瑞士的信息中心，同时来自东方的消息也通过威尼斯传到这里；科隆则收纳来自法国、西班牙和荷兰的新闻，来自英国的消息通过安特卫普传播到此；汉堡负责采集欧洲北部地区的新闻；此外，在但泽和布雷斯劳则密布着众多的通信机构，负责收集其他来自私人或者官方的消息。

出版所带来的经济效益是报业发展的一个重要因素，也吸引着更多的人从事报纸行业，广告正是报纸赢利的主要方式之一。17 世纪末到 18 世纪初期是德国广告业的发展时期。但是在报纸广告出现以前，已经存在一种名为"信息报"（Intelligenzblätter）的印刷品，用于专门刊登法院听证会结果、投资招标信息、破产信息、抵押品赎回信息、下榻酒店者的名单以及商业和私人广告（例如婚丧嫁娶通告）等内容。这类刊载新消息的印刷品以"Intelligenz"（意为理解力、聪明、智慧、才智）来命名，而这里指的是消息和新闻的意思。① 最早的信息报产生于法国，1633 年法国人雷诺多（Théophraste Renaudot，1586—1653）创办了专门用于刊登广告的《地址办公室报》（*Feuille du Bureau d'adresses*）。受此影响，德国在 17 世纪的时候开始讨论这种登载广告的印刷品的可行性。1722 年 1 月 5 日在法兰克福出现了德国的第一张"信息报"，名为《征询与广告信息周报》（*Wochentliche Frag-und Anzeigungs-Nachrichten*），三分之二的版面用于登载广告。②

到 18 世纪中期时，德国已经有 44 个城市发行了这种信息报，总数接近 200 种。但是到了 19 世纪，信息报逐渐衰落，其中最主要的原因是拿破仑在 1810 年和 1811 年期间严格限制其统治地区的信息报。但是反对拿破仑的地区却放松了对信息报的管制，使其内容得以扩充。信息报作为刊载广告的主要印刷品，后来陆续发展出很多形式，例如 19 世纪末产生的地区广告报（Kreisblatt）和现代的广告册（Anzeigenblätter）。

当时在普鲁士境内发行的信息报主要登载针对特定人群的内容，例如牧

---

① Böning, Holger: Das Intelligenzblatt.In: Ernst Fischer, Wilhelm Haefs, York-Gothart Mix（Hrsg.）: Von Almanach bis Zeitung.Ein Handbuch der Medien in Deutschland 1700—1800. München: C.H.Beck, 1999，ISBN 3-406-45476-3，S.89-104.

② Stöber, Rudolf: Deutsche Pressegeschichte（2.Auflage）.Konstanz: UTB，2005，S.78.

师、官员和教师，其他报纸也可直接转载信息报上的广告。然而普鲁士在1727年对信息报进行了严格的管制，直到1740年以后登载广告的刊物才得以重新发行。1810年和1850年，普鲁士分别提高了信息报必须向政府缴纳的"责任费"（Pflichtbezug）。第一批征收到的责任费则用来资助位于波茨坦的军人孤儿院。特别值得一提的是，信息报还根据读者的阅读习惯来分类和编辑信息。为了更多引导读者，《奥格斯堡信息报》（Augsburgischer Intelligenz-Zettel）就为广告和各种混杂的消息提供导读，将广告信息分为促销打折和消费者咨询两类。①

表4 18世纪信息报的发展状况②

年　份	新创办量	出版期数	发行量	读者数量
1722—1729	9	9	2700	54000
1730—1739	11	20	6000	120000
1740—1749	22	41	12300	246000
1750—1759	20	61	18300	366000
1760—1769	36	97	29100	582000
1770—1779	25	122	36600	732000
1780—1789	19	141	42300	846000
1790—1799	23	164	49200	984000

信息报的产生给报业带来了众多赢利机会。不久后，原本主要负责刊登新近发生消息的报纸也开始登载广告。第一条报纸广告出现在1622年由约翰·卡洛斯发行的《报告》上，其写作形式类似新闻，但并不报道最新事件，而是用来推销宗教书籍。这是最早登载在报纸上的书籍广告，并在之后很长一段时间内成为书籍广告的主要形式。从17世纪中叶开始，报纸广告的比率逐步上升。17世纪60年代，已经出现了完全登载广告的传单。当时为了阻止

---

① Stöber, Rudolf: Deutsche Pressegeschichte（2.Auflage）.Konstanz: UTB, 2005, S.80.
② Huneke, Friedrich: Die„Lippische Intelligenzblätter（Lemgo 1767–1799）: Lektüre und Gesellschaftliche Erfahrung. Gütersloh: Verlag für Regionalgeschichte, 1989, S.41-57, 196.

手工业者从中获得大量利润,同时达到巩固政权和抑制手工业行会势力的目的,当局试图把广告发行收归国家管理。在这样的管理制度下,德国早期登载广告的报纸出现了两种不同的情况:一种报纸在内容上受到国家限制,必须上缴部分盈利,但可以随意发行广告,这种情况以普鲁士为代表;另外一种报纸并未受到严厉管制,传播范围也极为广泛,但是广告受到限制、数量极少,因此所得盈利也只能刚刚够缴纳税收。①

2. 杂志

15—18 世纪正处于杂志的萌芽时期,展会报告和宣传册便是杂志的雏形。第一个使用"杂志"(Zeitschriften)这个词的人是冯·霍恩塔尔(Peter Freiherr von Hohenthal,1726—1794)。他在自己出版的财经类杂志《经济新闻》(*Oeconomische Nachrichten*,1749—1763 年间发行)的前言里,第一次写下"杂志"(Zeit Schriften)一词。该杂志的其他页面上也出现"一种特别的定期杂志"(einer besonderen periodischen Zeit=Schrift)。1750 年,这份刊物里则直接出现了"杂志"(Zeitschriften)的字样。但是直到 1788 年,杂志这个概念才最终得以确定下来,一张印有"藏有德国最好杂志的图书馆"(Bibliothek der besten deutschen Zeitschriften)的印刷纸首次在标题中出现"杂志"一词。②

杂志这个概念,意味着"文字"(Schrift)和"时间"(或时代,Zeit)的组合。早在第一份报纸出现以前,博登湖地区的出版商迪尔鲍姆(Samuel Dilbaum,1530—1618)就在 1597 年出版了《罗尔沙赫月刊》(*Rorschacher Monatsschrift*,又名 *Historische Erzöhlung*),发行量为 150 份③,厚 10 至 12 页,按新闻来源地进行分类排序,每条消息配上注释和大字标题,并通过留白来区分每条消息。这份月刊也是早期印刷物向杂志转变的重要过渡形式。

---

① Pürer, Heinz/Raabe, Johannes: Presse in Deutschland(3.Auflage).Konstanz: UTB,2007,S.79.
② 同上,第 84 页。
③ Dresler, Adolf: Die älteste periodische Zeitung. Die Rorschacher Monatsschrift von 1597.München,1953,S.12.

早期的杂志是学术期刊（Gelehrtenzeitschriften）的形式存在。第一份杂志《学者杂志》（Journal des sçavans）于1665年创办于巴黎，同年3月6日英国伦敦皇家学会也创办了《哲学汇刊》（Philosophical Transactions）。这两份杂志开创了学术期刊的先河。第一份在德国境内出版的学术期刊是用拉丁语写成的《学术纪事》（Acta Eruditorum），由门克（Otto Mencke，1644—1707）1682年创办于莱比锡。由于拉丁语是当时通用的学术语言，门克不仅在德国之外安排了自由写作者，还在全欧洲范围内发行这份杂志，其中50份运往伦敦。同一时期还产生了大众科学期刊和文学评论刊物（Literatur-und Rezensionsorgane）②以及最早的政史类杂志，目标在于提高贵族读者的修养，但这些杂志同时也面向市民阶层。出版商费尔斯克（Wolf Eberhard Felsecker，生卒年不详）1674年在纽伦堡发行季刊《信使墨丘里》（Götter-both Mercurius）③，通过虚构墨丘里在旅途中的所见来评论时事，这也是德国最早的、流传范围极广的杂志。④另外，《学术纪事》发行六年以后，门克的合作者托马希乌斯（Christian Thomasius，1655—1728）也于1688

图18 《罗尔沙赫月刊》1597①

---

① Stöber, Rudolf: Deutsche Pressegeschichte（2.Auflage）.Konstanz: UTB, 2005, S.59.

② Lindemann, Margot: Deutsche Presse bis 1815. Berlin: Colloquium Verlag, 1969, S.84; Wilke, Jürgen: Grundzüge der Medien-und Kommunikationsgeschichte.Köln: Böhlau Verlag, 2008, S.34; Stöber, Rudolf: Deutsche Pressegeschichte（2.Auflage）.Konstanz: UTB, 2005, S.58-61.

③ 德语中Götterboth指信使神，即为众神传信并掌管商业、道路等的神，例如希腊神话中的赫尔墨斯，罗马和神话中的墨丘里。

④ Pürer, Heinz/Raabe, Johannes: Presse in Deutschland（3.Auflage）.Konstanz: UTB, 2007, S.54.

图19 季刊《信使墨丘里》封面

年在莱比锡创办德语杂志《每月谈话》(Monats-Gespräch),用以提高已经具有一定教育程度的公众的修养。这份杂志也刊载文学作品,略带幽默和讽刺的对话形式是其一大特色。

此外,早期的杂志还混杂着娱乐内容,17世纪70年代以后开始出现娱乐杂志。目前所知最古老的德语娱乐周刊《闲暇时光》(Erbauliche Ruh-Stunden)1676年出版于汉堡。其中的文章也是虚构的对话形式来展开,通过描述道德规约和愚蠢行为来教导读者。18世纪上半叶,这类"道德周刊"(Moralische Wochenschrift)式的杂志,已经成为娱乐杂志的主要形式。几十年后的18世纪中期,娱乐杂志的发展进入了百花齐放的阶段,《推理家》(Vernünftler)、《爱国者》(Der Patriot)、《诚实者》(Der Biedermann)、《青年人》(Der Jüngling)、《世界公民》(Der Weltbürger),以及《社交者》(Der Gesellige)等杂志相继问世。1725年开始发行的德语版《时尚者》(Die vernünftigen Tadlerinnen)杂志就是以戈特舍德(Johann Christoph Gottsched,1700—1766)1709年出版的英语《尚流 TATLER》杂志来命名的,主要针对女性读者群体。1725年后开始出现图片类杂志。由于《爱国者》1724年在汉堡发行以后影响很大,其他地区也竞相效仿,《奥地利爱国者》《巴伐利亚爱国者》《博登湖爱国者》和《赫尔维齐爱国者》等杂志陆续出现。① 很快,德国这类"道德周刊"的数量就远远超过了它的鼻祖英国,此类周刊当时在英伦三岛上只有200种,而在德国已经增加到了500种。

---

① Stöber, Rudolf: Deutsche Pressegeschichte (2.Auflage).Konstanz: UTB, 2005, S.89.

17—18 世纪之间，专业类杂志也开始兴起。例如医学类大众科普读物《医学物理学杂记》(*Miscellanea Curiosa Medico-Physica*)，从 1651 年后开始推出全年装订版本。随后大量的哲学、历史地理学、药学、自然科学、国民经济、文化和教育类专业杂志先后面世。值得一提的是，1730 年以后德国的文学类杂志的发展造就了德国古典文学的兴起。60 年以后，德国境内已经有 300 多种文学杂志。这些杂志的发行人和合作人多为著名的诗人和作家，其中不乏莱辛、福斯、席勒、赫尔德、歌德、洪堡、费希特、赫尔德林、克莱斯特、克洛普斯托克和施雷格尔兄弟等人。文学杂志也因为印刷篇幅较小而免于审查，在传播启蒙思想、争取出版自由的斗争中起到了重要作用。

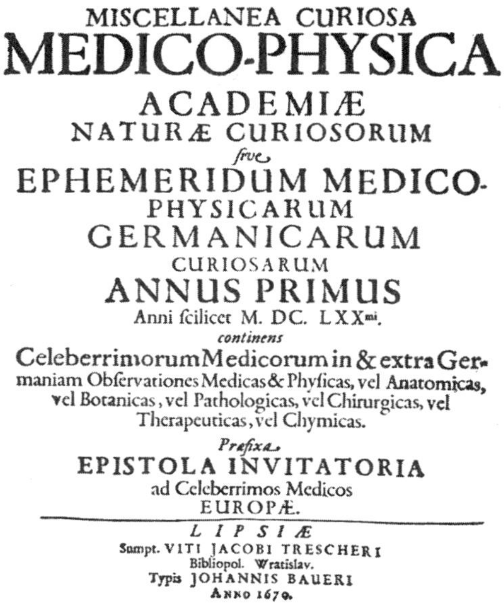
MISCELLANEA CURIOSA
MEDICO-PHYSICA
ACADEMIÆ
NATURÆ CURIOSORUM
ſive
EPHEMERIDUM MEDICO-
PHYSICARUM
GERMANICARUM
CURIOSARUM
ANNUS PRIMUS
Anni ſcilicet M. DC. LXXmi.
continens
Celeberrimorum Medicorum in & extra Germaniam Obſervationes Medicas & Phyſicas, vel Anatomicas, vel Botanicas, vel Pathologicas, vel Chirurgicas, vel Therapeuticas, vel Chymicas.
Præfixa
EPISTOLA INVITATORIA
ad Celeberrimos Medicos
EUROPÆ.
LIPSIÆ
Sumpt. VITI JACOBI TRESCHERI
Bibliopol. Wratislav.
Typis JOHANNIS BAUERI
ANNO 1670.

图 20　1670 年出版的《医学物理学杂记》封面

3. 德国早期现代报刊的发展与内容特色

15—18 世纪的德国报刊经历了从手写到印刷，从单页到多页，从综合新闻到分类报道的过程。德国早期报刊种类众多，发展也较为稳定，其发展顺序和内容特色可总结如下：

（1）在形式上多种报刊并存。从早期的手抄新闻、单页印刷新闻纸、通告和展会报告，到后来定期出版的日报和杂志，经历了完整的发展阶段，各个阶段的报刊并没有相互替代，而是并存共生，例如手抄新闻与印刷新闻在应对新闻审查中，起到了相互替代、互为补充作用，使得新闻信息得以流传。

（2）在内容上，德国早期的现代报刊起源于对商业和战争信息的需求，后来则更多与日常生活相关，以满足人们在文化和娱乐上的需求。

（3）在报刊的发展扩散脉络上，以德国南部为中心，先后向北德，西部的法国和英国，南部的瑞士和意大利，东部的奥地利蔓延，并形成一个健全的报业信息网络。各信息集散地分工明确，保证来自世界各地的信息得以迅速传播。

（4）在作用上，报刊早期只是为了将最新消息广而告之，但在后期发展中还成为宣传和社会动员的重要工具，对后来的欧洲的宗教改革和政治革命起到了重要作用，例如在三十年战争和1848年革命中起到了影响舆论和社会动员的作用。

（5）在对报刊的管制上，形成了一套完整而严格的程序。管制不仅仅来自于国家，当时具有广泛社会影响力的教会，也对信息的内容和言论动向保持严格的关注和审查。

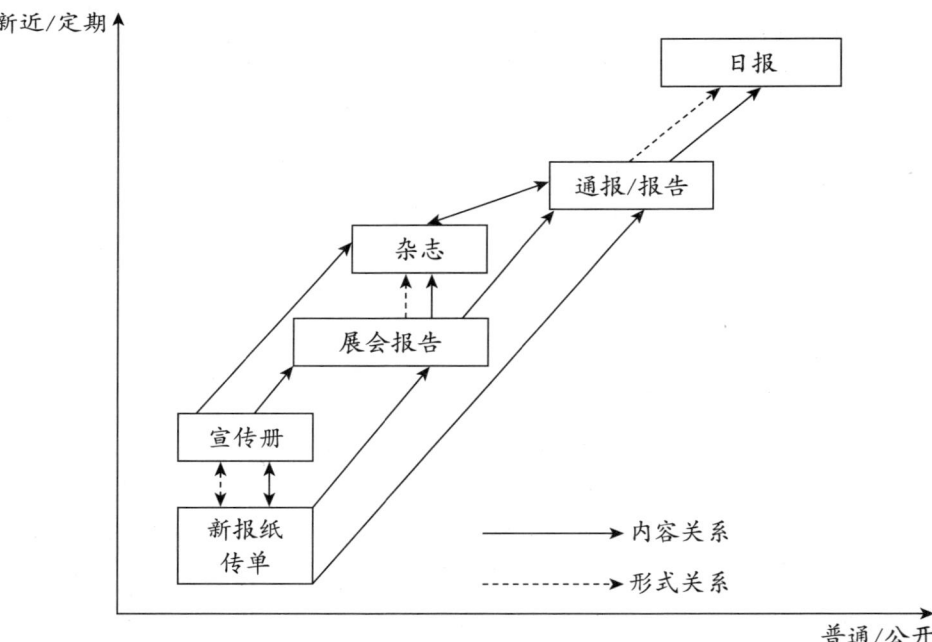

图21 德国早期现代报刊发展关系图 ①

---

① Stöber, Rudolf: Deutsche Pressegeschichte（2.Auflage）.Konstanz：UTB，2005，S.304.

三、新闻管制与实现出版自由的漫长历程

德国有着悠久的新闻出版历史，然而获得新闻自由的时间仅有短短两百年。报纸和杂志在产生之后的三百年里都受到了当局严格的审查，德国报业的发展不断遇到阻碍。由于早期的印刷品以宗教内容为主，受审查的也主要是宗教出版物，直到17世纪末期政党报刊兴起以后，审查内容才以政治信息为主。

1. 从中央到地方的全面审查

（1）教会的审查

随着印刷术的发展和拉丁语圣经被译成德语，教会作为信仰权威的地位也受到了威胁。在古登堡的活字印刷机发明25年之后，教会便开始采取一系列手段控制消息和知识的传播。1486年，美因茨大主教贝特霍尔德（Berthold）开始对印刷品进行审查，这也是德国最早的新闻审查。

无论是手写品还是印刷品，教会事先都要对其内容进行审查，不合格者则会受到相应处罚。从1475年开始，科隆大学代表教会颁布印刷审查条例。1485年，美因茨主教颁布法令，成立审查委员会，后来该法令也适用于印刷和出版业发达的法兰克福地区。1487年，罗马教皇伊诺森斯八世（Innozenz VIII）颁布第一个教皇审查条例。紧接而至的16世纪，随着宗教改革和文艺复兴的发展，大量传播新教和人文主义思想的书籍开始普及，教会也采取相应的管制措施。1564年特伦托会议（Konzil von Trient）①之后，天主教的《禁书索引》最终确定了。②凡是被罗马教廷认为对教会所代表的不可侵犯的信仰

---

① 特伦托会议是罗马教廷于1545年至1563年期间在意大利北部城市特伦托召开的大公会议。当时基督新教正在兴起，而罗马天主教会则持续腐化。罗马教皇保罗三世（Papst Paul III）迫于压力，在1545年召开首次特伦托会议，处理教会改革和与日俱增的来自新教的威胁等问题，并讨论马丁·路德的新教义。此次会议掀起了欧洲天主教反对宗教改革的浪潮。会议总共召开过三轮，前两轮分别在1551年和1562年。

② 早在1559年，第1版《禁书索引》由教皇保罗四世（Papst Paul IV）颁布。

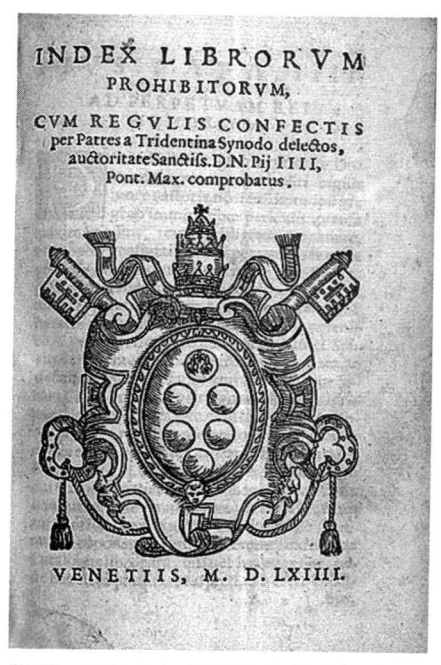

图22　1564年在威尼斯印发的《禁书索引》封面

具有"危险性"、引导人们思想道德败坏，以及不道德的、传播错误神学观点和导致腐败行为的书籍，都严禁印刷、进口和出售。[①]《禁书索引》将被禁的书籍划分为三类：第一类包括异端作家的姓名，第二类包括异端作品的名称，第三类包括作品已发布、但作者姓名未被禁止的著作。《禁书索引》的内容也随着时代变化不断更新，前后共颁布过32个版本，最后一个官方版本于1948年颁布，并于1962年修订和补充。《禁书索引》颁布后的400年间，近6000种书籍长期被禁止，直到1966年的第二次梵蒂冈大公会议教皇保罗六世（Papst Paul VI）才宣布正式废除《禁书索引》。

（2）帝国皇帝的审查

除了教会的新闻审查，有关当局的新闻审查也作为辅助力量不断兴起，所有当局的审查制度都是和封建时代的国家至上原则（Staatsräson）联系在一起的。从16到17世纪，教会和皇帝两股势力联合起来，成为阻碍报业发展的主要力量。皇帝对报刊出版业的管制始于1496年，当时马克西米连一世（Maximilian I，在位时间1508—1519，当时他还是奥地利大公爵/皇太子）任命法学博士约斯勒（Oeßler）为管理书籍的总警司（Generalsuperintendenten des Bücherwesens）。1512年，皇帝下达第一个禁书令，禁止人文作家罗伊希

---

① May，Georg: "Die Aufhebung der kirchlichen Bücherverbote". In: Karl Siepen（Hgg.）: Ecclesia et ius: Festgabe für Audomar Scheuermann. Paderborn u.a.: Schöningh，1968，S.547–571.

林（Johannes Reuchlin，1455—1522）写书为犹太人辩护。① 早期的宗教改革者利用传单和论战文章来宣传自己的观点。因此，皇帝加强了对这方面内容的审查。1521年皇帝发表沃尔姆斯圣谕（Wormser Edikt），开始对印刷小册子实行预防审查（Präventivzensur），这也是第一个由皇帝颁发的审查法令。该法令规定，所有马丁·路德的宗教改革印刷物必须事先审查，查处所有传播新教言论的印刷品，并且销毁马丁·路德的一切著作。皇帝颁布的全国审查法令的处罚虽然极为严厉，但在全国范围内实行起来也困难重重，很多具有诽谤言论的小册子仍旧照常发行。

此外，神圣罗马帝国设有直接服务于皇帝的审查机构，如法兰克福书籍委员会（Kaiserliche Bücherkommission zu Frankfurt）和维也纳帝国枢密院（Reichshofrat zu Wien）。16世纪中期，神圣罗马帝国的皇帝还在书籍印刷中心法兰克福设立书籍委员会，1567年任命瓦尔特尔（Erhaldt Walther）为委员长。书籍委员会负责检查书展期间上架的图书，以及书商是否出版《禁书索引》中的书籍，是否拥有印刷许可证等。书籍委员会具有皇帝授予的特权，当发现违禁出版物时可以直接查抄，并且可以对已经出版的书籍进行事后审查。他们接受来自维也纳的帝国枢密院的命令，并且受其监管。维也纳帝国枢密院兼具帝国行政和法律机构的性质，同时也负责监管地方贵族的舆论，并有权制裁任何蔑视皇权的行为。同时，神圣罗马帝国的皇帝还命令掌管地方的贵族，必须接受和遵守报刊和印刷业的管理和审查。很多城市也设有当地的审查机构。16世纪末，书籍委员会的审查只在书展期间展开，但是1596年后，帝国皇家最高法院的检察官（Fiskal am Reichskammergericht）韦斯特（Johannes Vest）被授权，即使在法兰克福书展以外的时间段也可以执行审查。②

法兰克福书籍委员会几乎被隶属教皇的天主教教会的地方代理所掌控，

---

① 由于基督教反对犹太教，欧洲从11世纪十字军东征开始到文艺复兴时期，犹太人一直遭到驱逐和屠杀。
② Stöber, Rudolf: Deutsche Pressegeschichte（2.Auflage）.Konstanz: UTB，2005，S.105.

只有在新教地区,那些被天主教迫害的印刷商和出版商才能得到保护。① 实际上,教会的主教、皇帝和掌管地方的贵族之间在书报的管理和审查事务上都存在着矛盾和竞争关系,地方享有的出版审查权分散了中央的统一管理,最终导致预防审查只能在非常有限的范围内实行,甚至完全无法实行。因此当局采取了相应措施,不仅管制出版印刷商,就连读者也会受到限制。教会相应规定了禁止阅读的书目,由地方和相关行政机关来负责发布。神圣罗马帝国另一个全国层面的书报审查机构是维也纳的帝国枢密院,这也是当时帝国行政和司法机构的核心部门。1559年成立后,帝国枢密院作为当局的行政机关负责监督帝国法令在各地区的执行,同时控制着帝国的信息传播。随着18世纪后政党类报刊在社会中的影响越来越大,帝国枢密院的地位也越来越重要。

(3)地方的审查

除了教会和皇帝的审查外,地区审查也是管理报刊的重要方式。地方审查机构的设立具有实际意义,一方面可以负责监督全国和地方审查法令的实施;另一方面,当外地势力试图通过媒体宣传来威胁本地利益时,地方审查机构可以通过审查来自我保护。更为重要的是,有时地方发生聚众内乱或者内战,或者某项政令的执行受到阻挠时,可以通过报刊审查来维持地方内部的稳定。而从出版发行人的职业特色来说,从业者多为流动性很大的手工业者,缺乏统一的管理,发出的消息是否完全可信难以核实,或者很难断定传播内容是否有欺诈性,因而地方审查也在一定程度上起到了对印刷和出版行业的监督和管理作用。

1530年,一份名为"印刷义务总纲"(allgemeine Impressumspflicht)的法令开始施行。1548年,位于奥格斯堡的国民议会颁发的《新警察规章》(neue Polizeiordnung)也出现了对不遵守印刷审查的行为进行处罚的条款,处罚方式从轻到重涵盖了罚金、取消印刷商从业资格和取消印刷厂的印刷许可证等

---

① Stöber, Rudolf: Deutsche Pressegeschichte(2.Auflage).Konstanz: UTB, 2005, S.108.

措施。① 此外，奥格斯堡的印刷厂如果没有官方指定的印刷许可证，其资产也会被没收。即使是国家机关，如果没有印刷许可证，同样会受到处罚。如此严厉的书报审查体系一直延续到1806年，拿破仑军队攻入德国，神圣罗马帝国瓦解的时候才被废除。

地方设立审查和管理机构的首要目的在于限制或者禁止来自当地的消息。我们今天所说的地方时政新闻，在那个时代的报纸中是不存在的，仅有少量来自外地的新闻会被刊载。社论和评论也是不允许的。② 各个地方并没有统一的书报审查机构，而是根据各自情况而定。审查员一职主要由地方行政机构的普通官员兼任，但即使是普通工作人员，也可能是非常优秀的人才。特别是在萨克森、奥地利的贵族封地和普鲁士的勃兰登堡地区，地方当局为了实行严厉的审查，所聘请的审查人员本身就是相关领域的专家。除了地方的行政官员外，在一些设有大学的城市里，大学教授也兼任审查员。而新教地区则由牧师来完成，有时候也由邮政秘书来兼任。但是18世纪后实行新的审查政策，大学教授只能审查大学出版物。为了保护那些高质量的、学识丰富的出版物，大学里的审查相对宽松。

总体而言，15—18世纪的德国从整个帝国到地区都采取了严格的书报审查制度。教会、皇帝和审查机构之间构成三股主要力量限制着新闻传播业的发展。这三百多年的书报审查方式，可总结如下③：

——设立审查委员会

——划定禁书索引

——出版物印刷前的事前审查

---

① Lindemann, Margot: Deutsche Presse bis 1815. Berlin: Colloquium Verlag, 1969, S.50–55.

② Wilke, Jürgen: Nachrichtenauswahl und Medienrealität in vier Jahrhunderten. Berlin: de Gruyter, 1984，S.49.

③ Pürer, Heinz/Raabe, Johannes: Presse in Deutschland（3.Auflage）.Konstanz: UTB, 2007，S.59–60.

——对已经付梓或进入流通市场的书籍的事后审查
——印刷厂有义务在自己印刷的书籍中添加识别标记或商标
——印刷押金（Kaution）义务，即印刷厂有义务向审查机构缴纳押金
——报纸税
——限制和管理印刷工人的工作许可证
——限制定期出版物的出版周期
——禁止报刊出版
——禁止印刷厂做广告或举行促销活动
——禁止发行定期出版物的印刷厂积累资产
——提高印刷报刊的运输税费

除了来自教会、皇帝和地方的审查外还存在着一种特殊的审查方式——皇帝授予报刊的特权。特权是随着定期报刊的发展而产生的。大城市的报刊之间竞争激烈，所以发行商们也开始向自己城市的市政厅（Rat）、掌管地方的贵族，或者去维也纳向皇帝申请出版特权。当然，当局只会给那些能让他们产生好感的报纸和他们认为恰当的文章放行。通过这些特权，报纸可获得出版和再版的保护。特权并不能直接杜绝其他报刊的抄袭或者复制行为，但是那些没有特权的报刊常常会受到审查和管制，因此发展也会受到影响。定期出版物问世后的一百年里，特权现象尤为明显，大量特权报刊浮出水面，在报业市场上显示出竞争优势。而他们的竞争对手，也就是那些没有出版特权的报刊虽然困难重重，却也在竞争中找到了生存的空间。他们试图更改或者删除被禁新闻的标题，但保留原内容以逃避惩罚，继续出版。①

由于特权的存在，报社向当局缴纳的押金也在不断升高。在编辑和记者职业分化以前，当局无法对编辑或者记者单独管理，押金便成为当局管理出

---

① Pürer, Heinz/Raabe, Johannes: Presse in Deutschland（3.Auflage）.Konstanz: UTB, 2007, S.60.

版发行业的重要方式，报刊只有缴纳了押金才能获得出版许可证。大量的押金为贵族和整个帝国带来很多额外收入，同时保证了对非法出版行为的处罚能够有效执行。此外，因为大笔押金在贵族和皇帝手上，报刊所发表的批评性言论也不至于太过激烈。

2. 获得出版自由后报刊业的发展

与英格兰1659年废除新闻审查、美国1776年颁布《权利法案》以及法国1789年革命后废除新闻审查的时间相比，德国获得新闻自由的时间相对较晚。特别是普鲁士和奥地利两大邦国都实行保守的政策和严厉的新闻审查。1701年，霍亨索伦王朝的普鲁士王国在德国东北部形成后，这个依靠军事实力崛起的国度后来成为引导德国发展的主要力量，却长期压制新闻出版。普鲁士第二位国王弗里德里希·威廉一世（Friedrich Wilhelm I，1688—1740）当政期间禁止出版一切民间报刊，并实行广告垄断制度，只有各城市官方出版的刊物才允许附带部分商业广告，其他出版物一律不得刊登广告。紧接其后的国王弗里德里希二世（Friedrich II，1712—1786）以"开明专制"自居，1740年6月宣布给报纸以"无限制的自由"。但是他很快就在1743年7月颁布书报检查令，以后又多次颁布命令强化审查。神圣罗马帝国垮台后，这种严格的新闻出版管制继续延续下去。直到1775年以后，德国才开始讨论出版审查的废止问题。在法国大革命的影响下，神圣罗马帝国的皇帝和选帝侯也开始放松出版审查。1775年石勒苏益格与荷尔斯泰因地区的公爵领地（Herzogtümer）开始实行一项丹麦国王颁布的临时"无限制出版自由"（uneingeschränkte Freyheit der Presse）法令。18世纪80年代以后，对出版自由的讨论才进一步延伸到"出版审查是否具有随意性，审查的范围是否有边界"的问题上来。这一场讨论使得来自德国社会各个阶层的支持言论和出版自由的呼声不断兴起。从思想史的角度，他们对言论和出版自由如何产生的观点可划分为三大类：[①]

[①] Pürer, Heinz/Raabe, Johannes: Presse in Deutschland（3.Auflage）.Konstanz: UTB, 2007, S.61.

第一种观点认为出版自由可以看作是侯爵贵族阶层绝对的利益保障，是侯爵在普通臣民面前具有的高贵地位的证明；

第二种看法认为出版自由是当局为适应社会政治和经济发展的需要而颁布的法律；

最后一种看法认为出版自由是人类个体与生俱来的自然权利。

激烈的讨论让德国民众不再保持沉默，而法国大革命的爆发又给德国当局带来巨大的社会危机和不安感。法国人民为争取出版自由权利而斗争，也成为德国民众的榜样。拿破仑上台以后，在法国建立起一套以中央意志为主的有效报刊审查体系。他深知报刊所具有的巨大权力，所以也采取了与之前消极的报刊政策所不同的审查方法，即采用积极的报刊政策，通过宣传来实现对报刊的管理和隐性的新闻审查。被拿破仑占领的德国地区，除了采用积极的报刊政策之外，还极力镇压争取出版自由的抗争。此外，拿破仑也试图通过影响新闻发布者和信息源来控制报刊，并禁止所有莱茵地区的自主刊发新闻。在北德意志地区的报纸只能发布一条自己制作的新闻，其他所有消息都只能转载巴黎《观察者》（*Moniteur*）的新闻。同时，德国一些地方当局也开始与报刊合作，共同为抵抗拿破仑的统治，为争取新闻自由而斗争。通过报刊的动员作用，德国人民的爱国情绪不断高涨，也带来了19世纪20年代政党报刊百花齐放的局面。

推翻拿破仑的统治以后，神圣罗马帝国的独立国（拿骚、萨克森-魏玛-埃森那赫、维滕堡和巴伐利亚）率先实行新闻自由。这里的新闻自由指的是"有限的新闻自由"，即从权力的根本上接受新闻自由，但是法律也规定在特殊和紧急情况下，自由应该是被限制和合理使用的。德意志邦联大会（Bundesversammlung）在1815年确定了出版自由，并且保证了出版商和作者的权益。这一决议也被一些邦联的法律所采用。

欧洲各国于1815年6月8日召开了维也纳会议，组建了德意志邦联（Deutscher Bund）。德意志邦联由34个主权邦国和不莱梅、法兰克福、汉堡与吕贝克4个自由市组成，其宗旨在于"保证德意志外部和内部的安全，以及德意志各邦的独立和领土不可侵犯。"邦联议会(Bundestag)①设在法兰克福，由奥地利首相梅特涅（Klemens Wenzel Lothar von Metternich，1773—1859）出任主席。德意志邦联的成立，给刚刚经历过拿破仑战争的人们带来了自由和统一的新希望。一些邦联成员国开始实行自由立宪改革、制定宪法、建立代议制政府，自由主义之风随之兴起，很多德国人都期盼邦联议会能够成为一个真正意义上的全国权力机构。

德意志邦联成立后在法兰克福设立邦联议会，主席由奥地利首相梅特涅担任。根据邦联条例第13款的规定，所有成员将制定自己的宪法，萨克森-魏玛大公国于1816年制定了自由宪法，巴登和巴伐利亚（1818），还有符腾堡（1819）、黑森-达姆施达特（1820）也分别订立宪法，建立代议制政府。但是，当时相对保守的普鲁士和奥地利对立宪置之不理。社会上立宪改革的呼声不断响起，而首相梅特涅却意图恢复从前的腐朽政策，压制社会新兴团体和大学，并且严格管制自由主义和爱国主义报刊。1815年，近1500名大学生在耶拿组成"德意志大学生运动"（Burschenschaften）。这个组织也吸引了大量南部地区支持新教的学生。两年后时值马丁·路德宗教改革300周年，多所大学的学生会聚位于德国中部图林根州埃森那赫市的瓦尔特堡②，将象征封建和保守制度的书籍，例如象征拿破仑占领德国之耻的《拿破仑法典》和普鲁士的《警察法令》付诸一炬。瓦尔特堡大会激发了人们对反对保守的书报审查制度的热情，然而拿破仑战争之后的德国贫困交加，出版自由短期内难以实现。

---

① 德意志邦联时期成员国之间的集会，即邦联大会，正式名称为邦联议会。具体请参见 Huber, Ernst Rudolf: Deutsche Verfassungsgeschichte seit 1789,（Reform Restrauration 1798 bis 1830,Bd.I）.Stuttgart, Berlin, Köln: Verlag W. Kohlhammer, 1990, S.588.
② 宗教改革者马丁·路德在1521年到1522年间，为了躲避教皇和皇帝的追捕而暂居在此。在城堡中，他将《圣经》新约从希腊文翻译成为德文。

图23 学生会聚位于德国中部图林根州埃森那赫市的瓦尔特堡,将象征旧封建和保守制度的书籍付诸一炬。①

而当局则采取了更加严格的新闻审查。1819年8月1日,德意志邦联议会主席梅特涅与弗里德里希三世在波西米亚的温泉疗养地特普利策(Teplice)会面,说服普鲁士国王要严格监视德意志境内一切大学动向,并实行新闻检查制度,终止宪政改革。面对日益增长的改革力量,梅特涅已经预感到如果不加强管制、结束改革,革命就会推翻一切。除非采取保守政策,否则奥地利将不得不退出德意志邦联。不久后,来自德意志各邦的部长们通过了具有复辟性质的卡尔斯巴德决议(Karlsbader Beschluss),奥地利也再次巩固了其

---

① From Vormärz to Prussian Dominance(1815—1866):The Wartburg Festival(1817),http://germanhistorydocs.ghi-dc.org/sub_image.cfm? image_id=426〔04.12.2013〕.

在德意志邦联中的地位。卡尔斯巴德决议提出了10条与新闻出版有关的法令，约束德意志邦联范围内的报刊印刷和发行等行为。[①] 其中规定每日出版的报纸或者小册子凡少于20张（Bogen）[②] 的在出版前均需予以检查。篇幅更长的著作，如果包含了"教唆理论和恶毒的疯狂思想"，在出版之后也会遭到查禁。[③] 卡尔斯巴德决议通过后，大量的报刊被禁，出版被迫停止，很多出版商也被处罚，5年内不得涉足出版行业。[④] 1819年10月18日，普鲁士修订了1788年制定的出版物审查敕令（Zensuredikt），虽然在形式上取消了审查费用，但实质上让所有的报刊都纳入到审查中。同时，还成立了新的高级出版审查委员会（Ober-Zensur-Kollegium），负责监督法令的实施。[⑤] 在这个时期，报纸可以报道和审查相关的新闻，同时也会通报那些被审查的报刊的最新状态。

1830年7月，巴黎爆发七月革命，从此掀起整个欧洲的革命浪潮，意大利和波兰也爆发类似革命。反对保守旧势力的自由主义兴起，维也纳会议后以梅特涅为代表的保守势力也未能躲过革命的洗礼。原本保守的德国北部很多邦国也修改了宪法，并效仿南方的邦国在宪法中加入的进步条款，而普鲁士继续保持传统守旧的姿态。德意志邦联内部不断发生革命和动乱，因此邦联议会规定，报道中的政治内容必须再三核实，报道关于动乱的消息也必须小心谨慎，保证确定的消息来源。对那些只报道国内新闻而不涉及国外事务，并有意弱化人们对当局信任的报刊必须保持戒备。[⑥]

---

① Koszyk, Kurt: Deutsche Presse im 19.Jahrhundert. Berlin: Colloquium Verlag, 1966, S.53.

② 根据《剑桥插图德国史》的说法是320张，但是德国媒介史学家Koszyk, Kurt在Deutsche Presse im 19.Jahrhundert（Berlin: Colloquium Verlag, 1966, S.55）一书中详细列出了卡尔斯巴德决议的所有条款，更为可信。在此本文采用Koszyk, Kurt的说法。

③ 马丁·基钦著，赵辉、徐芳译，《剑桥插图德国史》，北京，世界知识出版社，2005年，第157页。

④ Meyn, Mathias: Staatliche Repressionsmaβnahmen und » Karlsbader Beschlüsse «, in Fischer, Heinz-Dietrich（Hrsg.）: Deutsche Kommunikationskontrolle des 15.Bis 20.Jahrhunderts. München: Saur, 1982, S.75-96.

⑤ Koszyk, Kurt: Deutsche Presse im 19.Jahrhundert. Berlin: Colloquium Verlag, 1966, S.59.

⑥ Collmann, Julius A./Sucro, Christoph Joseph: Quelle, materialien und Commentar des gemein deutschen Pressrechts. Berlin, 1844, S.657; Koszyk, Kurt, Deutsche Presse im 19.Jahrhundert. Berlin: Colloquium Verlag, 1966, S.66.

图 24　漫画《思想家俱乐部》以讽刺的手法批评《卡尔斯巴德法令》限制支持自由主义的学生联谊会，以及新闻和言论自由。右上角的牌子写着思想家俱乐部的规则："一、每天总统开会的精确时间是早上 8 点；二、学术团体的第一规则是沉默；三、因此，任何充分使用舌头的成员，最终会被送进监狱，而枪口将分布在入口处；四、在经过深思熟虑和充分的辩论后，讨论的题目将用大写字母清楚地写在牌子上，那就是桌子后面墙上的牌子上写着的：'今天讨论的重点议题：我们被允许思考多长时间？'"①

　　1840 年普鲁士国王弗里德里希·威廉三世（Friedrich Wilhelm Ⅲ，1770—1840）逝世，弗里德里希·威廉四世（Friedrich Wilhelm Ⅳ，1795—1861）继位。弗里德里希·威廉四世随即出台了一系列具有进步色彩的政策，赦免了大量政治犯，放宽了报章审查，取消对自由主义活动的查禁。他还在 1841 年 12 月 24 日公布了新闻审查政策。这一政策虽然反对"独立的报刊"，要求官方指导新闻审查，并且所有报道都应该是善意的，但也允许在报道中体现对"真相的探求"。②普鲁士内政大臣冯·罗畴（Gustav von Rochow，1792—1847）也在 1842 年 5 月 28 日下达命令，开放部分新闻自由，允许石版画和铜版画不受审查。一时间，普鲁士的报刊中涌现出大量版画，其中最有名的报刊当数

---

①　Behnen, Michael: Deutschland unter Napoleon, Restauration und Vormärz.In Vogt, Martin（Hrsg.）: Deutsche Geschichte, von den Anfängen bis zur Gegenwart. Frankfurt/M: Fischer, 2002.S.426.

②　Mügge, Theodor: Die Censurverhältnisse in Preußen.Leipzig, 1845, S.17; Koszyk, Kurt: Deutsche Presse im 19.Jahrhundert. Berlin: Colloquium Verlag, 1966, S.88.

《莱茵报》（科隆）(*Rheinische Zeitung*，全称为 *Rheinische Zeitung für Politik, Handel und Gewerbe*，科隆出版)。那些不允许以文字形式报道的内容，由此可以用图画的方式表达出来。1842 年公布的内阁指令放宽了商业限制，厚度超过 20 页的书籍报刊可以直接印刷，但是内容需要由警察审查，并且在出版前 24 小时将样刊交付警察局。

这些举措极大鼓舞了当时受到自由主义影响的人们。然而当改革派提出立宪改革的要求后，弗里德里希·威廉四世并没有采纳。民间呼吁改革的声音不断高涨，很多报刊也在报道中反应了此时的民意。然而，普鲁士宽松的报业环境终究好景不长，很快当局就下令恢复卡尔斯巴德决议时代的报刊政策。1842 年 10 月 12 日公布的内阁制令规定，普鲁士境内各省的最高行政官员（Oberpräsident）有义务"约束最糟糕的报刊，并防止其发生变故"。紧接着在 1843 年 2 月 3 日，版画审查豁免也取消了。2 月 4 日开始实行新的审查规定，禁止报刊直接指责评价现实或者历史。[①] 同年 2 月 23 日发布的命令规定，1819 年以来在柏林成立的审查咨询委员会从 7 月 1 日后改为最高审查法庭（Oberzensurgericht），负责处理报刊的上诉和审判；地方日报则由地方最高行政长官来执行审查，小型印刷物则由地方警察局负责审查。[②] 越来越多的审查规定使得被禁报刊的数量不断增加，从 1831 年到 1840 年总共有 312 种刊物被禁，每年平均 30 种报刊被迫停刊，到 1844 年时，普鲁士境内只有 550 种报刊存活。[③]

从 1830 年法国六月革命到 1848 年德国三月革命前这段时间，革命的呼声也在普鲁士之外的很多德国城市里高涨。近两万名自由主义的极端分子和反对共和制的人们集结起来支持人民拥有主权原则（Volkssouveränität），结果德意志邦联内的新闻审查更加变本加厉。1832 年，巴登（Baden）地区实行了更为严格的审查制度，但 5 个月后即被废止。在报刊受到严格审查的情况下，年轻

---

① Koszyk，Kurt: Deutsche Presse im 19.Jahrhundert. Berlin: Colloquium Verlag, 1966, S.88
② Mügge, Theodor: Die Censurverhältnisse in Preußen.Leipzig, 1845, S.22.
③ Koszyk，Kurt: Deutsche Presse im 19.Jahrhundert. Berlin: Colloquium Verlag, 1966, S.89.

的德国作家和自由主义报刊的发行人采取了新的策略，他们以假名或者匿名的方式来发表文章，并经常以更换出版地点，甚至报纸名称的方式避开审查。在文章中，他们也常常采用寓言和小说的形式，或者以文艺副刊的方式来隐藏敏感话题。直到1848年，革命的呼声越来越高，对政治刊物的需求也越来越大，严厉的出版审查才终于走到尽头。

1848年欧洲革命迅速波及整个欧洲，1月意大利首先爆发革命，紧接着2月24日法国巴黎街头筑起墙垒，国王路易·飞利浦逃亡。三月革命之火烧到匈牙利，激进主义者要求哈布斯堡王朝改革。3月13日维也纳也上演了巷战，奥地利首相梅特涅逃离了自己的国家。在德意志邦联各个邦国首府，民众也要求当局下台，推翻保守的旧制度。在巴登、符腾堡、汉诺威、萨克森和一些小邦国里，当局被温和的自由派人士组成的内阁所取代。1848年3月18日，柏林也爆发了革命。在得知奥地利梅特涅政府垮台后，普鲁士国王弗里德里希·威廉四世决定采取温和的方式改革，但柏林皇宫外聚集的民众却希望国王能加大改革力度。国王最终下令驱散群众，双方开始交火，两天后国王被迫撤出军队。3月29日，柏林自由派组成内阁。弗里德里希·威廉四世也逐渐意识到自己原先温和的改革已经无法满足人民的要求，于是召开了立宪会议，组成了一个自由主义政府，并召开国民议会草拟普鲁士王国宪法，保证国民拥有言论和出版自由。普鲁士的改变也影响了其他邦国，3月20日巴伐利亚国王路德维希一世（Ludwig I，1786—1868）任命儿子马克西米连二世（Maximilian II，1527—1576）组建新的改革派政府。

3.1848年后的报刊政策

德意志邦联虽然成立，但各个邦国之间仍然维持松散的关系。1848年2月，法国首先爆发革命。3月，革命之火蔓延到柏林。普鲁士国王弗里德里希·威廉四世意识到之前的改革已经无法满足人民的要求，于是召开立宪会议。他希望成立一个联邦制的德意志帝国，建立议会，并取消之前普鲁士严格的书报检查制度，保证国民的言论和出版自由。

1848年5月22日国民议会（Nationalversammlung）在法兰克福的保罗教

堂（Paulskirche）召开。同年12月制定德国宪法（Grundrechte des deutschen Volks），并于次年4月公布。由于该宪法在保罗教堂通过，因此被称为保罗教堂宪法。这部宪法融合了德国帝国、君主政体与邦联制国家的传统，以及普选与代议制度。虽然其中第四条保证了出版自由，但在此基础上制定的媒介法律也只能算是在过去保守媒介政策之上的非常有限的创新而已。事前审查被废除，但是新的媒介法里仍然包含着压制报刊发展的内容，报刊的许可证和押金政策、印花税，以及邮局对报刊的审查权利被继续保留。

图25　后人通过油画描绘的1848—1849年法兰克福保罗教堂召开国民议会的场景。①

法兰克福国民议会虽然制定了宪法，但并没有取得任何实质性的结果。1849年3月，国民议会选举普鲁士国王弗里德里希·威廉四世为统一的德意志帝国皇帝。但为了避免和奥地利产生冲突，他拒绝加冕，普鲁士和奥地利

---

①　From Vormärz to Prussian Dominance（1815—1866）：Images-Government and Administration：Confederation or Nation-State？ http：//germanhistorydocs.ghi-dc.org/sub_image.cfm？ image_id=309［12.03.2013］

各邦君主也不接受国民议会通过的宪法。同年5月，西南各邦人民为维护帝国宪法发动起义，结果失败。大多数议员被各邦政府召回，剩下的议员也迁到斯图加特，最后在6月18日被符腾堡的军队驱散。7月，法兰克福国民议会最终瓦解。

此后普鲁士和奥地利两大帝国都在努力与各方结盟，争夺统一德意志的领导权。而大部分德意志邦国都支持奥地利，把普鲁士当作侵略者。为了统一德国，普鲁士首先在1864年打败丹麦。1866年6月23日普奥战争爆发，战争仅持续了短短的7周，但普鲁士渐渐显示出军事强国的优势。为了避免法国或俄罗斯干预战争，俾斯麦劝诫普鲁士国王威廉一世不要急于求成，应该迅速与奥地利议和。于是法国皇帝拿破仑三世出面调停，奥地利接受停战建议，并在同年8月23日与普鲁士签订《布拉格条约》，从此德意志邦联正式解散，普鲁士兼并北部德国、拿骚公国及法兰克福，成立了北德意志邦联，而奥地利退出德意志邦联，永远不得干预德意志的一切事务。普鲁士主宰德国命运的时代随之到来。随后普鲁士和法国之间的矛盾也不断加剧，同样作为大国的法国认为他们在普奥战争中保持中立，并且还出力调停，理应在领土上获得报偿。但普鲁士拒绝了法国的要求，双方开始积极备战。1870年7月19日法国皇帝拿破仑三世对普鲁士宣战，普鲁士借此团结南部的德意志邦国共同对抗法军。法军在战争中损失惨重。9月2日，拿破仑三世正式向普鲁士投降，法国上下举国哗然。两天后法国国内发生政变，法兰西第二帝国被推翻，第三共和国成立。至此，普鲁士完成了统一德意志帝国前的一切准备。1870年10月，俾斯麦与德意志南部的4个邦国达成协议，他们最终建立新的德意志帝国，并接受普鲁士皇帝威廉一世为德意志帝国皇帝。1871年1月1日，德意志帝国正式成立。

德国统一后制定新的宪法，实现了由普选制产生的帝国议会，但却没有多少实权。而皇帝仍然紧紧掌握权力，贵族阶层也没有受到任何冲击，军队势力进一步加强。在新闻出版行业的管理上，俾斯麦采取强有力的措施严禁报道保密内容。1874年7月1日，帝国媒介法（Reichspressegesetz）的制定加强了地方对媒介的管制，其中第 30 款为战时和动乱情况下的媒介审查列出专门的规定。根据这一规定，俾斯麦在 1878 年颁布了针对社会民主主义报刊（Sozialdemokratische Presse）的社会主义者法案（Sozialistengesetz），42 种政党报刊因此销声匿迹。1914 年，随着第一次世界大战的到来，报刊处于严格的军事审查的规制下，很多报刊禁止出版。即使出版，其内容也是根据当局命令来确定的。

德意志帝国一直实行保守而严格的新闻管制，这样的局面一直持续到第一次世界大战结束。1919 年颁布的魏玛共和国宪法，在 118 条规定废止了新闻审查并保证了言论自由，在形式上结束了几百年来的新闻审查制度。但是宪法对新闻出版自由并没有特别的保护。魏玛宪法第 48 条规定，在特殊和紧急情况下，总统享有最终决定权。在这一特殊规定下新闻和言论自由就只能失效了。

第三章 19世纪德国报业的现代化

CHAPTER 3

19世纪五、六十年代德意志境内的经济开始快速发展,这也为日后的统一打下了坚实的基础。而对统一要求最为迫切的,并非占有土地和财产的容克地主(Junker),而是资产阶级。1871年1月1日,新的帝国悄无声息地成立了。1月18日,因为参与普法战争的普鲁士军队还在巴黎,德意志帝国的皇帝就位仪式便就近在凡尔赛宫举行,普鲁士国王威廉一世(Wilhelm I, 1797—1888)被加冕为德意志皇帝。德意志帝国是一个专制政权,帝国议会虽然由普选产生,但却没有多少实权,君主的权力仍然完整无缺。经过近千年的分裂,德意志这片土地终于统一。

图 26　安东·冯·维尔纳（Anton von Werner）创作的油画，描述了 1871 年 1 月 18 日德意志帝国在巴黎凡尔赛宫镜厅成立时的场景。左侧站在台上的为威廉一世，右侧着白色军服的为俾斯麦。[①]

19 世纪上半叶由于政治和社会条件的影响，媒介审查和管理极为严格，德国报业没有任何自由可言，更没有任何明显的变化。但随着印刷技术的发展以及 1848 年欧洲革命的结束，媒介审查变得宽松，于是 19 世纪中叶以后，德国报纸在版面上产生了比较大的变化，陆续出现了插图和大字标题，厚度也有所增加。由于审查的放宽，大量非政治类的报道出现在杂志上，内容也非常贴近日常生活，从而进入了大众杂志飞速发展的时代。报业的飞速发展也促成了大规模报业集团的形成。至此，报刊开始成为一种产业并进入到工业化集中生产的时代。

---

① Museen Nord/Bismarck Museum.

一、报纸的发展

19世纪中后期的社会产生了巨大的变化,欧洲主要国家陆续进入第二次工业革命,印刷技术不断革新,更重要的是1848年革命改变了欧洲原有的政治格局,陈旧保守的国家,如普鲁士和奥地利在革命中损耗过大,再加上自由主义思潮的兴起,欧洲各国也开始思考通过改革以寻求发展之路。这时德国也第一次较为全面地获得了新闻出版自由。

1848年欧洲革命前的报刊受到非常严格的审查,只有短期的出版自由。但是1850年后,信息报的蓬勃发展给报业带来了大量经济效益。关于报业的法律体系也渐渐完善,1874年帝国议会通过了《帝国媒介法》,以法律的形式规范了媒介管理,同时禁止报刊审查等特权行为。帝国议会有权在多数表决通过后限制或者提升新闻自由。1878年10月21日,俾斯麦与帝国议会制定了针对社会民主党人的《反社会主义法》。但是这项法律中规定了例外情况,当与《帝国媒介法》相抵触时,《反社会主义法》中的部分规定将失效。这使得刚刚脱离审查制度的政党报刊迈入了多元化的发展时期。

此时德国的经济也开始恢复和发展,劳动力市场不断扩大,人们有了稳定的经济收入后,购买能力也有所提高。这些都是19世纪报刊发展的重要经济前提。信息报和广告业也随着报刊不断扩大,形成全国性的广告垄断机构。随着工业化的发展和人们对信息需求量的增加,报刊的消费群体也从原来的精英阶层扩展到普通群众,报刊的价格相应下降,面向更多的读者群体。[①]

---

① Wilke, Jürgen: Grundzüge der Medien-und Kommunikationsgeschichte.Köln: Böhlau Verlag, 2008, S.155f.

技术发展也是19世纪报业快速发展的重要因素。1811年快速印刷机和1829年铅版浇铸术相继问世。从1872年开始，采用蒸汽机为动力的工业化卷筒印刷机取代了单张纸印刷机，使得报刊的大量发行成为可能。特别是1884年梅根塔勒（Ottmar Mergenthaler，1854—1899）发明的排版机，使得报纸印刷的时候可以在不同版面之间快速转换。此外，德国1835年以后开始使用铁路运输，1849年后开始推广电报。这些新的信息传递媒介加强了地区间的联系并加快了信息的传播速度，也为后来通讯社的产生提供了技术基础。①

表5 1800—1928年每台印刷机每小时的印刷量②

年 份	印量/小时	版 面	年 份	印量/小时	版 面
1800	125	4	1876	12000	8
1814	950	4	1895	12000	32
1840	2400	4	1928	54000	32

此外，人们不断增长的教育水平和识字率提高了报纸的阅读能力和信息需求。19世纪中后期，报纸和杂志已经在拥有社会平均教育水平的人群中普及，不仅仅在城市，农村地区也是如此。社会上快速增加的对新知识和信息的兴趣也促使媒体不断缩短出版周期。到1870年以后，报刊的编辑开始根据读者兴趣对报纸内容分类，按照政治、经济、文化、体育和地方新闻来排版，记者和编辑的职业分工开始明确，记者也和其他行业一样，作为专业职业技能确立下来。

特别是1848年废除审查制度以后，大量报刊如雨后春笋般迅速增长。那些在1848—1850年间因革命需要而成立的报刊，以及后来新成立的报刊如洪水一般涌入原本已经饱和的报业市场，一时间报刊面临着激烈的生存竞

---

① Gerhardt, Clauas: Geschichte der Druckverfahren.Teil 2: Der Buchdruck. Stuttgart: Anton Hiersemann, 1975, S.114ff.

② Fischer, Bernhard: Der Verleger Johann Friedrich Cotta: chronologische Verlagsbibliographie 1787 —1832.Aus den Quellen bearbeitet,（Deutsches Literaturarchiv.Verzeichnisse, Berichte, Informationen, Bd.30/1-3）, Bd.1. München, 2003, S.68.

争。随后，当局采用了与三月革命期间类似的报刊压制手段，控制了报刊的数量。政府对报刊的管理和调控一直持续了近25年，直到1874年《帝国媒介法》颁布以后，才产生了比较适合报刊生存和发展的社会环境，报业稳定而快速的增长时期到来了。1862年在德意志帝国境内发行的报刊有1300种，到1881年时已经翻倍到了2400多种。1890年后报刊更是增加到了3400种，并且在第一次世界大战前达到顶峰。1900年世纪之交时，已经有11%的报纸发行量在5000份以上。小报在这时得到了充分发展，每期大约发行1000份，其内容也极为丰富，报道的标题数量竟然占所有发行报纸标题数量的42%。①

到19世纪末期，德国的报刊主要有两类：一种是政党和其他团体出版的思想启蒙类的政党类报刊；另外一种是在政治上中立的、主要在地方出版的、以传递广告和地方信息为主的大众报刊，包括一些跨地区出版的、涵盖了大量政治、经济和文化新闻的高质量报刊。它们虽然宣传某些政治理念并试图影响舆论，但在形式上却是独立于政党的。其中最有名的当属1856年创办的《法兰克福报》(*Frankfurter Zeitung*)、《北德意志总汇报》(*Norddeutsche Allgemeine Zeitung*，后来改名为 "*Deutsche Allgemeine Zeitung*"《德意志总汇报》) 和鲁道夫·莫瑟 (Rudolf Mosse, 1843—1920) 创办的《柏林日报》(*Berliner Tageblatt*)。

1. 政党类报刊

随着议会民主制度的发展，德意志帝国议会内的党派也更加多元化。19世纪后半期，参政议政引起社会各阶层人民的关注，读者通过政党报刊开始了解政党的诉求和基本指导思想，政党报刊因而也起到了思想政治教育和宣传动员的作用。尤其对于新成立的政党来说，报刊就是重要的政党思想代言人，因此他们也创办了很多新的报刊。在办报实践中，各个政党也越来越意识到报刊在组织和社会动员中起到的重要作用：报刊能够让人们更加熟悉和了解政党，树立新的舆论领袖。在这一理念下，众多党派开始通过出版 "思想

---

① 这里要注意的是，由于地方小报在转载其他新闻的时候，可能会更改原来的标题，所以原本同一条新闻的标题就会被重复计算，因此42%的数字不一定完全准确。详见 Wilke, Jürgen: Grundzüge der Medien-und Kommunikationsgeschichte. Köln: Böhlau Verlag, 2008, S.259ff.

意识报"（Gesinnungspresse）来宣传政党的思想理念。当时政党类报刊在形式上主要分为三种：一为政党所创办并完全隶属于政党的报刊，主要扮演政党和官方机关报的角色；二为完全支持和宣传政党思想，但是在组织和经济上都独立的报刊；最后一种是偏向政党的报刊，在思想上比较亲近政党理念，但是所有运作都遵循报刊出版规律和市场运作规律的报刊。①

1848年维也纳和柏林陆续发生三月革命（Märzrevolution），德意志境内的自由主义者将德意志邦联的统一和民主自由作为革命的目标。柏林的中产阶级与工农阶级聚集在王宫广场，要求实行出版自由、召开联合会议，并组织人民自卫团。新闻出版因此进入空前自由的环境，社会思想和政党派别也进入多元化时代。1850年前后，除了一些传统老党派出版的相对保守的报刊外，新兴党派开始办报传播自由主义新思想。此后，党派报刊的发展大致可以分为几个阶段：1850到1860年这10年间主要是保守派报刊占主导地位；1860年之后的10年自由派报刊登上历史舞台；1870到1880年则是中间派的天主教报刊的重要发展时期。此后几年，社会民主党和社会主义报刊开始产生重要影响。②

表6　1848年欧洲革命前后在德国创办的主要政党类报刊③

报刊名称	创办人/发行人/负责人	出版时间	政治立场
《德意志报》(Deutsche Zeitung)	格奥尔格·哥特弗里德·格维努斯（Georg Gottfried Gervinus）	1847.7.1—1850.12.31	保守主义
《国民报》(National-Zeitung)	弗里德里希·扎贝尔（Friedrich Zabel），伯恩哈德·伍尔夫（Bernhard Wolff）	1848.4.1—1938.9.30	自由主义
《新莱茵报》(Neue Rheinische Zeitung)	卡尔·马克思（Karl Marx）	1848.6.1—1849.5.19	早期社会主义

---

① Pürer, Heinz/Raabe, Johannes: Presse in Deutschland (3.Auflage).Konstanz: UTB, 2007, S.66.
② Koszyk, Kurt: Deutsche Presse im 19.Jahrhundert. Berlin: Colloquium Verlag, 1966, S.130.
③ Stöber, Rudolf: Deutsche Pressegeschichte (2.Auflage).Konstanz: UTB, 2005, S.232.

续表

报刊名称	创办人/发行人/负责人	出版时间	政治立场
《新普鲁士报》《十字报》（Neue Preußische Zeitung）	主编赫尔曼·瓦格纳（Hermann Wagener），创办人恩斯特·路德维希·冯·格尔拉赫（Ernst Ludwig von Gerlach）与奥托·冯·俾斯麦（Otto von Bismarck）	1848.6.30—1939.1.31	普鲁士保守主义
《人民时报》（Volkszeitung，后更名为《柏林人民报》，Berliner Volkszeitung）	弗兰茨·董柯（Franz Duncker）	1849.3.29—1853.3.25；1853.4.9	民主主义

（1）保守派报刊

保守派的主要势力范围集中在普鲁士，所以其报刊的发展也和普鲁士的命运紧紧联系在一起。其中最有名的当属俾斯麦1848年6月1日在柏林参与创办的《新普鲁士报》（Neue Preußische Zeitung），因为报头的报刊名称用铁十字装饰，① 也称作《十字报》，发行量在一万份以下。这份报纸算是最早的完全由政党出资创办的报纸之一，因为普鲁士首相俾斯麦参与了创办，并前后为其撰写了125篇文章。首任主编为赫尔曼·瓦格纳（Hermann Wagener，1815—1889）。另外一份大力支持俾斯麦政策的报纸是1861年7月1日在柏林创办的《北德意志总汇报》。1890年俾斯麦将这份报纸定位为政府的机

图27 《新普鲁士报》（《十字报》）1914年8月7日头版

---

① 铁十字本身来源于条顿骑士，1199年9月19日，教皇英诺森三世（Papst Innozenz III）颁布训令所有骑士穿白色披风，上绣红色十字和宝剑，并且佩戴黑色十字章。大概在1870年后成为德国三军的通用标志。

关报。

此外，保守派的报纸还有1866年创办的《邮报》(Post)，由重工业界出资创办的《莱茵-威斯特伐利亚报》(Rheinisch-Westfälische Zeitung)，以及由反犹太人的农民协会在1894年9月创办的《德意志日报》(Deutsche Tageszeitung)。各行政机构和各县创办的报刊也都属于保守派报刊。1847年欧洲革命前夕，海德堡还"按照保守原则"出版了《德意志报》。这份报纸致力于监督税收的使用情况和政府部长的工作。①

右派保守势力扶持下的报纸几乎都是小报，发行范围也仅限于特定地区。在普鲁士，保守派报刊的"顶梁柱"就是各县创办的地方报刊。19世纪70年代，它们的发行量基本都在2000份以下，后来偶尔增加到5000份。②但是，这些地方保守派报刊对当地社会的发展起到了重要的引导作用。其中最著名的当数《省域通讯》(Provinzial-Correspondenz)，这是当时最大的周报。并且由于这份报纸是普鲁士首相俾斯麦的代言人，几乎所有保守党的报刊都会转载这份报纸上的报道。

（2）革命民主派报刊的代表——《新莱茵报》

比较激进的革命民主派也在这一时期创办了很多报刊。特别在普鲁士，1840年新上任的弗里德里希·威廉四世是一个相对开明的君主，他上台后放松了出版管制，也

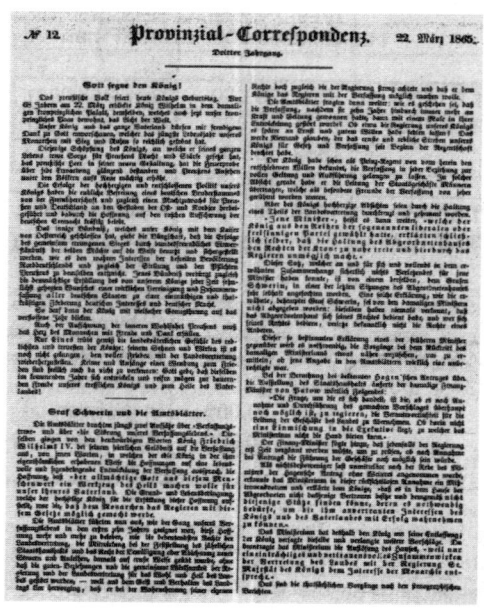

图28　1865年3月22日的《省域通讯》版面

---

① Stöber, Rudolf: Deutsche Pressegeschichte（2.Auflage）.Konstanz: UTB, 2005, S.233.
② 同上，第240页。

给政党报刊带来了一丝生机。革命派报刊中的代表是马克思（Karl Heinrich Marx，1818—1883）和恩格斯（Friedrich Von Engels，1820—1895）1848年在科隆创办的《新莱茵报》。这份报纸的前身是《莱茵报》，1842年10月开始由马克思担任主编，报刊的风格也开始向激进的民主和社会主义方向改变。① 可惜因马克思在报纸发表文章批评德国的社会问题，普鲁士皇帝于1843年1月21日下令撤销《莱茵报》的发行许可。1848年6月1日，三月革命后的普鲁士暂时中止报刊审查，马克思和恩格斯在科隆出版《新莱茵报》，推行社会主义革命理念。恩格斯在《马克思和〈新莱茵报〉》一文中详细描述了资产阶级首先在欧洲掀起1848年革命，但却无法在德国进行彻底革命的根本原因，以及《新莱茵报》的使命：②

当时德国资产阶级还刚刚开始建立自己的大工业，它既没有力量也没有勇气去争得在国家中的绝对统治地位，也没有争得这种地位的迫切要求；无产阶级也是同样不发展的，是在完全的精神奴役中成长起来的，没有组织起来，甚至还没有能力独立地进行组织，它只是模糊地感觉到自己的利益同资产阶级的利益的深刻对立。因此，虽然它在实质上是资产阶级的危险敌人，但另一方面它仍然是资产阶级的政治附庸。资产阶级不是被德国无产阶级当时的样子所吓倒，而是被它势将变成而法国无产阶级已经变成的样子所吓倒，所以资产阶级认为唯一的生路就是去同君主制度和贵族进行任何的、甚至最懦弱的妥协；而无产阶级则由于还没有意识到自己的历史使命，所以它的绝大多数起初不得不充当资产阶级最先进的极左翼的角色。当时德国工人应当首先争得那些为独立地组成阶级政党所必需的权利：出版、结社和集会的自

---

① Dussel, Konrad: Deutsche Tagespresse im 19. und 20.Jahrhundert.Berlin: LIT Verlag Dr.W.Hopf, 2011, S.35.
② 弗里德里希·恩格斯，《马克思和〈新莱茵报〉》，《马克思恩格斯全集（中文版第21卷）》，北京，人民出版社，1958年，第19页。

由——这些权利本是资产阶级为了它自己的统治必须争得的，但它现在由于害怕工人竟不赞成这些权利。两三百个分散的同盟盟员消失在突然卷入运动的广大群众中间了。因此，德国无产阶级最初是作为最极端的民主派登上政治舞台的。

当我们着手在德国创办一种大型报纸的时候，这种情况就决定了我们的旗帜。这个旗帜只能是民主派的旗帜，但这个民主派到处，在各个具体场合，都强调了自己的特殊的无产阶级性质，这种性质是它还不能一下子就写在自己旗帜上的。如果我们当时不愿意这样做，不愿意站在已经存在的、最先进的、实际上是无产阶级的那一端去参加运动并推动运动前进，那我们就会只好在某一偏僻地方的小报上宣传共产主义，只好创立一个小小的宗派而不是创立一个巨大的行动党了。但我们已经不适于做沙漠中的布道者：我们对空想主义者研究得太清楚了，而我们制定自己的纲领也不是为的这个。

随着工人运动而兴起，《新莱茵报》也得以发展。创办初期发行量达6000份。① 但是一年后，工人运动陆续受到镇压。1849年普鲁士再次禁止这份报纸出版，《新莱茵报》不得不在同年5月19日停刊。

（3）自由主义报刊

自由主义在德国的发展并不是直线式的，其思想也先后发生过多次转变。尤其是19世纪三四十年代和六七十年代之间的自由主义思想出现断层，前后变化非常明显。关于这一点，1865年在慕尼黑出版的《德意志天主教历史—政治报》(*Historisch-Politische Blätter für das Katholische Deutschland*)中有类似的评论："今天的自由主义并不是指自由思想，支持自由思想的人也并不是

---

① Dussel, Konrad: Deutsche Tagespresse im 19. und 20.Jahrhundert.Berlin: LIT Verlag Dr.W.Hopf, 2011,S.48. 另外恩格斯在《马克思和〈新莱茵报〉》一文中也提过发行量，详见《马克思恩格斯全集（中文版第21卷）》，北京，人民出版社，1958年，第26页。

自由主义者"。① 自由主义思想在 19 世纪 50 年代发生了怎样的变化，我们难以推断，但是可以明确的是，在 19 世纪 30 年代，关于自由主义的定义还比较统一，和自由思想直接相关。后来由于国家的压力和影响越来越大，自由派所宣称的自由主义思想也开始发生变化。②

1860 年后一些支持自由主义（民主主义）的政党报刊相继问世，它们在政治立场上比较温和，居于右派的保守主义和左派的自由主义之间。1848 年首批成立的左派报刊包括柏林的《国民报》（发行量 8500 份，1910 年被鲁道夫·莫瑟收购后更名为《八点晚报》，*Acht-Uhr Abendblatt*）、《科隆报》（*Kölnische Zeitung*）和《慕尼黑最新新闻》（*Münchner Neuesten Nachrichten*）。以德国进步党（Deutsche Fortschrittspartei）为核心的自由主义党派也相继创办了《法兰克福报》（*Frankfurter Zeitung*）、《福斯报》（*Vossische Zeitung*）、《人民时报》（后更名为《柏林人民报》，*Berliner Volkszeitung*）和《柏林日报》。

图 29 《新莱茵报》5 月 18 日第 301 期，也就是最后一期版面，用红色墨水印刷，马克思撰写了停刊致辞。

---

① Koszyk，Kurt：Deutsche Presse im 19.Jahrhundert. Berlin：Colloquium Verlag，1966，S.139.
② 同上，第 140 页。

表7　19世纪创办的一些自由主义报刊①

报刊名称	创办人/发行人/负责人	出版时间	发行量（万份）
《福斯报》	克里斯提安·福斯（Christian Friedrich Voß，19世纪发行人）；格奥尔格·伯恩哈德（Georg Bernhard，1914年主编、1920—1930年）	1617—1934.3.31	1776：0.2 1848：2.4 1918：8.0 1928：6.537 1934：4.1
《科隆报》	马尔库斯·杜蒙（Marcus DuMont，出版社创办人）；海因里希·布吕格曼（Heinrich Brüggemann，1845—1855年主编）	1802.6.9—1809.8.31； 1814.1.14—1945.3.11	1802：0.025 1848：1.7388 1870：4.0 1923：8.0
《法兰克福报》	里奥波德·索讷曼（Leopold Sonnemann，出版社创办人）；无主编，仅由其他工作人员管理	1856.8.27—1943.8.31	1862：0.35 1890：3.48 1917：17.0 1934：10.0 1943：3.0
《柏林日报》	鲁道夫·莫瑟（出版社创办人）；西奥多·伍尔夫（Theodor Wolff，1906—1933年主编）	1872.1.1—1939.1.31	1872：0.5 1900：6.8 1914：23.0 1931：15.0

（4）社会民主党报刊

1875年5月22—27日，全德工人联合会（Allgemeine Deutsche Arbeiterverein，ADAV）和社会民主工党（Sozialdemokratische Arbeiterpartei，SDAP）合并成"德国社会主义工党"（Sozialistische Arbeiterpartei Deutschlands，SAP），1890年后更名为德国社会民主党（Sozialdemokratische Partei Deutschland，SPD）。社会主义和社会民主主义报刊开始发展，起先只有两种周报，到1877年增长到42种报刊，其中包括著名的《前进报》（Vorwärts），一开始的时候，这份报纸在社会民主党内的影响并不大，到1891年才成为核心机关报。1878年由于《反社会主义法》的颁布，社会民主党的所有小报（Blätter）一律被取缔，该党所有的日报也被迫终

---

① Heenemann, Horst: Die Auflagehöhen der deutschen Zeitung.Ihre Entwicklung und ihre Probleme. Diss.Phil Leipzig, Berlin, 1929.

止出版，于是社会民主党成立了流亡报刊《社会民主党人》(Der Sozialdemokrat)并转向苏黎世，后来到伦敦出版。一直到1890年《反社会主义法》撤销以后，社会民主党的报刊出版才开始恢复。比较亲近该党的报刊放弃了原本反对资本主义、推行共产主义的理念，开始脱离党派的支持而依靠广告收入独立经营。

表8　19世纪创刊的社会民主党报刊①

报刊名称	主编和发行人	出版时间	发行量（份）
《社会民主党人》《新社会民主党人》(Neuer Social-Demokrat)	吉恩·帕普斯特·冯·施魏策尔（Jean Baptist von Schweitzer）；威廉·哈瑟尔曼（Wilhelm Hasselmann）/威廉·哈森克莱弗（Wilhelm Hasenclever）	1864.12.15试刊；1865.1.4—1871.4.30；1871.7.2—1876.9.27	1869：5000 1871：2800 1876：14000
《社会民主周报》(Demokratisches Wochenblatt)；《人民国家报》(Volksstaat)	威廉·李卜克内西（Wilhelm Liebknecht，1890—1900）	1868.1.4—1869.9.30；1869.10.2—1876.9.29	1873：7675
《前进报》（前身为《社会民主周报》和《人民国家报》）	威廉·李卜克内西（1890—1900）/卡尔·艾斯讷（Karl Eisner，1899—1905）/弗里德里希·施坦普费尔（Friedrich Stampfer，1916—1933）	1876.10.1—1878.10.27；1891.1.1—1933.2.28	1877：12000 1912：165000 1917：160000 1918：300000 1922：100000 1931：76000

（5）中间派天主教报刊

19世纪德国的天主教成员组成了一些天主教党派来参与政治斗争。他们的报刊可以追溯到1837年反对普鲁士的"科隆教会大辩论时期"（Kölner Kirchenstreit）。当时约瑟夫·格雷斯（Joseph Görres，1776—1848）创办了《亚他那修》②（Atanasius）杂志来激烈批评普鲁士的新教政策，支持全德意志

---

① Stöber, Rudolf: Deutsche Pressegeschichte (2.Auflage).Konstanz: UTB, 2005, S.246.
② 亚他那修（298年—373年5月2日）为天主教圣人。在世时是埃及亚历山大城的主教、东方教会的教父之一。

天主教的斗争。1838年，天主教第一份政治期刊《德意志天主教历史－政治报》创立，这份杂志在1848年欧洲革命期间对天主教信徒和党员起到了重要的宣传和教育作用，并一直出版到1922年。随后，两份重要的反俾斯麦政府的天主教报刊——《科隆人民报》（*Kölnische Volkszeitung*）和《日耳曼报》（*Germania*）分别在1869年和1871年创办。天主教报刊的数量开始增加，一时间上升到288种，但它们大部分是由私人出资出版的小型报纸，发行量在500到2000份之间。

表9　19世纪创刊的主要天主教报刊[①]

报刊名称	主编和发行人	出版时间	发行量（份）
《科隆人民报》	赫尔曼·卡道恩斯（Hermann Cardauns，主编）	1860.4.1—1941.5.31	1860：1650 1872：7200 1892：12000 1918：40000
《日耳曼报》	保罗·马钧柯（Paul Majunke, 1871—1878年主编）	1871.1.1—1938.12.31	1871：5600 1874：8600 1931：43200

1871年德国统一后，天主教和以普鲁士为主导的国家之间的矛盾进一步激化，天主教的刊物被大量查封。1874年10月，政府下达了748个针对天主教报刊的处罚令。1875年达到顶峰，共有1004个处罚令，1880年又下降到170个。[②]到19世纪末，众多天主教报刊由于遭遇经济困境几乎无法生存。因此，1878年天主教报刊的记者和出版社还组成"奥古斯丁出版联盟"（Augustinus-Verein）和通讯会（Korrespondenz-Dienst），为困境中的报刊提供资助。[③]

[①] Stöber, Rudolf: Deutsche Pressegeschichte（2.Auflage）.Konstanz：UTB，2005，S.244.
[②] Verlag der Frankfurter Zeitung（hrsg.）: Geschichte der Frankfurter Zeitung 1856 bis 1906. Frankfurt a.m.: Druckerei von A. Osterrieth, 1906, S, 254; Stöber, Rudolf: Deutsche Pressegeschichte（2.Auflage）.Konstanz：UTB，2005，S.242-243.
[③] Pürer, Heinz/Raabe, Johannes: Presse in Deutschland（3.Auflage）.Konstanz：UTB，2007，S.67.

19世纪末到20世纪初期正是政党报刊从单一向多元、从少数向多数发展的重要时期，根据1912年的统计，政党报刊的数量占德国所有报刊数的一半，其中左派自由主义的报刊占主导地位，共有608种，右派保守主义的547种，中央党和天主教的报刊占454种，社会民主主义报刊占74种。当时发行量比较大的日报多是无党派性质的或者自由主义的日报，在全国16种大型日报里，无党派的日报就占了10种，日发行量过百万。而政党报刊则完全不同，和党派靠得越近的，发行量就越小。所以为了吸引更多的受众和扩大影响，政党报刊也试图和普通大众报刊竞争，在标题和内容上下功夫。①

2. 大众报刊

从19世纪80年代开始，报刊发展进入现代化时期。除了印刷术的不断革新，这一时期还有一个重要的特点，就是大众化报刊的普及。早在19世纪30年代，在美国、法国和英国，廉价而发行量大的"便士报"就已经产生了，但是这类报刊在德国出现得相对较晚。

1845年，德国首份大众报纸《德国信息总汇报》（*General-Anzeige für Deutschland*）在莱比锡诞生。这份大众报纸的内容类似信息报，是商业、运输业和手工业从业者的信息中枢。该报试图保持超越政党的中立立场，办报理念为"详细报道地方各类新闻，紧密联系读者"。这份报纸最大的特点就是具有娱乐性的标题，连载小说和和叙事性的报道风格，因而更加贴近读者群体。② 大众报刊的另一特点是独特的经营模式。传统的报刊的收入主要来源于订阅费用，广告只是收入的一小部分。但大众报刊则完全相反，广告成为报刊的主要赢利方式，因为报刊的价格也比较低。刚刚开始的时候，大众报刊是免费的，或者只收取邮寄投递费用（大约每个月10芬尼③），因此吸引了大量的读者，广告内容也得以大范围传播。大众报刊在这个时代能够飞速发展还有一个重要的因素，那就是由于造纸技术的进步，纸张的价格大幅下降，

---

① Pürer, Heinz/Raabe, Johannes: Presse in Deutschland（3.Auflage）.Konstanz: UTB, 2007, S.68–59.
② 同上，第68页
③ 芬尼为德国辅币单位，100芬尼等于1马克。

一些私营小报也开始采用免费订阅的方式，报纸印刷量骤增。①

在乡村的中心地带和大城市，大众报刊取得了丰硕的成果。奥古斯特·谢尔（August Hugo Friedrich Scherl，1849—1921）1883年创办的《柏林地方报》（Berliner Lokal-Anzeiger）开始的时候只是周报，两年后市场需求扩大，于是变为日报，到1899年世纪之交时这份报纸的发行量已经达到20万份，其中15万份订阅，其余的零售。大量全国性的出版商涌现，著名的出版商威廉·吉拉德（Wilhelm Girardet，1838—1918）在全德境内7个城市出版大众报纸。号称"大众报纸皇帝"的胡克（August Huck，1849—1911）所发行的报刊也达到70万份，覆盖了从慕尼黑到奥尔登堡②的广大地区。仅印刷商利奥波德·乌尔施泰因（Leopold Ullstein，1826—1899）出版的《柏林晨邮报》（Berliner Morgenpost）在1903年每天的发行量就达到了25万份，1904年更是超过了每天40万份。大众报刊发展态势一片良好，但是由于出版审查早已废除，报刊除了自律以外没有任何的调控和管理机构。过度自由带来的是市场混乱和恶性竞争，众多报刊试图通过价格战来赢得生存空间，而过低价格又会损害出版商自己的利益。于是1894年各报纸出版商联合起来，通过"德国报纸发行人联合会"（Verein Deutscher Zeitungsverleger，VDZV）制定了《对遭受低价竞争破坏的广告报刊的规定》（Regelung des durch Preisschleuderei verdorbenen Anzeigengeschäftsblätter），用来约束那些价格过低的广告报刊。③

《柏林晨邮报》取得巨大成功后，印刷商乌尔施泰因又在1904年创办《柏林午间报》（Berliner Zeitung am Mittag），这是德国首份通俗化的"马路报刊"（Boulevardzeitung）。④大众报刊的数量和发行量在20世纪初期呈现高速发展

---

① Wolter, Hans-Wolfgang: Geschichte des General-Anzeigers.In: Leonhardt, Joachim-Felix; Ludwig, Hans-Werner; Schwarze, Dietrich; Strassner, Erich（Hrsg.）: Medienwissenschaft.2.Teilband. Berlin: de Gruyter, 2001, S.937.

② 德国下萨克森州城市。

③ Pürer, Heinz/Raabe, Johannes: Presse in Deutschland（3.Auflage）.Konstanz: UTB, 2007, S.68.

④ 德国的"马路报刊"在形式上类似美国的"黄色报刊"，因在街头叫卖而得名，Boulevard就是法语中大道的意思。其内容耸人听闻，并配有大量图片，语言简单易懂。

的态势，到1914年第一次世界大战前，德国境内已经有4200种报刊，发行量总共达到1800万份，一战期间报刊的发行量继续增加到2500万份，但是到1926年时因为经济危机的影响，报刊的种类下降到3250种，总发行量也只有2000万份。到1932年纳粹上台前夕，报纸数量恢复到4700种，但发行量仅有1860万份。从19世纪末到20世纪初期，德国的报刊数量和报道内容的多元化均位居欧洲前列。

二、杂志的发展

19世纪杂志的发展路径也和报纸相似，由于受到拿破仑时期新闻政策和出版审查制度的压制，直到19世纪30年代才进入现代化的发展时期。由于受到英国大众廉价杂志理念的影响，此时德国也产生了社会影响力和普及率都很高的"芬尼杂志"，其内容也致力于"向社会各界推广有用的知识信息"。其中最典型的就是插图大众杂志，价格低廉，每份只需10芬尼，8个版面印刷着大量插图，每周六出版，内容以生活娱乐信息和介绍技术进步的科普文章为主，完全不涉及政治和宗教内容。1834年，已经出版了很多报纸的布洛克豪斯出版社（Verlag F.A.Brockhaus）打算发行一份和之前的专业报刊不同的大众普及型杂志，于是创办了《芬尼杂志》（*Pfennig-Magazin*）。这份杂志仅第一年发行量就达到了35000份，后来增长到大约10万份。每周出版的插图杂志也开始陆续问世，包括1843年在莱比锡创刊的《图画周刊》（*Illustrirte Zeitung*）和1891年在柏林创办的著名的《柏林图片周刊》（*Berliner Illustrirte Zeitung*）[1]。这些期刊采用木刻雕版印刷图片，后来改为照片。和《芬尼杂志》不同的是，这些图片周刊还登载与新近消息有关的图片。[2]

---

[1] 《图画周刊》和《柏林图片周刊》的德语原文名称都是用了"报纸"（Zeitung）一词，但是从发行周期和内容的时效性，以及整本发行的形式来看，它们已经属于杂志。在Pürer和Raabe所著的《德国报刊》（S.54–57）一书中他们也将这些周刊划归为杂志，所以这里我们沿用这一说法。

[2] Pürer, Heinz/Raabe, Johannes: Presse in Deutschland（3.Auflage）.Konstanz: UTB, 2007, S.70.

《柏林图片周刊》取得了巨大成功，到19世纪末期发行量已经突破4万份。同样成功的还有19世纪50年代创办家庭杂志（Familienzeitschriften），内容以生活娱乐类为主，文章风格也和传统的"道德周刊"相似，同时为读者介绍实用的社交礼仪，但几乎不报道时事政治新闻。家庭杂志的读者定位也比较广泛，全面涵盖从青年到老年中受过教育的群体，女性和男性都是目标读者。第一份家庭杂志是出版商顾茨科夫（Karl Gutzkow，1811—1878）1852年在莱比锡布洛克豪斯出版社出版的《家庭围炉娱乐杂志》（*Unterhaltung am häuslichen Herd*）。

图30 《家庭围炉娱乐杂志》第一期首页

次年，出版商凯尔（Ernst Keil，1816—1878）创办的《园圃小屋》（*Gartenlaube*）成为家庭杂志中最典型也是最成功的案例。通过大量美丽的图片，编辑试图让读者在阅读时体验园林中独处时的那种闲情逸致。文章采用叙事风格，力求让读者在休闲的阅读享受中了解医学和自然科学知识。大量著名的作家，如冯塔纳（Theodor Fontane）、拉贝（Wilhelm Raabe）或者斯通（Theodor Storm）都为杂志写稿。1874年，这份杂志的发行量惊人地达到了40万份。可惜凯尔去世以后，出版社成员几经更替，短短几年内读者人数就开始减少。

在出版重镇莱比锡之外的地方，一些家庭杂志也陆续创办。例如1864年开始在比勒费尔德①发行的天主教家庭杂志《家园》（*Daheim*），它试图和影响巨大的非宗教家庭杂志《园圃小屋》竞争，但最终未能成功。此外还有出版商哈

---

① 德国北莱茵－威斯特伐利亚州城市。

伦伯格（Eduard Hallenberger）在斯图加特出版的《图片世界》（*Illustrirte Welt*）和《居家》（*Zu Hause*）杂志。① 19 世纪后半期，总共有 182 种新成立的家庭杂志问世，到 1930 年又增加了 131 种。②

除了家庭娱乐杂志，19 世纪下半叶还产生了多种杂志形式，如 1850 年开始盛行的政治文化杂志。包括普鲁茨（Robert Eduard Prutz, 1816—1872）和伍尔夫松（Wilhelm Wolfsohn, 1820—1865）1851 年起编辑发行的《德国博物馆》（Deutsches *Museum*）杂志，1855 年创刊的保守杂志《柏林周刊》（*Berliner Revue*）和 1856 年问世的《维斯特曼月刊》（*Westermanns Monatshefte*）。

图 31　家庭杂志《园圃小屋》1895 年第 12 期的封面③

此外，这一时期还存在着评论杂志（Rundschauzeitschriften），其印刷纸张较小，大量文字充斥版面，内容糅合了高质量的政治、科学和文化类报道。早期的评论杂志包括 1841 年创刊的《边界使者》（*Die Grenzboten*）和 1874 年问世的月刊《德国评论杂志》（*Deutsche Rundschau*），还有保罗·林道（Paul Lindau, 1839—1919）出版的《南北》（*Nord und Süd*, 1877—1904），马克西米连·哈登（Maximilian Harden, 1861—1927）投资出版的《未来》（*Die Zukunft*, 1892—1922）杂志，卡尔·克劳斯（Karl Kraus, 1874—1936）的《火炬》（*Die Fackel*, 1899—1936），莱比锡出版的右派保守评论杂志《行为》（*Tat*），以及斯

---

① Pürer, Heinz/Raabe, Johannes: Presse in Deutschland（3.Auflage）.Konstanz: UTB, 2007, S.70.
② Stöber, Rudolf: Deutsche Pressegeschichte（2.Auflage）.Konstanz: UTB, 2005, S.266.
③ Achiv des Instituts für Kommunikationswissenschaft und Medienforschung der Universität München.

图32 《维斯特曼月刊》1856年创刊号封面

图33 《世界舞台》1929年3月12日的封面

特凡·格罗斯曼（Stefan Grossmann，1875—1935）和利奥波德·施瓦茨希德（Leopold Schwarzschild，1851—1950）在柏林出版的《日记》（Das Tage-Buch，1920—1933）杂志。而其中最著名的当数自由派的《世界舞台》（Die Weltbühne）杂志，由齐格弗里德·雅各布森（Siegfried Jacobsohn，1881—1926）和卡尔·冯·奥西埃茨基（Carl von Ossietzky，1889—1938）出版，德国著名的记者、作家和评论家库尔特·图霍尔斯基（Kurt Tucholsky，1890—1935）指导。① 他前后总共为《世界舞台》撰写了1500多篇文章，有时也用笔名卡斯巴·豪塞尔（Kaspar Hauser）、彼得·潘特（Peter Panter）、提奥巴尔特·泰格尔（Theobald Tiger）和伊格纳斯·若贝尔（Ignaz Wrobel）来署名。

在1848年欧洲革命期间和革命之后，社会上还广泛流行一种讽刺文学杂志（Satirezeitschrift）。三月革命期间，慕尼黑诞生了《飞行传单》（Fliegende Blätter，1845—1945）。在柏林，短短几个月就产生了35种以上的讽刺文学杂志，例如知名的《喧声》（Kladderadatsch，1848—1944），在斯图

---

① 图霍尔斯基是魏玛共和国时期最重要的记者和评论家。他致力于时政类文章的写作，并以德国诗人海因里斯·海涅为榜样，通过写作抨击社会现状。他的作品也多为讽刺小品、小剧场剧本、歌词和诗。

加特发行的《慕尼黑潘趣酒》①（*Münchener Punsch*，1848—1871）和亲近德国共产党的《诙谐者》（*Eulenspiegel*，1848—1853），还有由库尔特·图霍尔斯基指导的、著名出版商莫瑟在柏林发行的《恶作剧》（*Ulk*，1872—1933），以及开始在汉堡发行，后来搬到斯图加特的社会民主幽默杂志《真实的雅各布》（*Der Wahre Jacob*，1879—1933）②，其中刊载了著名作家托马斯·曼（Thomas Mann，1875—1955）、弗兰克·韦德金德（Frank Wedekind，

图34　慕尼黑的《飞行传单》首页③

1864—1918）和路德维希·托马（Ludwig Thoma，1867—1921）的作品。而《真实的雅各布》之所以著名不仅仅是因为这些作家，还有为杂志配插画的画家们，他们所创作的政治讽刺漫画带动着那个时代的漫画飞速发展。

19世纪到20世纪之间产生的新杂志类型，除了与生活娱乐、评论、政治历史和讽刺文学有关外，还存在一类《教会和宗教杂志》（*kirchlich-konfessionelle Presse*）。19世纪30年代，第一批天主教类杂志开始在宗教核心城市和地区，如美因茨、弗莱堡和巴伐利亚各地飞快增长。1815—1847年间总共有92份宗教和教会杂志陆续创刊，内容上除了为僧侣读者登载经

---

① 潘趣酒（Punsch）是德国一种用葡萄酒、果汁、香料、糖、茶或者水混合的热饮料。
② 关于《真实的雅各布》首发年代有不同的说法，Pürer 和 Raabe 在《德国报刊》（3.Auflage, S.72）中标记的是 1874 年，但是根据 Ege, Konrad 在 Karikatur und Bildsatire im Deutschen Reich: Der "Wahre Jacob", Hamburg 1879/80, Stuttgart 1884—1914（Mediengeschichte, Mitarbeiter, Chefredakteure, Grafik.Münster, Hamburg: Lit, 1992）一书中所说的，该杂志现存最早的版本是 1879 年在汉堡发行的。这份杂志是德国社会民主党的重要刊物，在 1879—1880 年间在汉堡出版，后来中断，1884—1914 年间又在斯图加特出版。
③ Universitätsbibliothek Heidelberg.

图35 1879年《真实的雅各布》上登载的讽刺漫画"摘下面具的俾斯麦"

典的神学理论文章外,还有实用的心理指导和牧师对教徒的谈话等。随着新教的发展及其社会影响的不断扩大,天主教和新教之间形成了相互抗衡的局面,这一现象也体现在教会和宗教杂志上。1822年在美因茨出版的《天主教徒》(Katholik)开创了天主教周刊之先河。此外还有天主教保守派的核心刊物、1838年出版的《德国天主教历史与政治杂志》(Historisch-politische Blätter für das katholische Deutschland),内容主要和普鲁士的新教教义相抗衡。相应地,新教也有自己的周刊或者月刊来对抗天主教,例如1827年起发行的《教会和学校杂志》(Kirchen-und Schulblättern),还有少量的跨地区刊物,如1827年创刊的《福音教会周刊》(Evangelische Kirchenzeitung)和1838年创刊的《新教和教会杂志》(Zeitschrift für Protestantismus und Kirche)。[1]除此以外,天主教的工人领袖科尔平(Adolph Kolping,1813—1865)还在1854年出版了大众读物《莱茵人民家居、家庭和手工杂志》(Rheinischen Volksblättern für Haus, Familie und Handwerk),协助教会为人们提供生活指导。新教也同样关注教徒的生活,维歇恩(Johann Heinrich Wichern,1808—1881)也相应出版了针对新教徒的《城市和乡村人民杂志》(Volksblatt für Stadt und Land)。[2]19世纪后半期是教会和宗教杂志

---

[1] Wilke, Jürgen: Grundzüge der Medien-und Kommunikationsgeschichte.Köln: Böhlau Verlag, 2008, S.207 f.; Schwanebeck, Axel: Evangelische Kirche und Massenmedien.Eine Historische Analyse der Intentionen und Realisationen evangelischer Publizistik. München: Fischer, 1990, S.125ff.; Mehnert, Gottfried: Evangelische Presse.Geschichte und Erscheinungsbild von der Reformation bis zur Gegenwart. Bielefeld: Luther-Verlag, 1983, S.134 ff.

[2] Schwanebeck, Axel: Evangelische Kirche und Massenmedien.Eine Historische Analyse der Intentionen und Realisationen evangelischer Publizistik. München: Fischer, 1990, S.125ff.; Mehnert, Gottfried: Evangelische Presse.Geschichte und Erscheinungsbild von der Reformation bis zur Gegenwart. Bielefeld: Luther-Verlag, 1983, S.134 ff.; Wilke, Jürgen: Grundzüge der Medien-und Kommunikationsgeschichte.Köln: Böhlau Verlag, 2008, S.208 u.245 f.

蓬勃发展的时期，1871—1890 年期间，天主教的报纸和杂志从 126 种增加到了 189 种。到 1903—1932 年间时，天主教日报也从 325 种增加到 603 种，占当时德国日报总数的 12%。① 新教的日报很少，主要发行杂志，到 1928 年已经创办了 1928 种新教杂志，总发行量达 1700 万份，但后来由于纳粹的上台，新教报刊发行受阻。

19 世纪后半期，杂志获得了全面而快速的发展，种类也越来越丰富，到第一次世界大战前进入最辉煌的时期。可惜由于战争，杂志数量到 1923 年时又恢复到 19 世纪末的水平。虽然 20 世纪 30 年代有所恢复，但紧接着上台的纳粹政权严格限制了报刊的发展，使得杂志数量几乎回到了 150 年前的水平。②

表 10　19 世纪至二战以前杂志数量和发行量③

年　份	杂志数量	年总发行量
1806	1000	——
1892	3500	6 亿份
1914	7000	16 亿份
1923	3700	——
1932	7650	——
1944	458	——

---

① Roegele, Otto B./Wagner, Hans: Die katholische Presse in Deutschland.In: Dovifat, Email（Hrsg.）: Handbuch der Publizistik,（Praktische Publizistik, Bd.3, 2. Teil）. Berlin: de Gruyter, 1969, S.496-507, hier S.500.

② Rosenstock, Roland: Evangelische Presse im 20.Jahrhundert.Stuttgart, Zürich: Kreuz Verlag, 2002, S.45 u.77.

③ Bohrmann, Hans: Zeitschrift.In: Faulstich, Werner（Hrsg.）: Kritische Stichwörter zur Medienwissenschaft. München: Wilhelm Fink, 1979, S.256-372, hier S.361; Koszyk, Kurt: Deutsche Presse im 19.Jahrhundert. Berlin: Colloquium Verlag, 1966, S.304; ders.: Presse 1914—1945. Berlin: Colloquium Verlag, 1972, S.284f.u.409ff.; Groth, Otto: Die Zeitung. Mannheim: J.Bensheimer, 1928, S.207; Koszyk, Kurt/Pruys, Karl Hugo（Hrsg.）: Wörterbuchh zur Publizistik. München-Pullach: Verlag Dokumentation（Saur）, 1970, S.392.

三、报业康采恩的出现和集团化发展

随着大众报刊时代的到来，大型的报刊出版社也开始产生，包括著名的莫瑟出版社（Der Mosse Verlag）、乌尔施泰因出版社（Der Ullstein Verlag）、谢尔出版社（Der Scherl-Verlag）、吉拉德特出版社（Der Girardet Verlag）和后来成立的胡根贝格康采恩（Hugenberg-Konzern）。除了出版传统的书籍和报刊，它们也发行含有大量图片的新型杂志和马路报刊。这些大型报业集团都是以他们的创立者来命名的。

1. 莫瑟出版社

莫瑟出版社的创办人鲁道夫·莫瑟1867年1月1日首先在柏林创办了以自己名字命名的广告公司，并且开创了独特的广告营销策略。但是他不仅仅代理广告业务，而且长期租用了多家报纸的所有广告版面，广告完成后和版面一同卖给广告主。短短五年后，莫瑟出版集团已经在德国内外建立了250家分支机构。1872年，莫瑟和他的妹夫埃米尔·科恩（Emil Cohn，1832—1905）共同成立了莫瑟出版社来出版《柏林日报》，1889年和1904年又在同一家出版社创分别创办了《柏林晨报》（*Berliner Morgen-Zeitung*）和《柏林人民报》。此后他们还陆续出版了幽默杂志《恶作剧》，以及《商报》（*Handels-Zeitung*）和《铸造厂报》（*Giesserei-Zeitung*）。《柏林日报》大受读者欢迎，开始发行量只有5万份，一战前夕增加到了23万份。除了报刊发行和广告代理业务，莫瑟同时还涉足图形设计等业务，1932年莫瑟出版社倒闭，第二年被纳粹政府接手。

图36　1910年的鲁道夫·莫瑟①

---

① Bildarchiv Preussischer Kulturbesitz.

2. 乌尔施泰因出版社

1847年利奥波德·乌尔施泰因和他的兄弟们继承了父亲留下的位于纽伦堡附近的城市菲尔特（Fürth）的纸张批发商行（Papiergroβhandlung）。19世纪50年代，这家纸张批发商行迁往报业发达的莱比锡。1855年，由于兄弟不合，利奥波德·乌尔施泰因最终把纸张批发商行迁回了菲尔特，并且同时在柏林成立了另一家纸张批发商行。除了纸张业务，利奥波德·乌尔施泰因还积极参与政治活动，从1871年到1877年担任柏林市议会（Berliner Stadtverordnetenversammlung）议员。卸任后于1877年成立了乌尔施泰因出版社，陆续出版了《柏林晚邮报》（*Berliner Abendpost*）和《柏林晨邮报》。1894年又购买了成立于1892年的《柏林图片周刊》，夹在日报的周末版中作为增刊出版。此外，他还出版了《德意志联盟报》（*Deutsche Union*），后来这份报纸和《柏林报》（*Berliner Zeitung*，B.Z.）合并。由于乌尔施泰因出版社旗下的众多报刊与自由主义思想和俾斯麦的政策高度契合，无形中也成为他们代言人。乌尔施泰因出版社后来发展成为欧洲最大的出版集团。但是纳粹上台以后，因为乌尔施泰因家族具有犹太血统，家族成员受到迫害，出版社也在1934年被纳粹当局接手。二战结束后，乌尔施泰因出版社于1952年重新成立，后来被阿克塞尔·施普林格（Axel C.Springer，1912—1985）收购。

3. 谢尔出版社

谢尔出版社的创办人奥古斯特·谢尔是从出版廉价小说起家的。1883年10月1日他成立了一家书报出版社，1900年更名为奥古斯特·谢尔出版社。1883年1月3

图37　1882年时的利奥波德·乌尔施泰因[①]

---

① Oskar Begas: Portrait of Leopold Ullstein 1882.

图38 谢尔（1865）②

日，这家出版社开始出版《柏林地方报》《园圃小屋图片杂志》(*Illustrierte Gartenlaube*)和《汉堡通讯》(*Hamburger Correspondent*)等免费的周报和周刊，1899年又创办了图片周报《本周画报》(*Die Woche*)。谢尔出版社旗下的报纸发行总量，在当时德国所有大型报刊出版社中排名第二。而他成功的秘诀就在于参照国外报刊的特点，避免了德国传统报刊中那种繁冗的评论，改而采用短小的篇幅报道消息，言简意赅，从而创造了近百万的发行量。① 谢尔的兴趣也颇为广泛，除了出版行业，他还先后涉入戏剧、彩票和铁路的投资和运营等领域。

4. 吉拉德特出版社

吉拉德特出版社的创办人威廉·吉拉德特（Wilhelm Girardet，1838—1918）出生在一个新教胡格诺派的家庭。在做了一段时间的图书装订学徒后，他开始到父亲在英国、法国和瑞士的工厂去帮工。1865年，威廉·吉拉德特在埃森创立了一家印刷厂，赚到了人生第一桶金，并开创了自己的出版和印刷企业"W.吉拉德特两合公司"（W.Girardet KG），开始出版《西德意志报》(*Westdeutsche Zeitung*)。从1886年起他又在莱比锡（《莱比锡信息总汇报》，*Leipziger Generalanzeiger*)、埃尔伯费尔德③、汉堡（1888年的《汉堡-阿尔托纳地区信息总汇报》，*General-Anzeiger für Hamburg-Altona*；以及1895年的《新汉堡报》，*Neue Hamburger Zeitung*)和杜伊斯堡等地发行多家大众报刊。1893年吉拉德特在苏黎世出版了发行至今的《日报》(*Tages-Anzeiger*)。吉拉德特

---

① Menges, Franz: Scherl, August.In: Neue Deutsche Biographie（NDB）, Bd. 22. Berlin: Duncker & Humblot, 2005, ISBN 3-428-11203-2, S.698 f.

② Dahms, Gustav: Das Literarische Berlin.Berlin: Taendler, 1895, S.17.

③ Elberfeld，德国北莱茵-威斯特伐利亚地区城市。

早期出版的报纸大部分是免费的，而他也开创出一条独特的赢利模式：报纸的出版主要依靠广告来支付成本。这些免费报纸后来在发行当地都非常有影响力，内容主要报道当地新闻。

5. 胡根贝格康采恩

最后，说起德国报业集团的康采恩和集团化发展，不得不提到阿尔弗雷德·胡根贝格（Alfred Hugenberg，1865—1951），他是出色的财政金融专家，并且将那个时代日新月异的工业化进程和出版业的发展联系起来。胡根贝格早年主要在银行和金属行业活动，从1908年1月1日起担任法兰克福矿山和金属银行（Berg-und Metallbank）的董事长，并从1900年10月1日到1918年担任财政金融行业的弗里德里希·克虏伯股份有限公司（Friedrich Krupp AG）的执行董事长。1914年胡根贝格收购了陷入经济危机中的出版社。一战后成为全德报业的领头羊，收购了当时的省域报纸（Provinzzeitung），并且与薇拉出版有限公司（VERA Verlagsanstalt GmbH）成立了一家咨询公司，为陷入经济危机的报刊提供策略，并通过信用担保来掌控报刊。1917年，他从快速崛起的重工业中嗅到了巨大的广

图39　威廉·吉拉德特①

图40　阿尔弗雷德·胡根贝格②

---

① Konradin Mediengruppe.
② German Federal Archives Link back to Institution infobox template wikidata：Q685753.

告契机，于是成立了一家广告公司，专门以优惠的价格承接与机械重工业有关的广告。1927年，胡根贝格终于获得了德国最大的电影企业环球电影公司（Universum-Film AG，Ufa）的多数股权，成为行业引导者，并且还与国际通讯社电报联盟（Telegraphen-Union Internationaler Nachrichtendienst GmbH，TU）合作成立了一家通讯社。胡根贝格出版社后来出版了大量的书籍，成为能与莫瑟和乌尔施泰因出版集团齐名的新闻出版帝国。胡根贝格还担任德国国会议员和德国国家人民党（Deutsche nationale Volkspartei）的主席，并被希特勒暂时任命为经济和食品部部长。德国国家人民党解散后，胡根贝格的新闻出版集团也被纳粹党旗下的报业集团吞并。①

四、通讯社的成立和发展

19世纪30年代电报和摩尔斯码的发明成为通讯社产生的重要推动力。在前文中已经提到，经济和政治的发展迅速增加了人们对信息的需求面对日益激烈的报业市场竞争，出版商们开始考虑，将报业和通信行业结合起来。此时，交通和通讯技术的发展也为通讯社的产生提供可能，19世纪30年代蒸汽机和铁路的使用加快了信息传播的速度。特别是电报机问世以后，电报系统连接世界各地，也比百年前使用信鸽传递消息更快、更安全和成本低廉。技术的进步，包括平板印刷机的使用和印刷纸张的进步，为报业大规模生产和订阅奠定了基础。

1837年摩尔斯（Samuel Morse，1791—1872）发明了电报机，当年无线电报技术已经在美国推广使用了。但是7年后，德国才开始用电报传递私人消息和新闻信息。西门子（Werner Siemens，1816—1892）1848年发明了连接柏林和法兰克福之间的大型电报网，随后一年，《科隆报》和柏林的《国民报》率先使用电报发送新闻。一开始，发送电报的成本极高，所以报刊

---

① Koszyk，Kurt: Deutsche Presse 1914—1945. Berlin: Colloquium Verlag，1972，S.219-239.

开始统一采集信息后通过电报传递给各个报刊，欧洲现代三大新闻通讯社因此成立。他们分别是巴黎的哈瓦斯通讯社（后来更名为法新社 AFP），柏林的沃尔夫通讯社，还有在伦敦的路透社。

成立于 1849 年的沃尔夫通讯社是世界上第一家依靠电报系统来传递信息的通讯社，也是德国最大的新闻通讯社。起初，这家通讯社主要依靠私人资金来源，实行独立的自我管理，仅为柏林的《国民报》发送内部消息，由班哈特·沃尔夫（Bernhard Wolff，1811—1879）任社长。后来沃尔夫又分别在德国各地和很多小城市建立了地方通讯办公室，统一向柏林发送新闻，成为德意志邦联当时唯一的全国性新闻机构。沃尔夫通讯社后来受到普鲁士政府的资助。虽然当时普鲁士采取了严格的报刊审查制度，但在官方的支持和保护下，沃尔夫通讯社能够把办公室设在国家电信局的大楼里，并且能优先通过邮局的电报来发送一些和政治相关的新闻。当然沃尔夫通讯社也有相应的义务，报道官方重要的消息需要谨慎，如果电报中涉及政治信息，就需要通过特别的官方部门事先审查后才能发送。1874 年，沃尔夫通讯社通过向社会发行股票，成功避免了被当局直接掌控的局面。但是由于其自身重要的垄断地位和对帝国利益的直接影响，沃尔夫通讯社还是成了执行俾斯麦媒介政策的核心工具。

为了争夺消息，欧洲三大通讯社之间存在着巨大的竞争。出于经济因素考虑，他们也和一些新成立的通讯社合作。1870 年，哈瓦斯、沃尔夫和路透三大欧洲通讯社达成《卡特尔协议》（*Kartellvertrag*），后来美联社也加入其中。该协议将世界划分为四块主要地区，包括美联社在内的四大通讯社只能在自己所划分的区域内从事新闻工作：哈瓦斯负责地中海地区各国和中、南美洲；路透社负责大英帝国和其管辖内的所有殖民地，以及远东地区；美联社负责北美地区和加拿大；而沃尔夫通讯社则负责德国、奥匈帝国、瑞士、斯堪的纳维亚地区、东欧和土耳其的欧洲部分。《卡特尔协议》对世界四大新闻工作区域的划分一直影响至今。沃尔夫通讯社也非常重视国内新闻，特别是 1871 年德国统一后，帝国内的经济快速发展，外国对关于德国的社会和经济发展的信息需求也随之增加。于是沃尔夫通讯社开始扩充业务，增加远程电报的使用，并且将地方报纸发展为通讯社的合作伙伴。1887年，在美国的贝尔电话发明11年之后，40多个广泛分布在德国各地的地方报纸通过实惠而快速的电话方式向沃尔夫通讯社供稿。可惜后来德国的通讯社被纳粹当局接手，也因为一些竞争劣势的因素，后来无法和其他几大通讯社并列成为世界大型通讯社。

20世纪初由于工业发展受阻和经济危机的到来，沃尔夫通讯社所报道的新闻开始大量点评时局。因为与官方的紧密关系，他们的新闻报道直接受到德国外交政策的影响，很少能满足普通大众的新闻需求，更不能转载国外媒体的报道。为此，沃尔夫通讯社在买下一些小型通讯社以后，1913年在柏林成立独立的国际通讯社电报联盟。同时也与众多国外通讯社，如联合通讯社（United Presse，后来更名为联合国际通讯社，United Press International，UPI）合作，提供德国新闻。1914年，工商业和银行业与外交部合作成立专门负责对外报道德国新闻的德国海外通讯社（Deutscher Überseedienst，DÜD）。一战期间实行战时新闻政策，当局规定所有通讯社必须收归国有，或者在当局和军方控制下，德国海外通讯社被国家收购，并入国有的跨洋通讯社（Transocean GmbH）。跨洋通讯社是世界上第一家实现了全无线传递新闻的通讯社，主要负责向北美洲、南美洲和远东地区的大量报刊发送德国新闻。[①] 胡根贝格同时也是越洋公司的监事会成员，且拥有沃尔夫通讯社47%的股份。1918年，他最终获得了电报联盟的多数股权，并通过与重工业企业融资的方式陆续购买了一些小型通讯社，还与国会新闻办公室（Parlamentsdienst）长期合作，最终建立起在国内外的重要地位。电报联盟1925年加入胡根贝格出版集团的时候，这一媒介帝国旗下已

---

① Wunderlich, Christine: Telegraphische Nachrichtenbüros in Deutschland bis zum Ersten Weltkrieg In: Wilke, Jürgen (Hrsg.): Telegraphische Nachrichtenbüros in Deutschland. München: de Gruyter Saur, 1991, S.50f.

经涵括了报纸、杂志、通讯社、广告公司、电影厂,以及出版咨询、借贷和信用公司。可惜在政治立场上,被收购的电报联盟不得不做出让步,与胡根贝格报业集团一起加入右派保守势力。1933 年 12 月,沃尔夫集团旗下已经半国有化的通讯社与电报联盟合并,并且结束了与签署《卡特尔协议》的通讯社之间的合作。此外,德国还产生了一个形式上为私人组织,但是完全归国有并奉行纳粹媒介政策的德国通讯处(Deutsches Nachrichtenbüro, DNB)。所有德国境内的通讯社与国外通讯社的往来,以及关于国外的报道都全部在纳粹政权的掌控下。

五、新闻行业的专业化及职业分化

新闻行业的专业化和采编人员职业的分化是一个漫长的过程。早在 17 世纪发行人已经开始对消息进行整理分类、添加导读等,但是编辑和记者两种不同的职业并没有完全分化出来。一直到 19 世纪,新闻出版才成为专业化的行业,这和当时的社会发展条件是分不开的。首先必须存在连续出版的报纸(日报)或者杂志。早期的报刊不定期发行,后来随着商业和社会的发展,新闻信息需求越来越大,报刊的出版周期才逐步缩短,也使得新闻出版行业从印刷业分化出来。原来主要印刷书籍,只是偶尔出版报刊的出版商开始搜集各地信息,进行整理汇编后出售给读者。其次,记者也需要从其他相似的职业中分化出来,例如通讯员、侦探、送信人、代写人、公证人、邮差或者教员。最重要的一点就是出版业的发展,使报刊出版商从书籍出版商中分化出来。还有一个必需的条件,就是随着报刊的发展,出版发行人也根据自己报刊的特色和所针对的读者群体,对信息进行简单的分类整理。

1771 年大概有 3000 人以写作为生,到 1791 年增加到 7000 人,1806 年有 11000 人,其中包括教员、记者和翻译员,19 世纪的官方统计有 5000 人,到第一次世界大战时人数变化较大,在 5000 至 12000 之间波动。而魏玛共和国时期的官方统计显示共有 6246 名编辑,1928 年的德意志帝国新闻协会

（Reichsverband der deutschen Presse）共有3650名成员，其中90%以上是具有采写能力的记者。① 记者成为一种职业是从19世纪才开始的，在1848年欧洲革命以前，记者是个学术职位，他们具有博士学位，但并没有通过教授资格考核（Habilitation）。而1848年革命期间和后来的记者，没有完成博士学位的占大多数。② 奥格斯堡的《总汇报》（*Allgemeine Zeigung*）就是一个最具代表性的例子，其中大量的记者是新闻专业方面的博士和大学讲师，这份报纸也是德国第一家设置了固定的编辑和记者职位的报刊。一些职员将写作作为兼职，大部分时间供职于政府部门，也有的是全职的职业记者。③ 拥有固定职位的员工在这里的工作时间都很长，40%以上的员工已经在这里从事编辑工作5年以上，20%的员工的工作时间在10—20年之间，23%的甚至已经工作了20年以上。在所有的员工中，具有博士学位的26.6%，24.4%的人已经具有教授资格。④

进入新闻行业意味着社会地位的提升，所以很少有人会转行。1860年后大量的小型报刊问世，记者本身就是报刊的发行人和印刷者，或者在这三种工作之间转换。但是，那些就职于高质量大报的、受过高校教育的新闻从业者的职位则比较固定，他们常年担任发行人或记者。早期的新闻从业者也较为年轻，1900年左右，在柏林的报刊才出现年纪较大的从业者占主导地位的局面。

---

① Stöber, Rudolf: Deutsche Pressegeschichte（2.Auflage）.Konstanz: UTB, 2005, S.218.
② Engelsing, Rolf: Massenpublikum und Journalisten im 19.Jahrhundert in Nordwestdeutschland. Berlin: 1966, S.167–175, 268–270.
③ Stöber, Rudolf: Deutsche Pressegeschichte（2.Auflage）.Konstanz: UTB, 2005, S.219.
④ Gier, Hermut/Jonata, Johannes（Hrsg.）: Augsburger Buchdruck und Verlagswessen.Von den Anfängen bis zur Gegenwart. Wiesbaden: 1997, S.1221f.

表 11　20 世纪新闻从业者年龄分布[①]

年龄段	1899/1900	1927	1992 西德	1992 东德
30 以下	10.3%	11.2%	19%	25%
30—39	29.6%	32.7&	42%	35%
40—49	36.2%	30.3%	22%	30%
50—59	13.2%	17%	17%	10%
60—69	8%	8.8%		
70 以上	2.8%			

记者的法律地位也在 19 世纪发生了变化。特别是押金制度产生以后，记者在法官眼里归根到底还是属于报刊的信息收集和编辑者，他们虽然可以成为独立于报纸的发行人，但是记者的报道和报刊缴纳的押金直接相关，所以发行人为了能出版报纸，也需要与记者合作。1874 年《德意志帝国媒介法》颁布以后，押金制度取消了，记者成为一种专门的职业。

另外，19 世纪大众报刊的产生对新闻从业者的职业教育产生了积极影响。采编工作量随着报纸的发展不断增加，而为了抢占读者市场，记者和编辑也需要提高专业技能，保证报刊的质量，报道内容也需要更加吸引读者。在 20 世纪 30 年代的魏玛共和国时期，编辑和记者开始根据时政新闻和地方报道来分工，规模最大的报纸更是划分了政治、地方、娱乐和商业板块。只有那些主要以"剪刀和胶水"来填充版面的小报例外。

伴随着编辑记者职业产生，一些职业组织也相继成立。1840 年在莱比锡成立了一个作家协会，1864 年第一个记者代表大会（Journalistentag）在埃森那赫成立。在海德堡，出版界人士于 1895 年成立专门处理业界问题的"德国记者和作家协会"（Verband deutscher Journalisten und Schriftsteller）。1902 年还

[①] Stöber, Rudolf: Erfolgverführte Nation, Deutschlands öffentliche Stimmungen 1866 bis 1945. Stuttgart: Franz Steiner Verlag, 1998, S.117.Schneider, Beate/Schönbach, Klaus/Stürzebecher, Dieter: Journalisten im vereinigten Deutschland.Strukturen, Arbeitsweisen und Einstellungen im Ost-West-Vergleich. In: Publizistik 38/1993, H.3, S.351–382.

成立了第一个"德国编辑协会"（Verein Deutscher Redakteure）。

19世纪是报刊进入现代化发展的重要过渡阶段，也是印刷技术的革新，以及报业多元化发展和大型报业帝国形成的时代，新闻出版在这一时期成为一种专门的职业，报刊的发展成为推动社会变革的重要力量。这一时期丰富的报道内容和多元化的政党报刊也提高了公民的素养。正如哈贝马斯所描述的那样，政党和政论报刊促进了19世纪欧洲社会的市民阶层对公共议题的讨论，多元的意见能够通过报刊讨论后形成公共舆论，进而影响国家决策。另一方面，随着印刷成本的降低和价格的下调，大众报刊的内容也更加贴近读者，不断渗入大众日常生活的每个细节中。更为重要的是，电报技术的发展为媒体跨越地区传递信息提供了前提条件，通讯社将世界各地联系起来，世界各地之间的相互影响也更加深远。在后来发生的两次世界大战中，报刊和通讯在其中所扮演的重要角色得到了充分的体现。

第四章 魏玛共和国时期的新闻媒体
CHAPTER 4

从第一次世界大战到魏玛共和国的过渡是德国新闻传播史上的一个重要时期。战争结束后，1919年1月19日德国首次采用普选制选举国民议会的议员、制定宪法。由于当时首都柏林还处于动乱中，国民会议只能迁往魏玛召开，魏玛共和国之名由此而来，所制定的宪法也称魏玛宪法。魏玛宪法首次以法律的形式确立了公民的言论自由，媒介审查得以废除。虽然国家权力也试图干预报刊[①]，但至少在法律和宪法保障的基础上，德国的媒介审查得以从制度层面废除，新闻传播业也获得较为宽松的环境。

相对宽松的环境，再加上动荡的社会和各种党派、社会力量的兴起，使得政党报刊成为这一时期的重要特色。其实早在魏玛共和国成立初期，第一次世界大战留下的各种问题已经为纳粹上台埋下伏笔。尤其是1919年签订《凡尔赛和约》后，德国失去了14%的领土和10%的人口，以及阿尔萨斯和洛林的铁矿和煤炭储备。工业原料和劳动力的巨大缺失，以及食品产量的减少，再加上巨额战争赔款与长期

---

① 如一些紧急和特殊情况下总统拥有最终决定权，这种特殊规定后来也成为纳粹上台的重要法律依据。

负债，让德国陷入艰难的境地。1920年，魏玛共和国又经历着世界性的经济危机，恶性通货膨胀成为国家经济治理的痼疾，大量工人罢工。随着失业人口的增加，工人运动也随之兴起，极左和极右势力都在危机中发展起来。

1916年，卡尔·李卜克内西（Karl Liebknecht，1871—1919）和罗莎·卢森堡（Rosa Luxemburg，1871—1919）主持成立了激进的斯巴达克斯联盟（Spartakusbund），并在1918年年底组建了德国共产党（Kommunistische Partei Deutschlands，KPD），但两人不久后便遭到逮捕并被杀害。在这一历史背景下，德国共产党的报刊也得以快速发展。

图41 卡尔·李卜克内西（左）和罗莎·卢森堡（右）①

1920年，右翼分子强占了柏林政府并发动卡普暴动（Kapp-Putsch），最终政府只能逃亡到德累斯顿。同年2月，成立不久的德国工人党（Deutsche Arbeiterpartei，DAP）改为国家社会主义德国工人党（Nationalsozialistische Deutsche Arbeiterpartei，NSDAP），即纳粹党。1921年7月29日，曾在第一次世界大战中充当德国志愿兵的奥地利人阿道夫·希特勒（Adolf Hitler，1889—1945）晋升为纳粹党主席，

---

① Bundesarchiv Bild.

并于次年11月9日，与他的追随者在慕尼黑发动啤酒馆政变，最终被捕。利用狱中的两年时光，希特勒完成了充满民族主义、反犹太言论和个人励志言辞的《我的奋斗》（*Mein Kampf*）一书。出狱后，希特勒开始着手纳粹党的重建，纳粹党报也随之以惊人的速度发展起来，希特勒也在1932年与兴登堡（Paul von Hindenburg，1847—1934）一同竞选总统。1933年，面对失败的经济改革，兴登堡决定任命希特勒担任总理，而希特勒则任命自己的支持者和纳粹党员为各个政府部门的部长，以此巩固政权。纳粹党的势力开始在德国高层蔓延开来。

一、魏玛共和国宪法与媒介自由

1919年颁布的魏玛宪法第118条赋予了公民言论自由的权利，其中规定"任何德国公民有权在宪法规定的范围内通过语言、文字、印刷、图画或者其它形式表达个人观点。这个权利不受任何劳动或者雇佣行为的限制，任何行使这项权利的行为不受任何惩罚。"① 魏玛宪法结束了在德国长达300年的媒介审查制度。但问题在于，宪法仅赋予人民一个笼统的权利，在特殊情况下并没有保护这项权利的条款。魏玛宪法第48条同时列出紧急情况下的特殊规定，"总统有权在德国的公共安全和社会秩序受到破坏时，采取任何措施以恢复公共安全和社会秩序。"这也意味着在特殊情况下言论和新闻出版自由的权利就会失效。1931年和1932年经济危机时期，根据魏玛共和国宪法第48条的附加条款，魏玛共和国政府颁布了紧急法令（Notverordnung）。法令以国家行政法规的形式规定，如果报刊的文章对公共秩序或者安全造成威胁的话，将受到最长8周（杂志最长半年）的停刊处理。在这样的处罚之后，报刊受到的停刊处理也可能会被政府机关、公共机构和国家主权机构以侮辱和诽谤的名义延长。还有一种情况是，报刊可以在更正或者在被检举揭发后，进行答辩并认定刊误属实，但却不可以进行自我辩护，否则会受到时间更长的停刊处理。

魏玛共和国初期的媒介环境相对宽松，但自从共和制的支持者、财政部

---

① Dussel, Konrad: Deutsche Tagespresse im 19. und 20.Jahrhundert.Berlin: LIT Verlag Dr.W.Hopf, 2011, S.123.

长埃尔茨贝格尔（Matthias Erzberger，1875—1921）和外交部长拉特瑙（Walther Rathenau，1867—1922）被右翼民族主义者刺杀后，自由的新闻出版环境开始转变。德国国会开始讨论设立《共和国保护法》（Gesetz zum Schutz der Republik），并于 1922 年 7 月 23 日开始施行。该法对联合起来刺杀魏玛共和国官员的行为给予严厉处罚，那些反对埃尔茨贝格尔的报刊也同样被禁止。其中第 20 和 21 条规定，禁止出版任何含有仇视共和国内容的报刊。但是《共和国保护法》只是魏玛共和国中央统一颁布的法律，地方有权制定自己的法律。

图 42　魏玛宪法封面

那些被禁止的报刊只要获得发行地所属联邦颁布的许可，仍旧可以继续出版。

《共和国保护法》施行以后，被禁报刊的数量不断增加，仅 1922 年就有 52 家报刊被停刊，这个数字一直保持到 1927 年后才开始下降。然而 1930 年后，由于魏玛共和国内部政治环境的变化，纳粹势力抬头，当局继续借助魏玛宪法第 48 条规定的特殊条款来限制报刊，仅 1931 年就有 224 种报刊停刊，到 1932 年更是增加到 294 种。20 世纪 30 年代初期，议会以 1874 年俾斯麦时代的媒介法为基础，讨论制定新的媒介法，立法委员会为之建构了一个详细而系统的蓝图。[1] 可惜新的媒介法还在制定过程中，就因为 1933 年纳粹上台而终止。

1930 年议会大选，形势发生彻底转变。纳粹党依靠大量工人、失业者、农民与中产阶级人士迅速发展壮大，在大选中获得 18.3% 的投票，在议会中的席位由 12 席飙升到 107 席，成为议会第二大党。1933 年 1 月 30 日，希特勒在多个右翼政党的支持下当选德国总理，当时纳粹党在议会中已经成为第一大党，

---

[1] Dussel, Konrad: Deutsche Tagespresse im 19. und 20. Jahrhundert. Berlin: LIT Verlag Dr.W.Hopf, 2011, S.125.

占 34% 的席位，并试图通过魏玛共和国宪法的《授权法》(Ermächtigungsgesetz)来授权总理可以不通过议会而自行制订规章代替法律。但是《授权法》必须获得三分之二以上的议员支持，而议会的第二大党社会民主党和第三大党共产党联合起来，以占总数 37% 的议会席位反对《授权法》。通过议会授权的路子证实行不通后，纳粹党在 1933 年 2 月 27 日策划了国会纵火案，并宣称这起纵火案是共产党人干的，共产党因此成为非法党派。希特勒趁机宣布全国进入紧急状态，要求总统兴登堡签署《国会纵火法令》(Reichstagsbrandverordnung)，又称《保护德意志人民和国家的帝国总统法令》(Verordnung des Reichspräsidenten zum Schutz von Volk und Staat)，取消大部分魏玛宪法赋予的权利。纵火案后，纳粹党通过各种手段终于获得了议会三分之二以上议员的同意，通过了《授权法》。随后短短一个月内，希特勒立即取缔所有非纳粹党派，建立了希特勒纳粹独裁政权，魏玛共和国时期结束，魏玛宪法也随之失效。

总体而言，魏玛共和国时期的新闻出版自由总是在法律的自相矛盾中艰难地实现着，新闻审查也是通过国家立法的形式、在法治的框架下实行的。在 1918—1933 年这段短暂的时间里，魏玛共和国的法律保证了一定范围内的新闻自由，出版环境比起从前更为宽松。但是在另一方面，这些言论都是受到监视和克制的。因为魏玛共和国内部也在讨论，究竟自由民主是否也应该向自由民主的敌人开放？反自由民主的言论是否能够享有言论自由？

二、魏玛共和国的官方媒介机构

除了在立法层面上管理媒介，魏玛共和国从中央到地方还设立官方和半官方的媒介机构，以及数目众多的官方报纸。

1919 年 10 月 1 日，魏玛共和国政府将中央两个重要机构——总理和外交部的新闻发言机构合并后成立"联合新闻部"(Vereinigte Presseabteilung)，由帝国新闻官(Reichspressechef)担任主管，负责向国内外媒体传达帝国中央下达的政策。联合新闻部由 11 个部门组成，包括一个负责国内新闻的部门，六个由外交部相应机构领导的国际部门，一个负责向境外媒体通报讯息的部门，一个负责读者和新闻档案的部门，一个负责行政、人事、财政和组织的部门，还有一个部门负责管理"帝国国内新闻中心"（Reichszentrale für Heimatdienst）。① 20 世纪 20 年代末，联合新闻部共有 261 名员工，此外还有 20 名左右的专员分布在德国重要的驻外机构中。帝国新闻官的任期很短，实权有限。作为总理身边最亲近的几个官员之一，他们随着总理的任期而变换，每一位新总理上任都要任命新的帝国新闻官。帝国新闻官和手下们主要负责每周的内阁信息通报和每日向外交部发布总理政务信息。此外，每天早上新闻官还需要向总统进行长达半小时的当日政务综述，每周五定期举行新闻发布会。

在魏玛共和国中央还设有"帝国国内新闻中心"来负责向地方传达中央信息。早在第一次世界大战期间，类似的机构就已经开始向地方传递战争最新情况。战后，外交部下设立了负责外宣的机构。相应地，刚刚组建的魏玛共和国也需要一个机构向各地广泛传播和宣传中央政策，于是帝国国内新闻中心宣告成立。在 1918—1933 年这段时间里，它的主要任务就是"向全体国民解释政策和进行国民教育"②，主要向中小型省域报刊传递着中央信息。

第一次世界大战初期在柏林成立的新闻发布会（Pressekonferenz）也一直延续到魏玛共和国时期，负责传达政府和军队统帅部的信息。新闻发言人则由中央政府高官中选出的、极具魅力的格奥尔格·施魏策尔（Georg Schweitzer，1850—1940）担任。新闻发布会划分 3 级信息发布系统：第 1 级为可以任意修改和发布的信息；第 2 级是仅允许新闻发布会的成员经过自己编辑后发布的信息；第 3 级为新闻发布会成员只能按照原文转发的信息。新闻发

---

① Koszyk，Kurt：Deutsche Presse 1914—1945. Berlin：Colloquium Verlag，1972，S.107.
② 同上，第 108 页。

布会的官员不隶属于任何机构,每一届的人员数目也不固定。① 此外,地方也设有新闻发布会,由地方政府独立设立,负责发布地方信息。

魏玛共和国的政府也会购买一些新闻机构,以半官方媒体的形式为国家服务,其中最著名的是伍尔夫电信局(Wolffs Telegraphisches Bureau)。早在德意志帝国时期,这家通讯社就和官方走得很近,后来在魏玛共和国时期因为资产负债过多,20世纪20年代由外交部出资买下,成为报道国外新闻的主要机构。由于德国正处在经济危机,大量的报刊无法负担花销巨大的驻外采访。外交部购买伍尔夫电信局部分股权后,解决了德国媒体获得国外新闻的渠道问题,大大减少了报道成本。伍尔夫电信局的驻外机构和外交部有紧密的联系,但是很多信息涉及国家机密,因此可供媒体公开的内容也是极为有限的,伍尔夫电信局的收入因此岌岌可危。为了丰富伍尔夫电信局的报道内容,中央政府的新闻部门每天提供10页来自官方的新闻。其中很多是一手资料,例如议会讨论记录和总理与部长的发言记录都会汇总到中央新闻部门,经处理后发送伍尔夫电信局。1931年的时候,沃尔夫电信局的大股东保罗·施瓦巴赫(Paul Hermann von Schwabach,1867—1938)决定抛售他手中持有的股权,当局获得全部股份,伍尔夫电信局也成为彻底的官方媒介机构。

除了电信局,魏玛共和国的官方还拥有自己的报纸。这些报纸最早可以追溯到1891年普鲁士的官方报刊。1871年普鲁士统一德国以后,他们彻底成为官方的喉舌。随着时代的发展,有的官方报纸在破产后被国家收购,有的则成立股份公司后融入市场竞争,努力维持着收支平衡。早在1926年俾斯麦时期,《北德意志总汇报》就在总理的管辖下,后来这一传统一直延续下来。第一次世界大战期间,这家报纸的新股东和当局继续签订合约,报纸接受当局核心领导人的领导。② 发行量也保持在2500份左右。1924年4月

---

① Dussel,Konrad:Deutsche Tagespresse im 19. und 20.Jahrhundert.Berlin:LIT Verlag Dr.W.Hopf,2011,S.125.

② Koszyk,Kurt:Deutsche Presse 1914—1945. Berlin:Colloquium Verlag,1972,S.137.

这家报纸更名为《德意志总汇报》。1925年，普鲁士政府希望通过中间人将这份报纸出售，于是1926年初魏玛共和国政府接手了这份报刊。政府购买《德意志总汇报》后引起了议会的重大讨论，报刊应该发表哪一个政治派别的观点呢？是不是像新闻发布会那样，政府换届一次，报刊也随之更换编辑？各方意见争执不下，最后由工业财团将这份报纸买下，用以报道莱茵和威斯特伐利亚地区的重工业新闻。当然，这份报纸受到很多来自国家的影响，后来也受到纳粹党的重视。《德意志总汇报》几经转手的事件也说明，国家完全占有报纸的可行性极低。尤其对于一些小报来说，虽然可以得到国家的短暂支持，但是为了维持长期生存，他们不得不继续寻求其他支持。胡根贝格报业集团在这个紧急关头起到了重大作用，他们利用强大的财力把这些小报从经济危机中解救出来，重点报道官方消息。另外，官方的工商业报刊也是魏玛共和国重要的官方媒介机构。这些报纸虽然在经济形式上是独立的机构，但他们直接接受魏玛共和国政府或者外交部领导，每年也获得大量财政拨款。他们几乎垄断了魏玛共和国时期所有官方发布的工商业信息，每日的发行总量保持在25000份。

三、报业市场和报业经济格局

魏玛共和国时期报业获得相对宽松的出版环境，但是国家也试图通过中央权力来限制报刊，再加上第一次世界大战后持续的经济危机，报纸的增长速度较为缓慢，当时报业发展面临最大的问题就是纸张问题。由于纸张价格居高不下，1914年纸张的成本几乎占报纸售价的30%，更有甚者占到了报纸售价的一半甚至三分之二，出版社很难获得利润。一战结束后纸张的价格一再上涨，20年代初期，德国印刷协会（Verband Deutscher Druckfabriken）下的造纸厂掌控着德国80%的造纸量，纸张的售价也完全由协会来制定。不管是报社还是当局，对居高不下的纸张价格都无能为力。1923年7月23日，经济部长颁布报纸印刷纸张最高限价法令后，才稳定了报纸的印刷成本。但是如果法规要求降低纸张价格，也必须获得印刷企业的同意。

除了纸张成本，编辑人员的工资也是报纸的主要支出。一开始的时候纸张支出高于编辑的工资支出，但是 1922 年后编辑的工资开始增加，一开始只占总支出的 10%-20% 左右，到 1930 年增加到 35%，超过了报纸的纸张成本。和编辑一样，记者的收入也在增加。1927 年记者的月平均收入是 400 马克，高的能达到 500-600 马克①，三分之二的记者和编辑拥有大学学历。报纸的另外一项开支就是印刷成本。印刷工人的收入比编辑低，即使技术最好的印刷工，每个月也只能挣 350 马克。印刷工人的工资和印刷的材料费用加在一起，每月的花销大约是编辑工资的两倍。②

当时报纸的收入和现在类似，主要来自两个渠道：报纸销售和广告收入。报纸销售主要依靠订阅，然后借助发行部门或者邮局送达读者手中，另外一种就是零售。以《慕尼黑最新新闻》为例，当时报纸 90% 依靠订阅，只有 10% 零售。在 1928 年，这份报纸的广告收入占到了总收入的一半以上，而报纸销售只占 45%。③

四、政党报刊的发展和分化

魏玛共和国时期政党报刊的发展继承了 19 世纪以来的格局，哪怕经历过战争，这样的分布和发展格局也没有中断过。进入魏玛共和国后，出版审查已经被取消，宪法也保证言论自由，因而政党报刊在这一时期得到了充分而多元的发展。这一时期的一大特点，就是在德国社会民主党中产生了关于通过温和还是彻底革命的方式来实现社会主义的分歧。1917 年，少数的中

---

① 根据德国联邦司法与消费者权益保护部（Bundesministerium der Justiz und für Verbraucherschutz）的数据，1927 年德国年平均收入为 1742 马克，约每月 145 马克。

② Dussel, Konrad: Deutsche Tagespresse im 19. und 20.Jahrhundert.Berlin: LIT Verlag Dr.W.Hopf, 2011, S.136.

③ 同上，第 137-138 页。

间派成员从社会民主党中分离出来,组成德国独立社会民主党(Unabhängige Sozialdemokratische Partei Deutschlands,USPD)。他们既反对右派的战争立场,亦反对左派用革命结束战争的主张。1918年年底,左派代表卡尔·李卜克内西和罗莎·卢森堡成立德国共产党,并于1920年12月初同德国独立社会民主党合并为德国统一共产党。共产党报刊作为左派支持者,也从社会民主党的报刊中分离出来。①

1. 德国共产党的报刊

德国共产党成立时正逢德国开放报刊审查,于是在1918年11月18日就成立了党的核心喉舌《红旗》(Rote Fahne),介绍革命导师列宁的思想。早在20世纪初期,列宁就曾说过,政党应该有两个指导核心,一个是中央委员会,另外一个就是党的喉舌——报刊。党的中央委员会负责领导具体事务,而党的喉舌应该成为党的意识形态的引导者。1919年3月,德国共产党设立了党的又一个喉舌——《共产党通讯》(Kommunistische Parteikorrespondenz)来协助和引导正在发展中的省域报刊。从1920年10月开始德国共产党陆续创办了七家日报,首当其冲的便是在柏林发行《红旗》日报,可惜后来由于革命声势渐渐衰弱,德国共产党的报刊也慢慢退出市场,发行量从30万份骤减到3万份。在德国的其他城市也有类似的共产党报刊,如开姆尼茨的《斗士报》(Kämpfer),杜伊斯堡的《自由报》(Freiheit)和慕尼黑的《新报》(Neue Zeitung),它们的总发行量在10000—15000份之间。后来陆续成立了哈瑙的《自由报》,斯图加特的《共产主义者报》(Kommunist)和曼海姆的《红旗报》,总发行量在6000份上下。②

---

① Koszyk, Kurt: Deutsche Presse im 19.Jahrhundert. Berlin: Colloquium Verlag, 1966, pp.130-209.
② Dussel, Konrad: Deutsche Tagespresse im 19. und 20.Jahrhundert.Berlin: LIT Verlag Dr.W.Hopf, 2011, S.140.

Nr. 8 — Jahrgang 1918   Sonnabend, 23. November 1918   Preis 10 Pfg.

Die Rote Fahne
Zentralorgan des Spartacusbundes

Redaktion und Expedition: SW. 11, Königgrätzer Straße 40/41
Fernsprecher: Amt Lützow 4318 und 4314
Schriftleitung: Karl Liebknecht und Rosa Luxemburg
Abonnementspreis monatlich 1,50 M.
Anzeigenpreis: die 7gespaltene Nonpareille-Zeile 75 Pf., im Reklameteil 3,00 M.
Kleine Anzeigen Ueberschriftszeile 30 Pf., jede weitere Zeile 15 Pf.

图 43   1918 年 11 月 23 日第八期的《红旗报》报头

20 世纪 20 年代，德国共产党报刊数量巨大，1926 年全年总发行量达到 28.2 万份，而当时的党员人数有 13.3 万。报纸种类也在增加，1928 年为 36 种，到 1932 年增加到 50 种。柏林的《红旗报》在 1929 年世界经济危机时期发行量达 13 万份。但是，激进的《红旗报》也是魏玛共和国时期被禁次数最多的报纸，每段时期的被禁天数也随时间波动变化，1919 年最高达到 240 天，接下来的 1920—1922 年仅仅为 4–26 天，1923—1924 年分别是 130 天和 136 天。1932 年秋，在《红旗报》被连续禁止发行四周后，本年度的被禁天数甚至超过 1919 年的纪录。[①]

德国共产党也有自己的报业康采恩和党的媒介产业。例如著名的威利·明策贝格（Willi Münzenberg，1889—1940）创立的出版集团。列宁在被流放到苏黎世期间，和明策贝格建立了深厚的友谊。共产党组织大力支持明策贝格发起的社会运动，并给他的出版集团提供了大量资金。明策贝格也积极参与组织工作，出版集团的基础就是他在 1921 年成立的"国际工人扶助会"（Internationale Arbeiterhilfe）。他还进军电影界，为引进苏维埃电影购买了德国电影许可证。后来又收购了一家之前主要面向俄罗斯市场的电影公司自己拍摄电影，到 1931 年已有 200 部电影问世。后来明策贝格成为德国共产党的国会议员，一直担任到 1933 年。1925 年，明策贝格又创立了当时著名的《工人画报》（*Arbeiter Illustrierte Zeitung*，*AIZ*）。1926 年又出资 7000 马克买下了柏林的街头小报《世界晚报》（*Die Welt am Abend*），他把这份报纸改为《红旗

---

① Dussel, Konrad: Deutsche Tagespresse im 19. und 20.Jahrhundert.Berlin: LIT Verlag Dr.W.Hopf, 2011，S.140.

报》的晚报版，发行量很快从 3000 份提高到了 10 万份以上。改版的成功也让明策贝格更多地投入到发行事业上来，1931 年年初，他又创办了《柏林晨报》(Berlin am Morgen)。同时他还创办了工人摄影协会的机关刊物《工人摄影》(Der Arbeiterfotograf)，妇女杂志《妇女之路》(Der Weg der Frau)，1932 年也开始出版《新周一报》(Neue Montagszeitung)。1933 年，明策贝格流亡到法国，1937 年因批评斯大林而被开除党籍，1940 年逝世。

图 44　威利·明策贝格①

2. 社会民主党的报刊

相比德国社会民主党的报刊，德国共产党出版的报刊显出更多的优势，因为他们只要集中宣传自己的政党理念就可以了。但是社会民主党的媒体除了这些，还担负解读和宣传政府政策的重任，因为他们的主席艾伯特同时也是共和国的总统。他们所报道的内容也非常复杂，读者因此纷纷流向独立社会民主党和共产党的报刊。1914 年社会民主党有 91 种报纸，到 1919 年时缓慢增长到 95 种，并且一直与左派报刊处于激烈竞争的状态。社会民主党报刊所存在的问题直接导致其发行量锐减，在 1921 年 3 月 31 日，社会民主党的报刊统计数量是 133 种，但是总发行量却从 170 万下降到了 125 万。1920 年独立社会民主党在该党的代表大会上发生严重分裂，左派成员退党后与德国共产党合并，其余的党员也在 1922 年带着 43 份日报回归了德国社会民主党，其中包括原独立民主党的核心喉舌《自由报》和《前进报》，从而增加了社会民主党报刊的种类，到 1924 年达到了 169 种，然而总发行量还是走下坡路，仅仅维持在 110 万份左右。②

---

① Gedenkstätte Deutscher Widerstand.
② Dussel, Konrad: Deutsche Tagespresse im 19. und 20.Jahrhundert.Berlin: LIT Verlag Dr.W.Hopf, 2011，S.140-141.

图45　1918年11月10日在柏林发行的《前进报》封面

社会民主党的报刊还存在一个问题，就是缺乏办报的专业人士。同时他们也存在众多意识形态，造成报纸在吸引读者的能力上非常弱，尤其在广告方面十分困难。其内政部长暨国会议员索尔曼（Wilhelm Sollmann，1881—1951）也意识到了问题所在，于是呼吁社会民主党的报刊不要只强调政治意识形态，同时也要注重销量。他也批评编辑们仅仅关注特殊的少数群体和党派自身，而很少从普通读者的立场去完成报道。为了提高读者的阅读兴趣，政治类的报道数量相应受到限制，而增加体育报道的图片使用量。然而另一方面，社会民主党的报刊也不得不考虑中央的政策和所代表的工人阶级的利益。1929年后，报刊的种类史无前例地达到了203种，此后数量一直在缓慢下降，1932年又降到了135种。

3. 中央党的报刊

中央党成立于1933年，是天主教在德国最主要的代表和政治团体。它的报刊完全不像德国共产党或者社会民主党的报刊那样是由党所拥有的，而是由私人或者协会所有，既不属于政党也不接受政党的领导。中央党的报刊之间的联系也非常松散，1927年1月才举办了德国中央党派报刊、政党和议会报刊会议。在德意志帝国时期主要以中央-议会通讯社（Centrums-Parlaments-Correspondenz）来达成中央党报刊间的合作，魏玛共和国成立后这家通讯社仅存在了很短的时间，1922年便解散了。

中央党报刊这种松散组织使得它们在经济危机时期，处境十分困难。所以，报刊之间也开始联合起来相互协作，相继成立了一些组织，其中最有名的有两家。一个是博登湖的弗里德里希港组织的"上施瓦本报刊出版商联盟"（Verband oberschwäbischer Zeitungsverleger），1922年年初有20家报纸加入，总发行量达65000份。上施瓦本报刊出版商联盟是所有中央党报刊协会里最大的，旗下所有报刊共同发行的新闻都由协会编辑部统一编辑，只有地方新闻由各地报纸自行采编，连印刷也由协会统一完成。同一年成立的还有明斯特的"西北德报刊出版协会"（Zeitungsgesellschaft Nordwestdeutschland），由当地的14家出版社组成，虽然规模不大，但在地方上都很有影响力，报刊总发行量8000份。1922年协会还发行了第一份日报。西北德报刊出版协会还不断扩展，与大量的莱茵－威斯特伐利亚地区的中间派报纸合作，并在柏林设立办公室，跨地区的新闻报道则由柏林的《日耳曼报》供稿。1926年，西北德报刊出版协会旗下315家报刊和出版社中就有一半以上，即160家和《日耳曼报》的政治理念是一致的。①

1932年中央党和巴伐利亚人民党（Bayerische Volkspartei）将1918年从中央党分割出去的400多家报纸重新收归旗下，它们有近三分之一都在莱茵河威斯特伐利亚地区发行，另外一些在巴伐利亚发行，总发行量达300万份，占当时德国所有报刊发行量的13个百分点。而其中大量的报纸，尤其是巴伐利亚的全部报纸，印刷量都是有限的，发行量最大的《科隆人民报》，每期7万份，其次是多特蒙德的《特勒穆尼亚报》（Tremonia）③和《埃森人民报》（Essener Volkszeitung），两份报纸都

图46　1933年1月31日的《科隆人民报》头版②

---

① Dussel, Konrad: Deutsche Tagespresse im 19. und 20.Jahrhundert.Berlin: LIT Verlag Dr.W.Hopf, 2011, S.143-144.
② Universitäts-und Stadtbibliothek Köln.
③ 特勒穆尼亚是德国北莱茵－威斯特伐利亚州中部城市多特蒙德的一个区。

达到了 5 万份。但是著名的《日耳曼报》仅仅只有 35000 份的发行量。

4. 自由派的政党报刊

魏玛共和国时期自由派政党主要有在政治光谱上比较偏左的德国民主党（Deutsche Demokratische Partei，DDP）和完全偏向右派的德国人民党（Deutsche Volkspartei，DVP）。1919 年德国民主党在 423 个国会席位中占 75 个，成为继社会民主党（165 个席位）和中央党（90 个席位）后的第三大党。1923 年德国民主党的报纸和杂志有 320 种，其中包括莫瑟出版社的《柏林日报》和乌尔施泰因出版社的《福斯报》，还有《法兰克福报》、《科隆日报》（*Kölner Tageblatt*）、《莱比锡总汇报》（*Leipziger Allgemeine Zeitung*）和曼海姆的《新巴登地区报》（*Neue Badische Landeszeitung*）。

德国民主党同时还建立了很多组织来把自己的政治理念和新闻出版紧密联系起来，例如"德意志民主报刊联盟"（Verband der deutschen demokratischen Presse），但这些组织涉及的政党活动却很少。更重要的是巴登的自由党主席、1930 年后成为德国民主党的后继者——德国国家党主席的赫尔曼·迪特里希（Hermann Dietrich，1879—1954）在办报方面投入了大量精力。他至少在巴登州南部地区创办了六份报纸。另外，1929 年成立鲁道夫·达梅尔特有限责任公司（Rudolf Dammert GmbH）也为媒体提供一个除了官方的电报联盟之外获取新闻信息的渠道。鲁道夫·达梅尔特的"德意志帝国新闻社"（Reichsdienst der deutschen Presse）下设 500 多家报纸，另外还有一个每天都发布新闻的政党通讯机构——"民主报通讯社"（Der Demokratische Zeitungsdienst）。[①]

比起德国民主党，德国人民党至少有一处优势，那就是凭借着它与工业界的密切联系，能够获得足够的资金为报刊出版提供现代化装备。德国人民党成员胡戈·斯汀尼斯（Hugo Stinnes，1870—1924）就是《德意志总汇报》的二把手。后来德国人民党也建立了自己的通讯社"国家自由主义通讯社"（Nationalliberale

---

① Dussel, Konrad: Deutsche Tagespresse im 19. und 20.Jahrhundert.Berlin: LIT Verlag Dr.W.Hopf, 2011, S.146.

Correspondenz），还有一个类似德国民主党的新闻机构"德国人民党报刊联合会"（Presse-Verein der Deutschen Volkspartei）。另外一个具有指导意义的人物就是古斯塔夫·施特雷泽曼（Gustav Stresemann，1878—1929），从1923年到1929年10月去世前，他分别担任魏玛共和国的总理和外交部长，并且在收集和整理关于过去战争敌对方的消息上有显著功劳。同时，他自己也给报刊写稿。胡根贝格出版集团和魏玛共和国当局的成功合作，也让古斯塔夫·施特雷泽曼意识到，"我们也应该完全承担起成为具有影响力的报刊的责任。"①

5. 纳粹党的政党报刊

希特勒一直相信报刊具有巨大的力量。早在纳粹党成立初期，他就创办了一系列报刊来宣传纳粹思想。1920年12月，希特勒筹足资金准备购买《人民观察家报》（*Völkische Beobachter*）。②1922年，希特勒任命马克斯·阿曼（Max Amann，1891—1957）为出版社社长。1891年出生的马克斯·阿曼是跟随希特勒时间最长的党羽。他们初次相识于第一次世界大战期间，两人当时同属一个连，希特勒是二等兵，阿曼是名中士。1920年纳粹党成立的时候阿曼就跟随希特勒，他的党员编号为3号，并在1922年成为纳粹党的总管（Geschäftsführer）。另外一个重要人物，主编迪特里希·爱卡特（Dietrich Eckart，1868—1923）也在收购《人民观察家报》的时候贡献了大量资金。但不久后他的主编之位就被阿尔弗雷德·罗森贝格（Alfred Rosenberg，1893—1946）所取代。罗森贝格在1930年出版了《二十世纪的神话》（*Der Mythus des 20. Jahrhunderts*）一书，1934年希特勒委托他负责监督不断兴起的纳粹党内部世界观和思想培训，成为纳粹党的意识形态教父。

希特勒、阿曼和罗森贝格三人随后刊发了大量反犹太人的煽动性内容。1923年年初《人民观察家报》只是每逢周三和周六发行两次，后来变成每日发行，发行量也增加了三倍达到3万份。1923年11月希特勒在啤酒馆发动政变以后，这份报纸也和纳粹党一同被禁。1925年2月27日，在纳粹党重新成

---

① Koszyk, Kurt: Deutsche Presse im 19.Jahrhundert. Berlin: Colloquium Verlag, 1966, p.281.
② 《人民观察家报》的前身为1887年创刊的《慕尼黑观察家报》，后来几经转手，1919年更名为《人民观察家报》。

立以后，这份纳粹党的核心报纸也随即在 3 月 24 日恢复出版。起初每周发行一次，仅仅一个月后改为每日发行。阿曼担任报社总发行人，罗森贝格是主编，希特勒也成为该报发行人并在报头上署名。1925 年刚刚恢复的《人民观察家报》仅有 4000 份的发行量，次年稍有增长。到 1927 年时分成"巴伐利亚版本"和"全国版本"发行，1930 年又开设了"柏林版本"。1931 年纳粹党在国会大选中胜出以后，《人民观察家报》的发行总量也迅速飙升到 13 万份。这份报纸主要依靠利润维持运转，其本金来源于 1932 年的竞选基金。1933 年，该报"北德版"占四分之一的发行量，在德国南部也分为"慕尼黑版"和"南部版"两个不同版本。1938 年纳粹当局占领奥地利以后，"维也纳版"的发行量也占总发行量的五分之一。1939 年，《人民观察家报》的总发行量已经达到了 75 万份，1941 年接近 120 万份。[①]

图 47　1923 年 6 月 10 日在慕尼黑出版的《人民观察家报》，报头两侧标有纳粹党卐字党徽。[②]

---

① Dussel, Konrad: Deutsche Tagespresse im 19. und 20.Jahrhundert.Berlin: LIT Verlag Dr.W.Hopf, 2011, S.151–154.
② Deutsches Historisches Museum.

1925 年，在这份报纸刚复刊后的一段时间里，它离纳粹的意识形态还比较远，当时的纳粹党也仅仅是个政治诉求不明确的右翼小党派。1928 年国会选举后，纳粹党的席位占到了 2.6%。此时纳粹党的宣传工作也不再仅仅依靠这一份报纸了，而是陆续在各省成立了 37 家报纸——其中包括 5 家日报，31 家周报和一份半月刊，纳粹党的核心喉舌也增加到 19 家，在报头分别印有国徽、国徽上的鹰或者卍字作为标记。所有的纳粹党报刊也必须向慕尼黑党中央，也就是希特勒看齐。但事实表明，纳粹党报刊所表现出的意识形态其实也含糊不清。问题就在于，所有纳粹党的日报是根本无法完全统一管理的。例如 1933 年纳粹党的报刊除了报道希特勒的胜利路线以外，还有很多自主发挥的报道内容。另外一个重要原因就是以奥托·斯特拉瑟（Otto Strasser，1897—1974）为代表的"革命的国家社会主义者"（Revolutionäre Nationalsozialisten）和旗下的斗争出版社（Kampf Verlag）长期与希特勒一派观点不和。所以 1933 年以后，希特勒就再也没有兴趣把出版社的资源分给纳粹党内部的异见人士。

地方上的希特勒追随者也开始办报。其中包括省行政长官尤里乌斯·施特莱彻（Julius Streicher，1885—1946）和他 1923 年在纽伦堡创办的臭名昭著的反犹太煽动报刊《前锋》（Der Stürmer），其他省的行政长官也开始从事报刊发行活动。随着时间的推移，纳粹的政党报刊也显现出一些问题。从希特勒到胡根贝格所发行的保守的国家社会主义类报刊都是地方小报，却很少有全国性的大报，缺乏统一管理直接造成的结果就是报刊的可信度很低。

图 48　1932 年 4 月出版的《前锋》头版[1]

---

[1] Deutsches Historisches Museum.

从 1925 年纳粹党重新成立到 1933 年正式上台期间，至少有 336 家报纸为自己贴上国家社会主义报刊的标签。而 1925 年前，只有《人民观察家报》《前锋》、魏玛的《国家社会主义党人》和在斯图加特发行的同名报纸四家。纳粹党的报刊数目变化波动极大，1925 年只有 16 种新报纸创刊，之后四年间每年也只新增五种，但是仅 1930 年一年就增加了 74 种，1933 年又只有 24 种。产生这种情况的原因可以归结为，1925—1930 年间纳粹报刊因为缺乏资金而相继倒闭；而 1930—1933 年间的情况却完全相反，逐渐发展起来的纳粹党收购和合并了大量报刊。随着纳粹党在魏玛共和国议会所占席位的增加，纳粹党报刊的数量和发行频率也相应增加。从纳粹报刊的总发行量上看，20 世纪 20 年代只有两万份，其中 80% 属于《人民观察家报》。到 1930 年大致达到了 10 万份，此后呈几何级增长。1932 年年末在全国发行的纳粹党日报总量就有 50 万–75 万份，周报有 25 万份。1932 年所有纳粹报刊的总发行量开始突破百万。①

五、广播的起步和发展

1. 无线电技术在德国的推广

19 世纪麦克斯韦尔发明了无线电后，这项技术开始在世界各地推广开来。德国人也开始通过各种实验发展自己的无线电和广播通讯，但此时还没有建立起基础的无线电设备和电台。直到 1903 年 5 月 27 日这天，在德国工业上发生了一件重要的事情：埃米尔·拉特瑙（Emil Rathenau，1838—1915）的电器总公司（Allgemeine Elektrizitätsgesellschaft，AEG）和电信商西门子与哈尔斯克公司（Siemens & Halske）各出资 50%，成立了无线电报公司（Gesellschaft für drahtlose Telegraphie），后来更名为"Telefunken"并享誉世界。对无线电技术有着浓厚兴趣的皇帝威廉二世对此非常高兴，并感谢了两家公司对无线电

---

① Dussel, Konrad: Deutsche Tagespresse im 19. und 20.Jahrhundert.Berlin: LIT Verlag Dr.W.Hopf, 2011, S.158.

通讯事业做出的贡献。然而，Telefunken 公司成立不久后就遇到了很大的阻碍，因为当时无线电技术只能由军方来提供，民间使用自然受到很多限制。而且 Telefunken 在 1906 年购买专利使用权时并没有完全买断，之后成立的"洛伦茨电报公司"（Lorenz Telegrafen-Anstalt）同样也受到了国家的支持，双方形成了相互竞争的局面。

不久后第一次世界大战爆发。1906 年，德国军方总参谋部决定成立电台来报道战争发展进程，并于次年开始建设电话和无线电通信设施。一战结束后，魏玛共和国政府在 1918 年 12 月 4 日成立了"帝国广播委员会"（Reichsfunkkommission）来管理无线电台。为了获得信息发布权，越来越多的无线电台申请登记，但帝国广播委员会禁止那些与帝国利益有冲突的团体来注册。1919 年帝国广播委员会被取消，政府随即又成立了直接对帝国政府负责的广播管理机构"帝国广播企业管理处"（Reichsfunk-Betriebsverwaltung）。此外，帝国还专门设立了一个政府部门来管理无线电。20 世纪 20 年代后，广播开始播放一些政治节目，所以广播也被划归为"政治事务"并接受相关条例的管理。当时在政府负责管理广播的政府官员、无线电技术专家汉斯·布雷多（Hans Bredow，1879—1959）也认为，政治类的广播节目在德国社会上会产生很大影响，需要进行管理。根据魏玛宪法第 118 条的规定，前半条法律赋予了新闻出版的自由，任何媒体不接受审查；但是后半条中却说明"电影的管理也可能与该法不一致"。在当时，无线电广播和电影划为同一类，但是如何管理却没有明确的规定。针对广播的管理问题，魏玛共和国也在立法上进行相应补充。1920 年 5 月 12 日，《帝国电影法》（Reichslichtspielgesetz）问世，规定任何电影都有获得政府许可证的义务，电影审核和管理由内政部来完成。布雷多也认为，国家对广播有天经地义的管理义务，广播不应该和报刊或者戏剧一样免除审核。这一想法最终得到了内政部的肯定，并最终在 1922 年 12 月下令广播电台需要获得内政部的许可才能公开播放节目。

2. 广播电台的产生和全国电台的分布

1919 年 5 月，帝国广播企业管理处的主管埃尔恩斯特·路德维希·福斯（Ernst Ludwig Voss，1880—1961）还成立了"紧急事务部门"（Eildienst），负责处理所有已在政府登记过的广播电台遇到的经济危机和突发问题。广播电台通过电报或者紧急信件的方式将问题快速传达给近4000个政府信任的企业，以获得救助。同时，福斯还努力让无线电在德国社会中普及，于是在1920年7月13日成立了"官方和私人商贸信息紧急事务有限责任公司"（Eildienst für amtliche und private Handelsnachrichten GmbH），用无线电传播商业信息。他甚至向政府部门告假而完全投入到这家公司的业务中。原来政府部门的同事也随他一起加入，于是这家企业快速发展，到1921年秋时已经有250名员工。1922年他们还创立了"经济广播电台"（Wirtschaftsrundspruch），但这家电台只向有限的机构提供信息，因此还不能算得上是广播。这时美国和英国的电台已经开始定期播放节目，因此德国政府还派出专业人士到美国考察。1922年6月9日，考察者将报告上呈帝国邮政部门，引起了帝国政府的大讨论。讨论还决定同时保留了"Telefunken"和洛伦茨电报公司两家建立广播电台的申请，让它们之间继续保持竞争的关系。

　　1922年5月22日，紧急事务部门还成立了和外交部紧密合作的子公司——"德意志时光，无线电教育和娱乐有限公司"（Deutsche Stunde. Gesellschaft für drahtlose Belehrung und Unterhaltung mbH）。公司的合约上明确写着它的使命：在德意志帝国内以无线电的方式，向感兴趣的公众提供公开音乐会、演讲、社会娱乐和教育类的内容。[1]与之前的只针对小众范围的无线电企业不同的是，这家公司通过扩音器在公开场所面向所有公众播放节目。扩音器在公开场所的使用也给一些企业带来了新的商业理念，他们将扩音器搬入电影院和歌剧院，播放电影和音乐会的录音，然后通过收取门票费用来赢利。"萨尔无线电"（Saalfunk）公司很快就采用了这个理念。然而在实践过程中却遇到很多困难，萨尔无线电广播的声音质量和听众的期待之间差距实在太大。在电影院或者剧院播放广播的想法最终只能放弃。但萨尔无线电公司

---

① Dussel, Konrad: Deutsche Rundfunkgeschichte, 2.Auflage. Konstanz: UVK, 2004, S.29.

此时也开始考虑选取"德意志时光"的部分节目，在特定地区定期播放。福斯也在各个地区成立分公司来制作"德意志时光"节目，首选地点便是慕尼黑。1922年9月18日他与巴伐利亚的三个出资人——一个商人、一个银行家和一个实业家——成立了"巴伐利亚德意志时光，无线电教育和娱乐有限公司"（Deutsche Stunde in Bayern.Gesellschaft für drahtlose Belehrung und Unterhaltung mbH）。

1922年，继慕尼黑后的一些大城市，例如柏林、弗罗茨瓦夫、法兰克福、汉堡、莱比锡、柯尼斯堡和斯图加特也陆续建立起广播电台。其中柏林电台的建设速度最快。福斯早年在柏林便和"福克斯唱片和留声机股份公司"（Vox Schallplatten-und Sprechmaschinen-AG）有过合作，它的主管暨律师库尔特·马格努斯（Kurt Magnus，1887—1962）在本行业已经十分有名，所以只需要设置和调整好广播设备，便可以对外发送广播节目。1923年10月18日21:00—22:00之间，福斯开始定期播放实验节目，并最终在12月10日成立了新的广播公司"广播时刻"（Radio-Stunde），后来更名为"无线电时刻"（Funk-Stunde）。12月7日法兰克福也产生了第一家广播机构，工业界巨头施洛伊斯纳家族投资的"西南德意志广播股份公司"（Südwestdeutscher Rundfunkdienst AG，SWR）成立了，并于1924年4月1日开始播送节目。在德国东部的柯尼斯堡，一家电器设备企业为广播事业投入大量资金和设备，于是1924年1月2日东疆广播股份公司（Ostmarken Rundfunk AG，Orag）也就应运而生了。但由于财政危机，这家电器设备企业不得不在6月14日撤出投资，电台播放的节目也越来越少，最终该市的政府部门接手了这家电台。另外在众多商人和银行家的资助下，"北部广播股份公司"（Nordischer Rundfunk AG，Norag）也于1924年1月26日在汉堡成立，并从5月2日开始播音。1月22日莱比锡也在当地多家展会企业和出版社的支持下成立了德意志中部广播股份公司（Mitteldeutsche Rundfunk AG，Mirag），并于3月2日莱比锡春季展会期间开播。比其他城市稍晚，斯图加特的"南德意志广播股份公司"（Süddeutsche Rundfunk AG，Sürag）直到3月3日才成立，5月11日才开始正式播放节目，其资金来源也非常多元，大量民间私人募资加入。两周后弗罗茨瓦夫的"西里西亚无线电时光电台"（Schlesische Funkstunde）的节目也开始播出。相比其他城市的广播电台，莱茵地区广播公司的成立过程则非常复杂，因为当时有的地区还被法国人占领着，为了绕过法国人复杂的批准程序，1924年9月15日"西德意志无线电时光电台"（Westdeutsche Funkstunde AG）最终选定在威斯特伐利亚州的首府明斯特（Münster）成立，10月10日开始对外播音。1926年秋法国撤出莱茵地区后，西德意志无线电时光电台又迁到科隆，并更名为"西德意志广播股份公司"（Westdeutsche Rundfunk AG, Werag）。所有地方的广播公司都由1925年5月15日成立的"帝国广播有限责任公司"（Reichs-Rundfunk-Gesellschaft mbH, RRG）来统筹管理。

此外，所有地方的广播节目也会最终汇总到1924年8月24日成立的"德国之声"（Deutsche Welle）广播电台。它希望实现萨尔无线电公司最早对"德意志时光"的节目设想——利用广播来播放夜校教育课程和传递经济信息。但是这些节目组织起来并不容易，一直到1926年1月17日德国之声广播电台才开始播音。柏林和汉堡两家广播公司在建立电台的同时也开始准备成立全德国的广播组织，于是"帝国广播协会"（Reichsrundfunkverband）也在1924年1月问世。另一个直接对帝国政府负责的广播管理机构无线电服务股份公司（Drahtloser Dienst AG, Dradag）也在1923年10月成立。此外，首个《德国广播条例》（Deutsche Rundfunkordnung）于1926年颁布，其中规定只有与德意志帝国——也就是国会相关的政治新闻才需要由全国性的广播组织统一发布信息。同年12月2日帝国政府也发出通告，明确了帝国邮政和帝国内政部在管理广播电台上的职责：邮政部门负责所有技术、组织和经济上的事务，而内政部则管理所有与政治相关的广播节目。而地方广播节目的制作和管理则由德国之声广播电台和无线电服务股份公司来共同完成。①

---

① Dussel, Konrad: Deutsche Rundfunkgeschichte, 2.Auflage. Konstanz: UVK, 2004, S.30–34.

第五章 纳粹德国的新闻管制

CHAPTER 5

1933年2月1日,总统兴登堡接受了希特勒提出的解散国会的要求。此后,希特勒开始根据总统法令来实现统治,并利用政府拥有的力量为纳粹党竞选造势。"议会纵火案"发生以后,兴登堡在2月28日还签署了《国会纵火案法令》,使得纳粹政府在实质上拥有无限的权力,并以反对党"传播明显的谣言"或者"危及国家根本利益"为由彻底抑制左派势力。这项法令的实施,也从根本上废除了魏玛宪法中保护个人和公民自由的条款,紧接着一系列针对德国共产党及其国会议员的逮捕全面展开。共产党的报刊,甚至社会民主党的报刊也遭到查禁。

新一轮的国会大选在3月5日举行,纳粹党只获得了43.9%的选票。虽然票数未及三分之二,但纳粹党和自由主义右派的德国人民党,还有中央党联合,最终在3月23日通过了《授权法》,要求国会在不需要讨论通过的情况下,将立法权和修宪权完全交予总理领导的内阁,警察也无须法院同意即可逮捕民众。在《授权法》的帮助下,希特勒逐渐实现了独裁统治。3月31日,希特勒内阁援用授权法颁布第一号《各邦与帝国一体化法令》(Gesetz zur Gleichschaltung der Länder mit dem Reich），命令各级议会不需要重新选举，而是完全按照国会议员的比率分配进行改组，除普鲁士邦以外的各邦议会均进行改组，共产党的席位被完全取消。完成议会一体化后，纳粹党又在4月7日颁布了第二号法令，取消了各邦政府的独立地位，将各邦政府纳入中央政府控制中。1934年1月30日，希特勒上台一年后便解散所有邦议会、取消联邦制，下令所有邦政府隶属于中央政府，并取消全国所有的组织和政党。自此，希特勒完全掌控了中央集权。

纳粹政府上台以后，地方政府也被纳粹官员接管，工会则被宣布为非法组织，所有的在野政党也遭到党禁，就连知识分子和艺术家的活动也都受到查禁。1933年5月，柏林和全德国范围的大学开始焚烧"非德国精神"的书籍。而年龄在10—18周岁的所有青年，都必须参加希特勒青年团（Hitler-Jugend，HJ）。1933年，宣传部长约瑟夫·戈培尔（Joseph Goebbels，1897—1945）宣布对犹太企业进行联合经济抵制，不久后又下令停止犹太人在公共服务领域从事任何活动，非雅利安人（罗姆人或吉普赛人、非白种人和犹太人）被禁止从事多种职业。1935年颁布的《纽伦堡法案》（*Nürnberger Gesetze*）以立法的形式剥夺了非雅利安人的德国公民权，并禁止他们与雅利安人通婚，任何违反该法律的人将被处以死刑。此外，纳粹政府大力推行一体化政策（Gleichschaltung），"一体化"进程影响到人们生活的方方面面。医生、律师、农场主们组织的行业协会，全部被置于纳粹党的控制之下。

1933年5月10日，德国柏林和其他几个城市开展了"针对非日耳曼思想倾向的行动"，大学城点起了篝火，海因里希·海涅（Heinrich Heine，1797—1856）、西格蒙德·弗洛伊德（Sigmund Freud，1856—1939）、埃里克·玛利亚·雷马克（Erich Maria Remarque，1898—1970）等著名作家和科学家的著作被付之一炬。与此同时，新上任的宣传部长约瑟夫·戈培尔全面控制了电台。而此前，电台一直只在一定程度上为国家所掌控。全国性和地方的报纸均被置于严格的监控之下，大量的报刊被停刊。新闻传播业重新回到严厉的审查和管制之下。纳粹政府也对媒体分别采用了行政、法律、经济、内容四个层面的严密管理体制。在一体化政策之下，共产党和社会民主党的报刊，甚至一些市民报刊也被迫停刊，而纳粹党的报刊垄断了德国报业。

一、纳粹政府的新闻引导和媒介管制

纳粹主义（Nationalsozialismus，即国家社会主义）的思想和第二次世界大战无疑给1932年之后的德国报业打上了深深的烙印。它是一战后在德国兴起的具有反民主、民族主义、反犹太主义色彩的一种意识形态。[1]在1930年以前，纳粹主义只是众多德国极端主义思想中的一种。为了实现纳粹主义的权力诉求，必须尽可能地发动来自不同社会政治生活领域的大多数群众加入到"运动"中来。媒体在这场运动中具有核心意义，广播成为影响公众最主要的媒体。纳粹分子还同时将报刊作为国家主导的、用以实现政治权力目标的核心工具。报刊必须为纳粹主义的观点服务，不断扩大其影响并用纳粹主义的意识形态教育民众。此外，媒体也必须成为控制德国在他国形象的公众舆论的工具。

30年代初期，由于经济大恐慌（1923年）和政治危机（1930年以来），本来就已经处于弱势地位的地方小报（Heimatpresse）发行量非常低；政党报刊（包括各党派自己的报纸和受政党资助，或者以政党理念为导向的报刊，以及一些带有浓重舆论引导色彩的报刊）占报刊种类总数的一半。1932年，在希特勒掌权以前，德国境内大概有各类周报日报4700种以及700多种杂志。但是在二战结束前的1944年，由于各种经济和技术上的问题，德国当时的报刊只有不到900种，这当然和纳粹政府的媒介和通讯政策有关。

纳粹政府试图通过系统的一体化政策和尽可能全面的新闻控制来影响和引导公众，并制定了四个不同层面的新闻管制：行政层面、法律层面、经济层面和

---

[1] Pürer, Heinz/Raabe, Johannes: Presse in Deutschland (3.Auflage).Konstanz: UTB, 2007, S.82.

内容层面。四个部分之间紧密联系，行政层面又与纳粹党的媒介政策紧密结合。

1. 行政层面

1933年希特勒刚刚取得权力后，就分配了三名"帝国引导者"管理媒介：马克斯·阿曼（纳粹党中央出版社和党报《人民观察家报》的社长）作为帝国报刊（纳粹党报）指导；约瑟夫·戈培尔为纳粹党的宣传部长，并于1933年5月组建了帝国国民启蒙与宣传部（Reichsministerium für Volksaufklärung und Propaganda, RMVP）；还有奥托·迪特里希（Otto Dietrich, 1897—1952）作为新闻发言人。[①] 帝国国民启蒙与宣传部的主要任务"应该尽量照顾到所有可能在思想上影响民族和国家的各个领域"。[②] 另外，这个部门也涵盖了来自各行各业的人员，包括：（1）来自内政部的人员进行政策方面的解答，并负责监督媒体和艺术领域；（2）来自外交部的人员解答各种国际艺术和体育竞技事业的政策，这部分也包含经济部的人；（3）展览和展会行业由邮政部的人员负责；（4）在国民启蒙与宣传部下设立管理广播行业的行政部门。参照宣传部的指标，45个行政区（Gaubezirk，包括区和帝国大区）设立了自己相应的部门，后来在这些部门的基础上建立了帝国宣传局（Reichspropagandaämter）。戈培尔指出，宣传政策的目标在于"精细地组织和管理报刊，而帝国就像是手上的钢琴，这么做是为了能够弹奏帝国这架钢琴。"[③]

表12　纳粹德国行政区域划分

行政区域分级	所辖范围
大区（Gau）	巴登、拜罗伊特、柏林、杜塞尔多夫、埃森、弗兰肯、哈雷－梅泽堡、汉堡、黑森－纳塞、科隆－亚琛、卡塞尔、马格德堡－安哈尔特、弗兰肯、勃兰登堡、梅克伦堡、摩泽尔、慕尼黑－上巴伐利亚、下西里西亚、上西里西亚、东汉诺威、普鲁士、波美拉尼亚、萨克森、石勒苏益格－荷尔斯泰因、施瓦本、南汉诺威－不伦瑞克、图林根、威瑟－埃姆斯、北威斯特伐利亚、南威斯特伐利亚、韦斯特马克、符腾堡－霍亨索伦

---

① Müller, Georg Wilhelm: Das Reichsministerium für Volksaufklärung und Propaganda. Berlin, 1940, S.11.

② Abel, Karl Dietrich: Presselenkung im NZ-Staat. Berlin: Colloquium, 1986, S.3.

③ Joseph Goebbels, zit. nach Wulf, Joseph: Presse und Funk im Dritten Reich. Gütersloh: Mohn, 1964, S.63.

续表

行政区域分级	所辖范围
帝国大区（Reichsgau）	但泽－西普鲁士、法兰德斯、克恩顿、上多瑙河、下多瑙河、萨尔茨堡、施泰尔马克、苏台德、蒂罗尔－福拉尔贝格、沃伦涅、瓦尔特兰、维也纳
区（Bezirk，1941年设立）	布鲁塞尔、比亚韦斯托克
自治地区（Autonome Region，1939年设立）	波希米亚和摩拉维亚保护国、波兰总督府（加利西亚、克拉科夫、卢布林、拉多姆、华沙）
轴心行动区（Operations zone，1943年设立）	亚得里亚沿海、阿尔卑斯山

1933年9月，一个职业管制性的组织"帝国文化行业协会"（Reichskulturkammer）成立，同样由戈培尔出任主席。帝国文化行业协会下分别设立7个相互独立的行会，分别管制报刊、广播、电影、戏剧、音乐、图片艺术或者文献资料。帝国文化行业协会取代了之前明显的事前审查制度，尽可能地从个人角度来严密地控制记者，防止当时严格的新闻许可证政策给公众造成纳粹强行统一新闻出版的印象，也可以防止纳粹德国在国外的形象受到损害。

帝国文化行业协会下设分管报刊的"帝国新闻行业协会"（Reichspressekammer，RPK），由马克斯·阿曼担任主席。它由13家出版联合会组成，其中包括德意志帝国新闻协会和德意志报刊出版商协会（Verein Deutscher Zeitungsverleger）。该协会1934年被合并后，更名为"德意志帝国报刊出版商协会"（Reichsverband der Deutschen Zeitungsverleger）。在第一任主席马克斯·阿曼的领导下，帝国新闻行业协会必须保证报刊发行"符合党和国家规定的前提条件，即塑造纳粹主义志同道合者的形象"，并且"确保报刊从内到外能够有效自我运作。"在报刊发行前，有时也会在之后，德意志帝国报刊出版商协会必须执行帝国新闻行业协会发出的指令（Anordnungen）并受其监督。通过这些指令，马克斯·阿曼可以全面控制德国的出版行业。

至于德意志帝国新闻协会的主席，则由纳粹党首席新闻发言人（NSDAP-Reichspressechef）奥托·迪特里希担任。极其重要的一点是，希特勒在1937年成为帝国政府的新闻出版署署长，并将德国政府新闻出版部门的职责设定为"教育和引导德国日报"。1939年，专门指导德国杂志出版事务的杂志业务处（Zeitschriften-Dienst）才最终成立。

表13　纳粹德国新闻宣传部门组织结构图[①]

党组织层面		
帝国宣传部部长 戈培尔博士	帝国首席新闻发言人 迪特里希博士	帝国新闻行业协会主席 马克斯·阿曼
新闻署（Amt Presse）： 广播 演讲 电影 文化 宣传动员	纳粹新闻总监（Pressestelle der NSDAP） 纳粹通讯社（Nationalsozialistische Korrespondenz）	纳粹党中央出版社（Zentral Partei Verlag） 纳粹新闻出版管理局（Verwaltungsamt der NS Presse）
地点：柏林和慕尼黑	地点：柏林和慕尼黑	地点：柏林和慕尼黑

国家组织层面											
帝国国民启蒙与宣传部部长（Reichsminister für Volksaufklärung und Propoganda）戈培尔博士											
国务秘书（Staatssekretär）： 冯克（Funk, 1933—1937）； 迪特里希（Dietrich 1937—1945）			国务秘书： 汉克（Hanke, 1937—1940）； 古特尔（Guttere, 1940—1944）； 瑙曼（Naumann, 1944—1945）							国家秘书长： 艾瑟尔（Esser, 1935—1945）	
下设部门			下设部门							下设部门	
德国报纸出版	外国报纸出版	杂志出版	政治	法律	宣传	电影	个人	防御	外国	戏剧	音乐	基金会	图片艺术	外国人/交通

①　Abel, Karl-Dieterich: Presselenkung in NS-Staat. Berlin: Colloquium, 1968, S.108/109.

职业组织层面						
帝国广播行业协会（Reichsrundfundkammer）	帝国戏剧行业协会（Reichstheaterkammer）	帝国音乐行业协会（Reichsmusikkammer）	帝国出版行业协会（Reichspressekammer）	图像艺术帝国行业协会（Reichskammer der Bilden Künster）	帝国电影行业协会（Reichsfilmkammer）	帝国杂志行业协会（Reichsschriftskammer）
			帝国主导出版商/主导报刊出版商协会（Reichsverband der Leitungsverleger/Leitschriftenverleger）等行业联合会			
			德意志帝国新闻协会			
			各领域的组织： 各州联合会 所有的帝国协会			

2. 法律层面

早在魏玛共和国时期，德国就存在限制新闻和言论自由的法律，即 1922 年颁布的《共和国保护法》。其中规定，对革命性的或者危害国家的政党报刊进行管制。1933 年 2 月希特勒上台以后，立即颁发了两项一体化法令来限制出版和集会自由，从实施细节和颁布原因上完善了对印刷品的管制，结束了公民的人身自由权和自由表达意见的权利，甚至出版、结社和集会权，以及通信自由和通信秘密权。此外，对于违法行为的处罚也相当严厉。

纳粹主义限制新闻自由的另一个重要工具——《媒体主编法》（Schriftleitergesetz）也于 1933 年 10 月 4 日颁布，1934 年 1 月 1 日开始实施。其中要求所有新闻记者都必须进行自我管制，而对于所有编辑和报刊的管理

者也有如下的任务：①

——确定记者的出版任务（以及自己对于这些任务的责任）
——确定作为记者所必须具备的个人方面和思想政治上的先决条件
——管理记者参加职业培训的许可证
——约束发行人的行为
——阻止不受欢迎的内容的义务
——职业裁决的投票权

以上任务赋予了记者出版的义务，表面上使记者从出版社的附属中独立出来。然而，《出版法》将记者与政党的方针，以及国家的新闻政策联系起来。这表明记者也有自己的"一体化"政策，他们正在被国家剥夺言论自由的权利，并且承担着公共职责的任务。在纳粹政府看来，新闻既是一种职业，也是公共部门的集合体。纳粹政府通过对职业的约束来实现对报刊的严格审查。②

从事新闻工作的人必须满足个人和政治条件，即：必须拥有帝国的公民身份、有充分的证明属于雅利安人，并且没有和非雅利安的人种通婚，没有丧失出任公职人员的能力。而对编辑的要求更严，必须是从事这个行业已经满21年、接受过专门的职业培训（在德国的某家报社接受过为期一年的编辑培训），且能够担当起影响公众思想重任的人。因此，所有具有犹太背景的记者完全被禁止涉足新闻行业，那些曾经在整个新闻界有重大影响的犹太思想精英日渐没落。③出版法令生效以后，大概有1300名记者遭受查禁。在整个纳粹统治时期，总共有2000名德裔犹太记者和发行人被迫流亡，其中大量的人在第三帝国结束以后也没有回到德国。许多记者和发行人也被逮捕或者送进集中营。

通过编辑来控制职业培训许可证和记者的措施，意味着新闻出版的从业

---

① Pürer, Heinz/Raabe, Johannes: Presse in Deutschland（3.Auflage）.Konstanz：UTB，2007，S.85.
② Kosyzk, Kurt: Deutsche Presse 1914—1945. Berlin：Colloquium，1972，S.366.
③ Pürer, Heinz/Raabe, Johannes: Presse in Deutschland（3.Auflage）.Konstanz：UTB，2007，S.86.

门槛受到了严格控制。记者要登记成为正式从业者，需要通过出版界的地方协会。但是从1938年起，记者的职业身份还必须获得地方长官的确认，来证明申请人在政治上具有可信度。

另外，纳粹政府的《媒体主编法》中还有一条针对记者和发行人之间行为关系的具体规定，从中也明确划分了二者之间的职权范围。发行人最终只承担财政上和技术竞争上的压力，他们可以拥有任命主编的权利，并且可以根据报纸的基本方针来延长记者的停职处理。但是记者并不是发行人，而是国家权力的监督者，因此他们需要通过将权力转让给管理机关（即宣传部）来间接对报纸的内容负责。《媒体主编法》禁止所有不接受管理的发行人及其出版行为。

纳粹政府的法律惩处一切纳粹主义认为不受欢迎的内容，禁止任何削弱德意志帝国或者民族，以及损坏德国人荣誉的新闻。《媒体主编法》中的相应条款也赋予记者权力，来阻止以下行为：（1）任何以私利为目的而误导公众；（2）削弱德意志帝国的内政和外交力量，以及德意志民族的凝聚力、国家的自卫能力、文化或者经济力量的出版行为；（3）以及一切违背德意志的尊严和名誉、非法侵害他人的尊严或者利益、损害他人职业、侮辱他人或者出于其他原因的不礼貌行为。在《媒体主编法》具体的法条中也注明，该法律的目的在于让媒体无法指责和阻止任何政府颁布的政策。为了维持德意志帝国出版商协会的管辖权，该法律的最后一部分还明确了新闻出版行业的司法管辖权（Bestimmung zur Berufsgerichtsbarkeit）。德意志帝国出版商协会的成员必须由宣传部长来任命。编辑记者的职业违法行为由地方的职业管辖机构给予警告（步骤一），处以最高数额为全部收入的罚款（步骤二）或者没收职业执照（步骤三）。[①] 最后一项处罚事实上等同于将记者停职。记者的职业违法行为主要表现为违反帝国国民启蒙与宣传部的指令，或者指责纳粹党而使记者的政治可信度受损，因借贷、酗酒乃至个人与犹太人交往而违背了"正确而礼貌

---

① Pürer, Heinz/Raabe, Johannes: Presse in Deutschland (3.Auflage).Konstanz: UTB, 2007, S.87.

的行为"。如果触犯了以上规定且没有职业许可证的编辑,将处以最长为一年的监禁。若是记者有以上违法行为,发行人也可能受到最长为三个月的监禁。

纳粹党除了在法律层面对新闻进行控制以外,还在《媒体主编法》规定了编辑入职前必须接受为期一年的职业教育。通过这一年的实践和编辑业务见习,编辑必须在各方面的表现都令人满意才行。此规定也是试图通过实践性的职业教育来贯彻纳粹的编辑方针,使得编辑通过这一年的见习后,所经手的所有报道内容都能获得德意志帝国新闻协会的许可。但是自从1936年以后,所有的编辑候选人只可以从希特勒青年团中挑选,并且必须在劳动局或者军队中服务过一段时间。[①]而报学的研究者和记者的职业培训,则与纳粹意识形态教育课程紧密相关,纳粹政府还建立了一套职业标准监控体系。此外,编辑还必须在1936年成立的纳粹新闻学校中学习三个月的基本课程,其中的职业教育内容极为有限,大部分都是政治意识形态教育和性格教育。德意志帝国新闻协会的主席暨《人民观察家报》的主笔威廉·魏斯(Wilhelm Weiβ,1892—1950)希望借此唤醒新闻接班人对职业道德、准则、性格和团结精神的认同,从而教育出有教养、政治合格和技能达标的记者。由于战争时期帝国国民启蒙与宣传部的重点转向了"战时最重要的任务",帝国新闻学校不得不在1939年年初的时候解散。

3. 经济层面

从经济层面,纳粹主义者通过没收众多出版社的财产来尽可能地控制一切新闻出版机构。马克斯·阿曼[②],帝国出版商协会主席暨帝国新闻行业协会主席,负责出版管制和资产集中的计划和实行,借此让所有德国的新闻报刊和出版社都归入纳粹党的财产中。而真正对德国出版界最彻底的宰割,首先是所谓的紧急法令,所有的左派报刊受到镇压和关闭。其次便是帝国文化行

---

① Pürer, Heinz/Raabe, Johannes: Presse in Deutschland(3.Auflage).Konstanz: UTB, 2007, S.87–88.

② 先前一直是纳粹党全国领袖,纳粹党中央出版社社长,从1933年起开始担任帝国纳粹党新闻杂志出版社领袖。

业协会在 1935 年 4 月 24 日发布的**"阿曼命令"**，这项命令使纳粹政府吞并了包括民办出版社在内的所有新闻出版资产。其具体措施如下：①

首先，任何以股份公司、两合公司、有限责任公司、合作社或者基金会的形式经营的出版社，都属于出版行业协会。这项措施实质上全面禁止了独立出版行为。所有的犹太人出版社被关闭，同时禁止发行人拥有多种报纸，报纸也不允许获得长期的外部资助。

其次，命令清理了几乎所有可能与纳粹主义不符或者含有负面信息的"丑闻报纸"。而报刊是否可以登载宗教的、职业的或者涉及众多利益的内容，必须由读者投票表决。这项措施对于 400 多份报纸来说又是灭顶之灾。

最后，命令中也规定报刊可能因为刊登了"禁止的和不健康的广告"而被迫关闭。报刊必须通过健康的出版准则和合法的出版行为来提高发行量。

这个命令除了可以长期集中出版社的资产外，还有一个重要的目的，就是通过竞争让那些纳粹党内濒临倒闭的地方出版社彻底关闭。随后，通过强行关闭出版社而没收到的部分财产，将以低价卖给那些难以通过阿曼命令而获得地产、印刷机和编辑室等资产的地方出版社。借此机会，纳粹政府在不知不觉的情况下顺利而系统地完成了报刊收购和资产转让的流程。与此同时，一些表面上中立的持股公司和资产公司也纷纷成立。马克斯·温克勒（Max Winkler，1875—1961）则以"帝国财产托管人"（Reichstreuhänder）的身份来完成购买报纸的任务，从而掩饰其背后所代表的政府权力。绝大多数大型知名报社在转让以后，都变成为总部设在慕尼黑的纳粹中央出版社的资产，中央出版社的资产占到报社资产的 51% 以上，它们也常常受到出版管理的制约。

另一种经济上的制约手段叫作**纸张分配**（从 1937 年开始），有时也作为发行量的行政控制手段，例如 1941 年 3 月纳粹政府规定，禁止提高报纸的发

---

① Abel, Karl-Dietrich: Presselenkung im NS-Staat. Berlin: Colloquium, 1986, S.8.

行量。后来，帝国新闻行业协会还在第二次世界大战末期限制报纸的边长，从最长只能为四页（1944年8月）裁剪到最长只能为两页（1945年3月）。① 德国的一些精品杂志的发展在此时也变得缓慢并呈现衰落的趋势，最终成为纳粹新闻管制的牺牲品。

4. 内容层面

在新闻报道的内容控制方面，纳粹政府上台后就由戈培尔定期召开中央新闻发布会，只有一些经过挑选的记者能够参加。戈培尔在每天中午的新闻发布会上通报一些新闻细节，同时也会公布禁止报道的内容，新闻信息的公开程度也参照魏玛共和国时期来划分三个等级。此外，新闻发布会上还会发出一些报道指令，规定重点报道的议题。一些秘密报道指令则以密封信的方式传给地方相关机构和报刊编辑，编辑最迟必须于每个月底在一个见证人监督下将其销毁。粗略估计，从1933—1945年间这样的密令大概有8万到10万个。②

从1940年起，新闻发布会上开始出现了每日和每周的口令（Tages-und Wochenparolen）。这些口令也意味着其他部长或者官员以个人身份接受的采访和解答是无效的，而一切必须以统一发布的口令为主。口令统一了各种主题的报道所应该采用的内容，涵盖政治、艺术、文化等第三帝国时期人们生活的各个方面，甚至包括与赛马、助产士、体育锻炼和播种蔬菜等在内的各种生活细节都被列入其中。③ 此外，新闻发布会上也会斥责一些没有遵照口令的媒体，当然他们随后将受到处罚。

每天上午在全国媒体新闻发布会开始之前举行的是部长会议，戈培尔认为这个会议对于帝国的宣传工作具有重要意义。只有一些政府部门和纳粹党的官员，以及一些受纳粹欢迎的媒体人士（如一些通讯社的主编们）才能出席。在第二次世界大战期间，戈培尔也会临时召开一些特别新闻会议，口头通报当天政治和军事最新发展状况。此外，德国外交部也召开一

---

① Pürer, Heinz/Raabe, Johannes: Presse in Deutschland（3.Auflage）.Konstanz: UTB, 2007, S.39.
② 同上，第89-90页。
③ Wulf, Joseph: Presse und Rundfunk im Dritten Reich. Gütersloh: Sigbert Mohn Verlag, 1964, S.81.

些针对外国媒体的外事新闻发布会,借此与外国媒体记者交流信息并进行监管。①

1933年,半国有化的伍尔夫电信局和胡根贝格旗下的电报联盟两家大型通讯社合并为新的德国通讯处。从成立的第一天起,这家通讯社就是国有资产,并且属于政府直接管辖的下设部门。一方面,德国通讯处负责发布消息并且控制媒体内容,另一方面他们也会把从部长会议上所获得的信息按照纳粹党的要求进行加工润色。戈培尔本人也为德国通讯处写稿,然后再发给报刊向外传播。根据不同的保密程度,德国通讯处发布的新闻也印刷在不同颜色的纸张上:绿色的纸张代表给所有报纸编辑的、可以任意报道的新闻;黄色的纸张意味着需要重点宣传的一些关于纳粹政党的主题;蓝色纸上印着的是专门为那些可信任的记者所选取的,而且他们也应该掌握的背景信息,例如一些外国的新闻背景;那些给少部分受到纳粹政府信任的记者的信息则印在红色的纸上;此外,印在白色纸上的只有极少的国家高官和纳粹党高级领导才能看到。②那些在纳粹当局管制下并受到信任的报刊和广播不仅仅能单方面从官方获取新闻,同时还承担着向公众发布上级政府信息和政党消息的重任。另外一家和德国通讯处一样重要的官方新闻机构是跨洋通讯社。1933年被纳粹当局收购以后,跨洋通讯社主要负责向国外媒体宣传纳粹的意识形态。

此外,管理德国报刊内容的机构还有帝国国民启蒙与宣传部下设的报纸杂志部,他们也召开新闻发布会向国有的报刊发布信息,并且管理1938年成立的官方"杂志周刊办公室"(Zeitschriften-und Wochendienst)。1939年8月26日战争正式开始,他们还承担着执行军方新闻审查的职责。

5. 排斥与一体化政策

希特勒上台以后采取了一系列排斥和一体化政策来调整报刊。首先便是

---

① Koszyk, Kurt: Deutsche Presse 1914—1945.Berlin: Colloquium Verlag, 1972, S.34.
② Pürer, Heinz/Raabe, Johannes: Presse in Deutschland(3.Auflage).Konstanz: UTB, 2007, S.90–91.

1933年共产党和社会民主党的报刊被压制或者被没收资产。到20年代末期，社会民主党的报纸数量减少到200多种（其中包括75种报纸副刊或者报纸的地方版），发行量也仅仅只有130万份。紧接着经济危机到来，一些社会民主党报刊的出版社也被迫关闭。到1932年，所剩的社会民主党报刊只有135种，而共产党的更少，只有50种，发行量也仅仅到65万份，而且其中一半都是副刊和地方版。① 之后，总统颁布的紧急法令，纳粹党也趁机对反对派的报刊猛烈打击。社会民主党和共产党的报刊被禁，出版社和印刷设备也转为国家所有。②1933年国会大选前一周，这两个党派所有的报刊都被查禁了。除了针对反对党报刊的排斥措施外，纳粹党还在1933年年中开始了报刊的一体化措施。600种左右的报刊遭到查禁，其中包括100种左右的市民报刊。1933年12月，就连成立新的报纸也被全面禁止。③

1934年德国报刊陷入严重的结构危机后，第二轮的资产没收狂潮也开始了。众多小型和中型的报刊在与纳粹党支持的国家和政党大报的不公平竞争中难以维持生计。另外，被纳粹审查后的报刊所登载的都是单调乏味的内容，从而导致广告数量下降，报刊的发行量也随之大幅减少，仅1934年一年报刊的总发行量就减少了100万份。纳粹当局因此开始实施"阿曼命令"，试图通过政府的经济措施来挽救报刊自身的结构危机。"阿曼命令"表面上的目的在于减少报刊的数量，并引导报刊走入健康的发展轨道来扭转局面，而实质上却是伺机减少私立报刊，并且关闭和整顿那些无论在质量上还是数量上都处于劣势的纳粹报刊。纳粹党人在此次整顿中还没收了那些带着普通大众报刊面具，但实质上和宗教有关的报刊。这些普通的大众报刊虽然在种类上只占德国报刊总数的8%，但发行量却占到了总发行量的60%以上，而纳粹党当

---

① Koszyk, Kurt: ZwischenKaiserreich und Diktatur.Die sozialdemokratische Presse von 1914 bis 1933. Herdelberg: Quelle und Meyer, 1958, S177.
② Dussel, Konrad: Deutsche Rundfunkgeschichte, 2.Auflage. Konstanz: UVK, 2004, S.159–161.
③ Pürer, Heinz/Raabe, Johannes: Presse in Deutschland（3.Auflage）.Konstanz: UTB, 2007, S.91–92.

己的报刊仅占25%。"阿曼命令"也带来了1935—1936年间的报社关闭、合并和收购浪潮，500-600家报社在这次浪潮中消失。纳粹党还成立了一些新的报刊行业协会来掩盖他们疯狂收购报社的行为。①

1941年，第三次资产没收狂潮以针对战争需要为由，由德意志帝国新闻协会来监督执行。那些小型报刊将退出市场并出让产权。550多家发行量很小的地方报纸，其中包括12家著名的中央党报刊遭到迫害。接下来，又有950种私人报刊在1943年年初退出历史舞台，其资产也转入纳粹党名下，这些报刊后来也被改名为《法兰克福报》和《慕尼黑报》(*Münchener Zeitung*)。最后一次报刊退役发生在1944年秋天。经过纳粹党的排斥和一体化政策后，大区报刊几乎消失殆尽，德国境内的20个大城市的报刊也都被合并，只有纳粹自己的报刊没有太多变化。

二、纳粹党的报刊

1933—1945年纳粹党执政时期报业的一大特色，就是纳粹党报刊独揽全局。这些报刊里包括著名的《人民观察家报》、《进攻》(*Angriff*)、《前锋》和《观察家图片报》(*Illustrierter Beobachter*)，以及纳粹党的各大区分部的报刊(Gaupresse)。

1. 纳粹党各大区分部的报刊

作为纳粹党中央报刊《人民观察家报》的补充，从1925年开始，纳粹党就在各大区分部创办报刊。但是1930年以前纳粹各大区的分部想要创立自己的报纸却是件艰难的事情，一方面极其缺乏资金，另一方面也没有足够的记者，即使那些已经开始发行的报纸也仍然缺乏稳定的读者订阅量和广告。编辑们只有一两间房间作为办公室，家具设施也极其简陋，房间里只有一部电话，而报纸的印刷只能通过与印刷厂达成协议先赊账，等报纸卖出后再付款。

---

① Pürer, Heinz/Raabe, Johannes: Presse in Deutschland (3.Auflage).Konstanz: UTB, 2007.S.92.

报纸主要报道本地新闻,两三名记者也主要来自先前在党内机构工作的公务员,他们经过职业培训或者在出版行业工作几年积累了一些经验后,就开始为纳粹党各大区分部的报纸工作。①更糟糕的则是这些"斗争报纸"必须定期指导运动,版面上充斥着大量醒目的大字标题、谩骂的词句和激烈的观点,却缺少新闻信息,这些报纸也经常被短期禁止。另外,由于纳粹党主要把财力物力集中起来发展《人民观察家报》等中央大报,各大区分部和地区的报纸长期缺乏资金。而各大区的纳粹党领导也希望能够发展自己的"斗争报纸",获得影响社会的权力和个人威望。这直接造成位于慕尼黑的中央宣传引导措施和地方纳粹党新闻出版事业的分歧。

1928年纳粹的大区分部报刊总共有37种,其中包括五种日报和31种周报,以及一种半月刊。这些报纸也在报头上做了区分,只有19种纳粹党的核心报纸可以使用卐字标志的党徽,纳粹党掌握政权以后可以使用帝国之鹰的国徽,而其他的只是纳粹党官方承认的党的小报。所有的报道必须与党的纲领和宣传指导保持高度一致,否则就会被取消作为纳粹党核心报刊的资格,或者遭到抵制。报刊严禁登载任何与犹太人的商业机构有关的广告,同时报刊有义务在出版后留一份送到宣传部门,接受他们对报纸和广告内容的审查。纳粹党的宣传引导部门与纳粹党的报刊之间,常因为地方党报发行名额的分配问题而产生激烈的争执。因此,希特勒特别在1928年秋的一封公开信中强调,禁止一切党内的争斗,否则将开除党籍。②

纳粹党各大区分部的报刊数量从1930年后开始了快速增加。很多大城市都创办了纳粹党的新报纸,之前的周报也改版为日报。为了支持这些报刊的发展,希特勒自1929年起就从利益集团给纳粹党的资助中抽出一部分作为专项基金。当然,这些报刊背后最主要的支持者是胡根贝格,但因为经济危机

---

① Hartmann, Franz: Statistische und Geschichte Entwicklung der Nazi-Presse 1925—1935, München (Ms.) 1936, hier wiedergeben nach Hale, Oron J.: Presse in der Zwangsjacke 1933—1945. Düsseldorf: Droste 1965, S.58.

② Pürer, Heinz/Raabe, Johannes: Presse in Deutschland (3.Auflage).Konstanz: UTB, 2007, S.94.

不断加剧，他所能提供的资金有限。在各方资助下，纳粹党的报刊暂且能维持生存。取得政权后，纳粹党又向银行贷款，再加上订阅和广告都有所增长，纳粹党报刊的经济情况有所缓解。此外，1933年纳粹党还没收了很多社会民主党和共产党的报社设备及其资产，并归入自己党内的报社。①

希特勒上台以后，纳粹党报刊的宣传目标发生了根本的转变。报刊之前主要是宣扬与国家机器斗争的革命思想，而现在主要是为了向纳粹政府表现他们的忠诚和支持纳粹政府所制定的政策。另外，迪特里希还为纳粹党的报刊专门成立了新机构——在他的推动下和纳粹通讯社的支持下，1932年成立了纳粹官方通讯社，负责向纳粹党的报刊提供新闻消息。另外，迪特里希还支持纳粹党各大区分部的官员，通过普通市民报刊中有关纳粹运动的报道来监督和管理纳粹运动。而当纳粹党和政府被报刊批评时，党的所有报刊都要保护他们。禁止报道那些可能对纳粹党造成损害的内容，特别是关于党和核心报刊的政府指令，只能通过纳粹党中央的报刊来向其他地方报刊发布。

1934年，马克斯·阿曼以纳粹帝国新闻总指导的身份并借助温克勒的"帝国财产托管人"方式，让纳粹党各大区分部的报刊获得了很多商业和财政资产。同时，阿曼的幕僚罗尔夫·李恩哈特（Rolf Rienhardt，1903—1975）的工作主要是保证各大区分部报刊能够受到纳粹党首领的个人影响。各大区也组成由李恩哈特掌管的出版社行业协会，并且成立标准的责任有限公司（控股公司）。从原来的工会所没收的资产也归纳粹党中央的弗兰茨·埃尔出版社（Franz Eher Verlag）所有，从而保证他们有足够的资金来支持那些财政困难的纳粹党报社。这样做还有另外一个目的，就是让纳粹党报刊出版社都归入弗兰茨·埃尔出版社麾下统一管理。②

作为各大区出版社的延伸，纳粹党还在1939年成立了海若德出版有限责任公司（Herold Verlags-GmbH）来收容那些因为一体化政策而倒闭的市民报

---

① Pürer, Heinz/Raabe, Johannes: Presse in Deutschland（3.Auflage）.Konstanz: UTB, 2007, S.94.
② 同上，第94—95页。

刊。此外，专门针对普通报刊的薇拉出版社（Vera Verlagesgesellschaft），以及针对地方小报和天主教报刊的凤凰出版社（Phönix Verlag）也起到同样的作用。通过这些手段，阿曼和他的助手李恩哈特，以及温克勒一起大大增加了纳粹党报刊在德国报刊总数中的比率，1933年时才有2.5%，而到第三帝国末期就已经提高到了82%。[①]

2. 纳粹党的中央出版社

纳粹党中央的弗兰茨·埃尔出版社为纳粹党的运动提供大量支持，并在几年后成为世界上规模最大的出版社。这家出版社成立于1887年1月2日，起初发行地方周报《慕尼黑观察家报》（*Münchner Beobachter*），所有者也几经变化，1900年后由弗兰茨·埃尔（Franz Eher，1851—1918）任出版发行人。1918年埃尔去世以后报纸也更名为《人民观察家报》。1921年年初，《人民观察家报》转入希特勒名下，并由他全权担任这家出版有限责任公司的监事会主席。1922年由马克斯·阿曼出任领导人，他在1933年完全买下这家出版社。

由于弗兰茨·埃尔出版社自身没有印刷设备，所有的印刷工作都由慕尼黑的米勒父子印刷公司（M.Müller und Sohn）来完成。这家印刷公司同时还负责印刷全部纳粹党核心报刊《人民观察家报》和希特勒自传《我的奋斗》，并为纳粹党的报刊以及纳粹党人的书籍印刷提供支持。1925年弗兰茨·埃尔出版社成为纳粹党的中央出版社，由于希特勒希望能够让出版社独立于党派，出版社对纳粹党的依赖也越来越少。然而，弗兰茨·埃尔出版社在独立的第一年里就面临着严重的财政困境。他们也试图改变之前完全依靠出版希特勒的《我的奋斗》的赢利模式，避免成为纳粹党的机关报。但事实证明改变后的出版社难以维持生存。直到20世纪30年代初期，希特勒将从大型工业企业获得的大量资金投入弗兰茨·埃尔出版社后，局面才开

---

① Kieslich, Günter: Wettbewerber Massenmedien und Konzentration in Pressewesen. In: Publizisːik 13/1967, H.204, S.180–196.

始有所好转。①

阿曼成为纳粹中央出版社的主管后，希特勒又任命他为纳粹帝国新闻出版总负责人，在弗兰茨·埃尔出版社下统筹管理纳粹各大区分部的报刊。作为手握实权的德意志帝国出版行业协会主席和帝国文化行业协会的主席，阿曼和他的助手李恩哈特，以及温克勒一起，在1935年收购了100家大型出版社，并把它们归入弗兰茨·埃尔出版社旗下统一管理。1933年，有着犹太家族背景的柏林莫瑟出版社被纳粹政府肃清以后，第二年即被温克勒纳入个人资产之下。他同时还买下了德国最大的报刊和图书出版社——原本属于犹太家族的乌尔施泰因出版社，旗下总发行量超过360万份的《柏林晨邮报》、《柏林午间报》、《柏林画报》和《福斯报》也被一同购入。1937年纳粹党成立了德意志出版社（Deutscher Verlag）并于两年后并购了著名的《德意志总汇报》。德国出版社是继弗兰茨·埃尔出版社之后的德国第二大出版社，并且盈利的纳粹党新闻出版资产。

此外，阿曼希望广告也能够被纳入到纳粹党的统一领导下，所以弗兰茨·埃尔出版社也购买了胡根贝格出版集团下的阿拉广告有限责任公司（Ala Anzeigen GmbH），之后又通过惯用的抵制犹太企业的方式收购了德国第二大的广告康采恩"莫瑟广告发行部"（Mosse-Annoncen-Expendition）。通过这些措施，弗兰茨·埃尔出版社成为纳粹德国广告行业的引领者，纳粹党自己的报纸也能够获得大量跨地区的广告资源。另外，通过弗兰茨·埃尔出版社的第二个子公司——凤凰出版社的运作，纳粹党在1935年还拥有200多家与宗教有关的报刊。②

1935年弗兰茨·埃尔出版社还购买胡根贝格康采恩旗下的薇拉出版社和其他14家报纸，并通过这些大众报刊来转载纳粹党报刊的新闻报道。在这场

---

① Kieslich, Günter: Wettbewerber Massenmedien und Konzentration in Pressewesen. In: Publizistik 13/1967, H.204, S.180–196.

② Pürer, Heinz/Raabe, Johannes: Presse in Deutschland（3.Auflage）.Konstanz: UTB, 2007, S.96–97.

收购中，不幸被纳粹党并入党内资产的包括出版著名报刊《埃森总汇报》(Essener Allgemeine Zeitung)、《汉堡广告报》(Hamburger Anzeiger)、《杜塞尔多夫新闻报》(Düsseldorfer Nachrichten)，吉拉德特出版社的《伍珀塔尔报》(Generalanzeiger für Wuppertal)，以及在曼海姆、慕尼黑、德雷斯顿、弗罗茨瓦夫①、什切青的胡克报业康采恩（Huck Pressekonzern），还有斯图加特、汉诺威和柯尼斯堡的斯图加特报出版社（Stuttgarter Zeitung），在慕尼黑出版的《慕尼黑最新新闻》和具有传奇色彩《简约主义》

图 49　具有传奇怪诞色彩的《简约主义》周刊1910年第一期的封面。

周刊（Simplicissimus）的柯诺尔与希尔特出版社（Knorr & Hirth-Verlag）。到1937年时，隶属纳粹党的出版社已经增加到122家，它们出版了230种报刊以及超过350种的地方出版物。根据阿曼的估计，纳粹党的报刊在1932年之后的五年里增加了20倍。

随着埃尔报业康采恩的不断膨胀，纳粹党也开始收购奥地利南部的报纸。1939年，纳粹党并购德国国内的报纸，著名的《法兰克福报》、斯汀尼斯报业康采恩的《德意志总汇报》，以及《柏林交易所报》(Berliner Börsenzeitung)都渐渐被纳粹党中央的弗兰茨·埃尔出版社所控制。1944年，就连广受欢迎的胡根贝格报业集团旗下的众多报刊也被纳粹所吞并。纳粹党的弗兰茨·矣尔出版社在1943—1944年达到巅峰，掌管着150家出版公司和35000名员工，

---

① 位于波兰西南部的奥得河畔的城市，与德国毗邻。

每年的净利润达一亿马克,各种报刊和图书加起来的总发行量超过了2000万份。①

3. 纳粹党的核心报刊——《人民观察家报》

《人民观察家报》不仅仅是纳粹党的核心报刊,更是所有纳粹报刊的"旗舰"。更重要的是,这份报纸是德国报业发展史上首家发行量突破百万的大报。纳粹党上台以后,《人民观察家报》的定位和功能也随之发生了变化:"因为党和国家需要进一步获得人民的认同,因此它现在唯一的定位就是纳粹党的机关报。"②1933年起罗森贝格取代希特勒成为《人民观察家报》的发行人,后来从1938年到1945年4月底一直由威廉·魏斯担任主笔。

1938年3月希特勒入侵奥地利时,《人民观察家报》还发行了第五个版本——维也纳版,报纸的印刷也主要集中在慕尼黑、柏林和维也纳等地。所有纳粹党政部门都必须订阅作为党的机关报的《人民

图50　1920年3月10日《人民观察家报》头版,当时还未被希特勒收购。③

---

① Pürer, Heinz/Raabe, Johannes: Presse in Deutschland(3.Auflage).Konstanz: UTB, 2007, S.97.
② 同上,第98页。
③ Noller, Sonja/von Kotze, Hildegard(Hrsg.): Facsimile Querschnitt durch den Völkischen Beobachter. München, Bern, Wien: Verlag Scherz, 1976, S.31.

观察家报》，并且支持其发起的运动。当然，纳粹党上台以后，所有的政府部门也被强制要求订阅此报[①]，以致《人民观察家报》发行量迅速增加，1939 年时已经达到 75 万份，两年后则突破了 120 万。《人民观察家报》不仅仅是纳粹党的中央核心报刊，更是二战期间纳粹的重要宣传和动员工具，一直发行到 1946 年 4 月 30 日。最后一期在慕尼黑按照原版对开大小单页印刷。

图 51　1943 年 2 月 19 日已经成为纳粹党核心报刊的《人民观察家报》头版，报头上印有帝国之鹰的纳粹德国国徽。[②]

三、纳粹政府管制下的德国广播电视

纳粹党很早就已经涉入广播事业中。1930 年 7 月，胡根贝格报业康采恩就支持"成立全国统一的斗争广播领导者联盟"，并在同年 8 月 12 日成立了"德意志帝国广播成员联盟"（Reichsverband Deutscher Rundfunkteilnehmer，RDR），起初该联盟还不是支持国家社会主义的，但是与之界限模糊，因为联盟的三位领导人都是纳粹党员。1931 年 12 月 19 日改组后，联盟彻底变成了支持纳粹的国家社会主义性质的广播机构。纳粹党掌握德国政权后，不但紧紧控制报刊发行，而且

[①] Lerche, Peter: Verfassungsrechtliche Frage zur Pressekonzentration. Rechtsgutachten und Anregung des Bundesverbands Deutscher Zeitungverleger. Berlin: Duncker und Humblot, 1971, S.100.

[②] Noller, Sonja/von Kotze, Hildegard (Hrsg.): Facsimile Querschnitt durch den Völkischen Beobachter. München, Bern, Wien: Verlag Scherz, 1976, S.196.

把当时相对普及的广播和刚刚起步的电视也纳入一体化政策中，进行严格的管制和审查。从 1932 年起，所有的广播电台就在国家的掌控下。从 1933 年起，任何新成立的地方广播电台都被解散后改为国家所有，成为纳粹党全国广播协会的一员，节目内容也完全政治化，从而达到宣传纳粹党政策和政治理念的目的。这一时期的电影内容也同样充满了纳粹专制的色彩，表面上看起来虽然是非政治化的娱乐内容或者与本国的历史有关的内容，但背后却隐藏着纳粹的政治理念。纳粹党试图通过电影灌输其意识形态，维持自身在德国社会的影响。

1. 1932 年广播电台的国有化

早在 1926 年制定《德国广播条例》的时候，立法者就尽量避免国家力量过分干涉广播，并且让广播和国家机构之间保持一定距离。然而议会里的政治家们对此越来越不满，尤其在议会选举期间，政治家们都希望能够借助广播来动员选民，为自己的政党拉票。政治家们也渐渐发现，竞选结果之所以没有预期的那么好，不是因为政策本身不够好，而是因为政党诉求没有在公众面前，尤其在媒体上得到充分的展现。除了政治家们的要求外，政府方面，1932 年 6 月 1 日新上任的德国总理弗朗茨·冯·帕彭（Franz von Papen，1879—1969）也希望广播能在更加市场化的环境中运营，进而转型为国有资产。因为此时广播在资金来源上已经与那些高度集中化、国有化的报业集团很像，非常容易通过市场运作完成国有化转型。此外，政治类节目也开始涉足广播。内政部长威廉·盖尔（Wilhelm Gayl，1879—1945）规定每家广播公司必须在 18:30-19:30 之间播放一个小时的"帝国政府时间"节目，向公众解读帝国政府的政策。

1932 年 6 月 15 日，帝国政府官员在视察地方政府行政机构时也表示，让他们不要放弃对广播的影响，必要时可以采取强制手段。此外帝国总理帕彭还罢免了普鲁士首相奥托·布劳恩（Otto Braun，1872—1955）及其下属的职位，继而设立帝国专员（Reichskommissar）取而代之。紧接着 6 月 17 日帝国政府下令全面终止私人企业对各地广播电台的投资，整个政策的实施流程也在6月29日的"帝国政府时间"节目上向全国公布。帝国内政部指派两名帝国专员来行使国家层面对广播的管理，一方面负责广播的组织、经济和技术等事务，另一方面则负责解决所有和节目有关的问题。每个广播公司都必须在内政部和地方政府联合指派的国家专员的管理下运作。

1932年年初希特勒成为帝国总统的候选人后，纳粹党随即制定了广播宣传策略。7月14日，纳粹党的帝国组织部长格雷戈尔·施特拉赛尔（Gregor Strasser，1892—1934）开始通过广播发表讲话，此后纳粹宣传家戈培尔也成为广播节目关注的焦点。纳粹党还开始改组私有广播电台。1932年9月，无线电事务公司被解散，并在10月1日转入"无线电事务处"（Der Drahtlose Dienst）旗下，形式由公司转变为行政机构。一直到11月中旬，德国各地广播组织的领导人员、机构设置和节目宗旨都发生了一系列变化。从1933年1月和2月开始，政府大规模购买广播电台的私有财产，电台的私有资产所占比率越来越低，只有在汉堡和法兰克福的少数电台才能占到25%以上。1933年1月30日后，电台节目内容的转变也非常快，每天都要播放与纳粹党主席、后来被任命为帝国总理的希特勒有关的节目。[①]

2.1933—1939年纳粹政府的广播政策和节目

纳粹政府上台后，渐渐架空了之前的广播专员。1935年3月约瑟夫·戈培尔成为帝国国民启蒙与宣传部部长，这个部门主要负责为公众提供帝国政府的政策解释和政治教育，在全国建立起对"祖国"的认同，刚刚走马上任的宣传部长戈培尔也非常重视广播的作用。3月16日，帝国总理威廉·弗里克（Wilhelm Frick，1877—1946）将其管辖范围内的对个人和政治类广播节目的监督权转交给戈培尔。不久后，原来由广播专员负责的广播电台财政管理权也转交给帝国邮政主管保罗·冯·埃尔茨·吕本那赫（Paul von Eltz-Rübenach，1875—1943）。

---

① Dussel, Konrad: Deutsche Rundfunkgeschichte, 2.Auflage. Konstanz: UVK, 2004, S.76-78.
② Bildrechte: akg-images.

图52　戈培尔领导下的广播电台①

至此，广播专员已经失去实权，形同虚设，1933年2月15日设立了新的广播专员一职，一开始还是继续由帝国内政部来管理，后来划归新成立的帝国国民启蒙与宣传部。但是，戈培尔突然接手广播事务造成了中央管理和地方法律之间的矛盾。例如普鲁士1932年已经制定了自己的广播法，地方可以直接管理广播电台，而现在中央官员戈培尔也有权管理地方广播。为了解决这个矛盾，帝国总理1933年6月颁布了《关于具体划分帝国国民启蒙与宣传部任务的规定》(Verordnung über die Aufgaben des Reichsministeriums für Volksaufklärung und Propaganda)，强调当戈培尔的命令和帝国政府其他部门的规定相冲突时，一切规定以戈培尔的命令为主。随后戈培尔也做了补充，在广播电台管理上一切以地方利益为重，帝国中央利益次之，但是一切规定都要符合宣传的需要。但是，中央的一些政策却让地方广播电台的权力渐渐向中央转移。首先，从1933年7月8日起，地方广播电台里属于帝国广播公司的部分必须转交帝国宣传部，以划归国有；其次，地方广播公司的所有资产也必须上交给帝国广播公司。通过这两步转变，地方广播电台已经被戈培尔牢牢掌控在手中。1934年上半年，所有的地方广播公司已经成功转变成了帝国广播公司在各地的分公司，资产百分之百归国家所有，并完全在帝国宣传部的指导下运行。广播公司下设的文化公司则由两个机构来管理：一个是宣传部，另一个则是1933年成立的直接对帝国总统负责的帝国文化部。接管了广播电台的财政和管理大权后，戈培尔紧接着开始对广播从业人员进行清洗。所有具有犹太背景的或者信奉社会民主主义和共产主义的人员都被从广播电台中清除出去。①

广播电台的节目内容也同样受到纳粹党的巨大影响。从 1933 年纳粹开始国会竞选到正式上台的这段时间，电台播放了大量纳粹党的政治宣传节目。对此，时任德意志帝国广播节目总监（Reichssendeleiter im deutschen Rundfunk，1933—1942）的欧根·哈达默夫斯基（Eugen Hadamovsky，1904—1945）总结道："我们在广播中掀起了巨大的政治浪潮、达到了宣传和动员效果。从 1933 年 2 月 10 日至 3 月 4 日，每天晚上都能看到一些，有时候甚至全部电台都在播放帝国总理希特勒的讲话。"②另外在 5 月 1 日感恩丰收节（Erntedankfest）这天，波茨坦也播放了一个全天候的广播节目，被称为"五一节目"（Das 1.Mai-Programm）。这个节目从早上 8:50 到凌晨 1:00 之间持续播放，内容由政府通告、新闻和广播游戏穿插而成，中间只中断两次，每次不到一个小时。节目旨在宣传纳粹上台后建立的新德国。③然而"五一节目"仅仅是纳粹轰炸式的广播宣传策略的冰山一角。更多纳粹政府官员、各大区和青年团的领导也都希望广播能够播出自己的讲话，从而达到宣传和动员德国民众的目的。与官员高涨的情绪相反，听众对此类政治讲话却毫无兴趣。为此，宣传部长戈培尔不得不下令限制政治宣传节目的播出时间，并且要求播放节目的内容需要在吸引公众兴趣的同时寓教于乐。④随后，政治宣传内容逐渐减少，但是不久后哈达默夫斯基便要求广播节目在借助艺术形式来制作的同时，还要表现出帝国领导的艺术和政治意愿。

另外，纳粹党也希望能在广播的大众文化节目中体现出德国的传统文化，以增进民族认同。因此特别给贝多芬的音乐作品发放了许可证，从 1934 年 1 月起开始播放贝多芬的交响曲，后来又在每个晚上播放歌剧《费德里奥》。到

---

① 李伯杰，《德国文化史》，北京，对外经济贸易大学出版社，2002 年，第 369 页。

② Hadamovsky, Eugen: Dein Rundfunk.Das Rundfunkbuch für alle Volksgenossen.München, 1934, S.76.

③ Pohle, Heinz: Der Rundfunk als Instrument der Politik.Zur Geschichte des deutschen Rundfunks von 1923–1938.Hamburg: Hans-Bredow-Institut，1955，S.293f.

④ Dussel, Konrad: Deutsche Rundfunkgeschichte, 2.Auflage. Konstanz: UVK，2004，S.93.

夏末时节又专门播放与国家社会主义精神完全契合的音乐和文学作品，其中包括享誉世界的作曲家瓦格纳、诗人席勒和文化哲学家休斯顿·斯图尔特·张伯伦（Houston Stewart Chamberlain，1855—1927）的诸多作品。[1] 纳粹党用文化节目来塑造民族认同和自豪感的措施在社会上产生了巨大影响，当全德电台齐声播放《尼伯龙根的指环》时，德国人民的情绪达到高潮，当时的评论称，它不仅"打开了德国人的心扉"，还让全世界的人"大饱耳福"，这对某些民族自尊心受到伤害的德国人来说是极大的安慰。[2]

3. 二战期间纳粹政府的广播管制和娱乐节目

二战爆发以后，德国的媒体也进入战争管理状态，所有重要的社会和战争消息也几乎都由安全局（Sicherheitsdienst，SD）来发布。它们在 1939 年 12 月总共发布过三次消息，1940 年 5 月后改为每周发布两次消息。1939—1940 年战争初期德国全线胜利，因此安全局发布的消息也以正面为主，广播电台能够顺利完成宣传和广播消息通报的任务，并且在战争宣传和动员上发挥了巨大作用。但是 1941 年后开辟了苏德战场，特别是到了 1943 年后德国开始陷入战争危机，安全局发布的消息不再适合用作宣传。这时候，帝国宣传部长要求各大电台增加娱乐和文化节目来稳定国内人民的情绪。

二战期间广播是最主要的获取新闻的方式，听众数量因此也巨幅增长。尤其到了 1943 年达到顶峰，全国有 162 万听众。另外，德国还在军队占领地区成立电台，例如卢森堡广播电台（Radio Luxemburg），以及在波兰、挪威和荷兰等地成立德国电台，用当地的语言来播送军方新闻。相对于电影和报纸等其他媒体形式，广播在管制上的一大劣势就是难以掌控。报纸和电影能够直接禁止播放，然而在德国境内完全屏蔽或者干扰外国广播电台的频率在技术上却难以实现。希特勒也意识到这个问题，所以在 1942 年的讲话中再次强

---

[1] 休斯顿·斯图尔特·张伯伦是德国的英裔政治哲学家、自然科学家及瓦格纳传记作家。1908 年与瓦格纳的女儿结婚。他所创作的《19 世纪的基础》（Die Grundlagen des neunzehnten Jahrhunderts）成为后来纳粹种族政策的重要文献来源，所以他也被称为"种族主义作家"。

[2] 李伯杰等，《德国文化史》，北京，对外经济贸易大学出版社，2002 年，第 370 页。

调严厉禁止国外电台的节目。

在德国国内由于受到战时管制，人们只能收听一家电台的节目，内容也显得单调乏味。所以 1941 年纳粹政府开始对广播节目进行两方面的改变：一方面是将德国本土、卢森堡占领区和阿尔卑斯占领区的节目统筹起来，听众除了可以接收到自己本土的节目，也能收听来自其他占领区的新闻；另一方面则是从 1942 年 3 月 1 日起在 17:10—18:30，20:20—22:00 这几个时间段内开设两个频道同时播放节目，让听众有更多的选择。另外一项广播节目改革的重要措施就是，1941 年秋，戈培尔要求广播电台的节目必须具有娱乐性。为此，帝国电台的台长亨利·格拉斯迈尔（Heinrich Glasmeier，1892—1945）在 10 月 2 日和 3 日也给电台的音乐部门发布了新的节目大纲。但戈培尔对电台台长的举措并不满意，而且担心改革后的电台内容过分强调传统，而少了灵活性。所以格拉斯迈尔专门成立广播节目委员会，并由手下汉斯·亨克尔（Hans Hinkel，1901—1960）经过调研后制订出一套更为多元的广播节目计划。为了创作更好的广播节目，亨克尔还将广播制作人、音乐家、作曲家和戏剧导演整合到一起共同合作。除了娱乐节目，电台还增加了一档早晨的广播，"用清晨的笛声，轻盈而鼓舞的音乐带来一种舒适愉悦的氛围。"[1] 晚上的节目则播放轻松而富有乐趣的音乐。这一举措获得了戈培尔的支持。娱乐型广播节目中最成功的便是"音乐点播"（Wunschkonzert）。战争初期纳粹政府为了保持国民的活力和积极乐观的情绪，开辟了这种互动性极强的"音乐点播"节目形式，十分受听众欢迎，到 1941 年 5 月 25 日"音乐点播"节目已经增加到 75 个。[2]

4. 早期的德国电视

1935 年 3 月 22 日，德国电视带着巨大的宣传使命，在纳粹政府的支持下开始播放节目。自从 1933 年 1 月 30 日纳粹党元首希特勒发表广播讲话给大众留下极其深刻的印象后，纳粹政府一直希望通过电视的画面来让元首的魅

---

[1] Klingler, Walter: Nationalsozialistische Rundfunkpolitik 1942—1945.Organisation, Programm und die Hörer.Diss.Mannheim, 1983, S.66.

[2] Dussel, Konrad: Deutsche Rundfunkgeschichte, 2.Auflage. Konstanz: UVK, 2004, S.115.

力深入人心。① 但是德国电视一直以来都存在一些技术问题。首先便是与图像质量密切相关的画面分解技术。早在 1884 年德国已经能够买下画面分解技术的版权，后来每个画面可以分割为 30 帧，再后来增加到 90 帧，直到 1935 年才提高到 180 帧。在此技术基础上，德国电视才得以开播。另外一个问题就是电视信号传输问题，在这方面德国和英国一直处于技术竞争中。最终英国抢先一步，在 1929 年 9 月 30 日已经开始传送无线电信号，并在 1930 年 3 月 30 日完成了声音和图像信号的合并，而德国直到同年 6 月 15 日才掌握了这项技术。

图 53　德国电视第一次播放节目时的场景，宣传部长戈培尔与众官员一同观看电视

此外，技术问题的背后还存在一个更为重要的问题：由哪个机构来管理新兴的电视呢？德国政府内部为此也展开了激烈的讨论，并在 1933 年决定由帝

---

① Reiss, Erwin: "Wir sind Frohsinn" .Fernsehen unterm Faschismus.Das unbekanteste Kapital deutscher Mediengeschichte.Berlin: Elefanten Press, 1979, S.34.

国邮政部和帝国广播公司共同管理电视，宣传部也可以介入。对于帝国邮政部来说，他们感兴趣的不仅仅是技术，还希望能够把电视推广给更多人。于是，1935年他们开始进行有线电视试验，并在同年3月1日搭建了柏林和莱比锡之间的有线电视网络，后来又延伸到纽伦堡和慕尼黑，总长4000多千米。当时只有个别用户使用有线电视。1939年战争开始后，有线电视的使用也就停止了。然而电视厂家则找到了另外一条出路，那便是在军队医院里摆放电视机，让伤员在养伤期间能够观看节目。所以1942年所有公共电视都关闭以后，只有军医院和极少数的私人用户保留了电视设备。

早期的电视节目分为两大类，即电影和电视台自己制作的节目，包括转播的电视剧节目在内。很多新闻节目都是录制的，但有的节目也能够现场转播，例如1936年柏林奥运会上，德国在世界上首次实现实况直播。到1938年时，晚上8点的节目连续15分钟播放有声节目。从1月12日起开始播放政党节目，或者和纳粹党意识形态相近的电影，后来还播放过长达20分钟的"纳粹党冬季运动电影"。节目结束后，电视台又在晚上9点将节目从头开始

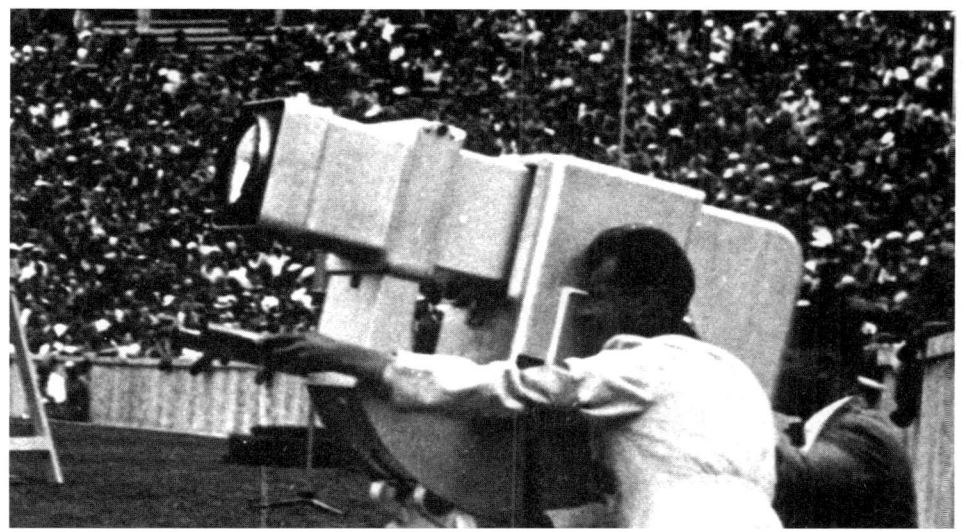

图54　1936年柏林奥运会上的摄像机①

———————

①　Bildrechte：akg-images.

重新播放一遍。1938年1月25日晚上在《每周新闻》(*Wochenschau*)结束后,还播放了由里奥波德·汉尼希(Leopold Hainisch,1891—1979)导演的电视剧《老维也纳的一个舒伯特之夜》(*Ein Schubert-Abend in Alt-Wien*),在1936年改编成音乐剧《舒伯特身边的三位姑娘》(*Drei Mäderl um Schubert*)。到1939年上半年时,柏林的电视台已经对外播放23个电视剧,几乎都是在剧场里录制完成的。战争时期,德国电视停播了两个月。纳粹政府也利用电视新闻节目,如《每周新闻》来进行宣传,专门报道战争时期的家庭妇女,或纳粹青年团地方分部的日常事务。

第六章 二战后德国新闻传播业的重建

CHAPTER 6

长时间的战争让德国逐渐陷入僵局,尤其是苏德战场开辟以后,德国东西两面腹背受敌,再加上国内经济危机加剧、物资供应短缺,德国从1942年起开始溃败。1944年年初,英国向欧洲咨询委员会提出临时划分占领德国的区域划分方案,按1937年疆界将德国分成3个占领区,苏联占领东部、英国占领包括鲁尔区在内的西北部、美国占领西南部和萨尔地区,而首都柏林由三国共同占领。提议得到了苏联的同意,但是美国却认为这样的划分对自己不利,苏联从中获益过大,而且英国占领了矿产和工业发达的鲁尔区。几经考虑,美国总统罗斯福同意从美国、英国占领的西部地区划一部分出来,包括柏林在内,分给同样在二战同盟国军队中做出巨大贡献的法国。1945年5月8日纳粹德国最终向同盟军无条件投降,并于5月9日停止了一切军事进攻,随后德国境内也被同盟国的军队划分为若干个区域占领。1945年6月5日,英、法、美、苏四国在柏林发布正式声明,德国从此被划分为四个部分。从7月中旬起,四国在各自区域和柏林按照划分方案开始全面占领和实行管制,四国总司令正式组成盟国管制委员会。7月底召开的波茨坦会议上,四国最终通过对德管制的政治经济原则,四国占领德国的局面最终确立下来。

1944年11月4日，占领德国西部的同盟国军事政府制定了第191号法令，规定禁止一切报刊、书籍、广告和电影的"印刷、生产、出版、发行和销售，以及广告位出租"。这道法令也规定禁止一切通讯社、新闻或者图片社、广播、无线电台和电视，甚至戏剧、音乐会，以及一年一度的集市和马戏团演出。纳粹德国投降以后，同盟国军队占领的地区开始实施民主化、去军事化和去纳粹化的政策，并试图清除德国媒介体系中的纳粹意识形态，所有原来的德国报刊也被全部停刊接受改造，仅有1945年1月24日创刊的反法西斯的《亚琛消息报》（*Aachener Nachrichten*）例外。众多通讯社瓦解，广播电台也处于瘫痪的状态。从此，德国媒体进入了长达三个月的空白期。

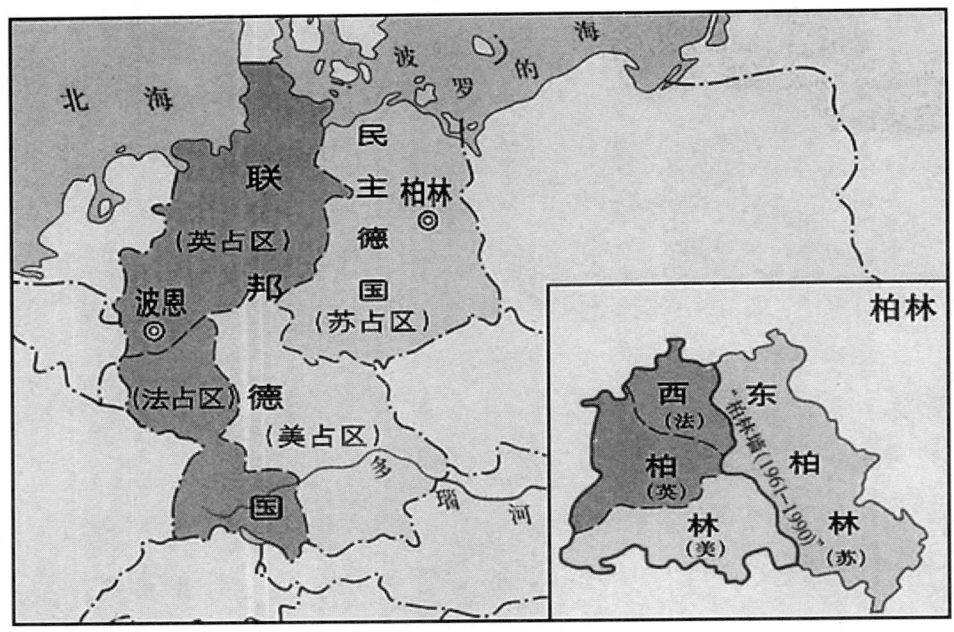

图55　1945年同盟国占领德国后的分区

一、同盟国的媒介政策

占领德国西部地区的美国、法国和英国同盟军准备在二战后的德国建立起民主化的信息传播制度。关于在战后建立一个怎样的德国,同盟军已经相继在1943年1月的卡萨布兰卡会议、1943年11月的德黑兰会议、1945年2月的雅尔塔会议和7月的波茨坦会议上签订了一些原则性的协议,也确定了同盟国在占领区内的"3D政策":即去军事化(Demilitarisierung)、去纳粹化(Denazifizierung)和民主化(Demokratisierung),以禁止一切纳粹党的活动,取消纳粹政府的宣传活动,并且废除纳粹政府制定的法律。其中,去纳粹化和民主化是同盟国媒介政策的核心原则。同盟国占领的西部地区也试图让媒体远离第三帝国的影响,建立起新的民主媒介制度。这也意味着,所有纳粹时期的报刊都被同盟国接手,所有在1933—1945年间供职于纳粹报刊的编辑、记者和发行人都要接受政治改造。同盟国在西部占领区建立了出版许可制度,经过改造的或者新发行的"新型"报纸需要按照民主理念来报道新闻,它们的记者也需要在报道中将新闻事实和个人意见分开。通过以下四个阶段,同盟国对德国的报刊进行了彻底的改造:[①]

第一阶段是禁止发放任何形式的印刷许可,所有的印刷厂和出版社被关闭,所有相关的编辑工作也被禁止。

第二阶段在同盟国占领地区仅仅允许军方或者军团的报刊出版,而且各

---

① Pürer, Heinz/Raabe, Johannes: Presse in Deutschland(3.Auflage).Konstanz: UTB, 2007, S.104.

同盟国只允许在划归自己的占领区内开展出版发行。

第三阶段是向同盟国军事政府所信任的报刊，以及那些没有因为为纳粹服务而判刑的编辑记者发放出版许可。这些"新型"报刊一开始要接受事前审查，后来变成由军方机关进行事后审查。成立新的报刊也需要在军方的管控之下来完成。

第四阶段是为了预防在发放出版许可的时候纳粹势力有可能重生，所有报刊工作人员和技术设备的许可证发放都必须在军方严格的控制之下完成。这个阶段完成后，可以说媒体已经重新回到德国人的手中。

同盟军实行出版许可证制度的目的不仅仅在于让刚刚结束二战的德国社会从纳粹和军国主义向民主过渡，而且希望借此扶植联邦主义，让地方的核心报刊获得出版许可。这也慢慢形成了德国特色的报业格局：不断迅速发展的地方报刊成为主导力量，从而严重影响了跨地区和全国报纸的正常发展。时至今日，德国的地区性报刊影响仍旧很大，而全国性的报刊种类则十分有限。

二、同盟国军方报纸和通讯社

同盟国在德国的占领区内并没有统一的媒体重建计划，各个占领区的军事政权都可以采取自己的方式。例如在美国占领区，1945年开始通过发放出版许可证来改造德国报刊，而英国占领区则迎来了军事报刊的时代，一直到1946年才结束。这些军事报刊最早可以追溯到二战即将结束和同盟军取得政权之前，英美同盟军在德国上空散发德语传单和新闻报纸。同盟军的心理战部门（Psychological Warfare Division，PWD）负责宣传战，并成立了专门的编辑团队，每周出版一到两次军团或者军事报刊。这些报道的受众是德国人，内容也是根据同盟军的军事需要来设定的，涉及世界范围内的二战最新战况和同盟军占领区的消息。在同盟军占领区的军团也出版了各个地区的军团报刊，总共有13种，发行量上百万。军团报刊和其他媒体之间也互相交换信息，连接成新闻渠道网络。例如当时美军成立的同盟军新闻服务处（Allied Press Service，APS）就从伦敦的 BBC 获得信息。另外，军团报刊还提供一些重要的信息，他们采集当地的新闻并且重点宣传地方的军事指挥，这些报道再通过其他军团报刊传播出去，从而扩大影响。①

二战结束不久，盟军就在各自的占领区成立了通讯社。其中包括美国人在巴德瑙海姆②创立的"德国新闻通讯总社"（Deutsche Allgemeine Nachrichtenagentur，DANA）和"德国通讯社"（Deutsche Nachrichten Agentur，DENA）；英国人在汉堡建立的"德国新闻服务处"（German News Service）和 1945 年 12 月成立的"德意志新闻处"（Deutscher Pressedienst，dpd）；以及法国人在巴登州建立的"莱茵通讯社"（Rheinische Nachrichtenagentur，RHEINA）和 1947 年 3 月新成立的"南德意志通讯社"（Süddeutsche Nachrichtenagentur，SüDENA）；在柏林，1945 年 7 月也成立了"苏维埃新闻办公室"（Sowjetisches Nachrichtenbüro）。作为苏联占领区军方下属机构，它一方面发挥普通通讯社的职能，向大众提供新闻信息，另一方面也为苏维埃军方领导提供信息。1946 年 10 月苏联以德国企业的形式成立"德意志通讯社"（Allgemeiner Deutscher Nachrichtendienst，简称德通社，AND）后，苏维埃新闻办公室也渐渐失去了意义，不久后便停办了。这些通讯社早期以军方通讯办公室的形式在德国西部地区出现，新闻素材一开始必须先通过同盟军新闻服务处的审查后向伦敦发送，继而转发给各军团报刊。各国同盟军政府在各自的占领区掌控着新闻来源以及向各报刊和广播电台发送新闻的渠道。③德国西部地区 1946 年后逐渐改为通过发放出版许可证来管理新闻内容，所以这些通讯社也转变成为半军事化性质的新闻机构。西部占领区的大型报刊集团到 1947—1948 年间也渐渐转入德国人手中，

---

① Koszyk, Kurt: Presse unter alliierter Besatzung.In：Wilke, Jürgen（Hrsg.）: Mediengeschichte der Bundesrepublik Deutschland. Köln, Weimar, Wien: Böhlau, 1999, S.37.

② Bad Nauheim，德国黑森州的一个市镇。

③ Höhne, Hansjoachim: Report über Nachrichtenagenturen, Die Geschichte der Nachricht und ihrer Verbreiter,Bd.2. Baden-Baden: Nomos, 1997, S.139ff.

图 56　1950 年 9 月 3 日的《每日评论》①

图 57　1945 年 1 月 24 日的《亚琛消息报》头版

但是一直到 1949 年前它们都处于军方的媒介管制下。

除了通讯社，同盟国在二战结束后的第一个月内就创办了很多临时发行的军方报刊，他们迅速融入占领区的报业市场，并且发展成为占领区的核心喉舌。四国划分完占领区后，都成立了各自的喉舌：美国军队自 1945 年 10 月 17 日起在美占区内开始发行《新报》(Die Neue Zeitung)，苏联人从 1945 年 5 月 15 日开始编辑出版《每日评论》(Tägliche Rundschau)，英国人在出版了自己的军团报纸后也从 1946 年 4 月 2 日开始发行《世界报》(Die Welt)，作为战后德国新报纸的典范。法国人也从 1945 年 9 月 26 日开始出版《法

---

① Stadtarchiv Dresden.

国新闻》（Nouvelles de France），并从1947年起开设德文版。①

起初同盟军创办的报纸旨在向刚刚从纳粹统治下走出来的德国人传播民主思想。二战后改造德国报纸最重要的一步就是通过许可证来进行审查，但是很快许可证管制下的报刊在各个同盟国占领区的发展就呈现出不同的特色。一个最明显的例子就是《亚琛消息报》。亚琛是同盟军占领的第一个大城市，《亚琛消息报》也是第一份在占领区发行的报纸。由同盟军高级指挥官、奥地利移民汉斯·哈贝（Hans Habe，1911—1977）领导下的美英新闻小组来管理，这份反法西斯的报纸从二战结束前的1945年1月24日开始每周出版四页，战后直接获得军团颁发的出版许可证。发行初期，报纸受到军方严格的审查，由社会民主党人海因里希·霍兰德斯（Heinrich Hollands）负责印刷。占领区边界划分完毕后，《亚琛消息报》归入英国占领区，审查随即也取消了。

图58　1945年8月1日的《法兰克福评论》②

1. 美国占领区

美国占领区试图建立起一些超党派的报刊，因此在分配报刊出版许可证的时候也考虑到尽量让有多种政党背景的，或者亲近各种党派的发行人都能够获得许可证。受美国人青睐的报刊多是那些在获得许可证后划定了明确发

---

① Koszyk, Kurt: Pressepolitik für Deutsche 1945—1949. In: Wagner, Hans (Hrsg.): Idee und Wirklichkeit des Journalismus.Festschrift für Heinz Starkulaa. München: Olzog, 1988, S.31，44—48，204ff.

② FR-Archiv.

行地域的报刊。显然，这些报刊几乎都在当地占有垄断地位，它们起先并没有刊登广告，也没有竞争者。到1945年年底，美占区总共有50家这样的报刊。1946年美国允许在法兰克福、慕尼黑、斯图加特和卡塞尔这些大城市里的报刊发行广告。

第一份在美占区获得出版许可证的报纸是《法兰克福评论》（1945年8月1日），其发行和编辑团队中共有七人拥有出版许可证，他们分别来自三个不同的政治团体。1945年10月6日，《南德意志报》（Süddeutsche Zeitung）也获得了编号为1号的出版许可证，其中四位编辑都拥有个人出版许可证。在所有拥有出版许可证的个人中，社会民主党员占46.5%，基督教民主联盟和基督教社会联盟成员占40%，左派政党成员为6.6%，另外2.2%为共产党员。[1]

同盟军占领区主要以英国的报刊出版许可模式为主，美国人创立的出版许可模式很快就受到当地德国人的批评，因为它不符合德国人的思维模式。然而美国人却希望能够用他们的政治模式来影响德国，至少在实行出版许可制度的时间内，能够对德国政治体系产生些许影响。[2]

表14　美国占领区内部分获得出版许可的报刊发行情况[3]

报刊名称	发行量	战后首期发行时间
《法兰克福评论》	186650	1945年8月1日
《斯图加特报》（Stuttgarter Zeitung）	155850	1945年9月18日
《维悉信使报》（Weser-Kurier，不莱梅发行）	125000	1945年9月19日
《明镜日报》（Tagesspiegel，柏林发行）	240000	1945年9月27日
《南德意志报》（慕尼黑发行）	285200	1945年10月6日

---

[1] Koszyk, Kurt. In: Dovifat, Emil (Hrsg.): Handbuch der Publizistik, Bd.3. Berlin: de Gruyter, S.42f.

[2] Koszyk, Kurt: Pressepolitik für Deutsche 1945—1949. In: Wagner, Hans (Hrsg.): Idee und Wirklichkeit des Journalismus.Festschrift für Heinz Starkulla. München: Olzog, 1988, S.68.

[3] Pürer, Heinz/Raabe, Johannes: Presse in Deutschland (3.Auflage).Konstanz: UTB, 2007, S.113.

续表

报刊名称	发行量	战后首期发行时间
《纽伦堡消息报》(*Nürnberger Nachrichten*)	190000	1945年10月11日
《多瑙信使报》(*Donau-Kurier*,因戈尔施塔特发行)	66700	1945年12月11日
《帕绍新报》(*Passauer Neue Presse*)	103400	1946年2月15日
《法兰克福新报》(*Frankfurter Neue Presse*)	164000	1946年4月15日
《曼海姆晨报》(*Der Mannheimer Morgen*)	86200	1946年6月16日
《斯图加特新闻报》(*Stuttgarter Nachrichten*)	138450	1946年11月12日
《慕尼黑信使报》(*Münchner Merkur*)	171800	1948年11月13日
《晚报》(慕尼黑,Abendzeitung)	36600	1948年6月16日

2. 英国占领区

英国占领区内的军事报刊时代仅持续到1946年,此后英国占领区的出版许可制度大量吸收了党派报刊,它们中的一些更是鲜明地代表和支持党派观点立场。为了阻止这些报刊发展成为党派的喉舌,英国占领区的管理者将出版许可证直接发放给作为党派成员或者和党派关系良好的个人,而不是直接发给政党。所以这些政党报刊和19世纪或者魏玛共和国时期的非常不一样。与美国模式不同的是,英国占领区开放了报刊之间的竞争,从1946年年中开始,在英国占领区几乎每个城市都存在四五份报刊相互竞争的局面。英国占领区的一大特色是,政党报刊按照各党派选举的投票比率来分配印刷纸张。[①]但是这并不代表英国占领区内的报业市场处于一个完全自由的竞争环境。获得出版许可证的报纸中,属于社会民主党的有在多特蒙德发行的《威斯特伐利亚评论》(*Westfälische Rundschau*)、在埃森发行的《新鲁尔报》(*Neue Ruhr-Zeitung*)和《汉诺威报》(*Hannoversche Presse*);属于基督教民主联盟的报纸有《科隆评论报》(*Kölnische Rundschau*)、在杜塞

---

① Pürer, Heinz/Raabe, Johannes: Presse in Deutschland(3.Auflage).Konstanz: UTB, 20C7, S.108–110.

尔多夫发行的《莱茵邮报》(Rheinische Post) 和《亚琛人民报》(Aachener Volkszeitung)。1948 年后，英国占领区不再向与党派有关的报纸发放出版许可证，1947 年夏天的一项调查也显示，德国人民并不喜欢德国的政党报刊。① 所以英国占领区也允许一些非党派报刊发行，例如《西德意志总汇报》(Westdeutsche Allgemeine Zeitung，WAZ)和阿克塞尔·施普林格的《汉堡晚报》(Hamburger Abendblatt)。

表 15 英国占领区内部分获得出版许可的报刊发行情况②

报刊名称	发行量	战后首期发行时间
《不伦瑞克报》(Braunschweiger Zeitung)	100000	1946 年 1 月 8 日
《亚琛人民报》	87000	1946 年 2 月 22 日
《莱茵邮报》(杜塞尔多夫发行)	282200	1946 年 3 月 2 日
《人民报》(Volksblatt，柏林发行)	50000	1946 年 3 月 5 日
《威斯特伐利亚评论》(多特蒙德发行)	338500	1946 年 3 月 20 日
《电报》(Telegraf，柏林发行)	400000	1946 年 3 月 22 日
《汉堡总汇报》(Hamburger Allgemeine Zeitung)	138000	1946 年 4 月 2 日
《基尔新闻报》(Kieler Nachrichten)	130000	1946 年 4 月 3 日
《弗伦斯堡③日报》(Flensburger Tageblatt)	82000	1946 年 4 月 6 日
《莱茵-鲁尔报》(Rhein-Ruhr-Zeitung，埃森发行)	130000	1946 年 5 月 14 日
《社会民主党人》(柏林发行)	90000	1946 年 6 月 3 日
《低地德国报》(Niederdeutsche Zeitung，汉堡发行)	100000	1947 年 2 月 10 日
《西德意志总汇报》(波鸿和埃森发行)	250000	1948 年 4 月 3 日
《汉诺威总汇报》(Hannoversche Allgemeine Zeitung)	98100	1949 年 8 月 25 日

---

① Pürer, Heinz/Raabe, Johannes: Presse in Deutschland (3.Auflage).Konstanz: UTB, 2007, S108.
② 同上，第 113 页。
③ Flensburg，德国石勒苏益格-荷尔斯泰因州北部的一座城市，是该州仅次于基尔和吕贝克的第三大城市。

3. 法国占领区

法国占领区内的报刊并没有统一的发展，一开始法国人像美国占领区那样实行出版许可证制度，从 1947 年起也开始给政党报刊发许可证，但并不像英国占领区那样完全依附于党派，而仅仅是倾向党派而已。它们包括（现今已经停止出版的）《巴登日报》(Badener Tagblatt)、慕尼黑的《总汇报》、康斯坦茨的《南方信使报》(Südkurier)、洛伊特基尔希①的《施瓦本报》(Schwäbische Zeitung)，

图 59　1945 年 10 月 6 日的《南德意志报》头版

以及《新萨尔布吕肯报》(Neue Saarbrücker Zeitung，现在的《萨尔布吕肯报》,Saarbrücker Zeitung)。因为法国人对占领区内的党派报刊并没有很好的管理经验，所以也不像西部其他占领区那样对其执行严格的审查和管理。英国和美国占领区的报纸，例如《时代》周报 (Die Zeit) 和《南德意志报》就刊载过指责法国占领区的出版许可制度的文章。②

---

①　Leutkirch，德国巴登 – 符腾堡州的一个市镇。
②　Koszyk, Kurt: Presse unter alliierter Besatzung.In：Wilke, Jürgen（Hrsg.）: Mediengeschichte der Bundesrepublik Deutschland. Köln, Weimar, Wien: Böhlau, 1999, S.46f.

表16　法国占领区内部分获得出版许可的报刊发行情况[1]

报刊名称	发行量	战后首期发行时间
《萨尔布吕肯报》	200000	1945年8月27日
《南方信使报》	165000	1945年9月7日
《莱茵－普法尔茨报》（Rheinpfalz，诺伊施塔特[2]和路德维希港[3] 发行）	220000	1945年9月29日
《信使报》（Kurier，柏林发行）	200000	1945年11月12日
《施瓦本报》	156000	1945年12月4日
《巴登报》	220000	1946年12月1日
《特里尔人民报》（Trierische Volkszeitung）	85000	1946年4月10日
《莱茵报》（科布伦茨）（Rhein-Zeitung，二战后法占区发行）	250000	1946年4月24日
《总汇报》（美因茨发行）	250000	1947年5月3日
《施瓦本回声报》（Schwabenecho，奥伯恩多夫[4]发行）	45000	1947年8月1日

4. 苏联占领区

在苏联占领区起初被允许发行的只有党派报刊，共产党的报刊尤其受到偏爱，而社会民主党和市民报刊则受到歧视。这一点尤其体现在报刊印刷纸张的分配上。在这里，第一份由苏联同盟军发行的报纸是共产党（后来的德国统一社会党，Sozialistische Einheitspartei Deutschlands，SED）的《德意志人民报》（Deutsche Volkszeitung），其前身是1946年合并的社会民主党核心喉舌《人民》（Das Volk）和德国统一社会主义党的《新德国》（Neues Deutschland，又译作《新德意志报》）。后来相继在柏林成立了基督教民主联盟的《新时代报》（Neue Zeit），自由民主党（Liberal-Demokratische Partei Deutschlands，LDPD）的《晨报》（Der Morgen），还有后来成为联盟党（Blockparteien）核心机关报的德国农民民主党（Demokratische Bauernpartei Deutschlands，DBD）报刊《农民回声报》（Bauern-

---

[1] Pürer, Heinz/Raabe, Johannes: Presse in Deutschland（3.Auflage）.Konstanz: UTB, 2007, S.114.

[2] Neustadt，德国莱茵－普法尔茨州的一个城市，是德国葡萄酒酿造的中心之一。

[3] Ludwigshafen，莱茵－普法尔茨州的第二大城市，坐落于莱茵河上。

[4] Oberndorf，德国巴登－符腾堡州的一个小镇。

Echo)。此外，统一社会党还在各个地区发行了大量的报纸。战争结束后不久，苏联占领区也允许出版七份非党派报刊，但是它们都与共产党（后来与统一社会党）内部拥有出版许可证的编辑记者有着紧密的合作。① 在 1948 年到 1951 年间，这些非党派的报刊更是被强制要求与共产党合作。苏联占领区内尤为显著的现象是，由于长期对非党派报刊打压及没收财产，占领区的报纸互相之间在许可证分配上不存在任何竞争，就连新成立的出版社也不可能对旧的出版社产生任何威胁；共产党刊物受重点保护，所有报刊的出版发行都在苏联人的掌控中。②

表 17 苏联占领区内部分获得出版许可的报刊发行情况 ③

报刊名称	发行量	战后首期发行时间
《柏林报》	500000	1945 年 5 月 21 日
《新时代报》（柏林发行）	100000	1945 年 7 月 22 日
《晨报》（柏林发行）	125000	1945 年 8 月 3 日
《人民之声报》（*Volksstimme*，德累斯顿发行）	—	1945 年 9 月 11 日
《北德意志报》（*Norddeutsche Zeitung*，什未林④发行）	20000	1946 年 3 月 4 日
《图林根人民报》（*Thüringer Volk*）/《人民》（魏玛发行）	450000	1946 年 4 月 9 日
《德意志中部地区日报》（*Mitteldeutsche Tageszeitung*，哈勒发行）	450000	1946 年 4 月 17 日
《勃兰登堡人民之声》（*Märkische Volksstimme*，波茨坦发行）	130000	1946 年 4 月 20 日
《新德国》（柏林发行）	500000	1946 年 4 月 23 日
《莱比锡报》	100000	1946 年 5 月 7 日
《论坛报》（*Tribüne*，柏林发行）	300000	1946 年 11 月 26 日

---

① Koszyk, Kurt: Presse unter alliierter Besatzung.In: Wilke, Jürgen (Hrsg.): Mediengeschichte der Bundesrepublik Deutschland. Köln, Weimar, Wien: Böhlau, 1999, S.33, 47f.

② 同上，第 47 页。

③ Pürer, Heinz/Raabe, Johannes: Presse in Deutschland (3.Auflage).Konstanz: UTB, 2007, S.114.

④ Schwerin，德国东北部的一座城市，曾属于东德，在两德统一后成为梅克伦堡－前波曼州的首府。

表 18　二战结束后到 1948 年前获得出版许可的报刊情况统计 [①]

占领区	报刊种类	发行期数
美国占领区	56	112
英国占领区	53	387
法国占领区	29	174
苏联占领区	21	80
柏林	19	—
总计	178	753

如上表所示，在二战结束后近 4 年的时间里，同盟军总共在德国发行报刊 178 种，总计 753 期。其中美国占领区内的报刊种类最丰富，但是英国占领区内的报刊发行则更为频繁，苏联占领区内的报刊种类和期数都是最少的。对于四国同盟军来说，最重要的就是在二战后的德国内建立起多元化的民主报刊，这一时期的报刊也体现出德国报刊二战后转型的特点来。首先在纸张分配上，即使获得出版许可的报刊也会受到限制，大量的报刊发行量不足，每周只能出版二至三次，而且每期报纸只能印刷六至八页，因此广告版面的可能性也非常小。另外，同盟国占领区里的报刊都处在出版许可制度的限制之下，即使已经发行的报刊同样会受到事后审查。拥有出版许可的报刊，在报道跨地区新闻的时候需要花很长时间与各个同盟国占领区周转，消息也只能从半军方的通讯社获得，任何报刊不得私自报道任何与同盟国占领区的管理机构及其政策有关的内容。有的报纸也试图突破限制，例如《南德意志报》就试图在第一年内（1945 年 10 月至 1946 年 10 月）突破期数限制，总共发行 22 期。[②] 有的报纸也刊登报道，批评同盟国管理机构分配的印刷纸张完全无法满足报刊的印刷需求。出版许可证持有者不得报道有损许可证发放者，即

[①] Pürer, Heinz/Raabe, Johannes: Presse in Deutschland（3.Auflage）.Konstanz: UTB, 2007, S.111.

[②] Fischer, Erika J./Fischer Heinz-Dietrich: Die ersten Zeitungwochen.Reprints deutschsprachiger Presseorgane aus der Frühphase der Nachkriegspublizistik, Süddeutsche Zeitung, Bd.I. München: Süddeutscher Verlag, 1985, S.162.

同盟军和管理机构利益的消息。而跨地区报纸的发行和运输也只能在同盟国占领的西部地区和柏林进行。苏联对其他占领区的报纸流通实行封锁，但是在柏林四国的报纸都能互相流通。

从1945年开始，德国西部占领区的报刊逐渐经过改造和出版许可证的管理，转型成新式报刊——既传递最新消息，又按照美英法同盟国所设想的那样传播民主思想。在战后的三年里，这些报刊成为德国报业发展的主导，报刊也渐渐回归到最初仅仅传递信息的模式，而广告和生活服务类信息数量极少。每个国家都希望能够根据自己的媒介制度，在自己占领区内也建立类似的媒介体系，但是这样的目标显然是不可能实现的。通过各占领区实行的出版许可制度，德国的媒介环境和二战前相比也发生了很大的变化：那些1932年以前在地方发行的小报已经不复存在，取而代之的是拥有同盟国颁发的出版许可的、发行地区更广、发行量也更大的地方报刊。各个占领区报刊的特点也一直保存到今日，例如在美国占领区内的小城市发行的规模较大的刊物，后来在本地开始生根发芽，不断发展起来。时至今日，这些地方报纸的广告量仍然很少，报纸也很薄。英国占领区的那些发行范围比较广的党派报纸经济情况仍然不容乐观，尤其在北部地区，20世纪50年代和70年代有大量的报刊倒闭。有意思的是，后来划归西德的英国占领区报纸都很厚，而划给东德地区的则正好相反。[①] 这些在各个占领区获得出版许可的报刊一直发行到今天，而且大部分属于小型报刊。当然，像《法兰克福评论》《南德意志报》《西德意志总汇报》和《时代》周报等大报属于例外。所以，今天德国的报刊也被深深打上了当年各国占领区媒介制度的烙印，时至今日各地区特色依旧清晰。

二战以后，报刊除了受到出版许可制度的限制外，还受到印刷纸张数量的限制。每个地区分配纸张的情况也大不相同，西部占领区的报刊纸张相对充裕，因此发展速度也更快，尤其是杂志，1949年总共有1537种，总发行量

---

① Pürer, Heinz/Raabe, Johannes: Presse in Deutschland（3.Auflage）.Konstanz: UTB, 2007, S.115.

达到3750万份。随着50年代后德国经济的起飞，这些杂志的发展也进入了多元化和繁盛时期。① 与之一同发展的还有媒介研究，德国在1945年开展了第一次报纸读者满意度调查。到50年代时，调查对象也扩大到广播和电视的观众以及广告的目标受众上来（详见第七章和第八章第四部分：民主德国国有广播电视制度的发展）。

1948年9月30日，美国占领区内的军管政府取消了许可证制度。1949年5月29日，全德国境内的出版许可制度完全废除。德意志联邦共和国成立后，新颁布的《联邦德国基本法》（*Grundgesetz für die Bundesrepublik Deutschland*）在第五条中规定：人人享有以语言、文字和图像自由发表、传播其言论的权利，以及不受阻碍地从通常途径了解信息权利，并保障新闻出版自由和广播、电视、电影的报道自由。② 《联邦德国基本法》即为联邦德国的宪法，从1949年9月21日起正式生效。1949年6月1日，巴登-符腾堡州也颁布了州法令，宣布废除出版许可制度，随后《莱翁贝格县报》（*Leonberger Kreiszeitung*）③ 开始发行，这是二战后德国发行的第一份没有出版许可证的日报。④

三、二战后广播的恢复和重建

二战结束后德国也进入了长达40年的分裂期，东西两地的差距与日俱增。西部的美英法三国占领区和东部的苏联占领区发展出各自的媒介制度和媒介管理体系。西部三国占领区参照英国BBC的模式，迅速建立起公共广播电视体制

---

① Strarkulla, Heinz: Zeitschrift. In ders.: Marktplätze sozialer Kommunikation.Bausteine einer Medientheorie. München: Reinhard Fischer, 1933, S.125–163, hier S.144.

② Jeder hat das Recht, seine Meinung in Wort, Schrift und Bild frei zu äußern und zu verbreiten und sich aus allgemein zugänglichen Quellen ungehindert zu unterrichten. Die Pressefreiheit und die Freiheit der Berichterstattung durch Rundfunk und Film werden gewährleistet. Eine Zensur findet nicht statt.

③ Leonberg，德国巴登-符腾堡州的一个市。

④ Schütz, Walter J.: Entwicklung der Tagespresse. In: Wilke, Jürgen（Hrsg.）Mediengeschichte der Bundesrepublik Deutschland. Köln, Weimar, Wien: Böhlau, S.109.

（öffentlich-rechtliches System），①而东部苏联占领区则继续延续之前德国传统的国有广播电视体系（Staatsrundfunksystem），并创造出一条社会主义的发展模式。两种不同的发展模式也为此后40年东西两德的发展留下了深深烙印。由于此时电视还没有普及，所涉及的主要是广播电台的组建和广播节目的制作问题。

1. 西部英法美占领区的广播电台

之前非常普及的广播节目"零点时分"（Stunde Null）在纳粹二战失败后也渐渐失去了观众。到1945年时，西部美英法占领区几乎没有任何广播电台播送节目。在德国北部地区，5月3日纳粹在汉堡设立了一个全国广播电台，可是几个小时以后就被英军占领了。5月9日，不远处的隶属汉堡广播电台的弗伦斯堡广播电台（Flengburger Sender）②也在坚持了几天后宣告停播。在1945年间，德国的广播电台陆续为同盟国所占领，他们关闭了原本属于纳粹的电台，重新成立新的电台。他们也没有继续任用之前电台的工作人员，而是派驻自己的人员。

西部各占领区也建立起中央广播机构，其中英国占领区首先在汉堡建立广播制作和播送机构，并成为所有电台的中央领导部门。继而科隆等地也开始重建，虽然当地的广播设备在二战中已经完全摧毁，但在1945年9月底重新建立并更名为西北德意志广播电台（Norwestdeutscher Rundfunk，NWDR），1946年4月后成为继柏林之后该占领区第二大的广播电台。除了汉堡的北德意志电台之外，杜塞尔多夫的西德意志广播电台（WDR）和自由柏林广播电台（Sender Freies Berlin）也成为各自地区的中央核心广播机构。③

与英国所建立的中央核心广播机构不同，美国占领区建立了分散的广播体系。1945年5月12日，美国占领区成立第一个广播电台"慕尼黑广播电

---

① 德国公共广播电视属于公法（öffentlich-rechtlich）性质的机构，是基于国家意志或者法律授权、为了实现公共目标和执行公共行政而设立的具有权利能力的组织体，与"私法的、私权的"（privatrechtlich）概念相对应。

② 弗伦斯堡（Flensburg）为德国北部石勒苏益格-荷尔斯泰因州北部的一座直辖市，是该州仅次于基尔和吕贝克的第三大城市。

③ Dussel, Konrad: Deutsche Rundfunkgeschichte, 2.Auflage. Konstanz: UVK, 2004, S.188.

台"（Radio München）。三周后的 6 月 3 日成立了"斯图加特广播电台"（Radio Stuttgart），此后"法兰克福广播电台"（Radio Frankfurt）也成立了。为了保证美占区内的补给安全需要，美国军队也跨区域在不莱梅港成立了自己的广播电台，开始只播放美军广播网（American Forces Network）的节目，1945 年 12 月后才播出自己的德语节目。①

法国人参与了德国占领区的划分后，只建立了中央的"科布伦茨广播电台"（Radio Konblenz），并在 1945 年年底创立了西南广播电台（Südwestfunk，SWF）。②

此外，纳粹时期重要的媒介机构——邮局曾经负责收取广播费，这一制度在二战后西部德国的占领区内继续保持，而所收取的资金则用来资助军方的广播电台。美国占领区在此基础上更进一步，采用和魏玛共和国时期同样的政策，支持将技术部门和广播制作部门分开，并规定所有以公法形式（öffentlich-rechtlich）成立的广播电台，同时也应该给自己配备技术部门。邮局只负责收取广播费和惩罚未交费而收听的黑户。在美国占领区内，独立配备的技术部门无疑增加了广播电台的成本，所以广播费用也比较高。但是该费的收取也仍旧持续了 30 年，直到 70 年代整个联邦德国实行公共广播电视制度后，才有所变化。从 1976 年开始，科隆的德国电视一台二台及德国电台收费服务中心（ARD ZDF Deutschlandradio Beitragservice）统一集中收取公共广播电视费。

二战之后，同盟国还解决了广播的波段技术问题。20 世纪 40 年代几乎所有欧洲的广播都采用中波波段，但问题在于无法在大范围内向更远的地方传播信号。由于二战时期通讯和宣传的需要，各国采用不同波段，扩大广播传送的地理范围，众多广播电台也同时兴起。1947 年在美国大西洋城（Atlantic City）召开的一个世界新闻会议上达成了一个全球协定，同意欧洲可以扩展信号接收范围。随后欧洲在波长为 121 米的中波波段内开设了 500 个广播电台。

---

① Dussel, Konrad: Deutsche Rundfunkgeschichte, 2.Auflage. Konstanz: UVK, 2004, S.189.
② 同上。

但是对于德国来说，广播的发展仍然受到诸多约束。1948年召开的哥本哈根电波会议（Kopenhagener Wellenkonferenz）上并没有达到令人满意的效果，会议最后决定德国的广播电台必须在占领军的监管下发展。更为严重的是，四个占领区只有四个波段，即每个占领区一个。但是在美国占领区内已经建立了四个广播电台，难以分配波段。英国和法国的占领区虽然都有各自的中央电台，分配上不成问题，但广播信号却很差。①

在这样的情况下，西部占领区的集中化进程无法再进行下去，于是采取了另一项措施——实行新的广播波段计划。新的广播波段采用超短波来发送信号，频率在84-108兆赫之间。相比之前频率在300-1650千赫的中波波段，超短波的优势在于能够跨地区大范围传送，并且声音质量更好。但是超短波需要在接收地之间建立中转电台，来接力完成广播信号的传输。为了使广播信号传播到更远的地区而不中断，电台也会制作第二、第三、第四个广播节目来分段传输。②

除了技术问题，德国西部占领区最大的问题还在于广播的行政管理机构。因为占领结束后，德国境内各处的军方广播电台和设备早晚都要给德国人的。所以德国的政治家们提议采用魏玛共和国时期的广播制度，规定广播电台和设备属于国家，但只有国家成为民主国家时，才能使用这些广播设备。但是占领军却不这么看，他们深知当年纳粹专制政府利用广播宣传的巨大影响，虽然魏玛共和国的政策不失为一条良计，但这项政策在实施的细节中，有很多因素不可控制，最后的结果可能会产生很多变故。1947年11月21日，美国占领区发布的一项命令成为西部德国广播规章的前提：

"对公众舆论工具，如报刊、广播等媒体的决定性影响应该拆分为四部分，每个部分应该保留自己政权的影响，这是美国军事占领区的根本政策。"③

---

① Dussel, Konrad: Deutsche Rundfunkgeschichte, 2.Auflage. Konstanz: UVK, 2004, S.190.
② 同上，第191页。
③ Dussel, Konrad: Die Interesse der Allgemeinheit vertreten.Die Tätigkeit der Rundfunk-und Verwaltungsräte von SDR und SWF 1949 bis 1969.Baden-Baden, 1995, S.22.

从中也可以看出，西部德国占领区内无法实行统一的国有广播体系。之后，英国和法国无条件接受了美国的这项政策，各区单独管理各自境内的广播电台。由于战后德国经济短期内无法恢复，再加上德国从来没有实行过美国式的商业广播模式，所以保留了英国 BBC 式的公共广播体系，媒体对整个社会负责。①

图 60　1945 年时的汉斯·马勒②

2. 东部苏联占领区的广播电台

东部德国的官方广播史起源于 1945 年 5 月 13 日，苏军柏林城市指挥部（Sowjetische Stadtkommandanten von Berlin）下令泰格尔广播电台（Sender Tegel）晚上 20 点播放时长为一小时的紧急通报，这也意味着从 5 月 2 日开始的柏林广播停播时间（Funkstille）结束了。之后一段时间，泰格尔广播电台每天还连续播出四小时的节目，一直到 5 月 20 日开始从 19 点播放节目。③ 节目播出的第一个小时是实验，由曾经参与了莫斯科的"自由德国"广播电台（Freies Deutschland）工作的汉斯·马勒（Hans Mahle，1911—1999）来负责新电台的建立工作。

同年 9 月 1 日，柏林的广播节目也被莱比锡的地方电台转播。11 月 20 日德国中部广播电台重新成立后，德累斯顿地区也开始从 12 月 7 日播放柏林的节目。接下来的一周和一个月内，什未林、魏玛和哈勒的地方广播电台都相应开播。当西部德国陆续建立起一个个广播电台的时候，东部的柏林也有了自己的柏林广播电台。

---

　　① Dussel, Konrad: Deutsche Rundfunkgeschichte, 2.Auflage. Konstanz: UVK, 2004, S.191.
　　② Das Deutsche Rundfunkarchiv（DRA），http: //www.dra.de/rundfunkgeschichte/75jahreradio/neubeginn/alliierte/3221.html.［12.03.2014］
　　③ Dussel, Konrad: Deutsche Rundfunkgeschichte, 2.Auflage. Konstanz: UVK, 2004, S.132.

东部德国广播电台的指导机构是驻德国的苏联军队的宣传部，但是1945年12月21日之前苏军必须将大权交还给德国。所以8月的时候德国成立了"德国国民教育中央管理局"（Deutsche Zentralverwaltung für Volksbildung）来接管这一事务。德国国民教育中央管理局的主任由保罗·万德尔（Paul Wandel, 1905—1995）担任，12月28日汉斯·马勒也被任命为柏林广播电台的台长。①

图61　德国国民教育中央管理局主席保罗·万德尔1946年在洪堡大学复校典礼上。②

到1946年夏天，由于广播节目制作的大量增长，广播的组织机构急需改革。因此德国国民教育中央管理局的广播部门设立了"苏联占领区广播电台总台长"（Generalintendant der Rundfunksender in der sowjetischen Besatzungszone）一职，来统筹管理占领区内各地方广播电台的建设和扩建工作，总台长由汉斯·马勒出任。柏林广播电台也有自己的台长，由马克斯·西德维茨（Max Seydewitz, 1892—1987）担任，一年后他调任到萨克森担任州长（Ministerpräsidentschaft des Landes Sachsen）。

就这样，东部德国苏联占领区的广播电台管理机构由德国国民教育中央管理局、苏联占领区广播电台总台长和地方广播电台三方组

图62　1951年时的马克斯·西德维茨③

---

① Dussel, Konrad: Deutsche Rundfunkgeschichte, 2.Auflage. Konstanz: UVK, 2004, S.133.

② Cürlis, Peter: Paul Wandel beim Festakt zur Wiedereröffnung der Berliner Universität am 29.Juli 1946.Bundesarchiv Bild 183-R84290, Berlin.

③ Roger Rössing-Deutsche Fotothek.

成，国家的指令下达给德国国民教育中央管理局之后，由具有中央核心协调地位的柏林广播电台总台长来协调各方执行。自从 1949 年 10 月 7 日德意志民主共和国成立以后，则由上级管理机构——政府信息局（Regierungsamt für Information）来统一管理总台长和各地广播电台的负责人。

而在各个广播电台管理机构之间的关系中，比较复杂的就是统一社会党的地位。越来越多的国家广播电台转变为统一社会党的广播电台。作为执政者，统一社会党希望自己能作为最高权力者，来向政府部门发布行政命令，并管理政府部门和广播电台。从一开始苏联占领区的领导人瓦尔特·乌布利希（Walter Ulbricht，1893—1973）就可以直接向广播电台下达行政命令，后来这一传统一直保持到民主德国最后一任领导人埃里希·昂纳克（Erich Honercker，1912—1994）。中央委员会政治局（Politbüro）是统一社会党商讨广播电台的重要决策机构，但是在实际操作中，决策前的工作还主要由党主席下达给中央委员会宣传书记（Zentrale Komitee-Sekretär für Agitation），再在政治局中商讨。

图 63　民主德国第一任领导人瓦尔特·乌布利希（左）和最后一任领导人埃里希·昂纳克[①]（右）

---

① Bundesarchiv Bild 183-R1220-401.

第七章 德意志联邦共和国的新闻业

CHAPTER 7

二战后的德国虽然被英、法、美、苏四国占领，但在意识形态上其实已经形成了对峙的两大阵营，那就是以英法美三国占领的德国西部所代表的资本主义阵营，和苏联占领的德国东部所代表的社会主义阵营。特别是1946年3月英国首相丘吉尔发布了著名的"铁幕演说"之后，东西方两大阵营形成了对峙的局面。西部德国按照西方民主制度进行改造，而东部德国则渐渐进入社会主义发展模式。苏联占领区很快就开始了土地改革，工业、企业和银行都已经彻底转变为国有资产，就连"资产阶级对教育领域的垄断"也被打破，使得中产阶级出身的青年也被排斥出教育领域。东西部的差异渐渐形成。1947年6月，各州州长在慕尼黑召开了一次全德大会，这次会议没有达成任何实质性的成果，但是却将西部和东部德国的巨大差异暴露出来。[①]

随着东西部地区改革的不断深入，人们也能够感觉到差距越来越大，统一在短期内是无法实现了。1946年9月6日，美国国务卿詹姆斯·弗兰西斯·贝尔纳斯（James Francis Byrnes，1879—1972）在斯图

---

① 马丁·基钦著，赵辉、徐芳译，《剑桥插图德国史》，北京，世界知识出版社，2005年，第282页。

加特发表演说，希望各大国占领区组成一个经济区，并建立新的德国政府。贝尔纳斯自己也很清楚，苏联是绝不会加入经济区的，而这番讲话背后的用意其实在于东西德分治。对此，英国人表示支持西部德国成立国家，而法国人则激烈反对。为了在经济上支持贝尔纳斯的提议，美国人从1947年开始实行"马歇尔计划"，向西欧提供170亿美元的援助来推动德国重建，由此也打消了法国人的顾虑。1947年1月1日，美国和英国占领区在经济上联合组成"双占区"。1949年4月法国占领区也加入，形成"三占区"的局面。同年5月，各州议会的65名代表组成了"议会委员会"，开始起草新德国宪法。5月23日，各州议会和西方盟国通过了具有临时宪法性质的《联邦德国基本法》，在此基础上，德意志联邦共和国（Bundesrepublik Deutschland，BRD，简称西德或联邦德国）也宣告成立。但是，新成立的德意志联邦共和国并不能算是完全的主权国。因为在1955年以前，联邦议员通过的所有决议，都必须得到同盟国高级专员委员会的同意，否则无法成为法律。①

而在东部的德国，自从"马歇尔计划"出台之后与西德之间的差距更大了。西部地区的经济在资本主义和美国支持下蓬勃发展，而东部苏联占领区则在官僚制度和斯大林主义正统学说的束缚下，渐渐陷入停滞状态。②1948年6月20日，西部占领区境内实行货币重整计划并发行了西德马克，而苏联占领区也在三日后发行了东德马克。紧接着6月24日，苏联人开始封锁通往西柏林的道路，试图控制整个柏林地区，而其他同盟国在柏林的占领区只能通过空运获得物资。封锁持续了11个月后终于得以解除，随即西部的德意志联邦共和国宣告成立。4个月后的1949年10月7日，东部苏联占领区也通过了宪法，并宣布成立社会主义制度下的人民民主共和国——德意志民主共和国

---

① 马丁·基钦著，赵辉、徐芳译，《剑桥插图德国史》，北京，世界知识出版社，2005年，第282—284页。
② 同上，第283页。

（Deutsche Demokratische Republik，DDR，简称东德或民主德国）。东西德两国彻底分治的局面最终形成。

图64 联邦德国（左）和民主德国（右）的国旗和国徽

西德成立以后，英、美、法三国的管理和报刊许可制度陆续停止。到1989年两德统一之前，西德的媒体发展经历了以下三个时期：第一个时期是建设时期，一直持续到1954年出版许可制度在德国境内完全废除为止；第二个时期为1954—1976年的媒体集中时期，大量小报被重组后归入大型出版集团，报业市场更为集中化；第三个阶段是德国媒体的巩固时期，从1976年到1990年。

一、1949—1954 年建设时期的报刊发展

1949 年 9 月 21 日开始施行的《联邦德国基本法》保证了公民的言论和出版自由，原来同盟国的出版许可证制度同时被废除。而其中最大的受益者，便是之前受到严格管制的、有着悠久历史的旧出版社。它们在纳粹时代与纳粹政府关系比较紧密，因此二战结束后到西德成立前这段时间，也经历过严厉的改造甚至被关闭，出版的报刊也严格遵循同盟军的要求。所以，报刊出版开放以后，德国报业市场上立刻涌现出大量的报刊，包括 165 种原来已经获得出版许可证的报刊和 600 多家由旧出版社发行的报刊。一时间报业市场上竞争风起云涌，很多有着悠久历史和社会影响的报刊也得以恢复。[1] 到 1951 年秋，美国占领区内的报纸已经增加到 462 种，英国占领区内的也有 410 种，法国占领区的达到 130 种，总发行量达 1300 万份。[2]

那些旧出版社新成立的报纸在与已经获得出版许可的报刊竞争过程中，显示出了顽强的生命力。因为旧出版社已经具有良好的读者基础，在社会上也具有了一定的影响，它们很快就获得了稳定的读者群体。旧的出版社主要在小地方发行报纸，以日报为主，报纸也多以当地城市来命名，例如《科隆城市报》(*Kölner Stadt-Anzeiger*)、《奥尔登堡日报》(*Oldenburger Tageblatt*)、《明斯特报》(*Münstersche Zeitung*) 等等，其中也包括后来成为德国全国性

---

[1] Koszyk, Kurt: Die Deutsche Presse 1945—1949.In: Wagner, Hans（Hrsg.）: Idee und Wirklichkeit des Journalismus.Festschrift für Heinz Starkulaa. München: Olzog, 1988, S.61–74, hier S.70f.

[2] 同上，第 71 页；以及 Koszyk, Kurt: Die Zeitung.17.Jahrhundert bis zur Gegenwart. In: Dovifat, Emil（Hrsg.）: Handbuch der Publizistik, Bd.3. Berlin: de Gruyter 1969, S.93f.

著名报纸的《法兰克福总汇报》(*Frankfurter Allgemeine Zeitung*，FAZ)。① 创办新报刊的热潮一直持续到1954年。根据德国传播学者和报业统计专家瓦尔特·胥茨（Walter J.Schütz）的统计，这一年里总共有624家出版社创办了225家新的日报，其发行的版本就多达1600种。②

1954年"德国报纸出版商联邦协会"（Bundesverband Deutscher Zeitungsverleger，BDZV）也宣告成立。它的前身是1894年成立的"德意志报刊出版商协会"，1933年被纳粹政府的一体化政策归入德意志帝国出版商协会，后来在同盟国占领期间成为统一管理地方报刊的机构。1948年与"报刊问题工作协会"（Arbeitsgemeinschaft für Pressefragen e.V）合并，1949年出版许可证制度取消后"德意志报刊出版商协会"重新成立，并作为上层机构来管理和统筹旧出版社。那些拥有出版许可证的地方出版社也在同年组成"德意志报刊出版商总会"（Gesamtverband der Deutschen Zeitungsverleger）。接下来的五年里，两家出版联合会旗下的出版社之间展开了激烈竞争。1954年7月14日，双方经过协商终于成立了"德国报纸出版商联邦协会"来统一组织和管理全国的报刊出版社，并明确了其具体的职责：

——保护报纸的独立性；

——保护出版社的出版工作；

——当出版运行过程中与政府、政党、行政机关和组织机构发生冲突时，保护和支持报刊出版社；

——保护正当的广告行为，并与不正当的广告行为作斗争；

——为报社培养新人；

---

① Koszyk, Kurt: Die Deutsche Presse 1945—1949. In: Wagner, Hans (Hrsg.): Idee und Wirklichkeit des Journalismus.Festschrift für Heinz Starkulaa. München: Olzog, 1988, S.70.

② Schütz, Walter J.: Deutsche Tagespresse in Tatsachen und Zahlen.Ergebnisse einer Strukturuntersuchung des gesamten deutschen Zeitungswesens. In: Publizistik, 1/1956, H.1, S.31–48, hier S.33.

——引导社会事务的解决和协商，以及劳资关系的缔约事宜；
　　——解决与报刊有关的法律事宜和纠纷；
　　——维护国际关系。①

　　从"德国报纸出版商联邦协会"的职责分布可以看出，各家出版社联合起来一方面是为了寻求共同发展、避免不正当竞争。同时，当出版社面临经济危机时可以获得该组织的保护。而另一方面，联合会的存在也保证了媒体对国家机关、政党和各种社会力量的监督。最后不可忽略的一点是，该联合会还是媒体从业人员解决劳资纠纷、获得劳动保障的重要机构。

二、1954—1976年报刊集中发展时期

　　1954年西德结束了报刊的建设时期后，便转入了长达20多年的集中发展时期。这时候集中发展的不仅仅是报业，还包括广播和电视行业。媒体究竟是否应该集中发展？这个问题在20世纪70年代末期充满争议。其实，媒体集中化发展的现象早在19世纪就已经出现，各大报刊康采恩陆续合并了众多小报和广告公司。

1. 报业集中化进程和存在的问题

　　报业技术革新后，出版社印刷和编辑设备需要更新，无形中增加了成本。②另外纸张、印刷原材料和人力资源价格上涨后，也给出版社带来压力。而报业集中化发展和报业集团的形成，改善了20世纪50年代德国报业市场竞争激烈、出版社数目繁杂的局面。特别是报刊合并后，出版成本明显降低，竞争也有所减少，合并后的报业集团也能为小型出版社提供保护，提高它们应

---

① Siehe Schulze, Volker: Der Bundesverband Deutscher Zeitungsverleger. Düsseldorf: Droste, 1985, S.13-48, u.61ff.
② Heinrich, Jürgen: Medienökonomie, (Mediesystem, Zeitung, Zeitschrift, Anzeigenblatt, Bd.I). Oplanden: Westdeutscher Verlag, 1994, S.44f.

对市场危机的能力。

从1954年开始，德国各家报刊出版社开始按照三种方式集中起来：一种是编辑出版上的集中，不同报社的编辑或记者，以及他们所出版的报刊被合并到一家报社下。在报刊集中发展时期，几乎所有的报纸都经历过这样的合并，80年代末期，德国的广播也通过这样的方式进行合并。第二种方式是通过合并出版社的方式来减少出版社的数量，有的出版社在合并中被解散，有的则被其他出版社吞并。第三种是集中发行量的方式，则是增加某家或者某种特定报刊在一家出版社中的发行份额，重点扶植那些运作良好的报刊。施普林格出版社就是集中化进程中典型的成功案例，旗下的《图片报》《世界报》和《柏林报》在完成集中发行量过程后，其街头零售量在整个报刊零售市场中的份额从30%跃居到83%，一些在市场竞争中处于劣势的小报被淘汰。正因为改革，施普林格出版社一跃成为引领联邦德国报业市场的标杆。[1]

出版社之间的集中化进程也并非让一家出版社完全附属于另一家，而是可以选择"相对"或者"绝对"的方式加入。对于只选择部分加入的出版社来说，它们可以将自己的部分市场份额，例如发行量、资产占有量或者设备归入到某家出版企业或者某份报刊名下，从而实现报刊的"相对集中"；而以"绝对集中"方式归入另一家出版集团的出版社则必须完全将产权、编辑团队和报刊的市场份额都交出，未来的发展也必须与所并入的报业集团保持一致。[2]根据联邦政府20世纪70年代中期的统计，当时市场上总共有1186种报纸，较为多元化，通过集中化后报刊出版社的数量减少到121家。出版集团在集中化过程中还统一了广告、印刷和市场营销部门。[3]

集中化的报业集团获得了更多的社会资源与影响力，也具有了更多的权

---

[1] Diederichs, Helmut H.: Daten zur Konzentration der Tagespresse und der Publikumszeitschriften in der Bundesrepublik Deutschland im IV.Quartal 1982. In: Media Perspektiven 7/1983, S.482–499, hier S.483.

[2] Kisker, Klaus Peter/Knoche, Manfred/Zerdick, Axel: Wirtschaftskonjunktur und Pressekonzentration in der Bundesrepublik Deutschland. München: K.G.Saur, 1979, S.56ff.

[3] Knoche, Manfred: Ansätze und Methoden der Konzentrationsforschung in Pressebereich. In Media Perspektiven 5/1979, S.288–300.

力来影响政治决策。此外，集中化进程还改变着报刊的经济情况。原本在市场中缺乏竞争力的报刊可以在报业集团的帮助下，获得更多的广告资源。但同时，集中化的报纸也必须面对与广播、电视之间更为激烈的市场竞争。[1]另外，各大报业集团之间也存在着竞争。整个50年代，各个报业集团一直疯狂争夺广告资源。德国社会也因此产生了激烈的讨论：由于媒体具有引导和塑造公共舆论的功能，过分集中化的报业发展态势是否有利于意见的多元化表达呢？德国传播史学者海恩茨·普尔（Heinz Pürer）认为：在西方民主社会中，多元化的意见在民主制度的健康发展中起着决定性的作用。报业集团化虽然带来了更多的市场竞争，但是集中化的报刊直接影响了信息和意见的多元，这意味着读者其实失去了信息的选择权，德国受众因此也将失去接收多元化的政治信息和各方观点的机会。另一方面，报刊自身的多元化发展也会受到集中化进程的影响。[2]

集中化给地方报业带来的影响也成为另一个激烈讨论的问题。地方报刊出版社集中之后便会形成"单一报刊区域"（Ein-Zeitung-Kreis），这对读者的直接影响就是，他们没有机会接触到其他出版社的报刊，而地方报业集团集中生产消息，也必然影响消息的多元化。[3]集中化的严重问题还在于，读者无法察觉因地方报纸垄断而造成的变相信息控制。就连地方报刊的记者也会遇到信息来源单一化、难以与同行业其他记者交流的困境。[4]地方报业集中化的问题一直到80年代才得以解决。一些地方的市民自主发起了一场关于"单

---

[1] Ronneberger, Franz: Kommunikationspolitik,（Kommunikationspolitik als Medienpolitik, Bd.3）. Mainz: von Hase und Koehler, 1986, S.95f.

[2] Pürer, Heinz/Raabe, Johannes: Presse in Deutschland（3.Auflage）.Konstanz: UTB, 2007, S.122.

[3] Ronneberger, Franz: Kommunikationspolitik,（Kommunikationspolitik als Medienpolitik, Bd.3）. Mainz: von Hase und Koehler, 1986, S.95f.

[4] Noelle-Neumann, Elisabeth/Ronneberg, Franz/Stuiber, Heinz-Werner: Streitpunkt lokales Pressemonopol.Untersuchung zur Alleinstellung von Tageszeitungen.Düsseldorf: Droste, 1976; Noelle-Neumann, Elisabeth: Pressekonzentration und Meinungsbildung. In: Publizistik, 13/1968, H.2-4, S.107-136.

一报刊区域"是否应该存在的大讨论,并且号召结束地方报业集中化进程,开放多元化的报刊市场。与此同时,地方垄断报刊所刊载的消息却渐渐成为地方广播电台的主要来源,而且地方垄断报刊的广告业务日益兴起,甚至影响到报纸的编辑工作。① 最后一个严重的问题便是报业集中化和新闻出版自由之间的关系。长期的报刊集中化必然会降低编辑、记者,以及整个出版社的竞争能力,同时让记者受到更多主编和报业集团指导方针的影响。也就是说,主编一人几乎完全控制了报刊的内容,也决定了报道的内容和意见是否多元化。记者能做的只能是尽量按照主编的要求来完成报道。主编个人权力的集中直接威胁着新闻出版自由。② 此外,对于记者来说,报业集中化还预示记者的岗位在减少,就业压力会越来越大。当时的统计表明,在报业集中化进程的20年里,从事记者职业的人数有所减少,新闻人员开始进入公共关系行业。③

2. 报业市场的发展

报刊的集中化进程最明显地体现在日报的发行方面。从1954年到1976年间,联邦德国境内日报的数量下降了一半,从225种减少到121种。报业集中化之前,德国的报纸发行量大多在4万份以下,呈现出地方化、小报化的趋势。从1954年起,这些没有被并入大型报业集团的地方小报的数量开始大幅度减少,到1976年时只剩下30家,在全国报刊中的比率从53.7%下降到24.7%,销售量也从15.4%跌至4%。④

与之相反,被纳入大型报业集团的报刊却发展速度惊人,发行量已经

---

① Mast, Claudia/Weigert, Matthias: Medien in der Region. Eine empirische Untersuchung der Informationsleistungen von Hörfunk und Zeitung. Konstanz: Universitätsverlag, 1991, S.225-229.

② Ronneberger, Franz: Kommunikationspolitik, (Kommunikationspolitik als Medienpolitik, Bd.3). Mainz: von Hase und Koehler, 1986, S.95f.

③ Langenbucher, Wolfgang R./Roegele Otto B./Schumacher, Frank: Pressekonzentration und Journalistenfreiheit. Berlin: Volker Spiess, 1976, S.146.

④ Pürer, Heinz/Raabe, Johannes: Presse in Deutschland (3.Auflage). Konstanz: UTB, 2007, S.123.

突破15万,在所有报刊数量中的比重从18%上升至42%,市场占有率也从8%增长到34.7%。另外,集中化报刊的发行量在全国所有报刊中的比率也从37.2%骤增到75.5%,其中近四分之三都是日报所做出的贡献。① 如下表所示,在编辑出版的集中化进程中,报纸的版本数量逐年递减,从1954年的1500种下降到1976年的1229种。而出版社注册成为发行人的数量也越来越少,从624家下降到了403家,也就是说,并不是每家出版社都有出版权。

表19 报业集中化进程统计表(1954—1989年)②

	1954	1964	1976	1985	1989
编辑出版集中化进程	225	183	121	126	119
发行的版本数量	1500	1495	1229	1273	1344
具有发行权的出版社	624	573	403	382	358
销售量(万份)	1340	1730	1950	209	203

集中化也改变了地方报业市场的格局,报刊的区域化特征更加凸显,仅发行一份地方日报的"单一报刊区域"的数量从1954年的85个增加到1976年的156个,所覆盖的人口数量也从8.5%上升到32.7%,近三分之一的德国人口只能阅读本地唯一的日报。尤其到两德统一前期,联邦德国的地方"单一报刊区域"现象更为严重,其数量增加到160个,几乎一半(49%)的人口每天只能阅读一份当地的日报。③

---

① Pürer, Heinz/Raabe, Johannes: Presse in Deutschland (3.Auflage).Konstanz: UTB, 2007, S.124.
② Schütz, Walter J.: Deutsche Tagespresse 1991. In: Media Perspektive 2/1992, S.82.
③ Schütz, Walter J.: Zeitungdichte und Zeitungswettbewerb in der Bundesrepublik Deutschland 1976. In: Publizistik 23/1978, H.1–2, S.58–74, bes.S.64ff.sowie ders: Deusche Tagespresse 1989. In: Media Perspektiven 12/1989, S.748–775, hier S.771f.

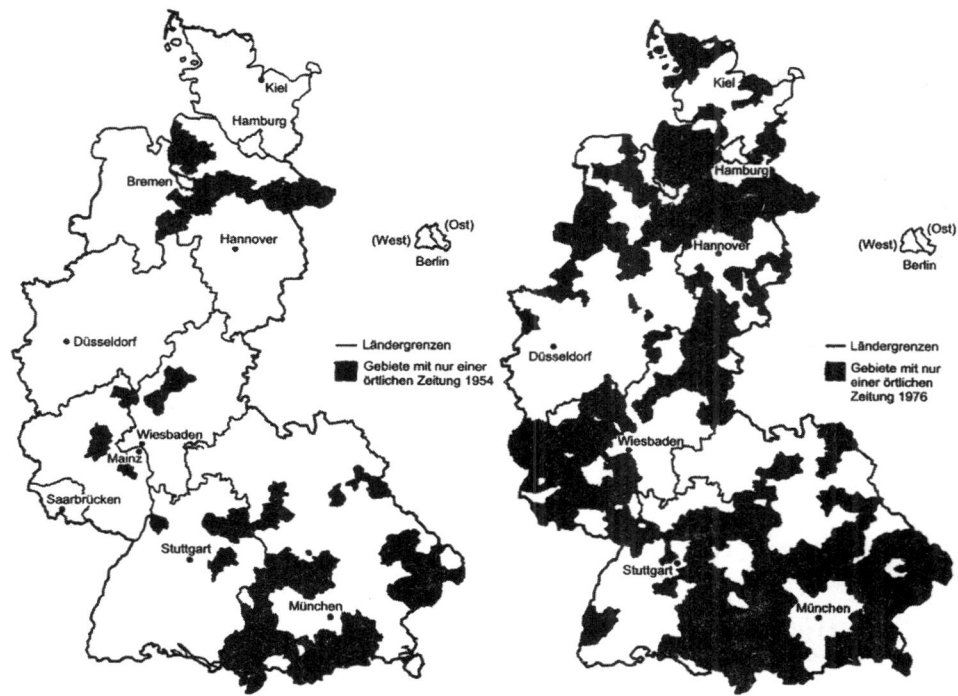

图 65 "单一报刊区域"1954 年和 1976 年在联邦德国的分布，图中黑色部分表示只有一份地方报纸的地区。[1]

另外，集中化的日报在 20 世纪 60 年代逐渐汇聚成引领市场的五大报业集团：位于汉堡的阿克塞尔·施普林格出版社（Axel Springer Verlag）、埃森的西德意志总汇报报业集团（Westdeutsche Allgemeine Zeitungsgruppe，WAZ-Gruppe）、斯图加特报业集团（Gruppe Stuttgarter Zeitungsverlag）、科隆的 M. 杜蒙 – 肖贝格出版社（Verlag M.Dumont Schauberg）和慕尼黑的南德意志出版社（Süddeutsche Verlag）。1980 年，这五家大型报业集团的发行量占到了整个联邦德国日报总发行量的 45.5%。[2]

---

[1] Bericht der Bundesregierung über die Lage von Presse und Rundfunk in der Bundesrepublik Deutschland（1978）–Medienbericht–（BT-Drucksache 8/2264），hrsg.von Presse–und Informationsamt der Bundesregierung, Bonn, 1978, S.16f.

[2] Diederichs, Helmut H.: Daten zur Konzentration der Tagespresse und der Publikumszeitschriften in der Bundesrepublik in IV.Quartal 1980. In: Media Perspektiven 7/1981，S.521–536.

表20　1976年联邦德国五家大型日报出版集团发行情况统计[1]

出版社/出版集团	主要发行的日报	总发行量（万）	比率%
阿克塞尔·施普林格出版集团（汉堡）	《图片报》 《汉堡晚报》 《柏林晨邮报》	565.3	28.74
斯图加特报业集团	《斯图加特报》 《斯图加特新闻报》 《西南报》（Südwestpresse） 《黑森林信使报》（Schwarzwälder Bote）	130.1	6.61
西德意志总汇报报业集团	《西德意志总汇报》 《威斯特伐利亚评论》 《新鲁尔报》 《威斯特伐利亚邮报》（Westfalenpost）	117.1	5.96
M.杜蒙－肖贝格出版社（科隆）	《科隆城市报》 《科隆快报》（Express Köln） 《杜塞尔多夫快报》（Express Düsseldorf）	75.6	3.84
南德意志出版社（慕尼黑）	《南德意志报》 《慕尼黑晚报》（Abendzeitung München） 《纽伦堡晚报》（Abendzeitung Nürnberg）	48.8	2.48

　　和日报的发展进程相似，联邦德国的杂志也经历过集中化的进程。下表显示了1954—1976年间大型杂志出版集团的发行量，时至今日这些出版集团仍然占有市场主导地位，它们是海因里希·鲍尔出版社（Heinrich Bauer Verlag）、阿克塞尔·施普林格出版社、格鲁那与雅尔/贝塔斯曼出版社（Gruner und Jahr/Bertelsmann Verlag），以上所有出版社都位于汉堡。此外还有位于奥芬堡的布尔达康采恩（Burda Konzern），下设布尔达有限责任公司（Burda GmbH）和爱尼·布尔达两和公司（Aenne Burda KG）。

---

[1] Diederichs, Helmut H.: Daten zur Pressekonzentration in der Bundesrepublik Deutschland 1976/1977. In Media Perspektiven 5/1977，S.267–281，hier S.278f.

表 21　联邦德国四家大型杂志出版集团 1976 年出版情况统计[①]

出版社/出版集团	杂志名称	发行量（万）	市场比率%
海因里希·鲍尔出版社	《快客》（Quick） 《新邮杂志》（Neue Post） 《新周刊》（Neue Revue） 《花花公子》（Playboy） 《电视视听》（TV Hören und Sehen） 《电视周刊》（Fernsehwoche） 《汽车杂志》（Autozeitung）	1598	21.33
阿克塞尔·施普林格出版社	《请听》（Hörzu） 《无线电时钟》（Funk-Uhr） 《我的故事》（Meine Geschichte） 《擦客》（ZACK）	639	8.54
布尔达康采恩	《炫彩》周刊（Bunte，又译作《彩色周刊》） 《女友》（Freundin） 《图片与广播》（Bild und Funk） 《布尔达时尚》（Burda-Moden）	1385	18.48
格鲁那与雅尔/贝塔斯曼出版社	《明星》（Stern） 《布里吉特》（Brigitte） 《美丽家居》（Schöner wohnen） 《地球》（Geo） 《资本》（Capital）	567	7.58

各类杂志在市场上所占的比率也发生了改变，图片类杂志/画报的发行量下降，而妇女类杂志和诸如《炫彩》周刊等八卦杂志比率上升。1975 年联邦德国发行的杂志总共有 3838 种，发行总量为 11896 万，年收入达 47.66 亿马克。[②] 很多出版杂志的大型报业集团或者出版社，同时也出版大型的日报，例如施普林格出版社。到 1991 年两德合并的时候，大型杂志出版社也吞并了很

[①] Diederichs, Helmut H.: Daten zur Pressekonzentration in der Bundesrepublik Deutschland 1976/1977. In: Media Perspektiven 5/1977, S.267–281, hier S.270.

[②] Pürer, Heinz/Raabe, Johannes: Presse in Deutschland（3.Auflage）.Konstanz: UTB, 2007, S.127.

多日报。①

大型的报刊出版集团还在20世纪60年代开始投资当时尚未普及的的电视。从1952年圣诞节开始，德国开始定期播放电视节目。1954年德国电视一台（ARD-Das Erste）成立，1963年4月，德国电视二台（Zweite Deutsche Fernsehen，ZDF）也相继成立，并在1964年准备创立电视三台。但是经历过激烈的市场竞争的报业集团也担心，新兴的电视市场会受到媒介集中化的影响，更严重的是报纸的受众可能会被电视吸引过来，而且报纸的广告市场也可能受到电视广告的威胁。为了防止这些顾虑变成现实，德国报纸出版商联邦协会支持立法者，采取合适的措施来杜绝扭曲的报业与电视之间的竞争。②但事实表明，这些顾虑是多余的。就读者市场来看，1954年到1976年这段时间日报的总发行量从1340万份增至1960万份，其中最大的受益者就是那些在大街上零售的报刊，增长速度最明显的就是施普林格出版社的《图片报》。1976年《图片报》的发行量已经突破449万，占所有街头零售报纸发行量的75%，而其他德国的日报仅占23%。③70年代德国日报的急速发展并没有因为电视媒体的兴起而受到影响。

除了日报，20世纪50年代和60年代报业市场上一个值得注意的现象就是通俗化的马路报刊在地方的订阅量并没有减少。由于报刊的集中化，地方报纸的读者群体非常稳定，并且地方报业市场也呈现出良好的发展状态。另外，媒体的广告市场也在这一时期获得了发展。虽然1963年德国电视二台成立后，其广告总投放量一直没有增加过，但是报刊却可以通过大量广告继续

---

① Diederichs, Helmut H.: Medienkonzentration in der BRD.Konzept und empirischer überblick. In: Prokop, Dieter (Hrsg.): Massenkommunikationsforschung, Produktion, Bd.I. Frankfurt/M: Fischer, 1973, S.73ff.

② Berg, Klaus/Kiefer, Marie-Luise: Das Verhältnis des Rundfunk zu Presse und Film. In: Aufermann, Jörg/Scharff Wifried/Schlie, Otto (Hrsg.): Fernsehen und Hörfunk für die Demokratie. Opladen: Westdeutscher Verlag, 1981, S.172-187, hier S.173f.

③ Diederichs, Helmut H.: Daten zur Pressekonzentration in der Bundesrepublik Deutschland 1976/1977. In: Media Perspektiven 5/1977, S.267-281.

保持在媒介市场上的主导地位。这一时期争夺广告市场的并不是印刷媒体和广播电视等电子媒体，而是同一种媒体之间。竞争主要存在于发行量大的和发行量小的报纸之间，有时杂志也加入广告市场争夺中，但往往成为市场角逐的牺牲品。① 相比于大型日报，由于地方小报有更加稳定的订阅读者群体，因而受到广告的影响也较小。

3. 传播政策和报刊管理措施

报刊的集中化进程在社会上引起了很大的争议，人们对出版社的不满和担忧也使得德国政府展开了一系列调查。米歇尔委员会（Michel-Kommission）、京特委员会（Günther-Kommission）和德国媒体理事会执委会（Kommission des Deutschen Presserats）三家机构在 60 年代开始对报刊的集中化进程深度彻查。②

米歇尔委员会：1964 年，联邦议会要求调查报刊、广播/电视和电影市场竞争是否公平，因此成立了该委员会。委员会也根据主席艾尔玛·米歇尔（Elmar Michel，1897—1977）来命名。1967 年，米歇尔委员会完成了最后一份调查报告，最终的结果表明：

——广播和报刊之间处于相互补充的地位，同时在广告市场上只存在少量的竞争关系；

——电视的发展和电视广告带来的竞争并不是报刊业存在经济问题的原因。因此解决报刊发展和报业市场的问题也不应该与广播电视法的制定联系起来；

——报刊对广播电视带来了激烈竞争的指责是不合理的。电视的广告是跨地区的，而日报的区域性特色明显，因此二者的广告所针对的受众是不一样的；

——尽管名牌商品的广告增加了图片杂志和电视广告之间的竞争，但是这样的竞争在画报和普通报纸之间更激烈；

---

① Kieslich, Günter: Wettbewerb der Massenmedien und Konzentration im Pressewesen. In: Publizistik, 13/1968, H.2-4, S.180-196.

② 同上。

——总的说来，纸质媒体和广播媒体之间在广告市场上的竞争，相比纸质媒体之间的竞争来说要微弱很多。电视广告能让全部媒体的总广告收入大幅度增加，所有媒体都能从中获利；

——最后，米歇尔委员会驳回了出版社与公共或者私人广播电台合作、成立"出版社电视台"的要求。

米歇尔委员会在1969年提交的最终报告，也标志着联邦政府对报业集中化进程中的市场竞争公平度调查最终结束，结果也得到了联邦政府的肯定。

京特委员会：1967年联邦政府接到联邦议会党团的申请，要求调查报刊企业对经济方面带来的危害，以及报业集中化后对言论自由的危害。京特委员会由16名来自不同行业的代表组成，包括发行人、记者、出版企业员工、广播电台工作人员和普通公众。主席由前联邦反垄断局（Bundeskartellamt）[①]局长埃贝哈德·京特（Eberhard Günther，1911—1994）担任。经过一年的调查，京特委员会发布了一个临时报告。德国报刊的经济情况千差万别，因此也需要一个差异化的评估。根据京特委员会的评估，报刊的集中化进程虽然没有对联邦德国的媒介自由造成损害，但还是存在未来因为报刊的发展而对此产生威胁的风险。因此委员会建议采用税收控制的手段来遏制报刊的过度集中：[②]

——通过对报刊投资金额和广告营业额方面的税收保护来提高出版社的竞争力；允许给报刊编辑业务的投资提供低息贷款，政府优先考虑这方面的投资并提供投资帮助；规范邮资收费系统；杜绝免费广告报刊，保证广告的发行收入；

---

① 德国联邦反垄断局成立于1958年，是国家调节竞争的执法部门，属于联邦经济与技术部，现在是德国反垄断的执法机构。

② Ronneberger, Franz: Kommunikationspolitik, (Kommunikationspolitik als Medienpolitik, Bd.3) .Mainz: von Hase und Koehler, 1986, S.102–107.

——通过划定法律所允许的市场份额来阻止报业过度集中。报刊企业市场占有率超过20%被列为"威胁新闻自由",超过40%则被视为"损害新闻自由"。

——通过国家的扶植来降低维护市场平衡的难度(比如允许小型出版社通过贷款来实行自救);

——通过地方立法来规范出版社的行为,强制出版社公开资产数额和资金来源,如果收购其他报纸时,出版社也必须通报;

——制定有关发行人和编辑行为的准则来保证内部新闻自由,并且通过职业教育或者在职教育来提高他们的职业技能;

——京特委员会还建议国家资助发行量低于10万的报刊,降低所有报刊的增值税,规范邮费,并且推动调研了解出版多元化程度和报刊对多元化信息舆论所做贡献。联邦政府有义务出版关于德国出版业的调查年报,并且成立媒体理事会和广电理事会来商讨存在的问题。

德国媒体理事会执委会: 德国媒体理事会(Deutscher Presserat)也承担着监督报业集中化进程的任务,并在1965年成立德国媒体理事会执委会来解决德国报业集中化带来的问题。委员会的成员来自发行人、主编或者报学研究者。他们负责清算德国报刊的资产结构,并且按联邦州来分配资产额度。德国媒体理事会执委会只公布一部分调研结果,有时候也与米歇尔委员会以及传播学者胥茨一起开展日常报刊的统计分析和调查,从而为媒介政策讨论以及联邦政府的媒介组织调查提供重要的参考资料。它们的调查报告和建议在接下来的一年里,无疑成为政府和媒体的敏感话题。报刊发行人和记者协会也向有关政党、工会、教堂等能够影响报刊政策的社会团体发表了大量的声明和解释。[①] 政府最终在20世纪70年代考虑采取京特委员会的建议并调整媒

---

① Glotz, Peter/Langenbucher Wolfgang R.: Aspekte einer modernen Pressepolitik. In dies.: Demissachtete Leser.Zur Kritik der deutschen Presse. München: Fischer (Neuaufl.) 1993, S.176f.

介政策。

除了上述三大委员会，德国政府还颁布了很多法律来规范报刊市场，避免媒体垄断而损害信息和意见的多元化。法律涉及媒体调查统计、媒介合并和实习生培养各个方面。

《联邦政府的媒介报告》（*Medienberichte der Bundesregierung*）：从1970年起联邦政府开始发布《联邦政府关于联邦德国报刊和广播状况的调查报告》（Bericht der Bundesregierung über die Lage von Presse und Rundfunk in der Bundesrepublik Deutschland）。开始每四年发布一次，后来改为不定期发行。1970年发布的只是临时性的调查结果，正式的媒介调查报告在1974年第一次公布，而后在1978年和1985年又分别公布过一次。1974年首次报告的核心内容主要来自米歇尔委员会和胥茨长期以来进行的报刊和广播统计，后来的内容又相应增加了记者职业状况调查、通信设施、电影和书籍市场的调查，以及关于传播和媒介技术、国际媒体和传播政策方面的研究和思考。媒介报告主要由联邦内政部、经济部与联邦政府媒介信息局（Presse- und Informationsamt der Bundesregierung）合作完成，最近的一次在2007年发布。①

《报刊统计法》（*Pressestatistik-Gesetz*）：1975年德国国会制定了《报刊统计法》，要求报社每年都要接受政府统计部门的调查。报刊的发行人有义务向位于威斯巴登的联邦统计局上报报刊的发行情况，具体包括报刊的种类、发行数量、出版企业法律形式、员工数量、成本和收益的构成、销售量、广告和订阅收入、出版社资产数量和资产类型。这部法律保证了联邦政府能够掌握关于出版社的结构和经济方面的可靠而具体的信息，所提供的资料也有助于政府制定经济政策来保护信息的多元化。统计结果并非以年报的形式向外公布，而是通过媒体报道传达给公众。1996年，赫尔穆特·科尔（Helmut

---

① Siehe die einzelnen Medienberichte der Bundesregierung von 1970，1974，1978，1985，1994，1998（BT-Drucksachen VI/692，VII/2014，VIII/2264，X/5663，12/8787，13/10650）.

Kohl，1930—　）总理及其内阁突然临时取消了《报刊统计法》，同年颁布的法律决议也决定废除这部法律。①

《报刊合并管控法》（*Gesetz zur Pressefusionskontrolle*）：1976年联邦政府根据《反垄断法》颁布了《报刊合并管控法》来抵制那些限制报刊市场自由竞争的合并行为。所有总资产在5亿马克以上的出版企业，将被强制减少2500万马克的资产。相应地，1978年发行量在7万–8万份之间的报纸也需要在联邦反垄断局登记。而在具体操作上，联邦反垄断局有更多的权力来控制出版企业的过度垄断：②

——合并后，若某家出版社成为主导或变得更加强势，反垄断局可终止出版社的合并行为。

——当然，参与合并的出版社也可证明合并后获得了更加良性的竞争环境，合并给企业带来的优势大于其对市场的劣势，反垄断局则可以支持这样的合并；

——另外，反垄断局的决定也可根据出版社当时的情况，综合考虑报刊的总发行量等各种因素。但是报刊合并后必须保留自己地方的独立发行业务。

上文曾经提到过，地方报刊的过度集中造成了地方信息的过分单一，当地的读者只能阅读一种报纸的局面。《报刊合并管控法》的各项措施保证了地方报刊的多元化。此外，联邦反垄断局还禁止很多出版企业的合并。从1973年到1990年之间，联邦反垄断局调查了237起出版企业合并的案例，其中有21起被禁止。《报刊合并管控法》对报业市场自由竞争起到的作用虽然一时难以定论，但一个很明显的现象是，1976年以后报刊的大量合并消失了，大型

---

① Die bundesdeutsche Presse im Spiegel der amtlichen Statistik.Statistisches Bundesamt veröffentlich Ergebnis der ersten Erhebung: 1975. In: Media Perspektiven 4/1978, S.241–25.

② Schiwy, Peter/Schütz, Walter J.: Medienrecht.Lexikon für Wissenschaft und Praxis. Neuwied: Luchterhand, 1990, S.102ff.

报业集团的并购再也没有出现过。①之后的 20 年里，诸如贝塔斯曼、施普林格和基尔希等大型媒介集团也将合并延伸到广播和电视行业，但是同样难以逃脱联邦反垄断局的监管。

报刊反垄断经济措施：除了法律手段外，联邦政府的经济措施在抑制报刊垄断的过程中起到了重要作用。1972 年德国报纸出版商联邦协会递交了《德国日报经济状况备忘录》(*Memorandum zur wirtschaftlichen Lage der deutschen Tageszeitung*) 后，联邦政府开始采取措施，以国家的名义发动了报刊救助活动。首先通过财政援助缓和了负责发行报刊的邮局的经济危机，并且统一为它们减免 50% 的增值税。另外，从 1968 年起专门针对中小型报刊开放了很多低利息的贷款，长期扶植出版社的技术和建设投资。从 1974 年开始通过信贷机构和其他机构来为小型出版企业提供特别救助贷款。从 1975 年后，政府开始提供贷款利息补助。②

除了小型报刊，政府也扶植少量的报业集团。不过，政府究竟应该扶植到什么程度才能维持报业市场的公平，这一问题仍然存在巨大争议。对那些面临经济危机的报刊，政府也提供救助，保证它们至少能够维持生存。但实践证明，这些救助对维护信息和意见多元化的贡献是极其有限的。③

报刊法基本框架法：除了上述措施，联邦政府也在考虑起草报刊法，或者仅仅制定一个全国适用的框架法来规定总体方针，而不具体规定报刊的行为。报刊法的前期准备经历了很长时间。早在 60 年代，联邦政府就安排了相应人员来起草一份能够在民主制度下保证多元公共舆论的法律或者规章。这样的法律或者法规不仅通过市场手段，而且还需要深入到报刊内部，通过报刊内部制定的规章来保证舆论多元化。由于在联邦德国内部，制定媒体法律主要

---

① Thiel, Michael H.: Presseunternehmen in der Fusionskontrolle. München: Florenz, 1992, S.177.

② Bericht der Bundesregierung über die Lage von Presse und Rundfunk in der Bundesrepublik Deutschland（1974）–Medienbericht–（BT-Drucksache VIII/2264），hrsg.Vom Presse-und Informationsamt der Bundesregierung. Bonn, 1978, S.65-67.

③ Lerche, Peter: Verfassungsrechtliche Fragen zur Pressekonzentration.Rechtsgutachten auf Anregung des Bundesverbands Deutscher Zeitungsverleger. Berlin: Duncker und Humboldt, 1971, S.100ff.

属于地方事务，每个联邦州需要事先起草一份计划，并为全国性的报刊管理措施确定基本方针。1969 年和 1973 年，联邦政府分别向各联邦州发出通告，准备制定报刊法基本框架法，并于 1974 年首次颁布报刊法的总体草案。① 草案中列出了针对出版企业的具体规定，包括如何选举编辑代表，以及编辑代表在出版事务中的职责（例如制定报刊总方针），如何与总编一起制定报刊的编辑方针，如何调任发行人或者任命总编，以及如何参与编辑工作并制订报刊预算计划等。②

草案获得了记者协会的支持，但是报纸的发行人却认为这些规章损害了《企业章程法》（*Betriebsverfassungsgesetz*），使得经营和编辑业务都必须服从于编辑方针。报刊法草案公布以后，联邦政府一直都在修订，但没有最终立法。一些报刊并没有制定法律，而是定立了内部规章。但是记者对这些规章尚有争议，即使在编辑部里实行的时间也非常短。③

实习生的集体合同（*Trarifvertrag*）：京特委员会提出职业教育建议的 22 年后，报刊出版社和记者协会终于在 1990 年达成了实习记者教育的集体合同。实习记者的职业教育长达两年，一开始记者可以参与到编辑工作中。最初的一周或两周接受系统的工作介绍，然后实习记者可以加入三个不同的领域，如地方新闻、政治新闻，外加一个自选领域的新闻采写培训，实习生可以根据自己的情况来安排第一年职业教育的时间，但最长不能超过四周。培训结束后即可正式进入编辑和记者团队，中间有两周的进修假期。集体合同也规定那些小报的编辑所培训的实习生不能太少，三个编辑至少要对应一个实习生。④

---

① Koszyk, Kurt/Pruys, Karl Hugo: Handbuch der Massenkommunikation. München: DTV Deutscher Taschenbuch, 1981, S.190ff.

② Schiwy, Peter/Schütz, Walter J.: Medienrecht.Lexikon für Wissenschaft und Praxis. Neuwied: Luchterhand, 1990, S.165f, 242ff.u.247ff.

③ Holtz-Bacha, Christina: Mitspracherechte für Journalisten-redaktionsstatuten in Presse und Rundfunk. Köln: Studienverlag Hayit, 1986.

④ Tarifvertrag über das Redaktionsvolontariat an Tageszeitungen, abgedruckt in Zeitungen 90, BDZV-Jahrbuch, hrsg. vom Bundesverband Deutscher Zeitungsverleger. Bonn: 1990, S.194–198.

在联邦德国 20 世纪 50—70 年代的报刊集中发展阶段，上述三家委员会和联邦政府制定的一系列法规都努力控制集中化的程度，保证民主制度能够在信息和公共舆论多元化的环境下良性发展。到 1976 年后，报刊的集中化进程进入尾声，只有地方一些中小型的报刊，因为生存需要而展开了小规模合作。

三、1976—1985 年德国报刊的巩固时期

集中发展时期结束后，德国报业进入了为期 10 年的巩固时期。相比前 20 年的集中化发展，巩固时期的德国报刊合并数量和日报发行量虽然有所增长，但速度缓慢。地方的大型报刊的发展也进入稳定阶段，从而确立了在地方报业市场上的地位。跨区域的大型报业集团也不断发展和完善自身，继续引领报业市场的发展。特别是从 1989 年开始，大量出版社开始涉足私人广播电视领域。

1. 日报的发展

日报的合并现象在 1976 年后就很少出现，到 70 年代末 80 年代初期几乎完全消失了。到 1985 年，联邦德国共有 126 家独立的日报，每天发行 1273 个不同的版本。1976 年报业集中化进程结束后不久，仅有 5 家大型报刊合并，每天也只发行 54 种日报。[1] 联邦州政府在这 10 年的巩固发展期里一直抑制报刊过度合并，将过于集中的地方报社再次拆分开来，试图保证地方报纸的质量。而那些已经合并的日报则开始刊登跨区域新闻，例如在 1985 年年初合并的《雄皋新闻报》(*Schongauer Nachrichten*)，首次在头版和第二版报道地方新闻，后面的版面则留给时政新闻和跨地区新闻，最后的版面则是关于本地区和联邦州的内容。[2]

这一时期联邦德国的日报销售量也从 1976 年的 1950 万提高到了 1983 年

---

[1] Pürer, Heinz/Raabe, Johannes: Presse in Deutschland (3.Auflage).Konstanz: UTB, 2007, S.141.

[2] Schütz, Walter J.: Deutsche Tagespresse 1985. In: Media Perspektiven 7/1985，S.497–520.

的 2120 万。1985 年略有下降，只售出了 2090 万份（不包括订阅），报刊的零售量呈现衰减态势。[①] 具有发行权的出版社的数量也从 403 家减少到 382 家。但是因为联邦政府废除了三个"单一报刊区域"，1985 年地方报刊的种类有所增加。尽管如此，只有一种报刊的大城市的数量却上升了：1985 年全联邦德国境内有 22 个大城市只有一种报纸（在大街上零售的不计），其中包括奥格斯堡、哥廷根、海德堡、卡尔斯鲁厄、卡塞尔、乌珀塔尔，甚至是一些联邦州的首府，如基尔、美因茨和萨尔布吕肯这样的大城市。在地方，当地的日报继续引领市场，市场份额也日益稳定。总体而言，联邦德国大型日报的市场地位和发行量都很稳定。另外，五家大型报业集团从 1984 年起开始涉足私人广播电视行业，它们分别是柏林的施普林格出版社、埃森的西德意志总汇报报业集团、斯图加特的"斯图加特报／莱茵·普法尔茨／符腾堡报业集团"、科隆的杜蒙－肖贝格出版社和慕尼黑的南德意志出版社。它们在 1985 年的市场占有率是 46.94%。除了日报，它们还出版一些街头零售报纸，例如施普林格出版社的《图片报》就占该类报纸总销售的 82.3%，杜蒙－肖贝格出版社占 7.5%。这五家出版社几乎垄断了整个街头零售报纸的市场，发行量也占此类报纸总发行量的 97%。[②]

除了占领日报市场，报刊出版社也开始开发周末报的市场。原本日报在周日是不发行的，而在 1976—1985 年期间日报周末版开始问世。1979 年首家周末报《周日最新资讯》(*Sonntag Aktuell*)创刊，读者主要是德国西南部地区已经订阅了同一家出版社发行的日报的人。周末报的成功也让更多的出版社投入其中，到 1985 年时已经有 7% 的日报开设周末版。

---

① Diederichs, Helmut H.: Daten zur Konzentration der Tagespresse und der Publikumszeitschriften in der Bundesrepublik Deutschland im IV.Quartal 1984. In: Media Perspektiven 8/1985, S.615–633.

② 同上，第 642 页

Sonntag Aktuell
DIE SIEBTE AUSGABE IHRER TAGESZEITUNG

图 66 《周日最新资讯》的报头设计，报纸名称下面的副标题为"您的日报的第七期"。

2. 巩固时期的杂志市场

联邦德国成立以来杂志数量一直持续增长，杂志数量在 1954 年到 1967 年短短 13 年的集中发展期里翻了一番，从 5187 种增加到 10937 种。到 60 年代末更是达到 12744 种，总发行量逾 2.58 亿份，进入巩固时期后的杂志市场越来越稳定。① 相比之前，巩固时期的杂志种类也发生了一些变化，在市场上最受欢迎的是大众杂志（Publikumszeitschriften），而增长速度最快的是广告报刊。根据德国广告报刊联邦协会（Bundesverbund Deutscher Anzeigerblätter，BVDA）的统计，广告报刊从 1975 年的 250 种增加到了 1985 年的 952 种，发行量也从 1150 万骤增为 4900 万。② 这一时期还产生了教育类杂志和商业服务类杂志。另外，巩固时期的专业杂志也明显加快了发展的脚步，其种类在 1983 年增长到 1600 种，发行量的增长速度是 1976 年的三倍。③

巩固时期的大型出版社还在妇女类、社会生活服务类和广播电视类杂志上投入了大量资金，并降低了这些杂志的售价。毫无疑问，这些杂志的兴起导致传统大众杂志的发行量下降，而低价杂志则迅速占领了市场，其中最成功的当数西部地区的小型出版社铜锣出版社（Gong-Verlag）在 1983 年创办的电视周刊《这俩》(die zwei)。这份杂志主要刊登下周的电视节目预告和影视明星的

---

① Starkulla, Heinz: Zeitschriften.Die öffentliche Meinung, hrsg. vom Presse-und Informationsamt der Bundesregierung. Bonn: 1971, S.60-87.

② Bericht der Bundesregierung über die Lage von Presse und Rundfunk in der Bundesrepublik Deutschland（1985）-Medienbericht-（BT-Drucksache 10/5663），hrsg.von Presse-und Informationsamt der Bundesregierung. Bonn, 1986, S.124.

③ 同上，第 129 页。

八卦新闻，每年发行 52 期。①

经过 20 多年的发展，四大杂志出版社也巩固了它们在报业市场上的领导地位。这一时期最大的特色是新杂志开始占领市场，而传统杂志渐渐没落。海因里希·鲍尔出版社旗下的传统杂志《新周刊》的发行量虽然在减少，但是新创办的《一瞥》（Auf einen Blick）杂志迅速占领市场，发行量迅速突破 200 万。虽然整个出版社的总发行量在 1985 年有所下降，仅 1770 万份，但整个出版社在报业市场上的地位依旧稳固，市场占有率也达到 32.04%。另外施普林格出版社创办

图 67 《这俩》周刊至今在德国报业市场占有重要地位，图为 2012 年第 9 期的封面。

了许多新杂志。从 80 年代起，施普林格出版社的妇女类和广播电视类低价杂志开始成为市场主导，它的大众报刊市场占有率也从 1982 年的 13% 上升为 17%，仅周刊《妇女画报》（Bild der Frau）的销售量就达到 257 万份，占据整个德国杂志总发行量的 5%。而传统杂志《倾听》和《广播时间》的发行量则在减少。另外一家大型出版社布尔达康采恩的总发行量也高达 570 万，占有 10.4% 的市场份额。有意思的是，布尔达出版社的《炫彩》周刊发行量和其他传统杂志一样都在下降，但是格鲁那与雅尔/贝塔斯曼出版社的传统图片杂志《明星》杂志却反而上升，② 这也足以证明施普林格出版集团在大众报刊市场上的竞争优势。

---

① Diederichs, Helmut H.: Daten zur Konzentration der Tagespresse und der Publikumszeitschriften in der Bundesrepublik Deutschland im IV.Quartal 1984. In: Media Perspektiven 8/1985, S.129.

② 同上，第 125-129 页

3. 替代性报刊的发展

巩固时期还产生了一种新的报刊类型——"替代性报刊"（Alternativpresse），它们的出现对已经具有稳定地位的传统媒体带来了巨大挑战。从20世纪70年代开始，"替代性报刊运动"（后来称为新社会运动，neue soziale Bewegung）在德国社会兴起，号召以大众自发组成的"公民媒体"（Bürgerliche Medien）替代传统媒体，并影响公众。所以在很多城市都出现了非专业的公民记者出版的替代性报刊，在报业中心城市还出现了公民城市和郊区报刊，以及公民地区报刊。

替代性报刊的报名和出版数量经常更换，所以报刊的数量难以统计。根据1983年的《替代性报刊索引》（Verzeichnis der Alternativmedien）共有350家替代性报刊，其发行量介于500—3000份之间。在一些城市还存在替代性杂志，1979年为235种，到1986年上升到587种，后来超过1000种。数量虽然持续增加，但是这些报刊已经渐渐脱离替代性报刊的特色。① 最难统计的莫过于替代性报

图68 《日报》一直发行至今，这是2013年10月22日的头版版面。

---

① Holtz-Bacha, Christina: Alternative Presse. In: Wilke, Jürgen（Hrsg.）: Mediengeschichte der Bundesrepublik Deutschland. Köln, Weimar, Wien: Böhlau, 1999, S.330-349, hier S.340f.

刊的总发行量，传播学者克里斯蒂娜·霍尔茨·巴查（Christina Holtz-Bacha）在80年代初期得出的数字是160万份，其中一半是在城市里发行的。① 到80年代中期替代性报刊的出版数量明显下降。此外，一些跨区域的替代性报刊也开始发行。1979年在柏林出现了左派替代性报刊《日报》（*Tageszeitung*, *taz*），起初发行量为63000份，其中包括7000份的订阅量，1985年订阅量达到27000份，但年后突破了37000份。而一直以来《日报》在售报亭的零售量只占报纸总发行量的五分之一左右。②

四、两德统一前的报刊

两德统一前，德国报刊经历了建设时期、集中发展时期和巩固时期，到20世纪80年代初期报业市场的格局基本确定下来。虽然1985年联邦德国报业经历了轻度的垄断过程，但报业市场格局仍然变化不大，这一格局也一直延续到两德统一之后。

1. 日报的市场格局

联邦德国的日报到1989年时已经形成了多元化的发展局面，全国119家报业集团旗下的358家出版社共发行1344种报刊。日报的总发行量为2050万份，报纸的阅读率也很高，平均每1000个公民每天阅读400份报刊。80年代集中化发展进程结束以后，联邦德国报业开始多元化发展，到1989年时地区性的出版社有108家，全国性的跨区域出版社也有5家，报刊的订阅量达到1520万份，零售量也有560万份。③ 根据德国报纸出版商联邦协会的统计，1989年仅日报的发行总收入就达118.4亿马克，其中三分之二来自广告和其

---

① Holtz-Bacha, Christina: Alternative Presse. In: Wilke, Jürgen（Hrsg.）: Mediengeschichte der Bundesrepublik Deutschland. Köln, Weimar, Wien: Böhlau, 1999, S.330–349, hier S.340f.

② Flieger, Wolfgang: Die taz. Vom Alternativblatt zur linken Tageszeitung. München: Ölschläger, 1992.

③ Schütz, Walter J.: Deutsche Tagespresse 1989. In: Media Perspektive 12/1989, S.749–775.

他附属收入。① 两德统一之前，联邦德国报业市场的局面已经基本确立下来，各类报刊的发展状况主要体现如下。

（1）大型出版集团的日报

主导市场的大型出版集团占有大量日报的市场份额，其中最著名的当数施普林格出版集团、西德意志总汇报报业集团、南德意志报出版集团、斯图加特报业集团和 M. 杜蒙－肖贝格出版社。

其中施普林格出版集团在 1989 年发行量为 542 万份，占整个日报市场的 26.68%。在 80 年代末期由于《图片报》受到冲击，1987—1989 年三年间几乎下降了 50 万份。但是，施普林格出版集团却通过其他附属产业稳定了自己在市场中的地位，特别是在北部的石勒苏益格－荷尔斯泰因州，施普林格出版集团的报纸一直占据市场主导地位，它们包括《图片报》、《世界报》、《汉堡晚报》、《柏林晨报》、《柏林报》、《贝格多夫报》（*Bergedorfer Zeitung*）、《埃尔姆斯霍尔恩新闻报》（*Elmshorner Nachrichten*）、《吕贝克新闻报》（*Lübecker Nachrichten*）、《皮内贝格日报》（*Pinneberger Tageblatt*）、《基尔新闻报》、《东荷尔斯泰因日报》（*Ostholsteinische Tageblatt*）和《赛格贝格报》（*Segeberger Zeitung*）。另外，施普林格集团还投入电视广播行业，在 1990 年参股卫星电视一台（SAT.1）之后，又购入报刊新闻电视台（Aktuell Presse Fernsehen，APF）35% 的股份，入股基尔希集团的电视七台（Pro Sieben），并收购德国的付费电视频道。施普林格集团还大量参与电影和电视节目制作，以及石勒苏益格－荷尔斯泰因州、汉堡、下萨克森、巴伐利亚、黑森州和北莱茵－威斯特伐利亚州的地方广播节目制作中，并参与奥地利的报刊运作。

报业市场上排名第二的是埃森的西德意志总汇报报业集团，旗下的《西德意志总汇报》是联邦德国订阅量最大的报纸，在各地发行 47 个不同的版本，发行量超过 66 万份。该集团出版的报刊主要在北莱茵－威斯特伐利亚

---

① Pürer, Heinz/Raabe, Johannes: Presse in Deutschland（3.Auflage）.Konstanz: UTB, 2007, S.148.

地区及周边发行，包括《威斯特伐利亚评论报》、《新鲁尔/新莱茵报》(*Neue Ruhr/Neue Rhein Zeitung*)、《威斯特伐利亚邮报》、《伊瑟隆县报》(*Iserlohner Kreisanzeiger*)，这些报纸的总发行量为122万，市场占有率达到6%。80年代末，西德意志总汇报报业集团开始与卢森堡电台附设电视台（RTL Plus）合作，并且参与到西部电视公司（Tele West）在北莱茵－威斯特伐利亚州的私人电视台的节目运营中。和施普林格出版集团一样，西德意志总汇报报业集团也将日报业务拓展到奥地利。

南德意志报报业集团的发行业务主要集中在巴伐利亚州，它的《南德意志报》、在霍夫（Hof）发行的《法兰克邮报》(*Frankenpost*)和在科堡（Coburg）①发行的《新报》(*Neue Presse*)是发行量最大的三家日报，后来又创办了《多瑙信使报》《慕尼黑晚报》和《纽伦堡晚报》。1989年，这些报纸的市场占有率为3.56%，总发行量72.2万份。南德意志报报业集团也投资了报刊新闻电视台，并且和巴伐利亚其他日报出版社一起合办巴伐利亚私人广播电台。②

M.杜蒙－肖贝格出版集团拥有《科隆城市报》，以及科隆和杜塞尔多夫的《快报》，这三份报纸的总发行量为65.8万份，相应的市场份额为3.25%。另外一家大型出版集团——斯图加特报业集团主要立足在巴登－符腾堡州，1989年所出版的报刊总发行量为63.8万份，占有3.15%的市场份额。除了《斯图加特报》，这家出版集团旗下还出版了《斯图加特新闻报》和《莱茵－普法尔茨报》，并且部分参与了《莱翁贝格县报》、《西南报》、《施瓦本森林评论》(*Rundschau für den Schwäbischen Wald*)、《盖斯林根报》(*Geislinger Zeitung*)和《魏布林根县报》(*Waiblinger Kreiszeitung*)等报纸的出版工作。

---

① 科堡为德国巴伐利亚州的州直辖市，位于巴伐利亚北部。
② Pürer, Heinz/Raabe, Johannes: Presse in Deutschland（3.Auflage）.Konstanz: UTB, 2007, S.149.

表22　联邦德国1989年10家大型日报出版社的发行情况[①]

出版社/出版集团	总发行量（万份）	市场份额（百分比%）
阿克塞尔·施普林格出版集团	542.3897	26.68
西德意志总汇报报业集团	121.9039	6.02
南德意志报出版集团	72.1954	3.56
M.杜蒙-肖贝格出版社	65.8165	3.25
斯图加特报业集团	63.8259	3.15
慕尼黑报业集团（Münchener Zeitungsgrupp）	60.1717	2.97
法兰克福出版集团（Frankfurter Verlagsgruppe）	49.5779	2.44
莱茵-山地出版集团（Rheinisch-Bergische Verlagsgruppe）	41.4749	2.05
马德萨克/盖尔斯滕贝格出版集团（Verlagsgruppe Madsack/Gerstenberg）	39.3527	1.94
鲁尔新闻/F.兰辛-沃尔夫出版集团（Ruhr-Nachrichten/F.Lensing-Wolff）	28.5316	1.41

1989年，上表所列这10家日报出版社的总发行量占整个联邦德国报刊总发行量的53%。仅施普林格出版社所发行的日报就达540万份，在德国报业市场上所占份额最多，几乎为其余九家出版社的发行量总和。

（2）各州的日报发行情况

下表展示了联邦德国各州在1989年的日报发行情况，从中可以看出北莱茵-威斯特伐利亚、巴登-符腾堡和巴伐利亚三个州所出版的日报数量最多。作为三个直辖市之一，汉堡的日报发行量也和柏林、不莱梅拉开了巨大的差距。因为出版《图片报》的施普林格集团位于汉堡，从而大大提高了汉堡的日报总发行量，仅汉堡当地版的《图片报》发行量就达到了44.2万份，而全国的发行量接近99万份。另外，北莱茵-威斯特伐利亚州的报纸种类

[①] Erstellt nach Röper, Horst: Daten zur Konzentration der Tagespresse in der Bundesrepublik Deutschland im I.Quartal 1989. In: Media Perspektiven 6/1989, S.325-338.Zit.nach Pürer, Heinz/Raabe, Johannes: Presse in Deutschland（3.Auflage）.Konstanz: UTB, 2007, S.149.

最多元化,仅西德意志总汇报报业集团就拥有五家日报,在各地出版 130 个不同的版本。报纸数量较少的是萨尔州,《萨尔布吕肯报》仅有 14 个不同的日报版本。

表 23　1989 年联邦德国各州的日报发行情况[①]

联邦州	出版机构数量	出版种类	发行量(万份)
巴登-符腾堡	17	213	234
巴伐利亚	24	267	296
柏林	6	12	71
不莱梅	3	26	36
汉堡	5	45	484
黑森	13	122	153
下萨克森	12	121	151
北莱茵-威斯特伐利亚	27	420	459
莱茵兰-普法尔茨	5	58	77
萨尔	1	14	20
石勒苏益格-荷尔斯泰因	6	46	48
总计	119	1344	2029

(3)地方报刊

上文中提到,联邦德国各个地区都有自己占垄断地位、版本众多且发行量巨大的报纸。例如在巴伐利亚州的城市乌尔姆发行的《西南报》就有 40 个地方版本。此外,各地的报业市场上还活跃着一些发行量较小的小型日报,根据 1989 年的统计,其中发行量最少的是在下萨克森州的罗登贝格(Rodenberg)出版的《绍姆堡-戴斯特报》(*Schaumburg-Deist-Zeitung*),每天只有 800 份。1990 年后改为《绍姆堡周报》(*Schaumburger Wochenblatt*)。还有仅在

[①] Erstellt nach Schütz, Walter J.: Die Redaktionelle und verlegerische Struktur der Tagespresse 1989. In: Media Perspektiven 12/1989, S.812–816.Zit.nach Pürer, Heinz/Raabe, Johannes: Presse in Deutschland (3.Auflage).Konstanz: UTB, 2007, S.150.

巴登－符腾堡州发行 1200 份的《罗特林根新闻报 / 普富林根报》(*Reutlinger Nachrichten/Pfullinger Zeitung*)，在巴伐利亚的施塔恩贝格（Starnberg）每周出版三次、每次 1100 份的《地湖信使报》(*Land-und Seebote*) 和在迪森（Dießen）每周出版两次、每次 1800 份的《阿默湖信使报》(*Ammersee Kurier*)。

1989 年，联邦德国有很多地区只发行一种日报，前文提到过的单一日报区就多达 160 个，49% 的联邦德国的县（覆盖 2200 万人，即 36.5% 的德国总人口数）只有一份垄断了地方报业市场的日报。

（4）跨地区订阅的报刊

在两德统一前，德国境内只有少数跨区域报纸，包括《南德意志报》《法兰克福总汇报》《法兰克福评论》《世界报》和《日报》。这五家报纸在全国各地都有发行点，因此也相应发行了针对各个地区的不同版本，并在长期发展中形成了相互竞争又各有特色的局面。

表 24　1989 年五大跨区域报刊的销售情况[①]

报刊名称	销售量（万份）
《南德意志报》（慕尼黑）	37.9962
《法兰克福总汇报》	36.0835
《世界报》（波恩）	22.2261
《法兰克福评论》	19.4634
《日报》（柏林）	6.3030
总计	122.0731

《南德意志报》 创刊于 1945 年 10 月 6 日。这份日报由四个在美国占领区内获得出版许可证的发行人所组成的委员会来主持日常运作，一开始主要报道政治新闻和国际新闻，但独立于政党和政治。1989 年两德统一前，《南德意志报》每日发行量为 37.3 万份，成为当地最受欢迎的报纸之一。《南德意志报》

---

① Erstellt nach IVW-Auflagenlisten IV/1989.Zit.nach Pürer, Heinz/Raabe, Johannes: Presse in Deutschland（3.Auflage）.Konstanz：UTB，2007，S.151.

还是1945年德国南部地区第一份获得美军出版许可的报纸，时至今日有三分之二的销量都集中在上（南部）巴伐利亚地区。1951年主编维尔纳·弗里德曼（Werner Friedmann，1909—1969）确定了编辑方针后，继任主编赫尔曼·普罗艾伯斯特（Hermann Proebst，1904—1970，任期为1960—1970）继续遵循这一办报宗旨："反对一切对政府的忠诚，以警醒和批判的方式保持中间偏左派的立场；保持开明而宽容的态度，但永远不冷漠。"①

图69 《南德意志报》主编维尔纳·弗里德曼（左）和赫尔曼·普罗艾伯斯特（右）②

《南德意志报》高质量的报道一直为人们所称赞，尤其是头版名为"侧光"（Streiflicht）的短评专栏具有很高的知名度。从1946年起，每期头版左上角都刊登一篇讽刺性短评（Glosse），长度都固定在72行。这些短评虽然都是匿名发表，但实际上都是由知名作者所撰写的。另外，第三版的长篇报道和背景分析文章以及第四版由知名作者撰写的社论也是该报的特色。这份报纸并不附加自己的政治观点，只是在报道中最大限度地体现出开明思想（Liberalität），并尽可能在评论中展现各方多元化的观点。

《法兰克福总汇报》是联邦德国境内首份获得同盟军出版许可证的报纸，

---

① Dürr, Alfred: Weltblatt und Heimatzeitung.Die >>Süddeutsche Zeitung<<. In Thomas, Michael Wolf (Hrsg.): Porträts der deutschen Presse. Berlin: Volker Spiess 1980, S.63–79.

② Bild: Süddeutsche Zeitung Photo.

图 70　1989 年 11 月 11 日的《南德意志报》头版

1949 年 11 月 1 日创刊，到 1989 年时发行量接近 35.5 万份。其核心管理者由五位主编和两位社长组成。《法兰克福总汇报》还在各个出版地设有编辑出版分部，从而连接成一个新闻制作网。对国内外政治、经济事件的报道及对经济和市场政策的深入分析是这份报纸的一大特色。另外，从 1989 年起，这份报纸逢周五出版的副刊还用彩色印刷并单独装订成《法兰克福总汇报杂志》（*FAZ Magazin*），夹在报纸中间一起发行。只可惜 1990 年由于经济原因，《法兰克福总汇报杂志》被迫取消。《法兰克福总汇报》的定位是独立于党派和政治的、"给中产阶级和商人的报纸"，从而在全国报业市场竞争中与《南德意志报》和《世界报》区别开来。

第三大的跨区域报纸《世界报》1946 年由英国同盟军创办于汉堡，是一份超党派的、由德国人自己编辑完成的全国性报纸。在英国占领德国的 7 年时间里，英国军队计划把《世界报》发展成为具有自由主义精神，并向世界开放的民主报纸的标杆，并借用伦敦的《泰晤士报》在各地的新闻网络为《世界报》提供新闻，从而保证这份报纸能够最快获得来自世界各地的信息。全球视野的特色从这份报纸的名称中就能直接看出来。1949 年之前《世界报》的总发行量曾经突破过 100 万份，后来由于许可制度取消后众多地方报纸兴起，报业市场竞争也越来越激烈，发行量快速下降到 17 万份，1953 年被施普林格出版集团收购。

收购后的《世界报》在报头的副标题中将自己定位为“德国的独立日报”，但在风格上却越来越保守。主编赫尔伯特·克兰普（Herbert Kremp，1928—）更是典型的“忠实于国家和宪法者”，并非常推崇欧洲和大西洋地区的西方国家价值观念和经济自主发展模式。所以《世界报》也热衷于整个“祖国德国”（Deutschland als Vaterland）的统一、与以色列和解[①]、建设市场经济和严格抑制极权主义等事务。1989 年《世界报》的发行量为 22 万份。[②]

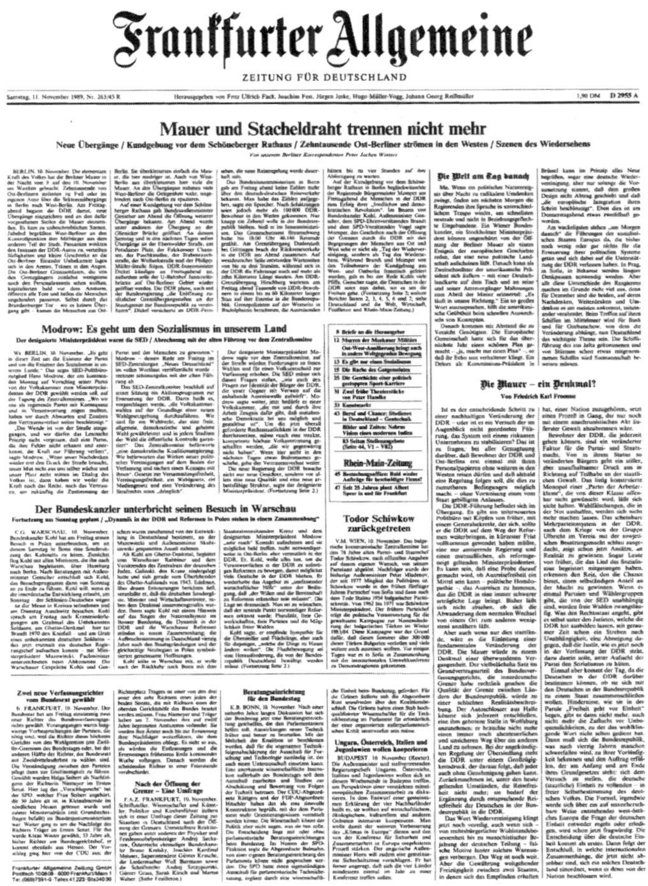
Frankfurter Allgemeine
ZEITUNG FÜR DEUTSCHLAND
Mauer und Stacheldraht trennen nicht mehr
Modrow: Es geht um den Sozialismus in unserem Land
Der Bundeskanzler unterbricht seinen Besuch in Warschau
Todor Schiwkow zurückgetreten
Die Welt am Tag danach
Die Mauer – ein Denkmal?

图 71 1989 年 11 月 11 日的《法兰克福总汇报》头版

《法兰克福评论》（*Frankfurter Rundschau*，FR）由美国占领区内七家拥有出版许可的出版社联合出版，1945 年 8 月 1 日首次发行，也是美国占领区第一家报纸和二战后德国创办的第二家报纸。两位著名的报人——共

① 由于二战中纳粹政府屠杀大量的犹太人，以色列和德国之间的关系难以和解。

② Pürer，Heinz/Raabe，Johannes：Presse in Deutschland（3.Auflage）.Konstanz：UTB，2007. S.153.

图 72　1989 年 11 月 11/12 日《世界报》头版，报头的副标题上写着"德国的独立日报"（Unabhängige Tageszeitung für Deutschland）。

产党人阿诺·鲁德特（Arno Rudert，1897—1954）和社会民主党人卡尔·格罗尔德（Karl Gerold，1906—1973）先后担任这份报纸的发行人。特别是 1954 年鲁德特去世后，格罗尔德成为《法兰克福评论》教父级的人物，在 1954—1973 年间出任主编和发行人。从 1975 年起，《法兰克福评论》的三分之二资产为卡尔·格罗尔德基金会（Karl-Gerold Stiftung）所有。这份报纸在政治上倾向于"左派自由主义"，支持国家持续改革和社会民主党。到 1989 年时，这份全国性的报纸的发行量已经达到 19.8 万，出版全国版、法兰克福地区版和当地的马路报刊《法兰克福评论晚报》（FR am Abend）三个不同的版本。2012 年 11 月 13 日，该报因广告收入和印刷业务的收入大幅下降、不断亏损，最终只能申请破产。但网站还将继续运营。2013 年 3 月 1 日，《法兰克福评论》被竞争对手《法兰克福总汇报》收购，但保留自己的名称，并拥有自己独立的编辑部和保持报纸独有的特色。目前，法兰克福的 Societät 媒体有限公司持有《法兰克福评论》55% 的股份，其姐妹公司《法兰克福总汇报》出版社拥有 35% 的股份，卡尔·格罗尔德基

第七章　德意志联邦共和国的新闻业

金会仍持有 10% 的股份。

在柏林还出版了一份非常独特的全国性报纸《日报》。它是 1979 年由两个左派的、具有创新性的团体创办的替代性报刊。《日报》完全不同于德国传统报刊，它并没有固定结构的编辑团队，编辑们由大学生、社会知名人士和新闻记者组成，从而保证报纸具有高度的独立性。一开始，《日报》的风格带有浓厚的狂妄、独特和讽刺色彩，后来则日益趋向传统报刊风格，报刊的版面也开始像传统报刊那样分栏布局，编辑团队也开始统一合作。到 1980 年前，《日报》已经从一份右派的专业报纸转变为左派的日报，登载最新资讯和关于德国左翼政党的新闻。《日报》的经济来源也非常不稳定，有时候主要依靠广告，广告收入能占到总收入的三分之二以上；有时候广告只占 10%–15%，则主要依靠相

图 73　世界报主编赫尔伯特·克雷姆[①]

图 74　2010 年 11 月 11 日出版的《日报》[②]

---

① Foto: Ullstein-Purschke.
② Foto: presseurop.

对稳定的订阅量来维持报纸生存。1989 年,《日报》的销售量达到 69000 份,其中一半都依靠订阅。该报关注的话题,也主要集中在德国国内政策、环境和能源政策、女性的社会平等权利,以及保护少数族群等上面,对于第三世界国家的报道大部分都是涉及德国外交政策的。20 世纪 90 年代,《日报》成为德国境内新创办的、比较成功的报纸。两德统一前,《日报》变成每天发行的全国性报纸。

另外一份与《日报》齐名的就是《商报》(Handelsblatt)。《商报》1946 年创办于英国占领区内的杜塞尔多夫,一开始由商报出版集团(Verlagsgruppe Handelsblatt)发行,20 世纪 70 年代时被霍尔茨布林克出版集团(Verlagsgruppe Georg von Holtzbrinck)购买。1959 年后由周报变为日报,周一至周五发行,发行量为 12 万份。1989 年成为欧洲发行量最大的德语财经商业类报刊,每天的读者能够达到 50 万,也就是说

图 75 2013 年 1 月 29 日的《商报》头版①

---

① Foto: presseurop.

每份报纸能够被五至六名读者传阅。《商报》的前发行人格奥尔格·霍尔茨布林克(Georg von Holtzbrinck,1909—1983)和弗里德里希·佛格尔(Friedrich Vogel,1902—1976)将这份报纸创办目的设定为"建立自由市场经济的原则,在此基础上维护创业的自由"[①]。因此,这份报纸在政治立场上也是偏向自由主义。1999—2005年间,《商报》与美国道琼斯出版集团(旗下包括著名的《华尔街日报》和《华尔街日报欧洲版》)合作。报业统计专家胥茨认为,早在2001年以前《商报》已经成为在德国报业市场上占有统治地位的财经商业类报刊。因为2000年创办的《德国金融时报》(*Financial Times Deutschland*)在话题类财经报道中影响较大,两家报纸形成竞争格局。可惜随着全球报业市场受到新媒体冲击和经营不善,《德国金融时报》最终于2012年12月宣告破产。

图76 2005年10月28/29日的《医生报》

---

① Pürer, Heinz/Raabe, Johannes: Presse in Deutschland(3.Auflage). Konstanz: UTB, 2007. S.155.

到 20 世纪 80 年代末期，还有大量的周刊改版为日报。除了面向普通大众的报刊，还有一些针对特别行业的。其中针对医疗行业的有两份日报最有名。一份是发行量为 48500 份（1989 年）的《医生报》（ÄrzteZeitung），另外一份 1991 年出版的《医院诊所新医疗汇报》（Neue Ärztliche/Allgemeine Zeitung für Klinik und Praxis），发行量 52000 份。另外，一些地方还出版宗教报刊，例如每周二、四、六在维尔茨堡出版的《德意志每日邮报》（Deutsche Tagespost），但是这份天主教报刊发行量非常小。

街报的零售情况

有的报刊主要依靠读者订阅，而有的则主要在大街上的售报亭或者文具店里出售，后者有一个形象而生动的名字，叫作"街报"或者"马路报刊"（Strassenverkaufs-oder Boulevard-Blätter）。1989 年两德统一前，著名的街报有科隆的《图片报》（Bild）和塞尔多夫的《快报》（Express），柏林的《柏林报》，还有慕尼黑版和纽伦堡版的《晚报》，慕尼黑的《日报》（tz）、汉堡的《晨邮报》（Morgenpost），以及在 1987 年发行量就达到 126000 份的法兰克福的《晚邮报》（Abendpost/Nachtausgabe）。到 1989 年时，这些受读者欢迎的日报总发行量已经达到 560 万份，占整个联邦德国日报市场的 27.3%。德国大型报业康采恩施普林格报业集团旗下掌控了大量的街报，其中包括《图片报》和《柏林报》。这些报纸都谨守阿克塞尔·施普林格在 1967 年所订立的编辑方针："无条件地支持两德统一和德国与犹太人的和解，以及以色列人的生存权，拒绝政治上的任何极端主义并且接受自由市场经济。"这些西德的街报也烙上了深刻的时代印记。

1950 年到 1985 年之间，以零售为主的街报和以订阅为主的日报在发行量上呈现出极大的差异，街报的发行量增长迅速，依靠订阅的日报却呈下滑趋势。其中的原因，不仅仅因为人们已经逐渐习惯在大街上购买报刊，更因为大量的人们开始收看电视。

政党日报的发展

二战后，英法美三国在占领区内实行报刊许可制度，一切与政党直接相关的报刊是不被允许的。后来，只有一些与政党联系比较紧密的报刊慢慢发展起来，但是到了报纸集中化时期，这些报纸都消失了。所以在两德统一之前，联邦德国只有两份倾向并不是很明显的左派政党报纸，即《真相》(Die Wahrheit)和《我们的时代》(Unsere Zeit，UZ)，它们的发行量都极小，但这一时期并没有任何政党日报。《真相》于1955年开始发行，是西柏林统一社会党（Sozialistische Einheitspartei Westberlins，SEW）的机关报，1967年开始每周发行四期，1973年后改为每周发行六期，发行量达到15000份。1989年12月1日更名为《新报》(Neue Zeitung)，但六天后便停刊了。1973年创办的《我们的时代》(报头副标题为"劳动者的报纸——德国共产党的报纸，Die Zeitung der arbeitenden Menschen–Zeitung der DKP)于次年改为日报并在诺伊斯（Neuss）① 出版，它是共产党的同名周报《我们的时代》的子报。《我们的时代》周报由德国共产党主席库尔特·巴赫曼（Kurt Bachmann，1909—1997）1968年创办于杜伊斯堡，发行量在25000-40000之间，一开始是周报，后来迁到埃森，每月出版14天。

此外，一些党报也赶在两德统一前成立起来，它们的出版周期越来越短，从周报和月报逐渐转变成日报。其中，周报有基督教社会联盟（Christlich-Soziale Union，CSU）的《巴伐利亚信使报》(Bayernkurier，发行量16万）和基督教民主联盟（Christlich Demokratische Union，CDU）的机关报《德意志月报》(Deutsche Monatsblatt，发行量4万）。此外还有社会民主党的《前进-社会民主杂志》(Vorwärts.Sozialdemokratisches Magazin)，发行量曾经达到82万份，在党员中免费发放。已经具有116年发行历史的社会民主党党报《前进报》却因为经济亏损问题最终在1989年4月停刊。

在大众报刊市场上，政党报刊逐渐销声匿迹是有很多原因的。首先一个重要的因素，就是传统大党派之间的意识形态对抗，随着时代的发展逐渐减小，它们的立场趋向于中间，或能够代表全民的党派，以赢得更多的选票。

---

① 德国北莱茵-威斯特伐利亚州城市。

因此党派之间的区别也越来越小，原本两极分化明显的党派报刊也逐渐趋于一致。在过去的十几年里，各党的党员人数也在逐渐下降，而他们正是党派报刊的重要读者。另外一个重要的原因，就是随着电视的兴起，很多原本依赖报刊来传递新闻的党派开始转向依靠更受欢迎的电视节目来传播信息，特别是一些政客和议会竞选者，也希望能够借助电视展现自己，以获得更多的关注。随着读者人数的减少，党派报刊在报业市场上的竞争力也越来越小。党派报刊的衰落不仅仅在德国，而是在欧洲各国都存在的现象。例如在瑞士、法国、英国、意大利、希腊、西班牙、葡萄牙和斯堪的纳维亚各国都如此，它们对于民意的影响也越来越小。德国政党报刊原本被用来对抗魏玛共和国的审查和纳粹时代的专制，但这一功能在新时代已经消失。和欧洲其他国家的党报一样，它们只能为各个党派提供一些基础的政党教育。

2. 周刊的发展情况

20世纪70年代以后，联邦德国周报市场开始扩大，发行量也随之上升。相比于日报，这些发行周期更长、时效性相对较弱的周刊却充分发挥了深度、专业的报道特色，深入解读新闻事件背后的故事，在报业市场中找到生存的一席之地。

（1）周报

70年代早期，联邦德国的周报市场曾经经历过下滑的趋势，但是到1985年却进入了一个增长的时期，后来又稍有衰退。当时著名的周报，除了《时代》周报以外，还有宗教类的周报。例如基督教的《莱茵信使报－基督与世界》（*Rheinishcher Merkur-Christ und Welt*）。这份周报创刊于1946年，前身是保守派的、亲近基督教民主联盟的《莱茵信使报》（*Rheinischer Merkur*），1980年与基督教新教周报《基督与世界》（*Christ und Welt*）合并，两份报纸的名称也进行了合并。但是《莱茵信使报》这个报名却有着悠久的历史，可以追溯到1814年约瑟夫·格蕾斯创办的同名报纸，这份报纸刚创办不久就在欧洲大陆的报业市场上取得了一定的影响力。《莱茵信使报－基督与世界》到1989年的发行量已经超过10.4万份，在联邦德国的报刊出版市场具有重要地位。2000年后正式停刊，并以增刊的形式附加在《基督符》（*Chrismon*）

月刊中发行。当时的很多宗教类周报都在巴伐利亚州发行，在维尔茨堡大型的天主教周报《星期天总汇报》（Die Allgemeine Sonntagszeitung）发行量为 18000 份。此外，联邦德国首都波恩也出版《犹太总汇周报》（Allgemeine Jüdische Wochenzeitung），这份由德国犹太人总理事会（Zentralrat der Juden in Deutschland）发行的报纸在 1989 年已经达到 10000 份的发行量。

图 77 《莱茵信使报－基督与世界》头版版面

除了宗教类的周报，德国各个党派也发行一些政治类周报。例如基督教社会联盟的《巴伐利亚信使报》在 1989 年的发行量为 15.6 万份。另外还有两份在慕尼黑发行的右翼民族主义的报纸《国民报》（发行量 56000 份），以及《德意志周报》（Deutsche Wochen-Zeitung，发行量 25000 份）。右翼政党德国人民联盟（Deutsche Volksunion，DVU）的主席格哈德·弗赖（Gerhard Frey，1933—2013）不仅是《国民报》和其他极端保守主义报刊的发行人，而且还完全掌控着《国民报》的所有资产，并担任主编一职。

统一前的联邦德国还有一些跨区域的周报。例如特里尔出版的《国会报》（Das Parlament）。这份报纸 1952—2000 年由联邦政治教育中心（Bundeszentrale für Politische Bildung）出版，从 2001 年起改由国会出版，受到政府部门的支持，重点报道联邦议会中的辩论，并评论各种政治实践，发行量为 10 万份。《国会

报》还以专业杂志的形式出版了副刊《政治与当代史》(Aus Politik und Zeitgeschichte)，刊登大量与政治学、社会学和传播学相关的文章。此外，联邦德国也出版一些专业杂志，其中最著名的就是《德意志手工业报》(Deutsche Handwerkszeitung)，由手工业协会（Handwerkskammer）在全国范围内发行20个不同的地区版，每周的总发行量能够达到30.9万份。除了跨地区的周报，联邦德国境内还存在一些地方性的周

图78 《国会报》2015年4月13日头版[①]

报，总数在150种左右，它们不仅仅是每周出版的地方信息报，还有的是传统的教会报刊、天主教各个管区的报纸和其他宗教团体的报刊。

联邦德国最有名的，也在德国之外发行的周报就是《时代》周报。它由格尔德·布塞留斯（Gerd Bucerius, 1906—1995）1946年2月在英国占领区内创办。从创办那天起，《时代》周报的言论就带有浓重的批判色彩，而从来不顾及与占领区当局发生矛盾，而且在报道中呈现出针锋相对的不同观点。为了使《时代》周报

---

① epaper.das-parlament.de.

有更多资金来源来提高图片质量，布塞留斯将部分产权出售给《明星》(Stern)杂志的发行人和主编亨利·纳能（Henri Nannen，1913—1996），但他仍持有大部分股权。20世纪50年代，《时代》周报成为引导自由派言论的重要媒体。这里的"自由派"主要有两层意思：一是指独立性，既独立于英国占领军，又独立于当时的阿登纳政府；二是指《时代》周报一直以来支持东西两德的缓和政策与相互理解，他们还积极参与70年代末期关于政治和社会变迁的讨论，致力于社会改革。在两德统一前，这份报纸的发行量已经接近50万份，读者人数也达到150万。

在众多周刊中存在着一种特殊的形式，即新闻周刊。《明镜》周刊（Der Spiegel）就是德国新闻周刊的典型代表。在德国的《明镜》周刊出现以前，其他国家已经出现了新闻周刊这种形式，如英国的《新闻评论周刊》（News Review）、美国的《时代》杂志（Time）、法国的《快报》（L'Express）、意大利的《浓缩咖啡》周刊（L'Espresso）和奥地利的《轮廓》周刊（Profil）。

《明镜》周刊1947年创刊于英国占领区，当时叫《本周》（Diese Woche）。1952年编辑和发行部从汉诺威迁至汉堡。在2002年以前，主编和发行人都是鲁道夫·奥格斯坦（Rudolf Augstein，1923—2002）。《明镜》周刊从创刊起，一直以来都遵循奥格斯坦当时所订立的编辑方针，"报道应当揭露事件的另一面，并且引导人们批评政治幻象"，内容上充满了严肃的政治批评，并将新闻事实和评论融入报道中，关注政治中的争议事件。这种将事实与评论杂糅、将政治事件融入个人故事中的新闻写作方式，甚至形成了独特的"明镜体"。而当时的很多政治丑闻和腐败事件，最早也是通过汉堡的《明镜》周刊揭露出来，继而在全国产生影响的。

也因为《明镜》周刊尖锐的报道风格，1962年发生的"明镜事件"震惊全德国。1962年10月10日《明镜》周刊刊登了战争专家康拉德·阿勒斯（Conrad Ahlers，1922—1980）的文章《联邦军队：有条件的军备》（Bundeswehr: Bedingt abwehrbereit）一文，该文指出，联邦政府对于华约组织核武攻势的准备不足，一旦出现战争将无法供给民生需求，交通运输也将陷于瘫痪，并指责联邦国防常规军的糟糕状态，把矛头直指当时的联邦国防部长、基督教社会联盟成员弗兰茨·约瑟夫·施特劳斯（Franz Josef Strauβ，1915—1988）。10月26日夜间，

图 79 1962 年 10 月 10 日发行的第 41 期《明镜》周刊刊登了《联邦军队：有条件的军备》一文，图为该期封面。[1]

图 80 《明镜》周刊创刊号封面[3]

警察进驻编辑部和出版社，发行人、主编和许多编辑都被以"叛国罪"之名逮捕并拘留了 103 天，文章的作者阿勒斯则在西班牙度假时被当地警察抓捕。

尽管《明镜》周刊的一些股权经常在鲁道夫·奥格斯坦和格鲁那与雅尔之间变动，但前者一直是这份周刊的主要股份拥有者。1971 年鲁道夫·奥格斯坦将 25%《明镜》发行股份卖给雅尔。1974 年他又将一半股份卖给 700 名职工，以此来实现共同承担责任、分工合作的理念，而且将赢利所得的一半用来改善职工的工作环境。到 1989 年两德统一前，《明镜》周刊的发行量已经达到 105 万份，读者人数也突破 530 万。此外，施普林格报业集团在全世界 160 多个国家和地区所发行的各种刊物也达到了 12 万份。[2]

（2）星期日报

星期日报这种报纸概念起源于英国，但是在德国引进以后并没有对报业市场产生太大的影响，因为很多周报与星期日报的功能相似。它们每周出版一次，有的也在周日出版，不仅刊登即时新闻，更有大量

---

① Foto：Der Spiegel.
② Pürer, Heinz/Raabe, Johannes：Presse in Deutschland（3.Auflage）.Konstanz：UTB, 2007, S.167.
③ Quelle：Spiegel-Verlag, Hamburg.Zit.nach Pürer, Heinz/Raabe, Johannes：Presse in Deutschland（3.Auflage）.Konstanz：UTB, 2007, S.165.

关于新闻事件背景的深入解读。但是传统周报和星期日报所关注的话题是有区别的。传统的周报对时政、经济和文化类报道更感兴趣,而星期日报的话题则主要集中在休闲、生活资讯服务和时尚方面。星期日报的版式除了以文字为主、图片为辅的传统版面外,还有一份特例,那就是以画报形式存在的《星期日图片报》(*Bild am Sonntag*),1989 年时发行量为 237 万份。当时报业市场上影响力比较大的还有《星期日世界报》(*Welt am Sonntag*),发行量 37.1

图 81 《时代》周报 2009 年 12 月 17 日头版

万份。这两份星期日报都是施普林格报业集团发行的,内容也与日报相近,唯一不同的是增加了大量娱乐和体育方面的报道。在两德统一前,还有每周出版七期的日报,只是周日出版的都在报头上标明"周日报",还有的报纸每周出版六期,逢周二至周日出版,而周一不出版。还有一种星期日报的特殊形式,即《星期日最新资讯》(*Sonntag Aktuell*),这类报纸出现在德国西南部,它们将周一至周六的新闻汇总编辑后周日出版。1989 年,这类刊物的总发行量能达到 87.1 万份。

(3)替代性报刊

经过 1976—1980 年的发展期,替代性报刊在德国已经形成了一定的规模，特别是在一些大城市。根据波恩大学替代性报刊工作中心（Arbeitsgruppe Alternative Presse der Bonner Universität）不定期出版的《替代性报刊索引》的统计，在1990年德国统一这一年总共有1200种替代性报刊出版，其中接近一半都是1985—1989年之间创刊的。这些替代性报刊中，三分之二都是月刊或者季刊，并且80%以上的替代性报刊的发行量都已经超过5000份，总发行量为768万份。

（4）广告报刊

广告报刊因为市场巨大，有着大规模的数量和发行量。到两德统一前，其数量已经增至1000种，总发行量超过5500万。其中90%发行周期比日报长，每周一次，通常在周三或者周四出版，并免费送到各户家中。广告报刊中的信息大部分是企业或者个人的广告，有时也刊登当地的一些活动，还有大量关于超市、教会活动和急诊医生的服务信息。

表25　1975—1990年广告报刊市场发展情况统计 [1]

年　　份	数　　量	发行量（万）
1975	250	1150
1980	703	3250
1985	952	4930
1990	1035	5390

作为典型的地方报刊，广告报刊直接和地方报刊形成竞争关系，因为地方报刊也为广告提供一定的版面。为了开拓广告市场，很多地方报刊出版社开始随报纸附赠广告页和广告增刊，夹在报纸中间免费赠送。编辑们认为比起纯粹的广告报刊，传统报刊的内容能够吸引读者，一旦读者打开报刊阅读，自然能够关注广告页的内容。渐渐地，传统报刊也开始改变原本被广告报刊垄断的市场。而对于广告报刊来说，广告市场缺乏透明度，广告投放效果也很难计算，而广告主又希望能够看到具体的成效，这些因素都阻碍着广告报刊的发展。

---

[1] Erstellt nach Zeitung 90, hrsg.vom BDZV 1990, S.345.Zit.nach Pürer, Heinz/Raabe, Johannes: Presse in Deutschland（3.Auflage）.Konstanz: UTB, 2007, S.169.

3. 杂志

在 1989 年统一之前，联邦德国报业市场上的杂志种类繁多，当时的报刊统计显示，总共有 7831 种不同的杂志（包括周报和广告报刊），总发行量达到 3.09 亿。其中专业类的杂志有 3200 种，大部分都是针对特定群体的、读者数量和发行量都较少的杂志。与专业杂志相对的是大众杂志，这类杂志包括之前介绍的图片类和广播电视类杂志，当然还有妇女类和时尚类杂志、青年杂志、体育类和汽车类杂志、休闲类和健康类杂志。到 1989 年这些大众杂志的总发行量已经达到 11112 万册。

而在大众杂志中，市场份额最大的则是广播电视杂志，仅零售量就能过百万。施普林格报业集团出版的《倾听》能够达到 310 万，鲍尔出版集团的《电视视听》销售量也突破了 245 万，施普林格报业集团的《广播时间》可以卖出两百万册，另外还有《铜锣》杂志 110 万册。广播电视类杂志占据了联邦德国统一前的主要杂志市场，此外还有图片类杂志，如格鲁那与雅尔出版社的《明星》杂志在 1989 年的销售量为 135 万，鲍尔出版社的《新周刊》和布尔达出版社的《炫彩》周刊销售量也超过百万，鲍尔出版社下的另一非图片类杂志《快客》每期也能卖出 75 万份。此外，妇女类杂志的市场销售量也非常可观，施普林格报业集团的《妇女画报》每期售出 197 万，鲍尔出版社的《缇娜》（Tina）和《布尔达时尚》的发行量也分别能够达到 154 万和

图 82　1977 年 10 月出版的《ADAC 汽车世界》

113万。面向年轻群体的青年杂志也有一定影响力，它们有鲍尔出版社的《喝彩》（Bravo），在1989年之前一直保持98万份的销售量。而从上面这些大众杂志中，可以看出联邦德国统一前杂志市场基本被施普林格、鲍尔、布尔达和格鲁那与雅尔等大型出版集团所垄断，1988年它们所占据的市场份额达到了66%。

此外，一些协会还自己创办协会杂志（Verbandszeitschrift）。其中最有名的就是全德汽车俱乐部（ADAC）创办的《ADAC汽车世界》（*ADAC Motorwelt*），每位会员都可免费获得，每期发行量915万份，读者人数接近136万。

1989年两德统一之前，联邦德国杂志市场的总收入为126.5亿马克，而广告收入占总收入的48%。出版社将收入的40%用于日常开销和支付工资，当时总共有9.45万人在杂志出版行业工作，这其中从事发行的员工最多大概有3.8万人，其余的3.35万人主要是广告和销售人员，还有11450人负责编辑工作。不同的杂志类型，也决定了他们不同的发行方式。大众杂志主要依靠零售（58%），而专业杂志主要靠订阅（96%）。

五、广播电视的发展

1. 公共广播电视体制的建立

两德分治以后，联邦德国面临的最大问题就是如何找到适合自己发展，同时又能够保证社会民主和舆论多元化的广播电视体系。从之前的广播电视发展历程来看，特别是在魏玛共和国时期，广播电视中的内容和所引导的舆论都受到各个政党的严重影响，无法代表社会各个阶层。因此，直接摆在联邦德国广播电视的主管机构－广电理事会（Rundfunkrat）面前的一个问题，就是如何兼顾各个政党、员工和雇主之间的关系，同时照顾到各个民间教育机构，如艺术家团体的各种要求。但问题在于，各个管理委员会之间如何有效合作，包括各个政党之间如何合作管理媒体？特别在20世纪 40 年代末 50 年代初的时候,媒体管理机构和政党为了争权,斗争相当激烈。

(1)各占领区内的广播管理问题

在英国占领区内,所有媒体管理事宜都完全听从英军当局。他们并没有按照传统德国复杂的法律程序来划分媒体的角色,而是将辖区内的西北德国广播电台当作一个根据行政命令来发布消息和播出节目的独立机构。西北德国广播电台在英国广播专家、后来成为 BBC 总台长的休·卡尔顿·格林(Sir Hugh Carleton Greene,1910—1987)的主持下,成立了一个规模较小的主理事会(Hauptausschuss)。主理事会由 4 位兼任大学校长的政界人士、两位主教、一位工会主席和两位出版协会的理事共同组成。后来,主理事会的席位由 9 个变成 16 个,4 位大学校长的职位则被 4 位教育界的代表所取代,他们分别由北莱茵-威斯特伐利亚、下萨克森、石勒苏益格-荷尔斯泰因州和汉堡的文化部长来任命。因此,德国广播"尽可能地和国家保持距离"的理念也只能成为一纸空谈。同时,为了保持主理事会的政治多样性,各个政党也选派出 7 位代表参与其中,最终社会民主党占领 4 个席位,基督教民主联盟占领 3 个。主理事会的主席则经过选举后,由下萨克森州的文化部长阿道夫·格林(Adolf Grimm,1889—1963,社会民主党)出任,他也曾是魏玛共和国时期普鲁士的最后一位文化部长。①

美国占领区则希望把德国媒体建立在开放、民主的前提之下,并且提倡制定新的德国地方议会法律,从而保证广播的独立性。而美军当局也仅仅概括性地说明"保证德国广播的自由",广播应该"支持真实、包容、平等、自由的观念,同时关注个人人格权"。但是这些观念实行起来却很难,斯图加特广播电台的例子就充分印证了这一点。美军当局试图利用手中权力来影响德国关于广播的立法进程,尽可能地阻止政府权力过分干预媒体。最终在西南

---

① Dussel, Konrad: Deutsche Tagespresse im 19.und 20.Jahrhundert.Berlin: LIT Verlag Dr.W.Hopf, 2011, S.194.

广播电台确立了"关于广播自由的声明"。

但是，一开始美国军政府所能做的非常有限。巴登-符腾堡州的新政府首脑、自由派人士冉霍尔德·麦尔（Reinhold Maier，1889—1971）就被指责斯图加特广播电台的节目完全是为国家政府部门和他自己设置的。而美国军政府希望能够建立一个远离国家政权的广播电台。为此，他们在1947年4月8日向地方议会委员会（Landtagsausschuss）提议，以有限责任公司的形式成立广播电台，但最终被驳回。1948年8月6日，斯图加特地方议会制定的广播法案也完全忽视美国军政府的诉求。而美国军政府一直在努力，直到1949年5月3日，该法案修订第三版的时候，保持广播独立于行政力量的原则才最终得以确立。除了斯图加特所在的巴登-符腾堡州，所有美国占领区内的其他三个州都快速制定广播法案。巴伐利亚州在1949年7月29日，黑森州在9月22日，不莱梅也在11月18日制定了各自关于广播的立法。

在法国占领区内则成立了西南广播电台，并且实行公共广播体制。法国军政府最高长官皮埃尔·柯尼西（Pierre König，1898—1970）将军在1948年10月30日签署了建台法令（Gründungsverordnung）。但是在随后成立的广电理事会里，新成立的莱茵兰-普法尔茨、巴登州和符腾堡-霍恩索伦州为了争抢席位而进行了激烈的斗争。1949年1月19日，法国军方向德国地方政府提出建议，希望按照比例代表制来分配广电理事会的席位。据此，莱茵兰-普法尔茨分得24个席位，其他两个州分别拥有12个席位。若出现两种不同意见势均力敌的局面，则行政长官拥有第49个投票权。①

从上述三国占领区所实行的广播管理方式可以看出，联邦德国所实行的公共广播体制是由于德国各个党派人士在美国人不断施加压力的情况下所制定的，美国人也试图通过立法的形式来保证这一制度的推行。但这只是德国

---

① Dussel，Konrad：Deutsche Tagespresse im 19.und 20.Jahrhundert.Berlin：LIT Verlag Dr.W.Hopf，2011，S.196.

公共广播体制的开端,联邦德国成立以后,又对这一广播体制进行了更改和完善。

(2)联邦德国对广播体制的改革和完善

联邦德国成立以后,占领区内的行政指令不再生效,并被德国法律所取代。在行政指令下建立起来的西南广播电台和西北德国广播电台也相应进行变动。之前美国占领区内的电台虽然在法律程序下成立,但这些法律也相应进行了修改。

西南部德国的广播体制改革过程非常复杂,因为其中涉及不同地区广播电台的归属与合并问题。由于美国和法国占领区的划分,传统上联合在一起的巴登和符腾堡被划分开来,北部地区合并为新的符腾堡-巴登,而南部则划分为两个独立的地区。联邦德国成立以后,社会各界激烈讨论是否应该恢复符腾堡和巴登两个州原本相互独立的局面。但为了增强地方的实力,最终还是决定让三个地方合并,成为今天的巴登-符腾堡州。合并后,广播的地方归属和管理也成为一大问题。一方面,如果将西南广播电台并入南德意志广播电台是不可能的。南德意志广播电台的台长是社会民主党党员,而西南广播电台节目覆盖的地区又是基督教民主联盟的主要选区,所以需要找出一位合适的人选来平衡双方。另一方面,莱茵兰-普法尔茨如果独立的话,经济上比较弱。1950年,莱茵兰、巴登和符腾堡-霍恩索伦三个州最终签署了广播国家协议,决定保留北部地区的西南广播电台,并向南部输送节目,因为南部两个地区已经与北部合并,西南部德国的广播格局最终划定。

在其他联邦州,广播法也相继制定。在西北部德国,20世纪50年代中期的广播发展还出现了一个明显的趋势,政治人物对广播电台负责人和广播节目制作的影响越来越大。这一趋势最早出现在西柏林,各国同盟军都希望能够建立起自己的广播电台,于是1953年11月5日颁布"成立自由柏林广播电台的法律"。此后,这一趋势逐渐在各联邦州的广播电台蔓延,最为严重的当数西北德意志广播电台,它不得不在所属区域内的社会民主党和基督教民主联盟的政客之间周旋。各方政治压力最终导致电台解体，1955年2月16日各方最终达成《关于解散西北德意志广播电台的国家合约和在西北德意志广播电台迄今节目覆盖区域内的广播新规定》（Staatsvertrag über die Liquidation des NWDR und die Neuordnung des Rundfunks im bisherigen Sendegebiet des NWDR）。相比之下，德国北莱茵-威斯特伐利亚州的西德意志电台的立法之路比较顺利，法律框架在很早之前就已经准备好，1954年5月2日，位于杜塞尔多夫的地方法院颁布了该法律。另外，北德的汉堡、下萨克森和石勒苏益格-荷尔斯泰因重新整合了原来北德意志广播电台剩下的部分，并成立了北德意志广播电台，相关法律也在宣布解散西北德意志广播电台的同时公布。①

虽然各州颁布了相应的广播法，但是在联邦德国实行公共广播体制前还有一段小插曲。德国政界希望尽可能地操控媒体，他们要求广电理事会的成员应该从地方议会中，而不是从社会中选出，另外台长的权力也需要扩大到能够主导节目内容。这仅仅是地方层面的，中央的一些政客也向当时的总理阿登纳进言，希望至少能够在西部德国的广播电台中保持一些具有批判性的节目内容。同时，在同盟国联军撤出以后，也应该有广播节目对外展示新成立的联邦德国。基于此，联邦德国决定将同盟军时期相对分散的各地广播电台整合起来，并在1950年8月15日成立了"德国公共广播联盟"（Arbeitsgemeinschaft der öffentlich-rechtlichen Rundfunkanstalten der Bundesrepublik Deutschland，ARD），简称德广联。德广联与阿登纳一直紧密合作着。他们在1953年还成立了另外三家广播电视台：德国之声负责通过短波从科隆向欧洲以外地区发送关于德国的广播；德国广播电台（Deutschlandfunk）负责通过长波向民主德国地区输送广播；另外还有德国电视台（Deutsches

---

① Dussel, Konrad: Deutsche Tagespresse im 19.und 20.Jahrhundert.Berlin: LIT Verlag Dr.W.Hopf, 2011, S.198-199.

Fernsehen）。①

到 60 年代，联邦德国公共广播电视的建设时期基本结束。当时地方上有北德意志广播电台（NDR）、西德意志广播电台和自由柏林广播电台（SFB），它们都是西北德意志广播电台解散后的产物；另外还有在美军占领区内成立的巴伐利亚电台（BR）、黑森电台（hr，公共广播台）、南德意志电台（SDR）、西南广播电台（SWR）和不莱梅电台（RB）；1957 年后，萨尔电台（SR）在萨尔州成立。由于这些广播电台都是按地区划分的，特别到 80 年代后期形成了明显的地区化格局。

（3）公共广播电视的资金来源

虽然政治力量对德国广播电视的影响力一直都存在，但是从 20 世纪 50 年代开始，人们就试图寻找一种能够让广播电视独立于政治力量的方式。而从根源上讲，广播电视要保持独立，首先必须有一定的经济基础。二战结束以后，德国公共广播电视台开始通过收取一定的费用来维持收入，每个广播听众每月缴纳 2 马克的费用。战后德国社会经济处于上升期，这笔钱对于个人来说并不构成任何负担。但是对于广播电视台来讲，这些费用汇集起来就能成为一笔丰厚的资产，特别是 50 年代后期听众数目不断增加。有了这笔费用，广播电视台可以购买新设备，从而为后来电视的发展做了充分的技术准备。此外，广播电视台也必须从收入中拿出一部分来支持贫困的文化机构。公共广播电视台收到的费用在 20 世纪 50 年代初期已经突破百万，但是到 50 年代末时，由于电视用户的增长，广播听众的数量开始下降。

然而，公共广播电视台的收费制度也存在一些问题。各家电台最终分得的费用，会因为各州广播电台数目和听众数目不同而存在巨大的差别。1951 年，英国占领区内 53% 的德国民众所缴纳的费用，只供给西北德国电台一家使用。同样，法国占领区内 10% 的民众所缴纳的费用也只给西南广播电台一

---

① 同上，第 200 页。

家。然而美国占领区内，37%的民众上缴的费用，却需要分给巴伐利亚电台、黑森电台、南德意志电台和不莱梅电台。每家电台收入差别巨大，例如1956年位于科隆的西德意志电台收入为7000万马克，而不莱梅电台仅有350万的经费。各个电台的收入差异一直持续至今。①

（4）联邦德国的广播节目和收听情况

充裕的资金来源保证了联邦德国的公共广播电台能够制作一些高质量的节目，而相关立法又保证了广播电台能够维持公平和独立自由的原则。1948年10月2日颁布的黑森州广播法规定，广播必须是超党派的、独立的，节目的内容也应该包括新闻、评论、娱乐休闲、教育指导、教会仪式，以及能够提高人们修养的内容，并且为和平、自由和各民族之间的相互理解服务。②

根据当时的广播听众调查，几乎一半的家庭都收听广播，大多数家庭只有一台收音机，城市地区的居民收听休闲节目的时间要比乡村地区更多。节目的安排也是按照晚上照顾大多数听众，而白天则按照不同听众的口味来划分节目时段。这种在某个时段根据听众的兴趣来安排节目内容的方式有一个特别的名字，叫作"小箱原则"（Kästchen-Prinzip）。西北德意志电台从1953年10月9日开始，每天中午的节目安排就是"小箱原则"的典型例子：

12:00-12:30 午休音乐

12:30-12:45 地方广播

12:45-13:00 报刊要览

13:00-13:25 新闻、天气预报

13:25-13:50 午间音乐

13:50-14:00 寻人节目（Suchdienst）③

---

① Dussel, Konrad: Deutsche Tagespresse im 19.und 20.Jahrhundert.Berlin: LIT Verlag Dr.W.Hopf, 2011, S.202.

② Bausch, Hans: Rundfunkpolitik nach1945, 2. Teil. München, 1980, S.73.

③ 德国二战后很多亲人失散，德国红十字会于是发起寻人组织，寻找战争中或因逃亡而失踪的军人和老百姓。

这样的节目安排除了周日以外，每天都一样。但是公共广播电台早期的音乐节目时间比较有限，最多的时候大概占所有节目播出时长的46%，音乐节目也主要集中在晚间19点到22点之间播出。后来，由于音乐节目的收听率很高，白天午后时间也增加了大量音乐节目，音乐节目的比率因此提高到了50%以上。午后的音乐节目主要以播放轻音乐为主，如慢步华尔兹，还有一些轻柔的流行乐等。晚上则在20点到21点之间播放一些交响音乐会的现场录音。

从60年代开始，广播开始播放针对特定社会群体的节目。由于联邦德国的工业开始发展，大量的外国劳工涌入。特别是鲁尔区所在的北莱茵－威斯特伐利亚州，西德意志电台每天都会抽出两到三个小时来播出意大利、西班牙和萨尔维亚语节目。为了方便外籍劳工学习德语，一些电台还播出德语教学节目。70年代以后，联邦德国的广播中开始出现"服务广播"（Servicewellen）的理念。1971年4月1日，巴伐利亚电台开始推出"巴伐利亚广播3台，慕尼黑地区的服务广播"。紧接着，1972年4月23日黑森广播电台也推出"黑森广播3台，法兰克福的服务广播"。此外，针对汽车司机和年轻人的广播也是这个时期最大的特色。特别是年轻人，他们常听各种唱片，在60年代末期成为唱片市场上的主导消费力量（80%的唱片都是由年轻人购买的）。广播电台也看到了这一群体对于音乐节目的特殊喜好，于是在广播中加入更多的流行音乐节目。1970年，西南广播电台在每天12点至15点之间开设"流行商店－青少年的广播杂志"（Pop Shop-das Teenagermagazin），受到了年轻群体的热烈欢迎，后来又在早晚两段时间分别开设"清晨流行乐"（Pop am Morgen）和"流行商店晚间节目"（Pop-shop am Abend）。

70年代，电视也开始进入各个家庭。但是广播仍然保持着传递信息速度快、节目设置灵活并且接收设备便于携带的特点，在当时的媒介市场上仍占有重要地位。从下图中可以看到，在1964年，联邦德国受众白天主要收听广播和阅读日报，晚上则主要使用电视。到1980年后，广播的使用明显下降。

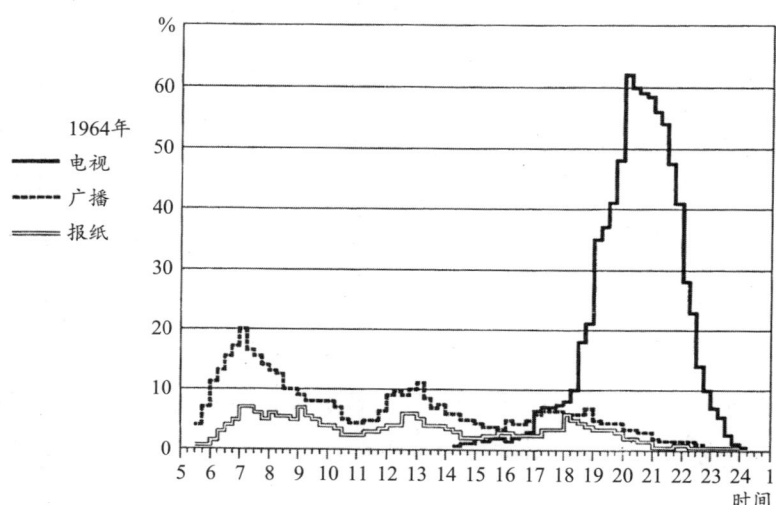

图83　1964年联邦德国工作日受众媒体使用情况①
* 受调查者年龄在14岁以上，并且拥有电视机

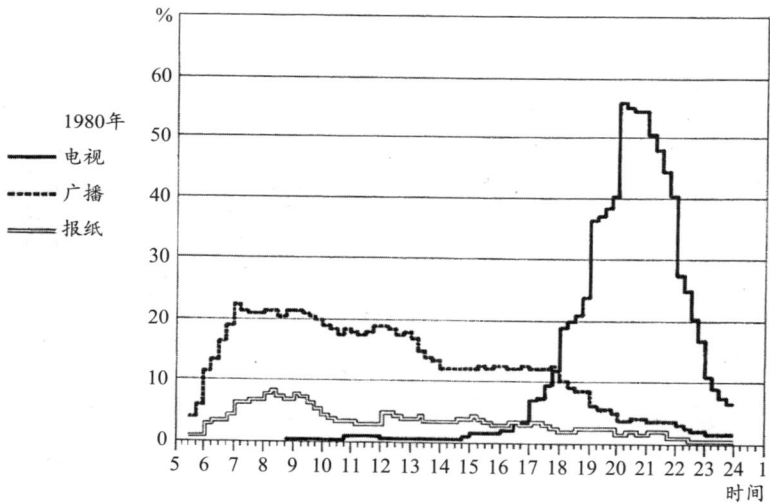

图84　1980年联邦德国工作日受众媒体使用情况②
* 受调查者年龄在14岁以上，并且拥有电视机

---

① Berg, Klaus/Kiefer, Marie-Luise（Hrsg.）: Massenkommunikation V.Eine Langzeitstudie zur Mediennutzung und Medienbewertung 1964—1995. Baden-Baden，1996，S.61.Zit.nach Dussel, Konrad: Deutsche Tagespresse im 19.und 20.Jahrhundert.Berlin: LIT Verlag Dr.W.Hopf，2011，S.224.

② 同上。

给广播带来威胁的不仅仅是电视，还有唱片和磁带等媒体。此外，50年代成立的私营的卢森堡广播电台拥有众多听众，也直接影响着联邦德国的公共广播。70年代以后，有线电视和卫星电视开始进入德国家庭，这些新的媒介形式都直接影响着传统广播和公共广播电台长久以来形成的市场格局。

2. 电视的发展

二战后，汉堡建立了西北德意志广播电台。工程师维纳·奈斯特尔（Werner Nestel，1904—1974）汇总了纳粹时期德国邮政留下来的一些电视技术设备，并于1948年6月19日开始在英国占领区内的西北德意志广播电台建立实验电视台。正式的电视节目于1950年11月27日开始播送，西北德意志电视台（Nordwestdeutscher Fernsehdienst）每周播放三次节目。1952年12月开始每天定期播送节目。为了集合各地的资源，1953年3月27日，西北德意志电视台联合其他电视台，在汉诺威签署了电视合约。其中规定：

（1）每天两小时的电视节目必须由各地的电视台联合制作。其中一半由西北德意志电台负责完成，巴伐利亚电台完成五分之一，剩下的黑森电台、南德意志电台和西南电台大致负责其中十分之一的节目。

（2）每个电视台都应该成立一个特定的委员会，并按照大多数人的意见来投票决定相关事务。

1953年电视合约签订以后，次年，德广联建立了德国第一家电视台。就在德国电视刚刚起步的时候，英国关于广播电视制度的讨论也直接影响着德国社会。德国的公共广播电视体制是基本按照英国的BBC建立起来的，1954年，英国最终做出决定，在公共广播电视台BBC之外，允许一些商业电视台的存在。这种双重广播电视并存的体制也直接影响了后来的德国。

英国广播电视体制的变化导致了德国社会的大讨论：一是未来德国是否也应该像英国那样，需要商业的广播电视台？二是广播电视台如何处理商业广告问题。其中最重要的是，私营的商业广播电视台会不会对公共广播电视造成威胁？一些地方广播电台也开始尝试开设新的商业电视台，斯图加特在1953年开设了带有广告性质的"家庭主妇学习节目"，旨在为厂家推广一些现代的家电产品,或者播放汽车广告介绍最新的车型。在商业电视台面前,电视观众的角色迅速转换成了消费者。紧接着,1956年5月4日,巴伐利亚电台广电理事会也同意开设商业电视台,并于7月成立"巴伐利亚广告电视有限责任公司"（Bayerische Werbefernsehen GmbH）。

1958年2月5日,因为效果有限,代表基督教民主联盟利益的阿登纳政府停止了之前各电台签署的国家合约。2月8日,当时基督教民主联盟占大多数的联邦议会最终决定,成立一个独立的第二电视台。1959年上半年,整个联邦德国的首都波恩都处在联邦议会大选的准备中,基督教民主联盟更是希望能够利用刚刚成立的电视二台,为自己的竞选宣传造势。9月30日,联邦议会通过了成立"德国电视台"的法律草案。次年7月25日,"德国电视有限责任公司"（Deutschland-Fernsehen-GmbH）最终成立。但是,德意志电视有限责任公司只是一个以德国电视建设项目为主导的机构,自身并没有太多专业设备,制作节目仍然需要其他机构帮助。这一任务就落在了1958年12月5日成立的,主要负责品牌推广和新闻工作的"自由电视有限责任公司"（Freies Fernsehen GmbH）的肩上。1959—1960年,自由电视有限责任公司开始制作电视节目,并通过借贷来解决节目的资金问题。也因为有了联邦总理阿登纳的鼎力支持,该公司的财政一直充裕,仅1960年一年就有12亿马克的资金支持。1961年6月6日,相关地方政府首脑签署了关于成立德国电视二台的国家合约。而之前德广联联合制作节目的电视台,则成为电视一台。不久后,德国电视二台理事会成立,其中的席位包括了14位联邦州的代表,以及12位各个政党的成员。1962年6月,德国电视二台正式开播。

在德国电视二台成立之前,巴伐利亚电台和北莱茵-威斯特伐利亚州的西南电台也正准备在电视一台之下,各自在当地成立电视二台。但最终因为德国电视二台的成立而被迫取消。德国电视一台和电视二台之间存在巨大的区别,电视一台是基于德广联的一个组织机构,由德国各地下设电视台组成。而德国电视二台却是一个独立的电视台。但二者都属于德国公共广播电视台。

第八章 德意志民主共和国时期的新闻事业

CHAPTER 8

1946年4月,苏联占领区的社会民主党与共产党合并成为统一社会党后,开始大力向苏联学习,希望能够发展出具有特色的社会主义模式。到1948年时,统一社会党已经成为一个地地道道的斯大林主义政党。而此时斯大林开始打压南斯拉夫的铁托,后来又开始打压各个共产主义国家的民族特征,意图扩大苏联的影响和统治。这些措施使德意志民主共和国不可避免地沦为苏联的一个卫星国。[1]统一社会党开始渐渐失去民心,尤其到了1949年在地方选举中所获选票的数量非常少。在这样的情况下,1949年5月由各党联合组成的"民主德国全国阵线"(Nationale Front der Deutschen Demokratischen Republik)应运而生,它的任务是选举出一个"统一的、正义的、和平的"人民议会,人民议会任命人民委员会来为新生的国家制定宪法。1947年10月7日,人民委员会更名为"德意志民主共和国临时人民议院"并通过了宪法,同时宣告社会主义制度下的人民民主共和国——德意志民主共和国成立。统一社会党成为民主德国最大的党派,资产阶级政党虽然被允许

---

[1] 马丁·基钦著,赵辉、徐芳译,《剑桥插图德国史》,北京,世界知识出版社,2005年,第304页。

存在，但必须加入由各政党和人民群众所组成的联盟党接受统一社会党的领导。

不同的社会和政治制度造就了联邦德国和民主德国双方媒体巨大的差异。民主德国的媒体需要在政治上和国家保持一致，并担负着宣传国家的政治意识形态的重任。同样，国家对媒体和新闻从业人员的管理也更为严格和全面。媒体是除了党和国家机构、大众组织和联盟党之外，统一社会党用来治理国家的"顶梁柱"。[①] 报刊和广播电视也都听命于国家机关，不仅记者的任命由国家控制，所有媒体发布的消息也必须统一采用来自德国新闻总社（Allgemeiner Deutscher Nachrichtendienst，ADN）的稿件。媒体是统一社会党对大众进行政治引导的重要工具，也是向大众传达党的决议、规章制度和行为规范的重要"传送带"。[②]

从国家的法律基础上来看，民主德国的宪法赋予了公民言论和出版自由。1968年生效的宪法第二十七条规定：[③]（1）根据此宪法，任何一个德意志民主共和国的公民，都有公开和发表言论的权利，这项权利不受任何行政行为的限制。任何人都不能阻止公民行使这项权利；（2）保证报刊、广播和电视的自由权。与1949年宪法中规定的，只能在特定法律中保证言论和出版自由的条款不同，1968年民主德国的宪法以基本法的形式从根本上确定了言论和出版自由的权利。但是，其中也规定"德意志民主共和国是一个德意志民族的社会主义国家，是

---

① Geißler, Rainer: Vom Kampf der Agitatoren mit einem widerspenstigen Publikum.Die Massenmedien der DDR im Überblick. In: Medium, 16/1986, H.2, S.18; vgl.auch Kepplinger, Hans Mathias: Kommunikationspolitik. In: Noelle-Neumann, Elisabeth/Schulz, Winfried/Wilke, Jürgen（Hrsg.）: Fischer Lexikon Publizistik-Massenkommunikation. Frankfurt/M: Fischer Verlag, 1989, S.84 ff.

② Otto, Elmar Dieter: Nachrichten in der DDR.Eine empirische Untersuchung über » Neues Deutschland «. Köln: Verlag Wissenschaft und Politik-Berend von Norrbeck. 1979, S.19.

③ Pürer, Heinz/Raabe, Johannes: Presse in Deutschland（3.Auflage）.Konstanz: UTB, 2007, S.173-174.

由工人阶级和马克思列宁主义政党领导的、由城市和乡村中的劳动人民组成的政治实体。"①因此,所有法律的基础都是建立在马克思列宁主义的世界观之上,媒体的言论和出版权利,也是为马克思列宁主义而服务的。列宁早在20世纪初期就明确提出:"报纸不仅是集体的鼓动员,为集体宣传动员服务,而且还是集体的组织者。"②通过报纸集中地、系统地向群众宣传革命、传播马克思主义思想、讨论党的策略纲领,就能改变党内思想混乱、组织涣散的状况,为建党打下良好的群众基础和思想基础。

民主德国早期的媒介政策和媒介结构,主要沿袭苏联占领时代的体系。到1952年时,总书记瓦尔特·乌布利希在统一社会党第二届党代会上宣布进行"社会主义建设",所有民主德国的媒介政策按照马克思和列宁的办报理念来设计。③但是,这种媒介政策却存在一个困境:如何解决受众的兴趣与媒体的宣传动员及教育大众之间的矛盾?而这一问题也一直贯穿在民主德国媒介发展进程之中。

---

① 参见德意志民主共和国1968年宪法第一章第1条,http://www.documentarchiv.de/ddr/verfddr1968.html [2014-08-01]。

② Dussel, Konrad: Deutsche Tagespresse im 19. und 20.Jahrhundert.Berlin: LIT Verlag Dr.W.Hopf, 2011, S.190.

③ 同上,第198页。

一、民主德国的媒介政策和媒介管理

民主德国的大众媒介与国家的民主集中制度紧密联系在一起。统一社会党以自己的政治社会意识形态指导媒体的发展，并在党内设立"统一社会党中央委员会宣传动员部"（Abteilung für Agitation und Propaganda beim Zentralkomitee der SED）。国家的媒体管理机构是党中央管理部门，即部长会议主席下设的新闻局（Presseamt beim Vorsitzender des Ministerrats），该部门同时也是负责部长会议信息工作的中央核心机构。新闻局下面还设有德国新闻总社，负责向主要媒体发布新闻。国家还设有管理广播电视的机构——"国家广播委员会（Staatliches Komitee für Rundfunk，STKFR， 也 称 Staatliches Rundfunkkomitee，SRK）"和"国家电视委员会（Staatliches Komitee für Fernsehen）"。此外，民主德国的邮政系统作为国家垄断部门，也管理着报刊的发行。①

1. 媒介管理的组织和范围

民主德国不仅通过内容层面，还通过组织机构层面控制媒体。中央委员会（Zentralkomitee，ZK）每周都会通过总编向统一社会党的报刊、自由德意志青年团（Freie Deutsche Jugend, FDJ）②和自由德意志工会联合会全国理事会（Bundesvorstand des Freien Deutschen Gewerkschaftsbunds，FDGB）③的报刊发布新闻指导。中央委员会的职责包括严密关注媒体舆论，引导媒体的版面设置、

---

① Wörterbuchh der sozialistischen Journalistik, hrsg.von der Karl-Marx-Universität Leipzig, Sektion Journalistik, 1981, S.8, 159 u.191.
② 自由德意志青年团是民主德国和统一社会党的官方青年组织，成员为 14-25 岁的青年。
③ 自由德意志工会全国理事联合会是由 15 家民主德国的工会联合组成全国性的联合会。

大字标题和报道安排等各种细节，同时对偏离引导的媒体和报道实行惩罚。另外，报刊的报道主题提前一周就制定好，哪些主题需要重点报道都有详细的计划，上级管理机构也会制定好需要常年重点报道的议题，以及每个月的重点报道和宣传动员内容。民主德国的报刊和广播电视按照管理部门的规定来完成报道，因此媒体的内容高度统一。①

在国家层面上，部长会议主席下设的新闻局配合执行由统一社会党所发布的新闻报道指导方针和管理规定。作为部长会议信息发布的重要指导机构，新闻局也会举办新闻发布会和通气会来传达党中央的指令和政策。由党中央和新闻局发布的报道指导方针都建立在以下基础之上：通过报道所传递的信息，让读者对客观情况树立正确的观念，并按照党的理念来选取新闻、设置版面格式和报道用词。②不管是统一社会党中央还是新闻局，都有一套评价新闻报道的指导方针，他们也会根据这些方针对新闻实行审查。此外，在编辑人员和出版社内部，中央机构还安插了一些国家安全部门的非正式工作人员来监视新闻工作者，并向上级传达信息和阻止一些不希望被媒体发布的信息。③

此外，民主德国还通过以下方式来管理媒体：

（1）许可证义务（Lizenzpflicht）

每个媒体机构必须获得国家的出版许可证，这是民主德国管理媒体的一项重要措施。媒体在部长会议主席下设的新闻局登记后，即可从地方行政长官那里获得出版许可证。一切出版社、日报、周报、企业报刊和一切杂志或者新闻通讯社在成立时必须具备法律前提条件——出版许可证。出版许可证的持有人，即出版社或者报刊的发行人，必须保证新闻出版工作遵循民主德

---

① Holzweißig, Guncer: DDR-Presse unter Parteikontrolle, hrsg.vom Gesamtdeutschen Institut（BfgA）（Ms.）, Bonn: BfgA, 1991, S.11-62.
② Pürer, Heinz/Raabe, Johannes: Presse in Deutschland（3.Auflage）.Konstanz: UTB, 2007, S.188.
③ 同上。

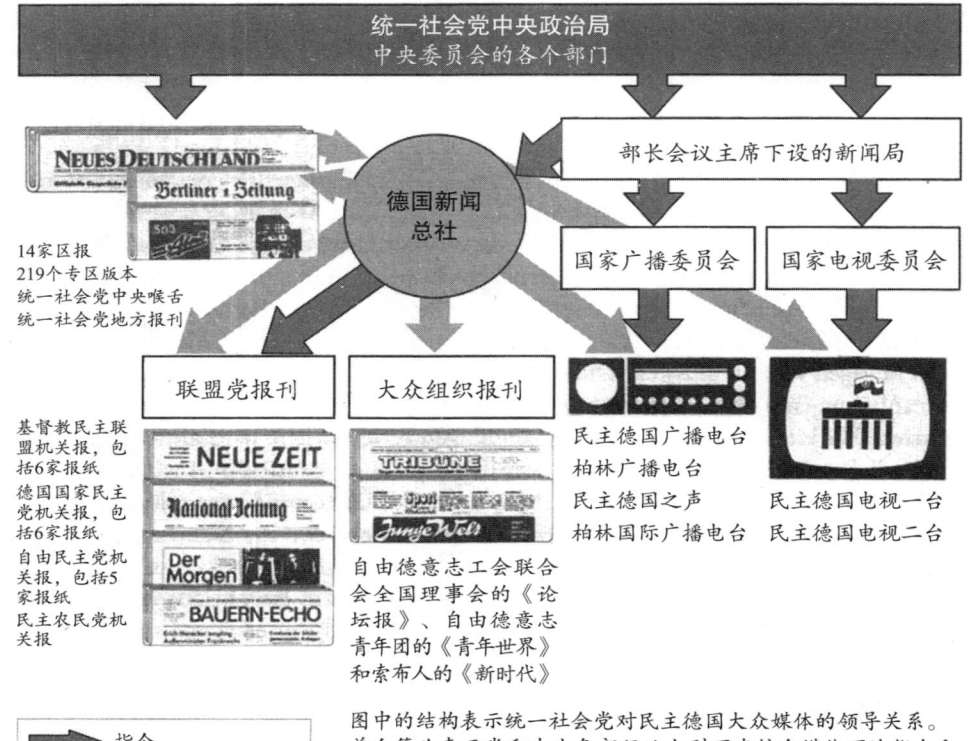

图85　民主德国媒介管理结构图①

国社会主义宪法和其他法律的规定，并对刊登的内容负责。② 如有违反，则处以罚金或者吊销出版许可证、勒令停止出版等处罚。③

（2）物资配额制度（Materialkontingentierung）

民主德国还通过控制媒体生产资料，即印刷纸张、油墨和印刷量来管理媒

---

① Erstellt nach Gesamtdeutsches Institut: Zahnspiegel Bundesrepublik Deutschland/Deutsche Demokratische Republik.Ein Vergleich, hrsg. vom Bundesministerium für Innerdeutsche Beziehungen. Bonn: Bundesministerium für innerdeutsche Beziehung, 1988, S.26. Zit.nach Pürer, Heinz/Raabe, Johannes: Presse in Deutschland (3.Auflage).Konstanz: UTB, 2007, S.184.

② Wörterbuchh der sozialistischen Journalistik, hrsg.von der Karl-Marx-Universität Leipzig, Sektion Journalistik, 1981, S.129.

③ 详见 Holzweißig, Guncer: DDR-Presse unter Parteikontrolle, hrsg.vom Gesamtdeutschen Institut（BfgA）（Ms.）. Bonn: BfgA, 1991, S.63-95。

体。统一社会党的媒体自然会受到优待，能够直接从党中央印刷、采购和审核协会（Zentrale Druckerei-, Einkaufs-und Revisionsgesellschaft, ZENTRAG）以及党中央委员会获得所需物资。所有统一社会党和青年团的报刊都设有中央印刷、采购和审核协会，其所占有的印刷物资是整个民主德国报业物资的九成。另外，民主德国的广告垄断组织——德国广告公司（Deutsche Werbe-und Anzeigengesellschaft, DEWAG）不仅全权代理所有经济类广告，还为统一社会党的机关报刊代理广告事务。

（3）邮局的角色

民主德国的邮局同样在媒介管理中扮演着重要角色，德国邮政垄断了报刊和售报亭在国内外的发行和运输业务，负责向报社购买报刊后零售给读者。报刊销售部门（Postzeitungsvertrieb）所发行的报刊，也只能是在每年发布并定期更新的邮售报刊名录（Postzeitungsliste）上所列出的。新闻局负责主管和审批这些报纸名单，而只有少数从其他西方国家进口的科研类的、教会的和共产主义类的报刊能够被放行。通常来自西德的所有报刊都会受到禁止，也只有高层领导和新闻局的工作人员才能够读到这类报刊。民主德国的报刊销售部门成立于1949年，核心部门是柏林的报刊销售局（Zeitungsvertriebsamt Berlin），直接对邮政和电信事业部（Ministerium für Post-und Fernmeldewesen）负责。而邮局则负责统一管理地方报纸的发行和运输，当报纸被查禁时，可以中途截断报纸的运输。

2. 媒介管理和引导的目标与内容

民主德国推行媒介管理政策的目的，在于对人民大众进行政治意识形态武装，从而预防资产阶级意识形态、民族主义、社会民主主义和修正主义，甚至毛泽东思想等思想意识形态的侵蚀，同时也为了推动媒体实行计划经济，提高生产效率和产量，降低成本和能耗。[①] 然而统一社会党在媒体中总体上所

---

① Pürer, Heinz/Raabe, Johannes: Presse in Deutschland (3.Auflage).Konstanz: UTB, 2007, S.185.

表现出一种教条的形象,媒体并没有真实反映现实世界和存在的问题。① 而宣传鼓动和现实世界之间的鸿沟,又直接损坏了民众对民主德国媒体的信任度。来自中央的媒介管理左右着民主德国报纸政治新闻的内容,记者也被禁止报道任何关于党的内部决定、政治处罚的公正性,以及柏林墙或者分隔东西德的铁丝网等问题。报刊编辑只能根据中央委员会的指令来撰写报道。记者的选题离政治越远,越能拥有更多的自由来进行报道。②

除了管理媒体,民主德国的统一社会党和政府也引导媒体的报道。一直到80年代中期,民主德国新闻报道的一大重点内容,都是与民主德国友好交往的苏联各国。它们是民主德国的榜样。但是到了戈尔巴乔夫时代,因为其改革措施使得苏联的榜样光辉褪色不少,民主德国党的上层领导直接禁止报刊销售部门引进苏联的《新时代》(*Neue Zeit*)杂志,就连《斯普特尼克》(*Sputnik*)杂志也从允许在邮局发行的报刊名单中剔除。作为一份国际化的杂志,《斯普特尼克》却获得了民主德国民众的欢迎,并迅速普及开来。80年代中期,它报道了人们对共产主义的评判和苏联的改革进程。除了报刊,1985年民主德国还禁止了一些苏联的电影。③ 另外一个民主德国的媒体报道重点就是西方国家,报道的写作手法相对较中立,但内容却仅限于西方国家的资本主义危机,主要资料引用的也是西方报刊上的负面报道。民主德国的媒介管理,在内容上不仅仅体现为对报道主题的控制,更体现在只报道西方社会的负面新闻和自己的正面消息这一特色上。

3. 德国新闻总社的任务

德国新闻总社负责发布民主德国所有的政治新闻。1946年,该通讯社在原占领区反法西斯的民主报纸和广播电台的基础上成立。1953年开始成为国家机构,并从这时开始接受统一社会党中央委员会的管理,隶属于部长会议主席下设的新闻局。1956年时,德国新闻总社和1952年成立的中央图片社

---

① Pürer, Heinz/Raabe, Johannes: Presse in Deutschland(3.Auflage).Konstanz: UTB,2007,S.185.
② 同上,第186页。
③ Holzweiβig, Cunrer: Massenmedien in der DDR. Berlin: Holzapfel, 1989, S.26 f.

（Bildagentur Zentralbild）合并，并且成立了一个库存450万张图片的图片库。德国新闻总社的内部设有总社长，由部长会议任命。另外，社里的工作人员也需要在工作中传达党的最新信息和方针政策。①

德国新闻总社下设国内新闻处、国际新闻处、特刊处、特别新闻处，此外还有一个用来汇总每天新闻事件和图片的图片办公室、一个民主德国国内报道办公室（DDR-Reportagedienst）、一个处理各个分社发来的消息和妇女、科研和技术类文章办公室（Artikeldienst）。新闻总社在海外的分部还分别用德语、英语、法语、俄语、西班牙语和阿拉伯语发布信息。除了柏林的总部办公室，新闻总社还在国内14个城市设有新闻办公室，并在纽约和日内瓦的联合国机构以及全世界68个国家设有通讯处，新闻采编工作主要与苏联的塔斯社（Telegraphenagentur der UdSSR，TASS）和其他社会主义国家的新闻通讯社合作，当然也处理关于联邦德国的新闻。到1982年时，德国新闻总社共有1300名员工，其中记者约600名。②

德国新闻总社的主要任务是"向德意志民主共和国的报刊、广播和电视以文字和图片的形式发布最新的，关于政治、经济、文化、体育和特殊领域的重要的、有趣的新闻。"③通过新闻评价、选择和发布来实现媒体的社会动员功能，或者按照总社长德芭·威兰德（Deba Wieland，1916—1992）的说法：（媒体的功能）是对民主德国的民众产生影响，让他们能够更好地理解和更清楚地认识正确的事情，知道这是友好的还是敌对的，使得他们能够更加容易地接受党和工人阶级的理念、和平的精神和社会主义思想。④德国新闻总社还是为民主德国领导者进行宣传的官方喉舌，通过国内新闻网络向各个媒体发布信息。

---

① Pürer, Heinz/Raabe, Johannes: Presse in Deutschland（3.Auflage）.Konstanz: UTB, 2007, S.186.
② Holzweiβig, Cunrer: Massenmedien in der DDR. Berlin: Holzapfel, 1989, S.18-32.
③ ADN-Statut vom 14.07.1966. Zit. nach Holzweiβig, Gunter: Massenmedien in der DDR, Berlin: Holzapfel, 1989, S.20.
④ Deba Wieland（ehemalige Generaldirektorin）,zit.nach DDR-Handbuch,hrsg.vom Bundesministerium für innerdeutsche Beziehungen. Köln: Verlag Wissenschaft und Politik, 1979, S.5.

二、民主德国的报业结构

1945/46 年间苏联占领区的媒介政策和报刊发展，已经为民主德国的报业打下了基础。和其他占领区一样，政府也通过许可证制度来实现对报刊的管理。苏联占领区也采用许可证制度，但获得许可证的主体不是个人，而是党派或者大众组织。德国共产党在 1946 年合并为统一社会党后便成立了大众组织，也开始发行报刊。从民主德国成立后一直到 1989 年 11 月柏林墙倒塌前夕，所有报刊都需要获得出版许可证才能发行。①

早在 1945 年，苏联占领区内已经开始发行一些占领区的报纸，例如《每日评论》。这份报纸在创刊时就定位为机关报，在全德国发行并且让全体苏联占领区的人民都能读到。1945 年 6 月又成立了共产党的机关报《德意志人民报》。后来陆续创办的报刊，它们的发行者都是在民主德国内允许存在的党派，例如在第六章中提到的社会民主党机关报《人民》，基督教民主联盟的《新时代报》和自由民主党 1945 年 8 月创办的核心刊物《晨报》。从 1945 年起，联邦德国开始授予自由德意志工会联合会全国理事会和自由德意志青年团等大众组织出版许可证。第一份苏联占领区的图片报刊《新柏林图片报》②也于 1945 年 10 月发行。一些最开始以大众组织出版物形式问世的刊物，后来也逐步缩短了发行周期，改为日报。1946 年年初，苏联占领区内还出版了第一份图片周报——《广播报》(*Der Rundfunk*)，刊发每周的广播节目。1946 年 4 月 23 日，首份日报《新德国》也问世了，这也是统一社会党的中央机关报。《新德国》后来发展成为统一社会党的"旗舰"报刊，发行量也突破百万。而第一份具有"马路报刊"特色的统一社会党的报刊是 1949 年在柏林成立的《柏

---

① Pürer, Heinz/Raabe, Johannes: Presse in Deutschland (3.Auflage).Konstanz: UTB, 2007, S.188.

② 这份报纸的前身是 1889 年乌尔施泰因出版社出版的《柏林图片报》(Berliner Illustrierte)，当时还不是共产主义报刊。

林报晚间版》。①

1952 年，东德开展行政区划改革，解散之前的 5 个州并成立 14 个新的区，并在这 14 个区发行当地的核心区报。这些区报的发行量逐渐增长，市场地位得以巩固，后来成为影响巨大的地方报刊，也渐渐形成了地方报业的垄断局面。时至今日，这些区报仍然是德国东部地区的重要报刊。

另外民主德国还重新恢复了企业报刊和乡村报刊两种新的报刊形式。这两种报刊的前身可以追溯到魏玛共和国时期，当时的共产主义报刊对工人和农民阶级意义非凡，一直延续下来。但是在 1953—1960 年期间，因为统一社会党中央委员会政治局的决议，乡村报刊出现了从一周到一个月不等的出版中断。根据官方规定，乡村报刊的功能是"在乡村实现社会主义生产关系的成功改造"，"作为党的指导工具，支持社会主义农村经济改造，将农民与农村经济生产合作社联系起来，并且紧密联系工人与农民阶级"。②整个民主德国时期，乡村报刊总共有 600 种，总发行量近 50 万份。③

根据莱比锡的卡尔·马克思大学（Karl-Marx-Universität Leipzig）的统计，1988 年民主德国获得出版许可的报刊总共有 1812 家，所覆盖的类型包括：29 家日报（发行量 970 万）；30 家周报和月报（发行量 950 万）；667 家统一社会党的企业报刊（200 万份）；508 家杂志（发行量 2140 万份），其中 321 家专业杂志；176 家通报（Mitteilungsblätter）；4 家县报（Kreiszeitung）；354 家地方通报；34 家宗教和教会的杂志周报（发行量 33.7 万份）。④

---

① Pürer, Heinz/Raabe, Johannes: Presse in Deutschland（3.Auflage）.Konstanz: UTB, 2007, S.188.

② Wörterbuchh der sozialistischen Journalistik, hrsg.von der Karl-Marx-Universität Leipzig, Sektion Journalistik, 1981, S.51.

③ Pürer, Heinz/Raabe, Johannes: Presse in Deutschland（3.Auflage）.Konstanz: UTB, 2007, S.189.

④ Grubitzsch, Jürgen: Presselandschaft der DDR im Umbruch. In: Media Perspektiven 3/1990, S.140–155, hier S.141.

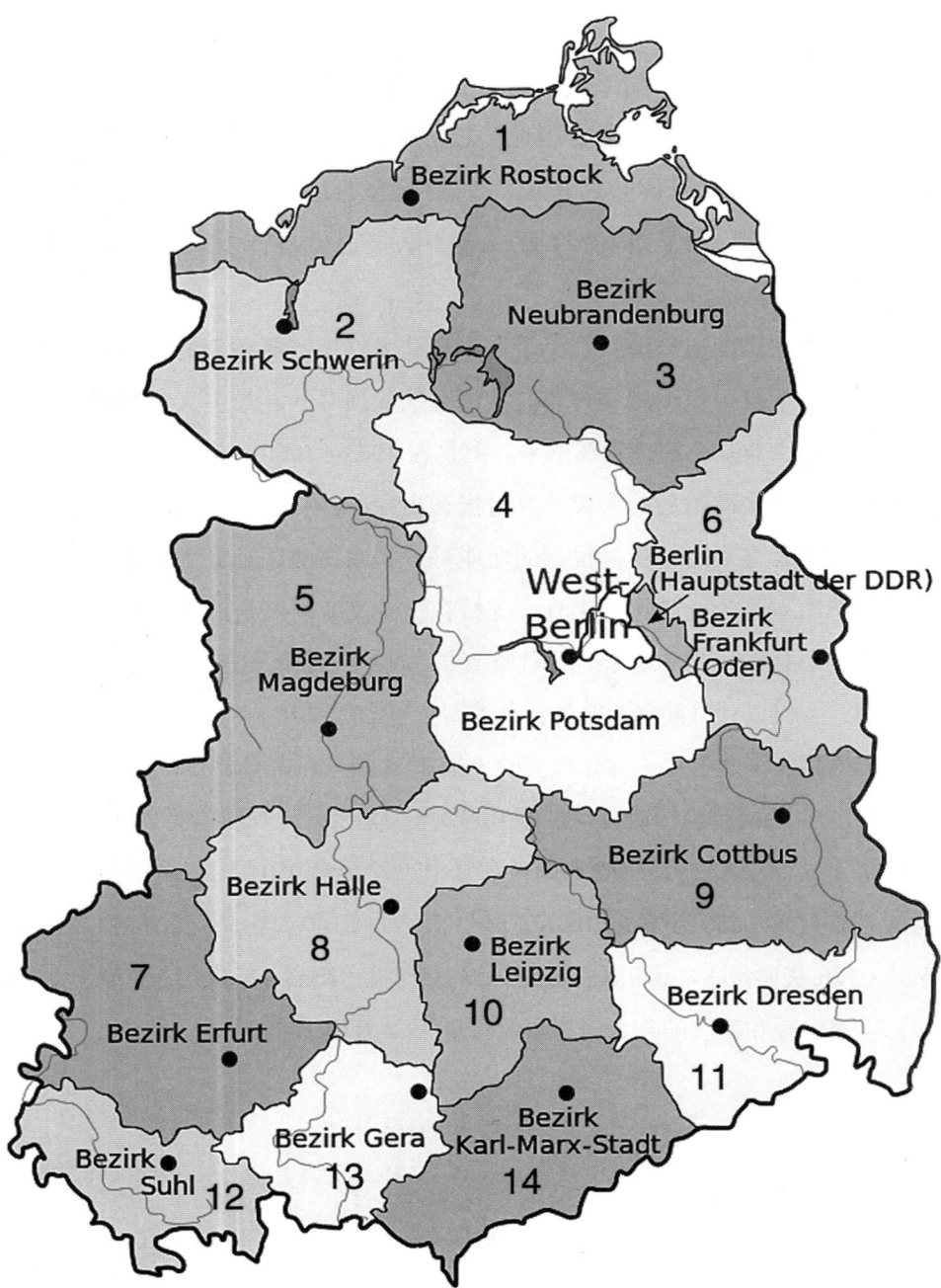

图 86 民主德国的 14 个区划分图，从北到南的编号依次为：1. 罗斯托克区；2. 什未林区；3. 新勃兰登堡区；4. 波茨坦区；5. 马格德堡区；6. 法兰克福（奥德）区；7. 爱尔福特区；8. 哈勒区；9. 科特布斯区；10. 莱比锡区；11. 德累斯顿区；12. 苏尔区；13. 格拉区；14. 卡尔·马克思城区（1953 年前称为开姆尼茨区，1990 年恢复原名）；4 与 6 之间的白色区域为西柏林，灰色区域为民主德国首都东柏林，1961 年成立柏林区。

1. 民主德国的日报

民主德国的日报在各地的分布呈现出区域化的特征，特别是1952年划分了14个区以后[①]，便开始按区进行行政改造。报刊区域化的特征由此固定下来，一直延续到1989年柏林墙倒塌。民主德国拥有大约1700万的总人口，日报发行量为每天970万份。报纸发行密度非常高，平均每两个人就有一份报纸，而在纳粹时期平均每三人才有一份报纸。此外，民主德国日报结构的一大特色还体现在1975年以前都出版周末版。1975年后由于纸张持续缺乏，日报的出版频率被迫减为每周六次。有时在周六出版的报纸里也会夹上一

图87　1961年8月15日《新德国》头版[②]

[①] 民主德国划分了14个区后，在区下面又划分了县（Kreis），县又分为乡村县（Landkreis）和市级县（kreisfreie Stadt）两种。

[②] Dussel, Konrad: Deutsche Tagespresse im 19. und 20.Jahrhundert.Berlin: LIT Verlag Dr.W.Hopf, 2011, S.191.

份周末附刊。①

（1）统一社会党的报刊

统一社会党的日报在所有报刊中扮演着主导者的角色。在 39 份民主德国的日报中，与统一社会党相关的日报占 17 种，包括中央机关报《新德国》、马路报刊《柏林报晚间版》和其他 14 种日报。这 17 种统一社会党日报每日发行 215 个不同的版本，总发行量为 683 万，几乎垄断了民主德国的日报市场。②

统一社会党的中央机关报《新德国》每日的发行量为 110 万，是民主德国的第二大日报。这家报纸作为"民主德国新闻喉舌的领导"，与电视新闻节目"现场镜头"（Aktuell Kamera）一样，都直接接受中央委员会秘书长暨部长会议主席下设的新闻局局长约阿希姆·赫尔曼（Joachim Herrmann,

图 88　1953 年 2 月 12 日东柏林发行的《柏林报晚间版》头版③

---

① Pürer, Heinz/Raabe, Johannes: Presse in Deutschland（3.Auflage）.Konstanz: UTB, 2007, S.189.
② 同上，第 190 页。
③ Historische Zeitung Bestellen, http: //www.historische-zeitungen-bestellen.de/BZ-am-Abend-Ostberlin-vom-12.02.1953 ［10.06.2014］.

1928—1992）的领导。另外一份有特色的日报当数《柏林报晚间版》（*BZ am Abend*），它也是唯一一份民主德国时期在大街上零售的报纸，每日发行量超过20万份。但需要特别指出的是，这份报纸虽然由统一社会党的柏林出版社来发行，但并没有完全由统一社会党来运作。所以《柏林报晚间版》最多只能算是亲近统一社会党的报纸，但却不能完全归类为该党的党报。①

另外一种党的日报类型——统一社会党的区报，总发行量逾520万份，几乎占民主德国所有日报发行量的一半，他们直接接受中央委员会和统一社会党地方机构的领导，"通过以上两个机构，党的最高层可以直接下令影响报刊的编辑方针、分配中央物资和进行其他管理。党的角色是建议者，从而让处于党和报刊主编之间的中介组织有更大的空间来接受每个区的领导。"② 因此，统一社会党的区报仍归各个区的媒介组织来管理，但是政治报道还是由中央来统一提供。区报作为党的地方组织，需要面向"各个社会阶层、不同行业和具有不同政治觉悟的人民大众。"区报每天只有一个版面报道本地新闻，尽管读者关注度不高，但是至少尽可能在地方党报上展现本地新近发生的事情，让读者知道自己生活的地方和周边都发生了什么事情。而区报这一独特的定位，也注定了它们在地方将产生巨大的影响力，以致两德合并后这些区报都得以保存下来，并成为当地发行量最大的报纸。统一社会党最大的区报是在卡尔·马克思城区（Karl-Marx-Stadt）③发行的《自由报》（*Freie Presse*），每日出版66万份。这份报纸也是当年民主德国发行量最大的区域报刊。④

---

① Pürer, Heinz/Raabe, Johannes: Presse in Deutschland（3.Auflage）.Konstanz: UTB, 2007, S.190.
② Pürer, Heinz/Raabe, Johannes: Presse in Deutschland（3.Auflage）.Konstanz: UTB, 2007, S.190; Grubitsch, Jürgen: Presselandschaft der DDR im Umbruch. In: Media Perspektiven 3/1990, S.141.82 Das journalistische System der Deutschen Demokratischen Republik im überblick, Lehrheft der Sektion Journalistik, a.a.0., S.30 f.
③ 卡尔·马克思城区是民主德国的一个区（Bezirk），行政中心为卡尔·马克思城，德国统一后重命名为开姆尼茨（Chemnitz）。
④ Pürer, Heinz/Raabe, Johannes: Presse in Deutschland（3.Auflage）.Konstanz: UTB, 2007, S.190–192.

图89　1964年发行的《自由报》头版[1]

区报中最具争议性的是统一社会党发行的第15份区报,即在东柏林出版的《柏林报》,发行量42.5万份。1961年冬柏林被民主德国划定为第15个区。作为柏林区的区报,《柏林报》和其他区报最大的差别在于它并没有自己的地方发行机构。而像苏尔区[2]的《自由言论》(*Freies Wort*)、哈勒区的《自由》(*Freiheit*)和卡尔·马克思区的《自由报》等统一社会党的区报,都有8—23家不等的地方版本和当地的发行机构。而且这份报纸在民主德国的报刊体系中并不属于统一社会党的报刊,它和《柏林报晚间版》一样,都是由统一社会党在柏林的出版社发行的,最多只能算是亲近该党的地方报刊。[3]

---

[1]　Die Freie Presse im Wandel der Zeit,http://www.freiepresse.de/SERVICE/MEDIENHAUS/CHRONIK/[15.06.2014].

[2]　Suhl,位于图林根州南部。

[3]　Pürer, Heinz/Raabe, Johannes: Presse in Deutschland(3.Auflage).Konstanz: UTB, 2007, S.192.

（2）国家阵线中其他党派的报刊

除了统一社会党发行的报刊，其他党派和人民群众组成的国家阵线也有自己的报刊。例如国家阵线下面的德国民主农民党、基督教民主联盟、德国自由民主党和德国国家民主党（National-Demokratische Partei Deutschlands，NDPD），这四个党派总共创办了 18 种报纸，总发行量达 83.4 万份，占所有日报发行总量的 8.6%。每个党派也都有自己的机关报，极大丰富了民主德国的报业市场。①

其中德国自由民主党的 5 家报纸累加起来的发行量，能够在国家阵线所有党派中占第一位。该党的机关报是在柏林出版的《晨报》②，达到 27.5 万份。③

图 90　德国自由民主党的机关报《晨报》

---

①　Pürer, Heinz/Raabe, Johannes: Presse in Deutschland（3.Auflage）.Konstanz：UTB，2007，S.192.

②　很多民主德国联盟党的报刊前身是苏联占领区各个党派所创办的报刊，具体内容可参见第六章苏联占领区报刊的内容。

③　Pürer, Heinz/Raabe, Johannes: Presse in Deutschland（3.Auflage）.Konstanz：UTB，2007，S.192.

另外基督教民主联盟有 6 家报纸，发行量为 11.3 万份的《新时代报》为机关报，这份报纸也是最大的国家阵线日报。基督教民主联盟每日发行的报纸量为 26.67 万份。德国国家民主党也创办了 6 家报纸，总发行量为 19.84 万份，其机关报《国家报》为 5.5 万份。最后，民主农民党也有自己的报纸《农民回声报》，每天在各地发行 5 个版本，总量达 9.4 万份。①

尽管这些国家阵线的报刊具有很强的区域化特征，但是仅仅依靠报道地方新闻所获得的盈利非常有限，因此地方报道也主要关注每个区的首府城市。有时也会让记者们报道党派和国家领导人的新闻。当然，国家阵线的报刊自身发展空间有限，无法逾越统一社会党的报刊。

表 26　1988 年民主德国日报发行情况②

报纸类型	报纸名称	地方版本数	发行量（万份）
统一社会党党报	《新德国》	柏林和全国版	110
	《柏林报》		42.5
	《东海报》(*Ostsee-Zeitung*)，罗斯托克（Rostock）发行	11	29.2
	《什末林人民报》(*Schweriner Volkszeitung*)	11	20.13
	《自由大地》(*Freie Erde*)，新勃兰登堡区发行	14	20.15
	《勃兰登堡人民之声》，波茨坦发行	14	34.75
	《新日子》(*Neuer Tag*)，法兰克福（奥德）发行	11	21.05
	《劳齐茨评论》(*Lausitzer Rundschau*)，科特布斯（Cottbus）发行	15	29.11

---

① Pürer, Heinz/Raabe, Johannes: Presse in Deutschland (3.Auflage). Konstanz: UTB, 2007, S.192.
② 同上，第 193 页。Grubittsch, Jürgen: Presselandschaft der DDR im Umbruch.In: Media Perspektiven 3/1990, S.142.

续表

报纸类型	报纸名称	地方版本数	发行量（万份）
	《人民之声》（Volksstimme），马格德堡发行	20	45.07
	《自由》，哈勒发行	23	58.45
	《萨克森报》（Sächsische Zeitung），德累斯顿发行	20	56.57
	《莱比锡人民报》（Leipziger Volkszeitung）	13	48.35
	《自由报》，卡尔·马克思城发行	23	66.09
	《人民》，埃尔福特发行	15	40.12
	《人民警卫报》（Volkswacht），格腊（Gera）[①]发行	13	23.75
	《自由之声》，苏尔发行	8	17.75
民主农民党	《农民回声报》	在2-4个区发行5个版本	9.4
基督教民主联盟	《新时代报》，中央机关报		11.3
	《民主党人报》（Der Demokrat），罗斯托克、什未林和新勃兰登堡发行		18.2
	《勃兰登堡联盟报》（Märkische Union），科特布斯、法兰克福（奥德）和波茨坦发行		0.37
	《联盟报》（Die Union），德累斯顿、卡尔·马克思城和莱比锡发行		6.3
	《新路》（Der Neue Weg），哈勒和马格德堡发行		3.71
	《图林根日报》（Thüringer Tageblatt），埃尔福特、格腊和苏尔发行		3.17
自由民主党	《晨报》，中央喉舌		6.17
	《北德意志报》，什未林、罗斯托克和新勃兰登堡发行		2.31
	《自由民主报》（Liberal-demokratische Zeitung），哈勒和马格德堡发行		5.7
	《萨克森日报》（Sächsische Tageblatt），德累斯顿、莱比锡和卡尔·马克思城发行		6.52
	《图林根地方报》（Thüringer Landeszeitung），埃尔福特、格腊和苏尔发行		6.8

---

① 德国图林根州城市。

续表

报纸类型	报纸名称	地方版本数	发行量（万份）
国家民主党	《国家报》，中央喉舌		5.55
	《勃兰登堡最新新闻》(Brandenburgische Neueste Nachrichten)，波茨坦和科特布斯发行		2.25
	《北德意志最新新闻》(Norddeutsche Neueste Nachrichten)，罗斯托克、什未林和新勃兰登堡发行		3.88
	《中德意志最新新闻》(Mitteldeutsche Neueste Nachrichten)，莱比锡、哈勒和马格德堡发行		2.05
	《萨克森最新新闻》(Sächsische Neueste Nachrichten)，德雷斯顿和卡尔·马克思城发行		2.9
	《图林根最新新闻》(Thüringer Neueste Nachrichten)，埃尔福特、格腊和苏尔发行		3.21
其他机构中央报纸	《论坛报》，自由德意志工会联合会全国理事会的喉舌		41.42
	《青年世界》(Junge Welt)，自由青年团喉舌		138.1
	《德国体育回声报》(Deutsches Sportecho)		18.5
	《新时代》(Nowa Doba)，上索布(Obersorbisch)地区的日报		0.2
	《柏林报晚间版》		20.37

（3）亲近统一社会党的大众组织报刊

大众组织是民主德国时期的一些组织，它们帮助执政党统一社会党尽可能多地联系代表各种不同利益的社会各群体和各阶层，并为他们组织活动。这些组织"向成员传达党的政策，动员他们实行国民经济计划，了解他们的特殊利益要求，并且管理这些成员。"① 因此，那些亲近统一社会党的大众组织对于完成上述任务有着重大的意义。

其中自由青年团的《青年世界》(Junge Welt) 的发行量是德国日报中最大的，可达到138万份，发行所覆盖的范围也和统一社会党的机关报《新德国》

---

① DDR-Handbuch, hrsg. vom Bundesministerium für innerdeutsche Beziehungen. Köln: Verlag Wissenschaft und Politik, 1979, S.714.

一样广。其内容也将官方的政策信息和青年人关注的体育、时尚、音乐、舞蹈和两性话题融合起来，到两德统一前发行量已经突破 160 万份。[1] 但民主德国并入联邦德国后，自由青年团面临很多困境，《青年世界》的发行量大为消减，到今天只有 1.4 万份左右，社会知名度也明显降低。[2]

自由德意志工会联合会全国理事会也有自己的日

图 91　统一社会党党报《新日子》（1988 年 6 月 21 日头版）

报《论坛报》，发行量为 42.4 万，也属于民主德国最大的日报之一。此外，这家日报出版集团还与德国体操和体育联合会（Deutscher Turn-und Sportbund，DTSB）联合发行 18.5 万份的《德国体育回声报》。两德统一后，《论坛报》和《德

---

[1] Geißler, Rainer: Vom Kampf der Agitatoren mit einem widerspenstigen Publikum. Die Massenmedien der DDR im überblick. In: medium, 16/1986, H.2, S.20.

[2] Pürer, Heinz/Raabe, Johannes: Presse in Deutschland（3.Auflage）. Konstanz: UTB, 2007, S.194.

图92　1989年9月27日的《青年世界》头版，头条新闻为民主德国代表团访问中国。

国体育回声报》都在1991年失去了大量读者。①

此外，用索布语发行的《新时代》是民主德国唯一一份少数民族的日报，发行量只有2000份，受众主要是索布族。②

2. 统一社会党日报的经济状况

关于民主德国统一社会党日报经济状况的资料，目前留存的非常有限，唯一知道的是当时每份区报每个月的订阅费用是3.15马克，零售每份仅0.15马克。③民主德国的公民在1955年平均每个月的收入为432马克，1965年为633马克，1975年是889马克，到了1989年增加到1300马克。④由此看来，统一社会党日报的定价非常低廉，很难收回成本。当时很多出版社和报刊都是依靠国家补贴（Staatliche Subventionen）来维持生存的。后来公开的1989年统一社会党日报的经济数据表明，当年该党报刊的国家补贴总额为3.32亿马克。⑤党的企业报刊在地方的发行成本，即使减去广告收入，每年也需要

---

① Pürer, Heinz/Raabe, Johannes: Presse in Deutschland（3.Auflage）.Konstanz: UTB, 2007, S.194.

② 索布人是西斯拉夫民族的一支，分布范围非常小，主要在德国的萨克森与勃兰登堡两州境内。人口在5万至6万之间，他们居住的地区被称为劳齐茨（Lausitz）。

③ Pürer, Heinz/Raabe, Johannes: Presse in Deutschland（3.Auflage）.Konstanz: UTB, 2007, S.195.

④ Durchschnittliches monatliches Bruttoarbeitseinkommen der vollzeitbeschäftigten Arbeitnehmer in der Deutschen Demokratischen Republik（DDR）von 1949 bis 1989（in DDR-Mark）. Statistisches Amt der DDR, Statista 2014.

⑤ Grubitzsch, Jürgen: Grubitzsch, Jürgen: Presselandschaft der DDR im Umbruch. In: Media Perspektiven, 3/1990, S.143 ff.

1300万到2000万马克的补贴。此外,《新德国》还在全国范围内为行政机构免费提供上万份报纸,因此也需要大量资金支持。而这些国家补贴则可以保证报刊的采编工作和技术设备完全在统一社会党的掌控之中。

图93　自由德意志工会联合会全国理事会机关报《论坛报》的头版样式。

1990年年初公布了民主德国报刊的收入和成本统计。民主德国日报的出版发行成本占总成本的77%,相比之下联邦德国的占43%;广告收入非常低,仅有21%,而联邦德国的能占到56%。除去广告收入,民主德国的报刊所获得的国家补贴占到了总收入的36个百分点。①

表27　统一社会党党报的成本和收入比率统计②

成本	发行	77%
	编辑	23%
收入	销售	41.1%
	广告	21%
	其他	1.25%

* 补贴所占比率 36.65%

---

①　Pürer, Heinz/Raabe, Johannes: Presse in Deutschland(3.Auflage).Konstanz: UTB, 2007, S.195.

②　Erstellt in Anlehnung an Grubitzsch, Jürgen: Presselandschaft der DDR im Umbruch. In Media Perspektiven, 3/1990, S.151.Zit.nach Pürer, Heinz/Raabe, Johannes: Presse in Deutschland(3.Auflage).Konstanz: UTB, 2007, S.195.

3. 民主德国其他报刊的状况

民主德国的其他大众机构、国家阵线和社会组织，以及职业联合会，甚至私有的出版社都出版自己的报刊。民主德国的杂志内容涵盖了政治、社会、国家、法律和经济。和日报不同的是，杂志的媒介管理是按照不同的发行量和目标读者来分别对待的。那些非机关刊物的媒体也不会受到管制，例如体育报刊就有自己的一套语言规范和处罚措施。①

（1）图片周刊和杂志

当大量的日报充斥着单调而乏味的政治新闻的时候，民主德国的图片周刊和杂志则为不同阶层的读者带来了丰富多彩的内容，这些报刊也创造了巨大的发行量。其中著名的广播电视节目类周刊是《广播电视不错过》（*FF-dabei*），发行量能够达到148万，也因为其中刊登了大量电视节目介绍和明星图片，赢得了广大读者的喜爱。另外还有柏林出版社发行的德国民主妇女联合会（Demokratischer Frauenbund Deutschlands, DFD）机关杂志——妇女图片杂志《为你》（*Für Dich*），报道所有关于女性在工作生活中的方方面面，每周发行量为93万份。发行量比较高的图片杂志还有《新柏林图片杂志》（*Neue Berliner Illustrierte*），每周73.2万份，但是它具有很强的政治宣传色彩，主要报道国际政治新闻。此外，当时的民主德国还有发行量为124万的家庭杂志《每周邮报》（*Wochenpost*）。②

图94 民主德国介绍广播电视节目的周刊《广播电视不错过》

---

① Das journalistische System der Deutschen Demokratischen Republik im überblick, Lehrheft, hrsg. von der Karl-Marx-Universität, Sektion Journalistik, Leipzig, 1988, S.9.

② Scharf, Wilfried: Unterhaltsam, erzieherisch, sraatsrragend.Die Publikumszeitschriften der DDR. In: medium, 16/1986, H.2, S.31.

大量娱乐和讽刺的杂志也存在于民主德国的报业市场上，并在当时引起了不小的争论——究竟报刊的主要功能是用吸引人的图画和内容来娱乐大众，以积极乐观的态度引导和教育大众，还是通过评判政治家和国民来担当社会责任？这两类杂志中最有影响力的，也最能代表这两种鲜明观点的当数艺术类杂志《杂志月刊》(*Magazin*)和讽刺类杂志《诙谐者》。《杂志月刊》属于大众通俗类读物，除了报道文学、图片艺术和旅游信息之外，也有一些篇幅是介绍少数民族风情的，其中不乏大量高质量的副刊文摘、随笔和报告。①每周出版的《诙谐者》杂志则以讽刺为最大特色，通过幽默或者冷嘲热讽的笔调报道民主德国所担心的社会问题，以此来进行反西方宣传。这份杂志的发行量达到49万份，可以看作是民主德国时期重要的批评类出版物。它的批评对象既包含媒体，也涵盖个人和企业，但是很少涉及政治体系或者党和国家高层。《杂志月刊》和《诙谐者》巨大的发行量也说明了它们受欢迎的程度，一出版马上就售罄。③

图95　民主德国《杂志月刊》1954年9月第九期的封面②

图96　1965年10月3日出版的《诙谐者》杂志封面，图片中的人物为爵士乐队"戴安娜秀"（Diana-Show）的贝斯手约尔格·胥茨（Jörg Schütze）。

---

① Pürer, Heinz/Raabe, Johannes: Presse in Deutschland（3.Auflage）.Konstanz: UTB, 2007, S.196.

② Haus der Geschichte, Bonn, http://www.hdg.de/lemo/objekte/pict/JahreDesAufbausInOs. undWest_zeitschriftMagazinSeptember1954/.［15.07.2014］.

③ Pürer, Heinz/Raabe, Johannes: Presse in Deutschland（3.Auflage）.Konstanz: UTB, 2007, S.197.

表28　民主德国部分杂志发行量概况①

杂志名称	发行量（万份）
《广播电视不错过》*	148.4
《每周邮报》*	124.3
《为你》*	93.76
《新柏林图片杂志》	79.41
《杂志月刊》	56.85
《诙谐者》	49.26
《广播电视节目》(FF-Programm)*	17.7
《地平线》(Horizont)	13.01
《世界舞台》(Die Weltbühne)	3.16

* 标记的为柏林出版社发行的杂志

具有一定教育程度的读者喜欢的杂志有文化政治类周刊《星期天》（Sonntag，1.9万份），它是知识界群众组织（Massenorganisation der Intelligenz）"文化协会"（Kulturbund）的核心机关刊物，除此以外还有经过改版的传统杂志《世界舞台》（3万份）。②

此外，民主德国的18家儿童和青年杂志也取得了不错的市场，总发行量超过700万份。其中包括著名的自由青年团通过柏林出版社发行的一些杂志，还有发行量巨大的《新生活》杂志（超过50万份）和《实践》杂志（Practic）（超过30万份）。③

（2）统一社会党的企业报刊

很多民主德国统一社会党的企业报刊，在历史上都与魏玛共和国时期的

---

① Erstellt in Anlehnung an: Das journalistische System der Deutschen Demokratischen Republik. Lehrheft der Sektion Journalistik der Karl-Marx-Universität, Leipzig, 1988, S.50f. Zit.nach Pürer, Heinz/Raabe, Johannes: Presse in Deutschland (3.Auflage).Konstanz: UTB, 2007, S.197

② Pürer, Heinz/Raabe, Johannes: Presse in Deutschland (3.Auflage).Konstanz: UTB, 2007, S.197-198.

③ Das journalistische System der Deutschen Demokratischen Republik im überblick, Lehrheft der Sektion Journalistik, hrsg.von der Karl-Marx-Universität, Sektion Journalistik, Leipzig, 1988, S.38 f.

共产党核心报刊有所联系,在民主德国具有重要的政治地位。企业报刊是"共产党和工人阶级政党在大企业中开展群众工作的喉舌",并在工厂的政治指导教育中发挥着重要作用。① 到 1988 年,民主德国共有 600 家统一社会党的企业报刊,发行总量超过两百万份。"每个工业、新闻和交通行业机构中都有一份报刊,它们接受党的领导。"② 企业报刊每周出版数次或者每月出版 14 次,发行面覆盖 1000 多个不同的企业。统一社会党负责监督每家企业报刊或者广播在以下几个方面的表现:首先,它们是统一社会党的组织中,进行政治意识形态引导的重要组成部分;其次,它们是特别的报刊,能够处理党的政策在企业层面上的问题和过错,解析不明的地方,并表达人们对政策的意见;第三,在党组织的群众工作,它们能够衡量工人、雇佣者和知识分子是否实现或者超额完成既定任务;第四,它们还负有在社会主义竞争的限制下,通过科学技术进步和合理安排来提高工人与科学技术人员之间协作的质量,同时提高经济增长的质量;最后,企业报刊还应该被看成工人之间不定期的论坛。③

(3)民主德国的教会报刊

民主德国总共有 34 份教会或者其他宗教组织的报刊,总发行量大致为 37 万份。其中 7 种教会(5 种新教,2 种天主教)的周报总发行量为 14.6 万份。教会报刊的宗旨在于为真正的宗教自由、为教会与社会主义国家之间的良好关系服务。④ 到 70 年代中期,民主德国总共有近一半,即 1700 万的民众是教会成员。由此看来,他们人均拥有报刊的比率并不算高。二战结束后的第一年,在靠近西柏林和东西两德边界地段的教堂已经开始发行周报或者月报,但是 1949 年 6 月 1 日起民主德国开始禁止这些报刊发行。⑤

民主德国的教会与国家之间的关系存在一些问题,其中最主要的原因就

---

① Pürer, Heinz/Raabe, Johannes: Presse in Deutschland (3.Auflage).Konstanz: UTB, 2007, S.193.
② Grubitzsch, Jürgen: Presselandschaft der DDR im Umbruch. In: Media Perspektiven 3/1990, S.143.
③ Pürer, Heinz/Raabe, Johannes: Presse in Deutschland (3.Auflage).Konstanz: UTB, 2007, S.198.
④ 同上。
⑤ Hackei, Renate: Katholische Publizistik in der DDR 1945—1984. Mainz: Matthias-Grünewald Verlag 1987, S.27 f.

在教会出版物上。按照民主德国宪法第 39 条的规定，教会是唯一一个非共产主义、却获得国家承认的自由的大型组织。而根据民主集中制和 1974 年宪法改革后的"国家构建原则"（Prinzip des Staatsaufbaus）的规定，拥有媒体的组织机构必须在马克思列宁主义政党的领导之下。宗教组织的媒体是民主德国唯一在内容上和政治观点上不受统一社会党影响的机构。①因此教会报刊的编辑能够按照自己的方针和定位来运作媒体和培养记者。教会的记者可以不用遵循民主德国记者的教育方式，他们的新闻教育和新闻基础知识培训则由教会的快速培训课程或者周末课程来完成。②

宪法的这项特殊规定保证了宗教媒体可以不用像其他媒体那样在国家严格的管控下运行，在发行量和纸张分配上也不受限制。但是教会报刊能否得到国家补贴，则取决于它们与党和国家之间的关系是否良好。另外，教会报刊的发行渠道也是受限的：它们可以在书报亭中零售，或者摆在教堂门口发放。但是通过订阅和邮局发行的数量却不多，邮局直接从教会出版社获得投递地址，然后统一送出。

严格的事前审查是管理教会报刊的重要手段。虽然当局对教会报刊的编辑们彻底放权，但所允许报道的内容也仅限于关于基督教新教和天主教的一些话题，任何报刊需要获得部长会议主席下设新闻局的许可后，才能进入发行渠道。因此，编辑也被迫在发行前进行自我审查。如果宗教媒体违规，例如报道一些社会议题，就会受到没收报刊、更改后重新发行等相应处罚。③此外，宗教报刊也会报道一些具有爆炸性效果的内容，例如引述国外高层神职人员或者神学家的话。但是，并不是所有的宗教报刊都和国家或者政治体系

---

① Hackei, Renate: Katholische Publizistik in der DDR 1945—1984. Mainz: Matthias-Grünewald Verlag 1987, S.27 f.

② Pürer, Heinz/Raabe, Johannes: Presse in Deutschland（3.Auflage）.Konstanz: UTB, 2007, S.199.

③ Hackei-de Latour, Renate: Katholische（Ex-）DDR-Medien in der Umstellung auf die Marktwirtschaft. In: Communication Socialis.Zeitschrift für Publizistik in Kirche und Welt 2/1991, S.175.Zit. nach Pürer, Heinz/Raabe, Johannes: Presse in Deutschland（3.Auflage）.Konstanz: UTB, 2007, S.199.

相对抗的。按照"社会主义的教会"（Kirche im Sozialismus）①的介绍，也有一些教会支持统一社会党并拥护社会主义体制，它们的报刊除了能够获得国家的经济支持，还能够直接在书报亭中售卖。②

80年代中期以后，由于持不同意见者的增加和政治改革，一些临时的教会报刊的印刷量开始增加。但是此类报刊随时会受到禁印和查封，所以民主德国宗教和教会报刊的总数一直维持在34种左右，发行量在37.6万份。③

（4）民主德国的反对派报刊

80年代中期，一些政治性报刊也开始兴起。它们与教堂和教会的报刊有着极深的渊源，也是借助教堂的保护才发展起来的。它们"触及教堂的政党合法性之外的边缘"，并有一个著名的称号"地下报刊"（Untergrundpresse）。这些反对派的报刊非常多样化，很难概括它们的共同特征，唯一相似的是它们反党反政府的立场，并且希望"反对官僚制度的社会主义背后的精神空虚和真空"。因此，人们也把这些报刊看成是在一个严密封闭的民主德国报刊环境下"反公共性"（gegen Öffentlichkeit）的报刊。多年来，民主德国一直把联邦德国的媒体理解为是"反公共性的"，并且它们具有以西方为导向的"右派"特征，是反对左派社会主义体制的。反对派报刊在政治立场上以联邦德国的新社会运动（neue soziale Bewegung）和苏联的戈尔巴乔夫时代的"开放政策"（Glasnost）和"经济改革"（Perestroika）为导向，试图寻找"第三条出路"。④

反对派的报刊特别关注环境污染、人权和自由话题，以及反法西斯主义

---

① 民主德国时期的教会组织，由比较亲近统一社会党和国家政权的教会组成。
② 关于教堂和教会报刊的具体研究可进一步参考Mühlegger-Reisenauer, Marlies/Böcking, Tabea: Kampfplatz Kirchenpresse.Zensurmaβnahmen kirchlicher Publizistik in der DDR. In: Wilke, Jürgen（Hrsg.）: Mediengeschichte der Bundesrepublik Deutschland.Köln, Wien, Weimar: Böhlau, 1999, S.573-601.
③ Holzweiβig, Gunter: Massenmedien in der DDR. In: Wilke, Jürgen（Hrsg.）: Mediengeschichte der Bundesrepublik Deutschland.Köln, Wien, Weimar: Böhlau, 1999, S.573-601, hier S.592.
④ Pürer, Heinz/Raabe, Johannes: Presse in Deutschland（3.Auflage）.Konstanz: UTB, 2007, S.200.

和东欧国家所存在的问题及其处理方式。从 1989 年年初起，这些反对派的报刊开始关注公民权利（Bürgerrechte）和民主的表现，并且对民主德国的未来、两德统一和民主德国国家安全部（Ministerium für Staatssicherheit，简称 MfS 或 Stasi）发表意见。特别是在早期，它们把关注的重点都放在生态环境方面的问题上，从而使得民主德国能够给它们一丝生存的空间，但如果换成其他政治议题的话，恐怕就会被当成"社会主义制度的敌人"来处理了。这些报刊中，例如《环境报》（Umweltblätter）、《金鱼草》（Löwenmaul）等报刊都是环保协会的核心刊物，《环境保护材料》（Materialien für Umweltschutz）也对人们树立环保观念起着重要作用。①

其他地区的反对派报刊与柏林、莱比锡地区的有着明显区别，即在其他地区出版的这类报刊所受到的新闻管制更加严重，受到的惩罚也比莱比锡地区或者首都柏林更为严厉。另外，这些地下报刊也会根据名称来分类，分别划分为市民反对派报刊、左派知识分子导向报刊、地下反对者机关报。另外，这些报刊也需要根据自己与教会的远近关系，是否受到教会的保护等划分清楚。那些受到教会保护的报刊，通常也都会受到教会的影响，所报道的内容很少包含社会冲突问题；而那些具有明显的反对派称号的报刊通常都与教会保持距离，从而保证不受这些社会机构所需要履行的社会义务的约束。②

地下报刊中最重要的核心刊物就是在教会名义下发行的《侧光灯》（Streiflichter）月刊，从 1981 年开始发行，每期页数不固定，仅在莱比锡发行 400 份左右。此外还有很多反对派的报刊，例如从 1986 年起在东柏林发行的《边界倒塌》（Grenzfall）月刊，它是"民主德国第一份政治类的地下报刊"；由东柏林的犹太教堂发行的《环境报》（Umweltblätter，1986—1989），每月发行 2000 册，每期的厚度为 30 页；1987 年开始在莱比锡由教堂编辑发行的《联系册》（Kontakte），以及同一时期著名的市民报刊《新论坛》（Neues Forum，

---

① Pürer, Heinz/Raabe, Johannes: Presse in Deutschland（3.Auflage）.Konstanz：UTB, 2007, S.200.

② 同上，第 201 页。

一直发行到 1990 年 1 月）和《其他人》（*Die Andere*，从 1990 年 1 月开始发行），每周发行量为 1000 份。大部分地下报刊在经历过 1989 年的政治变化后都没能幸存下来。①

总体而言，民主德国的读者主要阅读统一社会党的刊物，并对法律、通告和本地新闻有很大的兴趣。另外，人们也很喜欢图片和娱乐杂志。阅读报刊的时间通常都在下午或者晚上，在打开电视之前，因为对一些非大城市的地区来说，邮局至少要到中午才能送达当天的报刊。

4. 民主德国的广告业

只有在一些特殊政策的允许下，民主德国的媒体才能刊登商业广告。广告等同于对社会主义人民财产的浪费，在民主德国属于"资本主义体系的剩余价值"而受到明令禁止。但是，广告这个词在民主德国并不是完全禁忌，因为它在民主德国的社会上还发挥着与在西方国家同样重要的一项功能——对人民进行宣传动员。因此也只有由党控制的，或者代表全体社会生活利益的机构才能使用它。著名记者、传播学者于尔根·本克（Jürgen Behnke）认为，社会主义广告最重要的就是"党性原则"：广告的传播功能应该为经济、政治、意识形态、文化和教育的统一而服务。②广告的目标也应该与统一社会党的宣传动员目标相一致，否则就要受到禁止。

与在自由市场经济下的广告定位不同，民主德国的经济类广告必须在计划经济体制下、在生产资料的分配和管理下进行。只有当经济体系中的生产与销售或者消费之间存在差异时，也就是产品出现囤积的情况时，才有必要发布广告。同时广告也可以作为中央计划经济规制市场供求关系的一种手段。

---

① Schneider, Beate: Strukturen, Anpassungsprobleme und Entwicklungschancen der Presse auf dem Gebiet der neuen Bundesländer（einschließlich des Gebiets des früheren Berlin-Ost）, unter Mitarbeit von Jürgen Grubitzsch, Marianne Kramp und Dieter Srürzebecher.Forschungsbericht für den Bundesminister des Innern, Bd.1. Hannover, Leipzig（vervielf.Ms.）, 1992, S.163.

② Behnke, Jürgen: Für wenig Geld ein sauberes Heim. In: Bien, Helmut/Giersch, Ulrich（Hrsg.）: Spurensicherung.40 Jahre Werbung in der DDR, Frankfurt/M: Deutsches Werbemuseum 1990, S.334–369, hier S.368.

所以，每年商业广告的基本政策都由商业和供应部（Ministerium für Handel und Versorgung）来制定，在充分衡量经济部门和各地区的中央机构之间关系和需求的前提下，来拟定具体的销售与广告规划方案。之后再由商业公司根据每年的销售与广告规划方案来制订具体的广告计划。① 民主德国的中央广告机构是德国广告协会和广告与外国展会协会（Gesellschaft für Werbung und Auslandsmessen）下设的代理机构。其中，统一社会党管理下的德国广告协会负责国内经济和政治社会广告，广告与外国展会协会则代理外国发布的或者国外客户在民主德国国内发行的广告。

民主德国的国内广告和境外商业广告之间存在巨大的差别。出口商品到国外（除了社会主义国家之间的进出口贸易之外），能够参与世界市场的开放性竞争。因此，对于出口商来说广告具有重要意义，他们不仅仅需要在西方国家发行的民主德国机关报刊，如《新德国》上面做广告，更要在西方国家的纸媒上刊登整版广告来吸引顾客。而国内市场的广告，则主要用来展示各类产品，其唯一的经济目的就是为国有企业（Volkseigener Betrieb）和企业集团（Kombinat）的产品进行"销售和市场推广"。另外，以不同媒体作为载体所采取的广告方式也是不一样的。经济类的广告主要刊登在报刊、海报等印刷媒介上，或者在电视中播放广告影片，通过橱窗展示、霓虹灯广告灯箱，以及在各地进行广告巡回展等方式，但是不能涉足广播行业。唯一例外是每年莱比锡展会期间的广播广告，由展会之声广播（Messewelle）来播出，大量外国企业用各国语言播出广告。②

而那些只有七八个版面的报纸，则由于版面原因在广告媒体中处于从属位置。它们刊登的广告主要有两方面的功能：第一，通过给那些难以卖出的、常常是质量低劣的产品进行宣传，影响人们的购买决策；第二，刊登一些真实的产品信息，但是仅限于那些可以二次出售的商品，例如汽车、书籍等。上

---

① Pürer, Heinz/Raabe, Johannes: Presse in Deutschland（3.Auflage）.Konstanz: UTB, 2007, S.202.

② 同上。

述准则也适用于在一些在画报和杂志上刊登的平面彩色广告。总的说来，这些国有企业和企业集团的广告"要么是一种假象，要么则是这些垄断企业所进行的不必要的图像推广而已"。[①] 这些平面广告也通过电视在联邦德国播出，从而长时间影响了人们对产品的了解、产品需求和衡量标准，也让联邦德国的人们能够了解民主德国的产品。

三、社会主义制度下的新闻从业人员

民主德国的媒体是宣传统一社会党和社会主义思想、为社会主义理想而奋斗的重要工具。因此，想要成为记者的人也必须为统一社会党服务，并且深入了解社会主义思想，这些都是进入新闻行业的先决条件。

1. 新闻行业的原则

在民主德国，新闻行业最高的准则是党性（Parteilichkeit）、科学性（Wissenschaftlichkeit）和群众性（Massenverbundenheit）三个原则。[②]

党性原则并不要求记者必须是统一社会党的党员，任何与社会主义制度和统一社会党保持一致的非党员普通群众也可以成为记者。民主德国的新闻党性要求记者支持和拥护工人阶级的利益，记者是党和报刊之间不可分割的桥梁。当时媒体对党的批评非常少见，即使出现批评报道也是在很小范围内的，而且批评也是从上对下的，而从来没有从下对上的批评和监督。

科学性原则要求社会主义的记者能够以科学的方式完成报道任务，从而为工人阶级的社会经济地位及其意识形态的科学性而服务。根据民主德国的《社会主义新闻学词典》上的解释，记者的科学性包括三个基本方面：充分了解马列主义思想，并以此作为报道工作的基础方法和认识新闻实践的基本指导，能够在报道中科学地、充满知识性地为大众解读政治事件；将马列思想

---

① Pürer, Heinz/Raabe, Johannes: Presse in Deutschland（3.Auflage）. Konstanz: UTB, 2007, S.203.
② 同上，第 175–176 页。

作为社会理论和党的政策的基本方针，并且在社会中推广开来。记者也应该将马列主义作为基本准则和认识世界的方法，并且能够运用到实践中来指导工作。①

群众性原则要求记者有义务将自己作为人民群众中的一员来行事，并且从不切断和群众的联系。群众性的基础来自党作为群众引导者和群众作为历史创造者之间的相互关系。记者和媒体都必须以群众的利益为导向，新闻工作也需要群众参与其中并且监督，在报刊中指出统一社会党和群众利益相矛盾的地方。② 记者所支持的并不是统治者对人民群众的压制，而是人民群众对统治者的监督。此外，群众性也是记者职业道德中的一项重要准则，让记者在新闻报道中综合考虑人民群众的利益，而不是仅仅对个别小团体的批评和监督。

另外一种联系人民群众和媒体的方式就是读者来信（Leserbrief）。读者来信在实现媒体的群众性原则中起到巨大的作用。根据对民主德国主要的四份日报——《新德国》《青年世界》《莱比锡人民报》和《什未林人民报》③1949—1989年40年间的统计来看，读者来信主要可分为有组织的和自发的两种。内容上读者来信主要涉及的是私人和地区所存在的问题，其次是全国性的、德语地区的和国际的问题。大部分问题都会被报纸刊发，刊登的读者来信中只有很小一部分是和个人经历有关的。但刊发的读者来信所持的立场必须是中立的，只陈述观点，而不对事情做任何评价和判断。另外读者来信中还包含读者的提问，有的也夹杂着读者的批评或者表扬。给报社寄送读者信的大部分是个人，其中不乏一些为企业工作的劳动者、人民通讯员（Volkskorrespondent）和机关干部。读者来信主要有三大功能：一方面是反映人民群众对党的工作评

---

① Wörterbuch der sozialistischen Journalistik, hrsg.von der Karl-Marx-Universität Leipzig, Sektion Journalistik, 1981, S.147.

② Bos, Ellen: Leserbriefe in Tageszeitungen der DDR.Zur » Massenverbundenheit « der Presse 1949—1989. Opladen: Westdeutscher Verlag, 1993, S.89 f.

③ Pürer, Heinz/Raabe, Johannes: Presse in Deutschland（3.Auflage）.Konstanz: UTB, 2007, S.179.

价的"晴雨表"（Barometer）和反映民主德国各方面情况的信息来源；另一方面也能反映党的政策是否被人民群众所接受；最后读者来信还为民主德国的公民提供了一个表达日常生活中的问题，以及不满和意见的平台；但这些意见仅限于针对地方层面具体的不良状况和物资供应问题。[1]

报社设有专门负责读者来信的编辑"来引导与群众的联系"，他们属于每家报社中最忙碌的部门。编辑的任务除了日常新闻报道的编辑外，还要整理和回复读者来信。在处理大量读者来信时为了防止出现混乱，编辑都会给每封信贴上一个流程纸条，标明这封信的来信人、主要内容和请求的内容，以及处理进程。信件也会根据所针对的对象来分类，并发送到诸如主编、编辑，或者地方和中央的统一社会党的领导人，甚至自由德意志青年团的中央机构和自由德意志工会联合会全国理事会那里。但是编辑中也可能包含国家安全部的一些匿名官员。地方的编辑同时还负责管理辖区内的人民通讯员。读者来信中的某些话题也可能是编辑所忌讳的，例如环境污染问题、出境签证问题、来信批评领导或者民主集中制等等，这些话题都不会在报纸上公开，当然一些异见的公开讨论更是会被删除。[2]

2. 民主德国的记者教育

为了保证报刊和广播电视的记者具有必要的政治和意识形态素养以及专业技能，民主德国制定了一系列记者的教育流程。记者从业门槛非常严格，成为记者后也会受到法律的保护。而普通公民要成为记者的路径非常有限，要么通过挑选进入莱比锡的卡尔·马克思大学学习并且获得新闻专业硕士文凭（Diplomjournalist）或新闻记者高等教育证书（Journalist mit Hochschulbildung），要么从新闻专科学院（Fachschule für Journalistik）毕业后才有机会进入新闻行业。

1958年民主德国颁布了《新闻专业教育基本原则》（Grundsätze für die

---

[1] Pürer, Heinz/Raabe, Johannes: Presse in Deutschland（3.Auflage）.Konstanz: UTB, 2007, S.178.

[2] 同上，第179页。

Journalistische Ausbildung），其中规定民主德国新闻记者的教育主要有两部分内容：政治意识形态和专业技能教育。① 为此1965年莱比锡成立了德意志民主共和国新闻专科学校（Fachschule für Journalistik der Deutschen Demokratischen Republik）。学员在学校接受三年的新闻学职业教育，包括政治意识形态和新闻采写等实际操作的课程。理论部分的内容由莱比锡的卡尔·马克思大学的讲师来教授，新闻实务课程则由业界人士来传授。新闻专科学校还为接受职业教育的记者提供远程教育的课程，学员通常都是人民通讯员。

成为记者的另外一条路径，正如上文中所提到的，就是到莱比锡的卡尔·马克思大学的新闻系上学。学生需要通过高级中学毕业考试（Abitur），或者在媒体中见习一年获得技工证书（Facharbeiterbrief）才能获得入学资格。另外，如果学员来自统一社会党内的一些组织，如自由德意志青年团的固定成员或者其他大众组织的成员可以优先考虑。大学通常的学习时间为四年，包括一年的基本新闻理论、社会理论和科学研究方法，以及新闻学基础知识，两年的新闻理论和实务教育，以及一年媒体学和新闻学的专业学习。② 在专业教育中，学生可以自主选取某个特定的行业，例如国内政治、国际政治、国民经济政策、科学研究政策或者文化政策来深入学习。

为了让学生的新闻学研究更加贴近实际，新闻系还开展了独特的学生训练体系，让学生在新闻实际操作的氛围内学习，并且保证每个毕业生都能够在媒体中获得就业岗位，通常学生也会被分配到统一社会党中央委员会的宣传部门或者部长会议下的新闻局工作。这样的学科设置也存在争议，批评者认为大学的理念和新闻的实务操作之间相差甚远，学生经过大学期间的职业培训后并不能完全胜任新闻采编的实践工作。③

---

① Pürer, Heinz/Raabe, Johannes: Presse in Deutschland（3.Auflage）.Konstanz: UTB, 2007, S180.
② Blaum, Verena: Ideologie und Fachkompetenz.Das journalistische Berufsbild in der DDR. Köln: Verlag Wissenschaft und Politik–Berend von Nottbeck, 1985, S.100–II3.
③ Pürer, Heinz/Raabe, Johannes: Presse in Deutschland（3.Auflage）.Konstanz: UTB, 2007, S.180.

3. 德国记者协会

德国记者协会是民主德国最大的记者组织,到 1989 年两德统一前已经有一万名成员,其中从事新闻工作的记者超过 9100 人。[①] 德国记者协会的前身是 1945 年成立的德国报刊协会(Verband der Deutschen Presse),1953 年成为独立组织,并在 1959 年更名为德国记者协会。成员主要是报刊和广播记者、插画师、漫画家、新闻发言人、审稿人,以及学者和新闻专业的学生。根据协会的报告,20 世纪 80 年代日报、周报和杂志记者占协会成员数的一半,18% 的成员为广播或者德国新闻总社的记者,还有 8% 的企业报刊和广播电台的记者以及自由撰稿人。[②]

记者协会的任务主要是制定国家的媒介政策来支持统一社会党,引导新闻专科学校的政治意识形态教育,促进记者之间交流业务经验,并且为记者和编辑们组织、筹备专业进修与思想政治教育课程。有趣的是,记者协会也和其他社会主义国家的"兄弟协会"(Bruderverbänden)合作。其中最重要的任务就是通过与第三世界友好国家的记者一同接受进修课程的方式开展外交。除记者协会外,维尔纳·朗拜茨国际新闻学院(Internationales Institut für Journalistik Werner Lamberz)也提供相关课程。[③]

4. 自由记者和人民通讯员

民主德国的记者都是固定的职位,另外还存在"自由记者"(Freie Journalisten)的小群体,但是他们面临着诸多困境。首先便是在民主德国不存在真正自由的记者,记者必须获得由德国记者协会委员会颁发的自由从业记者证,这类记者的收入少得可怜,而且允许报道的主题也只能是其他报刊已经报道过的。其次就是依赖性和社会保障的问题。[④] 正如德国记者汉娜斯·巴尔曼(Hannes Bahrmann,1952—)所描述的那样:那些极为少数的能够被容

---

① Holzweiβig, Gunter: Massenmedien in der DDR. Berlin: Holzapfel, 1989, S.33.
② 同上。
③ Pürer, Heinz/Raabe, Johannes: Presse in Deutschland (3.Auflage). Konstanz: UTB, 2007, S.182.
④ 同上。

忍的（自由记者），所能报道的题目并没有太大的意义，报道出来的都是一些和时尚、家居建议或者提供其他建议有关的选题。收入情况也很差，社会保障更糟糕，而且随时会收到禁止参与某些话题报道的通知。[1]

除了自由记者，民主德国另外一种特殊的记者类型就是人民通讯员。1981年出版的《社会主义新闻学词典》，将这些无偿为媒体提供新闻的人民通讯员定义为：永久的、组织关系固定的以及名义上为官员的新闻从业者。他们为社会主义报刊的编辑、电台或者电视台定期提供关于生活中发生的政治、意识形态、经济和文化发展方面的报道。统一社会党一直在努力，试图培养出更多高质量的、能够担当这一任务的人民通讯员。他们不仅为企业报刊工作，也为国家与政党管理下的各类媒体服务，同时更是重要的信息和服务机构，协助推广媒介使用和进行媒介效果调查。[2] 在民主德国，人民通讯员与报刊、广播电视的合作被看作是一项重要的政治职能，媒体的使用、管理和媒介效果直接关乎党的领导。此外，人民通讯员由其所属新闻机构管理，并定期接受多种方式的指导与培训。整个民主德国时期总共有两万名人民通讯员。

四、民主德国国有广播电视制度的发展

1. 广播的发展

（1）民主德国的广播电台结构体系

1949年民主德国成立以后，继承了苏联占领区的广播电台。赫尔曼·阿

---

[1] Bahrmann, Hannes: Der Funktionär wird Journalist.Neubeginn für den DDR-Journalismus. In: Bertelsmann-Briefe Nr.127 vom April 1992, S.40; siehe auch das Gespräch mit Dietmar Halbhuber vom » neuen forum «. In: Herding, Richard/Krohn, Dörthe: » Selbstverständlich nur für den innerkirchlichen Gebrauch «.Die Untergrundpresse der DDR（1986 bis 1989）und die Menschen, die sie machten. In: medium, 23/1993, H.3, S.14—23, hier S.16.Zit.nach Pürer, Heinz/Raabe, Johannes: Presse in Deutschland（3.Auflage）.Konstanz: UTB, 2007, S.181.

[2] Pürer, Heinz/Raabe, Johannes: Presse in Deutschland（3.Auflage）.Konstanz: UTB, 2007, S.183.

克森（Hermann Axen，1916—1992）和弗莱德·约尔斯勒（Fred Oelßner，1903—1977）陆续担任中央委员会的宣传书记一职。1955年后由曾经担任过记者和洪堡大学历史系教授的阿尔伯特·诺登（Albert Norden，1904—1982）

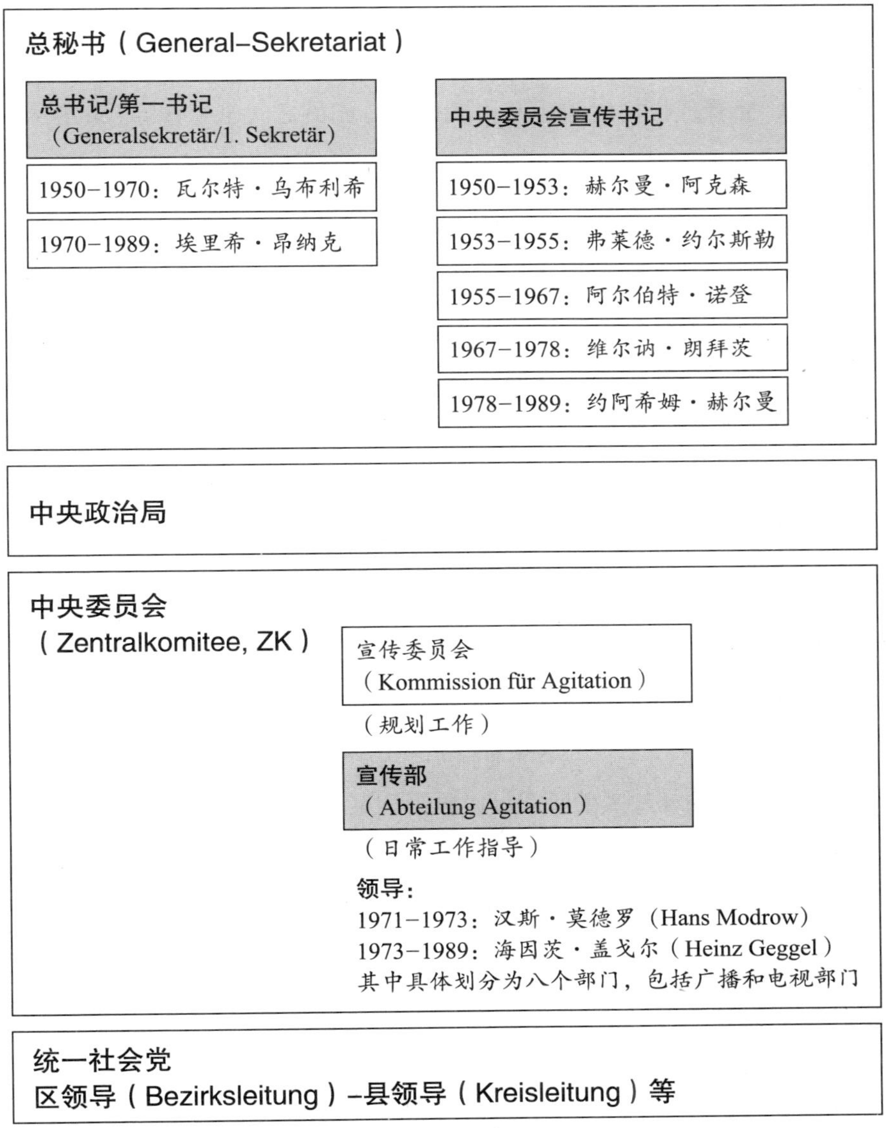

总秘书（General-Sekretariat）	
总书记/第一书记 （Generalsekretär/1. Sekretär）	中央委员会宣传书记
1950-1970：瓦尔特·乌布利希 1970-1989：埃里希·昂纳克	1950-1953：赫尔曼·阿克森 1953-1955：弗莱德·约尔斯勒 1955-1967：阿尔伯特·诺登 1967-1978：维尔讷·朗拜茨 1978-1989：约阿希姆·赫尔曼

中央政治局

中央委员会
（Zentralkomitee, ZK）

宣传委员会
（Kommission für Agitation）
（规划工作）

宣传部
（Abteilung Agitation）
（日常工作指导）

领导：
1971-1973：汉斯·莫德罗（Hans Modrow）
1973-1989：海因茨·盖戈尔（Heinz Geggel）
其中具体划分为八个部门，包括广播和电视部门

统一社会党
区领导（Bezirksleitung）-县领导（Kreisleitung）等

图97　统一社会党媒介管制的组织机构和构成人员①

① Dussel, Konrad: Deutsche Rundfunkgeschichte, 2.Auflage. Konstanz: UVK, 2004, S.134.

继任，1967 年又由长期从事自由德意志青年团工作的维尔纳·朗拜茨（Werner Lamberz，1929—1978）接替这一职位。1978 年维尔纳·朗拜茨因飞机事故去世后，中央委员会的宣传书记一职最终交给约阿希姆·赫尔曼。1955 年阿尔伯特·诺登创立了中央委员会下的宣传委员会来承担宣传任务，其主席由中央委员会的宣传书记担任。

各个广播管理机构之间相互协调，但是成员之间争夺领导权的问题始终存在，宣传书记一职的人员更替极为频繁。为了维护行政机构的稳定运行，统一社会党也不希望人员更替过于频繁，所以开始改革广播管理机构的设置，让广播能够更好地发挥作用。他们在柏林又建立起一些广播电台，并划清了各个电台的从属关系。

1952 年夏天，统一社会党的领导人决定在民主德国全面推进苏维埃化进程，广播也面临着同样的任务。6 月 3 日的第二次党代会上，瓦尔特·乌布利希也确立了"建设社会主义"的计划。在社会主义的指导下，德国原本传统的广播电台也停止了发展，取而代之的是以苏联为榜样的国有广播体系。同年 8 月 14 日，统一社会党颁布了"建立国家广播委员会的命令"（Verordnung über die Bildung des Staatlichen Rundfunkkomitees），撤销原来在德国国民教育中央管理局的广播部门所设立的广播电台总台长一职，并建立地方广播电台管理体系。

新的广播体系的设立也意味着在占领时期所建立的柏林广播电台的领导地位结束了。东柏林地区的听众可以收听到三个不同的电台节目：一个是在继承了德国传统广播电台的基础上成立的柏林一台（Berlin I）；一个是面向柏林当地社会精英阶层的、重点播放科学和艺术节目的柏林二台（Berlin II）；最后一个是面向民主德国所有社会阶层的普通大众的柏林三台（Berlin III），其定位是"推广党和政府当前为了发展社会主义国家、为了社会主义建设所制定的任务"。①

---

① Duchrow, Alfred: Entwicklungsetappen des Deutschen Demokratischen Rundfunks.VIII: 1952—1955. In: Beiträge zur Geschichte des Rundfunks 6, Heft 1, 1972, S.16.

第八章 德意志民主共和国时期的新闻事业 273

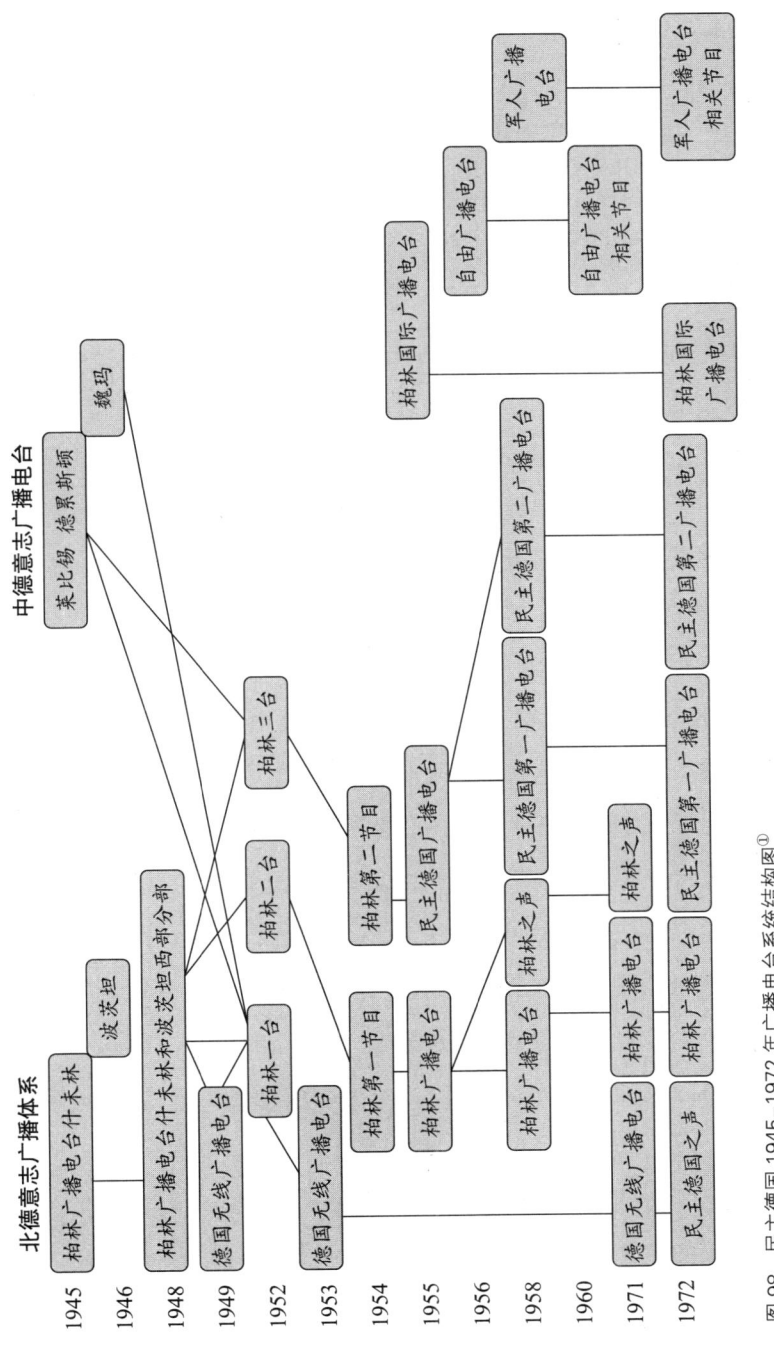

图98 民主德国1945-1972年广播电台系统结构图[1]

① Dussel, Konrad: Deutsche Rundfunkgeschichte. 2.Auflage. Konstanz: UVK, 2004, S.138.

从 1952 年 9 月 1 日起，国家广播委员会开始运行，新成立的广播分部也从 9 月 14 日起开始工作。为了进一步解决民主德国的广播电台系统结构问题，1952 年冬天，民主德国代表团开始到莫斯科深入学习和借鉴苏联的广播电台管理和运作经验。在与苏联的交流中，民主德国的广播工作人员开始意识到原本垂直的管理结构存在问题，决定采用苏联的平行管理结构，并具体规划每个职位不同的职权范围，而不是广播电台的内容都类似，比如可以按照经济类、音乐类和体育类来划分每个电台的主要节目内容。电台的平行层级结构由五个核心电台组成：一个电台负责总的德国话题，一个电台负责社会主义建设的话题，一个电台负责政治和文化类节目，一个电台负责青年和教育类节目，最后一个电台主要播放音乐节目。[①] 按照这样的平行结构，广播电台总台长一职也就没有存在的必要了。

在民主德国的实践中，广播电台结构系统的改革表面上看来结束了过去混乱的局面。但是部门之间如何协调配合，谁来对每个电台和节目负责，却是一直存在的问题。所以柏林的德国无线广播电台（Deutschlandsender）在 1953 年 8 月 23 日又重新设立了一个负责人的职位，并在 1955 年将此职位正式命名为"台长"，负责统筹电台的总体管理并处理节目存在的问题。同年，继柏林广播电台和德国无线广播电台之后，柏林还成立了第三家广播电台"民主德国广播电台"（Radio DDR）。在 1955 年之前，民主德国的人们主要收听前两家广播电台，现在有了第三家电台。另外，还有两家特别的电台。一家是联邦德国的共产党人在 1956 年 8 月 17 日建立的电台"德国自由广播电台 904"（Deutscher Freiheitssender 904）。因为之前德国共产党被联邦德国宪法法院所禁止，因此这家电台也转向地下活动，节目主要在柏林和莱比锡制作，在属于民主德国的马格德堡附近播出。另外一家是 1960 年成立的、主要面向民主德国军人的"德意志军人广播电台 935"（Deutscher Soldatensender 935），每天播放四小时节目，并按照卢森堡广播电台的商业模式来运作。这两家电

[①] Dussel, Konrad: Deutsche Rundfunkgeschichte, 2.Auflage. Konstanz: UVK, 2004, S.140.

台并不受国家广播委员会的影响，而是直接由统一社会党中央委员会管理。另外中央委员会还与国防部（Verteidigungsministerium）联合管理作为军方的电台——德意志军人广播电台935。

不久后，民主德国的广播电台又因为1968年4月6日颁布了新的宪法、1974年10月7日宪法修改而发生新的变化。在此背景下，德国自由广播电台904和德意志军人广播电台935停止运行，德国无线广播电台也更名为"民主德国之声广播电台"（Stimme der DDR），并成为短波通讯局（Kurzwellendienst）的下设部门。①

1958年，柏林广播电台还开设了一个新的电台播放晚间节目，1971年这个晚间节目电台更名为"柏林之声"（Berliner Welle）。另外，80年代末期德国的广播电台听众中的青年群体大量减少，为了吸引青年人，1964年民主德国还在柏林广播电台每天下午的节目中专门开设两个小时的特别节目"DT 64青年工作室"（Jugendstudio DT 64），DT 64这个名字来源于1964年成立的、类似自由德意志青年团的组织"民主德国国家青年团"（DDR-Staatsjugend）。1981年还增加了DT 64晚间节目。1986年3月7日自由德意志青年团成立40周年纪念时，"DT 64青年广播电台"（DT 64 Jugendradio）宣告成立，其制作的特别纪念节目在所有电台的青年节目中播放。

（2）广播节目的收听和使用情况

早在1948年，统一社会党决定以苏联的计划经济体制为榜样来建立自己的经济发展模式，并试图通过媒体来宣传计划经济体制。7月1日，苏联占领区内的所有广播电台主编和台长召开会议，瓦尔特·乌布利希特别做了关于未来两年经济发展计划重要性的报告。② 除了为经济发展计划做宣传，广播电台还承担着全面宣传统一社会党的重任。所以民主德国在20世纪50年代和60年代的广播节目，充满大量的政府通告和政治信息，新闻的内容却很少。

---

① Dussel, Konrad: Deutsche Rundfunkgeschichte, 2.Auflage. Konstanz: UVK, 2004, S.142–143.
② 同上，第152页

冷战正是这个时代的主题，因此电台节目也无一例外地宣传自己国家和社会主义制度的优势，有时也在党的指导下批评当时存在的问题。60年代末到70年代初期时，又在晚间新闻节目之后加入了电台评论节目。①

1956—1957年的广播使用调查显示，这一年间总共有20%的时间播放广播节目，94.8%的受访者在17:00—22:00之间收听广播，80%的受访者每天会固定收听19:00—21:00之间的广播。② 到80年代，民主德国的广播电台还吸引了大量联邦德国的听众，他们的比率甚至占到了所有听众的40%-50%，1987年有所下降，只有27%，但是1988年又上升到34%。③ 而也就在1985—1988年这三年间，听众对著名的民主德国第一广播电台渐渐失去了兴趣，收听率从30%下降到20%。其中的原因并不是因为听众都去关注联邦德国的电台，而是民主德国国内产生了很多更有趣的电台，它们渐渐替代了民主德国第一广播电台的地位。例如前文提到的DT 64青年广播电台由于节目内容活泼丰富，收听率很快从2%提升到12%。另外，柏林广播电台虽然试图通过地方广播电台互相交流来提高节目吸引力，但结果显示不但没有成效，反而双方的收听率都下降了六个百分点。民主德国之声和民主德国第二广播电台两家的情况稍好，收听率虽然保持稳定，但比率仍然很低。④

政治新闻和消息成为民主德国广播节目的主要内容。每天早上6:45电台便开始播送统一社会党的机关报《新德国》上的头条报道，每天傍晚18:00档的节目则播报民主德国五年发展计划的进程，或者每周播送三次"关于美国的真相"（Die Wahrheit über Amerika）节目。整个50年代上半期，民主德国的广播节目都试图对听众进行大量思想意识形态灌输。⑤ 然而50年代下半

---

① Dussel, Konrad: Deutsche Rundfunkgeschichte, 2.Auflage. Konstanz: UVK, 2004, S.157.
② Dussel, Konrad: Der DDR-Rundfunk und seine Hörer.Ansätze zur Rezeptionsforschung in Ostdeutschland（1945—1965）.In: Rundfunk und Geschichte 24, 1998, S.122-136, hier S.130.
③ Mühlberg, Liselotte: Hörerforschung des DDR-Rundfunks.In: Riedel Heide（Hrsg.）: Mit uns zieht die neue Zeit.40 Jahre DDR-Medien.Berlin, 1993, S.173-181, hier S.177.
④ Dussel, Konrad: Deutsche Rundfunkgeschichte, 2.Auflage. Konstanz: UVK, 2004, S.161.
⑤ 同上，第165页。

叶却发生了巨大的改变，这一变化最主要体现在对 1958 年 7 月 10 日至 16 日举行的统一社会党第五次党代会的报道上。原来广播电台对党代会的报道几乎都是全天候的，每天都有四档节目轮番上阵。但是关于这一次党代会，民主德国广播电台仅仅在每天的 21：00—22：00 之间播放一小时的特别报道节目。除此以外，因为当时的广播听众调查结果显示，听众最喜爱的是音乐和舞蹈节目。所以，就连德国无线广播电台也将每天 18：00 播出的关于党代会的节目时间缩短到了半个小时。另外两家位于柏林的广播电台同样如此，柏林广播电台每天 18：30，柏林之声每天 22：00 播出半小时的党代会特别报道。[1] 这一时期的广播电台更加注重听众的实际需求，而少了很多政治宣传的色彩。

但是，民主德国的广播电台从成立之初就一直承担着宣传的任务。1963 年国家颁布的"民主德国广播至 1980 年的发展总方针"（Generallinie der Entwicklung für den Deutschen Demokratischen Rundfunk bis 1980），又让广播电台重新回归到政治宣传的路线上来。指导方针中明确指出："广播除了作为公共传播平台之外，还是党和工人阶级、德意志民主共和国和民主德国国家阵线的有效信息传播和宣传工具……作为德意志民主共和国发展和社会主义社会秩序的总组织者，它们必须为政治、文化和科学技术提供支持，承担起提高生产力和动员全国人民的重任，并且满足工人在信息、教育和休闲方面的需求。"[2] 次年，国家广播委员会的统一社会党企业党组织（SED-Betriebsparteiorganisation im Staatlichen Rundfunkkomitee）也发出了"关于民主德国广播中娱乐节目工作的思考"（Gedanken über Unterhaltungsarbeit in den Programmen des Deutschen Demokratischen Rundfunk），并规定"所有娱乐节目都是为了支持党和政府政策的解释和执行"。[3] 同时，DT 64 的青年节目也按此规定相应作出调整。

---

[1] Dussel, Konrad: Deutsche Rundfunkgeschichte, 2.Auflage. Konstanz: UVK, 2004, S.165.

[2] Dussel, Konrad/Lersch, Edgar（Hrsg.）: Quellen zur Programmgeschichte des deutschen Hörfunks und Fernsehens.Göttingen, 1999, S.187.

[3] 同上，第 198 页。

关于民主德国媒介使用情况的介绍。1988年联邦德国进行的一个关于民主德国媒介调研表明，人们在闲暇时使用的印刷媒体、收听的广播和收看的电视节目之间都存在差别。1966年到1985年间，广播和电视是人们休闲时间中使用最多的媒体。男性受众每天收听广播的时间从84分钟上升到113分钟，而杂志的阅读时间每天从30分钟下降到19分钟；女性受众的情况类似，只是收听广播和阅读杂志的时间更少一些。

2. 电视的起步和发展

（1）早期电视的发展情况

早在40年代末期，汉斯·马勒就已经注意到了电视的发展，并且为它的发展提供了一个宽松的环境。而作为电视技术的先锋，工程师恩斯特·奥古斯汀（Ernst Augustin，1902—1961）早在30年代就已经非常活跃，瓦尔特·布鲁赫（Walter Bruch，1908—1990）随后还发明了彩色电视技术。另外，在柏林的阿德勒斯霍夫（Adlershof）的空军基地还成立了电视中心。这些都为德国电视的发展奠定了技术和硬件基础。1950年，广播和电视技术研究所（Rundfunk-und Fernsehentechnisches Institut）也宣告成立，并在1951年8月1日第一次发送电视信号。但是，民主德国正式定期播送电视节目是在1952年12月21日，斯大林73岁生日那天。原本计划是1953年才开始定期播送电视节目，但是为了动员全社会，特意提前到1952年圣诞期间。此外，民主德国还计划开播第一个频道之后，再开播第二个频道来播放彩色电视节目。而此时联邦德国的电视还没有起步。

1952—1953年间民主德国的电视刚刚起步的时候，总共有70-75台电视传输设备。联邦德国的电视数量则少一些，但是在那里已经开始设立私人电视台，并且个人开始购入电视设备并单独接收信号。而民主德国则采用集体接收信号的方式，和纳粹德国时代的信号接收方式类似。学校、剧院或者其他公共场所都会架起一平方米大的幕布，然后统一播放电视节目。家庭中电视屏幕的大小则为15×20厘米。因为民主德国实行计划经济，物品的供给也需要在国家计划的范围内，如果电视仅家庭使用，则需缴纳1000马克的费用，民主德国以此政策来限制私人电视的使用。但是 1953 年时，柏林地区官方也受到了批评，当年有 150 台电视机的配额，但只有一台可以出售。6 月 17 日，集体接收信号并观看电视的方式最终得以改变，私人收看电视开始获得官方的支持。同年 8 月，电视机的价格也因此开始下跌，从 3500 马克下降到 1450 马克，从 1955 年开始甚至可以分期付款。民主德国的电视机销量也快速上升，接近联邦德国的水平。[1] 1953 年登记在册的电视机是 600 台，到 1955 年增长到 13575 台，1957 年为 159490 台，两年后的 1959 年甚至增长到 593479 台，1960 年首次突破百万台。[2] 和西部的联邦德国一样，电视在民主德国也很快普及开来。1961 年，德国东西部平均约四分之一的家庭都拥有电视机，10 年后电视普及率在联邦德国达到了 74%，在民主德国也有 72%。[3]

随着电视机的普及，民主德国也开始建立定向无线电通讯网（Richtfunknetz），将各个电视台连接起来，1955 年建成了以柏林为中心星状分布的定向无线电通信网。1956 年 1 月 3 日，为了纪念民主德国开国总统威廉·皮克斯（Wilhelm Piecks，1876—1960）的 80 大寿，定向无线电通信网正式开播，并将节目命名为"德意志无线电视台"（Deutscher Fernsehfunk）。西部联邦德国的定向无线电通信网建设速度更快，1954 年 11 月 1 日德国公共广播联盟/德国电视一台开始播放，节目被命名为"德意志电视台"（Deutsches Fernsehen）。

联邦德国对东部民主德国的电视充满警觉，并用质疑的眼光观察其发展和影响。60 年代初，从中部的哈尔茨山山顶发射的电视信号只能向北传播 200 公里，而中部地区的山脉阻挡了电视信号向南部和西部的联邦德国区域的传播。1959 年的调查显示，联邦德国只有 5% 的观众能够清晰地收到民主德国的电视节目，而且他们只收看周一播出的环球电影公司的电影和政治节目。然而随着 60 年代柏林墙的修筑，很快发生了巨大变化，铁路交通无法连接东

---

[1] Dussel, Konrad: Deutsche Rundfunkgeschichte, 2.Auflage. Konstanz: UVK, 2004, S.145.
[2] Geserick, Rolf: 40 Jahre Presse, Rundfunk und Kommunikationspolitik in der DDR. München: Minerva Publikation, 1989, S.69f.
[3] Dussel, Konrad: Deutsche Rundfunkgeschichte, 2.Auflage. Konstanz: UVK, 2004, S.146.

西两德,此时也只有电波能够穿透封锁。联邦德国也发起媒体战,民主德国也发现这些电视节目可能威胁自己的统治。

民主德国的领导人非常希望能够为国内民众制作更多的电视节目,来供他们选择。所以1969年,在民主德国成立20周年纪念日时,他们参照了苏联在1967年纪念十月革命50周年时开始播送彩色电视信号的做法,开设了电视二台来专门播放彩色电视节目。①民主德国电视二台也深深烙上了苏联的痕迹。从1972年2月17日开始,由于苏联军队的总司令部延长了驻扎德国的时间,民主德国电视二台每周四和周日都要为"说俄语的朋友"播放苏联制作的原声电影和电视节目。电视二台每周的节目播放时间总共只有21小时,也就是每天大概只有三个小时播送彩色电视节目,周末则提供四个小时的彩色电视节目。

1970—1971年年间,两德之间的冷战更加激烈。双方都想要建立各自明确的国家认同,因此广播和电视也就成为塑造国家认同的重要工具。1972年,民主德国的德意志无线电视台更名为"民主德国电视台"(Fernsehen der DDR),从而突出了国家的名称。另一方面,他们也大力阻拦西部德国发来的电视信号。1973年统一社会党总书记埃里希·昂纳克在中央委员会的年会上宣布"西部的大众媒体,即所有联邦德国的广播和电视,符合我们要求的可以放开,否则都被关闭。"另外,民主德国在管理电视的领导结构上还进行了改革。1985年6月,原本广播、电视等不同分工来划定为八个部门的中央委员会,开始按照不同的经济领域来改组。这意味着,国家开始面对民主德国媒体日益失去观众的局面,并从党的层面来解决媒体内部结构所存在的问题,原本以宣传为主的节目内容也发生了改变。

(2)电视节目的内容变化

由于电视普及的时间相对较晚,20世纪50年代,公众主要还是通过报刊和广播来获得新闻。从1956年起,电视台每天至少播放一个小时的节目,到1961年已经增加到九个小时。电视节目的重点播出时间是晚上的18:00到

---

① Dussel, Konrad: Deutsche Rundfunkgeschichte, 2.Auflage. Konstanz: UVK, 2004, S.149.

22:30 之间，上午主要重播前一天的节目，而下午则是儿童电视节目时间。广播从 20 年代起几乎是同样的时间安排。所以为了与广播节目相区别，民主德国的电视特别突出现场直播的特长，1955 年 10 月开始使用直播车制作节目，并在 10 月 6 日民主德国成立纪念日当天播出了柏林的菩提树下大街国家歌剧院的现场庆典活动。另外，民主德国早期的电视节目也和纳粹时期的一样，非常喜欢播放戏剧和音乐会等娱乐节目。

表29　民主德国的各类电视节目所占比率和发展情况（按播出时间计算）[①]

电视节目类型	1955 总时间（小时）	1955 比率（%）	1960 总时间（小时）	1960 比率（%）
政治和资讯节目	74	9.4	476	15.8
电视评论节目	113	14.4	390	13.0
教育节目	——	——	89	3.0
体育节目	23	2.9	455	15.1
电影戏剧节目	362	46.1	690	22.9
娱乐节目	129	16.4	491	16.3
儿童节目	47	6.0	267	8.9
青年节目	11	1.4	63	2.1
其他	27	3.4	86	2.9
总计	786	100	3007	100.0

从上表也可以看出，民主德国体育节目的总时间在 1955—1960 年短短五年的时间内几乎增长了 20 倍，所占比率也增长了 5 倍。这是因为 1960 年罗马举行奥运会，所有电视台播出了大量关于罗马奥运会的体育报道。另外一个重要的原因则是，当时两德处于冷战的竞争状态，民主德国的报道希望能够展现更多的国际体育赛事来吸引联邦德国的观众。[②] 另外，民主德国的电

[①] Staatliches Jahrbuch der DDR 1955 bzw.1960.Zit.nach Hoff, Peter: Fernsehen in der DDR.In: Hickethier, Knut: Geschichte des deutschen Fernsehens.Stuttgart: Hömberg, 1998, S.162 u.S.192.

[②] Dussel, Konrad: Deutsche Rundfunkgeschichte, 2.Auflage. Konstanz: UVK, 2004, S.172.

视台也将周一定为"电影日",播出的电影节目不仅受到本国人民的喜爱,也吸引了众多联邦德国的观众。

从60年代开始,民主德国的电视节目开始以"电视杂志"的方式来制作各种专题节目。其中包括1961年开始播放歌剧节目"轻歌剧杂志"(Operetten Magazin),1963年开播的"棱镜"(Prisma)电视新闻杂志,还有1965年开播的以国际政治话题为主的电视杂志"客观:事件–背景–对比"(Objektiv: Tatsachen-Hintergründe-Kontraste)。之后,"交通电视杂志"(Verkehrsmagazin)和"经济论坛"(Wirtschaftsforum)节目,以及推广产品的"电视购物指南千万条"(Tausend Tele-Tips)、体育类电视杂志"体育现场"(Sport Aktuell)和各种针对青少年儿童的电视杂志节目。

民主德国电视台还根据观众的作息时间来设置节目播出时间。观众调查显示,70年代民主德国的观众有30%会在工作日的21点前上床睡觉,21:30前有50%,22点前则增加到80%。所以重点播放节目的时间在19:00-21:30比较合适。因此,民主德国著名的新闻节目"现场镜头"19:30开始播放,这样可以错开联邦德国电视一台19点播放的新闻节目"今日"(heute)和20点播放的"每日新闻播报"(Tagesschau)。之后的节目主要是生活指南类的,例如提供健康养生建议的电视杂志"查房"(Visite)和园艺类电视杂志"你和你的花园"(Du und Dein Garten),或者娱乐节目。[①]

70年代,民主德国开始讨论是否电视二台应该重播电视一台的节目,但是观众大多持反对意见。因此也产生了新的节目理念,为了在完成政治宣传任务的同时满足观众的需求,"让新闻和评论节目来完成提高政治意识形态影响的任务",而周二和周五应该集中播放电视剧,就连这两天晚上9点播放的政治新闻节目也应该停播。[②]但这样的节目理念在现实中却遇到了困境。早在70年代初期,民主德国就已经制定了1990年之前的"民主德国电视及

---

① Dussel, Konrad: Deutsche Rundfunkgeschichte, 2.Auflage. Konstanz: UVK, 2004, S.177.

② Dussel, Konrad/Lersch, Edgar (Hrsg.): Quellen zur Programmgeschichte des deutschen Hörfunks und Fernsehens.Göttingen, 1999, S.350.

其物资和技术发展长期规划",并一直按照该计划运行。突然发生节目内容转变,不仅会让民主德国的电视台难以满足观众对娱乐节目的需求,而且也无法临时投入更多资源制作娱乐节目。而在民主德国的社会主义制度下,私人投入资金或者技术来制作电视节目更是不允许的。与之相反,联邦德国从1978年起电视开始增加娱乐节目的内容。在这样的情况下,民主德国开始进口电视节目,当时60%左右的电视节目由本国电视台制作,约40%从国外进口,但其中九成以上都是来自社会主义国家的,来自联邦德国的电视节目极少。[①]

进入80年代,由于观众对娱乐内容需求越来越大,特别是面对大量的观众只收看联邦德国的节目的困境,民主德国的电视台又对节目结构进行大调整。电视新闻节目中去除了很多政治信息,就连电视新闻杂志节目"棱镜"也从原来20点的黄金播放时段调整到21点播出,20点的黄金档则用来播放电影。这时候,民主德国的电视台开始允许节目内容多元化,原本受到禁止的美国和西欧的电影也渐渐出现在民主德国的电视节目上。仅1984年一年的晚间节目就播放了540部电影,平均每天至少一部。令人惊讶的是,其中60%都来自西方国家,13%-15%的电影产自意大利、法国和美国。联邦德国的电影只占3%,而民主德国自产的电影也仅有2.5%,其他社会主义国家制作的电影为25%。在所有德国电影中,1945年之前的老电影占到了10%。[②]

此外,民主德国的电视台还为另外一个重要的观众群体——青少年制作了特别节目,1984年时的节目时间总长为50小时,平均每周播放一小时的青少年节目。到1988年时已经增长到192小时,1989年更是大幅度增长,并在9月1日开播了"1199"(Elf 99)节目。两德统一后,这个节目受到了商业电视台的特别关注,先后被卢森堡广播电视台(Radio Télévision Luxembourg,

---

① Dussel, Konrad/Lersch, Edgar (Hrsg.): Quellen zur Programmgeschichte des deutschen Hörfunks und Fernsehens.Göttingen, 1999, S.356.

② Geserick, Rolf: 40 Jahre Presse, Rundfunk und Kommunikationspolitik in der DDR. München, 1989, S.368.

RTL）和福克斯电视台（Vox）收购。

（3）电视节目的收视概况

民主德国电视节目的一大特色，就是处于"政治"与"宣传"之间。一项长达十几年的电视观众调查显示，民主德国的观众更多地把电视看作是娱乐媒体，而非公开信息的媒体。1971 年，著名的电视新闻节目"现场镜头"观众数量为 180 万，而电影和体育节目的观众却分别为 660 万和 690 万，远远超出新闻节目。①

1985 年联邦德国对从民主德国迁入的 205 人的媒介使用情况进行调查，结果显示，在民主德国的很多地方都能接收到联邦德国的广播和电视节目信号，且视听率非常高。只有在德累斯顿和格赖夫斯瓦尔德②等东部地区，因为远离两德边界而无法收到联邦德国的电视节目，但是还能收到一些中波的广播信号。80 年代中期，联邦德国的媒体设备经过更新后开始通过卫星传输电视信号，几乎让整个民主德国都能收看其电视节目。1985 年的调研结果也让人震惊，因为 85% 的参与者表示他们定期收看联邦德国的电视节目，尤其是新闻报道和政治专题节目，并认为德国电视一台和电视二台这两家公共广播电视台的节目具有很高的可信度、多元化和开放性。除了对政治节目感兴趣外，这些民主德国的公民也很喜欢娱乐节目。而他们收听的广播节目几乎都来自柏林的美国占领区广播电台（Rundfunk im amerikanischen Sektor, RIAS）③和巴伐利亚广播电台（Bayerischer Rundfunk）。④ 当然，这些接受调查者只是迁移到联邦德国的人，并不能完全代表民主德国所有受众的情况，但至少说明了一点，比起民主德国的电视节目来说，这些移民对联邦德国的更感兴趣。

---

① Dussel, Konrad: Deutsche Rundfunkgeschichte, 2.Auflage. Konstanz: UVK, 2004, S.180.
② Greifswald，德国梅克伦堡－前波曼州的一座直辖市。
③ 美国占领区广播电台是冷战期间美国设在西柏林美国占领区内的广播电台，1946 年成立，主要向柏林附近的德国居民提供新闻和政治报道。1988 年 8 月开始制作电视节目并建立 RIAS-TV 电视台，并成为唯一一个专门对东德受众而制作电视节目的电视台。
④ Hanke, Helmut: Das » deutsche Fernsehen «-doch kein Null-Medium？ Fernsehgesellschaft und kulturelle Chance. In: Wolf, Konrad: Medien der Ex-DDR in der Wende（Beiträge zur Film-und Fernsehwissenschaft; Schriftenreihe der Hochschule für Film und Fernsehen der DDR）. Berlin: Vistas, 1991, S.7–23.

1989年10月，民主德国也发起了首次电视使用情况调查，54%的人收看本国的电视新闻节目"现场镜头"。而对于报刊来说，民主德国官方禁止一切联邦德国的报刊，那些联邦德国的商业的、企业的报刊一律不允许在民主德国境内发行，普通老百姓也禁止阅读此类报刊，否则将受到处罚。只有一些西方国家的共产主义报刊，或者一些经过挑选的非政治类的报道可以在民主德国传播。但是，在一些黑市上仍然可以买到被禁的报刊。自从1987年民主德国领导人埃里希·昂纳克访问联邦德国后，对联邦德国印刷媒体的查禁也有所放松，关于时尚、体育、个人兴趣和一些专业杂志开始通过民主德国的邮政系统发行，或者通过旅行者从联邦德国带入境内。①

为了具体了解民主德国受众媒介使用动机和习惯，另外一项深度访谈调查也开展起来。传播学者米夏埃尔·迈雅（Michael Mayer）发现电视是人们日常生活中使用最多的媒体，其中娱乐节目、游戏节目或者动物节目最受欢迎。娱乐放松是人们日常生活的首要需求，而接受教育和政治信息则排在了第二位。②民主德国的人们对新闻资讯类和政治类的节目可信度的要求并未像联邦德国那样高，也不怎么看电视一台和二台的新闻节目，只是把它们当成了接收民主德国的宣传信息之后，对新近发生的事情的补充而已；大部分受访者认为，所谓的"不带任何利益的""客观的"新闻报道是不可能的。但是情况在1989年夏末秋初时节发生了变化，联邦德国的广播电视节目临时被允许进入民主德国，因为新闻报道中出现了示威游行和如何从民主德国逃走等内容，开始引起人们的关注，并与民主德国形成了对立的局面。而在此之前，西方媒体的节目并不是民主德国的人们获得新闻的重要替代渠道。③

---

① Holzweiβig, Gunter: Informationsaustausch. In: Weidenfeld, Werner/Korte, Karl-Rudolf（Hrsg.）: Handwörterbuch zur deutschen Einheit. Frankfurt/M: Campus, 1992, S.396.

② Meyen, Michael: Denver Clan und Neues Deutschland.Mediennutzung in der DDR. Berlin: Ch.Links, 2003, S.40 ff.

③ Pürer, Heinz/Raabe, Johannes: Presse in Deutschland（3.Auflage）.Konstanz: UTB, 2007, S.205.

第九章 两德统一后的德国新闻业

CHAPTER 9

在两德统一之前,民主德国的政治和社会格局都发生了剧烈的变革。这些变革也使得统一社会党领导下的东德媒体快速发生了根本变革,政党对媒体的控制开始松懈,媒介市场得以开放,因此促进了东西两德媒体更多的合作。而媒体变革中一个最主要的转折点,就是民主德国媒体的迅速私有化过程。数目众多的统一社会党的报刊也通过托管局(Treuhandanstalt)出售,东德报业完全市场化,而西德大型媒介集团也借机进入东德市场,创办新刊物或者发行当地版面。此时,新一轮的报业集中化进程也随着报业康采恩的步伐,从西德蔓延到东德。短短几年内,东西两德的报业市场都形成集中化的稳定局面。

一、两德统一前的政治和媒体变革

1. 两德统一前的政治变革

到 20 世纪 80 年代中叶，无论是联邦德国还是其西方盟友都未能及时认识到，德意志民主共和国已是日薄西山，时日无多了。东德领导人年事已高，与人民群众联系名存实亡，而无论在统一社会党内还是党外，反对派的实力和自信心都不断增强。最重要的是，政府财政赤字高达 3000 亿马克，根本无法摆脱日益沉重的债务负担，国家基本走向破产。而要减少债务，只能大幅度减少进口、加大出口，同时从联邦德国取得大批贷款来缓解压力。民主德国开始允许成立私营企业来为经济发展提供一些动力，这也缓解了消费者的压力。1986 年统一社会党十一大制订了新五年计划，并把发展重点放在高技术产业上。但之后几年里，民主德国经济陷入停滞，发展导致的污染程度不断加剧，东西两德的差距也在不断扩大。之后一系列社会矛盾不断加剧，1989 年 4 月，民主德国的基督教团体在德累斯顿的例行会议上要求制定更加民主的选举法、不要篡改选举结果。当年 5 月的民主德国地方选举欺骗行为曝光，让愤怒的人们走上街头示威游行。

经济上的恶化，以及统一社会党拒绝重蹈戈尔巴乔夫（Michail Gorbatschow, 1931—）改革的后尘，进一步激化了原本因为选举舞弊而愤怒的人们。1989 年，已经开始实行改革的东欧国家匈牙利开放了与奥地利的边界。8 月，180 名民主德国的公民进入布达佩斯，并通过红十字会逃往联邦德国。此后越境逃往联邦德国的人越来越多。9 月 10 日，匈牙利政府更是允许民主德国的公民自由通过奥匈边境。到 9 月底时，已经有 2.5 万人从民主德国一涌而出，越境进入联邦德国。而在民主德国境内，随着游行示威不断加剧，反对派的呼声也越来越大。统一社会党却坚决不妥协。1989年10月2日，莱比锡两万人大游行，要求实行政治改革。两天后，德累斯顿又有近3000人试图跃上从捷克斯洛伐克开往联邦德国的火车，结果遭到镇压。就在同一天，反对派也呼吁在联合国监督下进行自由选举，并要求结束统一社会党的独裁统治。德累斯顿和马格德堡陆续爆发游行，并相继被警察驱散。但是，游行示威愈演愈烈。到10月12日，莱比锡的示威人员增加到12万，到10月23日时，游行的人数已经增长到30万。

民主德国的媒体也随着政治局面渐渐发生变化。尽管民主德国对媒介的控制相当严格，但是对体制的批评声却不断高涨。特别是作家协会等民间组织和教会代表，一直宣扬支持改革。10月18日，昂纳克以健康欠佳为由辞职，由埃贡·克伦茨（Egon Krenz，1937—）接任统一社会党总书记职务，并兼任国务院和国防委员会主席。昂纳克同时也辞去大众媒体宣传书记①的职务，由约阿希姆·赫尔曼接任。在他的主持下，统一社会党中央委员会下设的宣传委员会宣布解散，这也意味着民主德国统一指导大众媒体的时代已经结束了。11月4日，100万人集结在东柏林的街头，要求获得选举自由、言论自由、旅行自由和不受限制的集会权利。民主德国各地也随即爆发游行。11月9日，统一社会党的政治局成员君特·夏博夫斯基（Günter Schabowski，1929—2015）毫无任何先兆地突然在新闻发布会上宣布，即刻开放柏林墙，两德民众可以自由通行。于是，统一社会党开放了通往西柏林的边界，这也意味着在东西两德之间伫立了28年之久的柏林墙终于倒下，民主德国的人们开始涌入联邦德国。人们也渐渐发现，单纯的改革已经无法挽回民主德国，在分裂了40年后，两德统一的趋势势不可挡。12月6日，上任仅仅50天的克伦茨宣布辞职，统一社会党领导下的政治局和中央委员会也退出历史舞台。

---

① 这一职位是民主德国中央委员会领导宣传部门工作的书记，相当于中国分管宣传工作的政治局常委。

原德累斯顿的市委书记汉斯·莫德罗接任部长会议主席一职。

1989年12月7日,统一社会党和其他小党、反对派、示威团体举行圆桌会谈,着手起草宪法草案。12月8日,统一社会党召开会议,决定把党的名称改为"民主社会主义党"(Partei des Demokratischen Sozialismus,PDS),并选举格雷戈尔·居西(Gregor Gysi,1948—)任党主席。同时,他们希望能够维持工会、青年联盟等群众组织,然而这些组织的人员却成批退出。12月15、16两日,洛塔·德梅齐埃(Lothar de Maizière,1940—)领导的东德基督教民主联盟通过新的党纲,宣布接受市场经济,呼吁实现民族统一。人们要求实现自由选举和民族统一的声音也越来越大。11月28日,联邦德国的总理赫尔穆特·科尔向联邦议员提出《消除德国和欧洲分裂的十点计划》,并前往德累斯顿与莫德罗进行会谈,商定"合作与睦邻关系"条约。虽然莫德罗和统一社会党都很希望抓住权力不放,但"圆桌会议"要求人民议会选举的时间提前,之后莫德罗又到莫斯科会见了戈尔巴乔夫,戈氏并未反对两德统一。于是,莫德罗最终提出《通往德国统一道路的方案》,并在内阁中加入了8位反对党人士。1990年3月18日举行了民主德国近60年以来的第一次自由选举。最终基督教民主联盟与民主社会主义党联合组成新一届政府,德梅齐埃成为部长会议主席。

在两德统一的问题上,最重要的就是能否获得同盟国的首肯。联邦德国总理科尔1989年2月10日访问莫斯科,戈尔巴乔夫告诉他苏联将接受一个统一的德国。而在另一边,民主德国的德梅齐埃联合政府开始分崩离析,民主德国经济也一直处于危机状态。1990年8月31日,两德在柏林举行《统一合约》(Einigungsvertrag)签字仪式。10月3日,存在了40多年的民主德国消失在历史中。原属于民主德国的梅克伦堡-前波曼、勃兰登堡、萨克森-安哈特、图林根和萨克森五个州加入联邦德国。

2. 两德统一前的媒体变革

民主德国内支持媒介自由的声音越来越大。媒体宣传部解散以后,成立了信息和媒介政策部,并由赫尔曼的继任者君特·夏博夫斯基担任部长。民主德国部长会议主席下设的新闻局也更名为政府媒体和信息事务局（Presse- und Informationsdienst der Regierung）。此外，在莫德罗担任部长会议主席期间，他还出台了一系列重要的新媒介政策。首先是针对外国媒体组织和通讯社的新规定越来越与国际接轨，限制也基本取消了。联邦德国的媒体也借此机会，在民主德国的报刊上投放广告。统一社会党也在一部分党报、杂志和广播电视进行市场化改革。最终，超过70%的原本属于统一社会党党内资产的出版社，以有限责任公司的方式向"全民所有资产"（Volkseigentum）转移。统一社会党机关报的主编当然也随之变更。对于这样的媒介变革，莫德罗解释道，应该保证所有民主党派的媒体也能够自由进入媒介市场。为此，他还专门设立了媒体委员会，为这一新的民主和多元化的媒介体系制定相应的法律。民主德国的报摊上也允许出售联邦德国的报纸杂志，甚至连原来报刊需要登记领取执照的规定都取消了。1990年4月1日，民主德国也暂停了对报刊的补贴，导致很多报刊涨价。[①]

德梅齐埃政府作为民主德国第一次自由选举出来的政府，也需要任命一位能够引导"自由而多元的媒介环境"的媒介政策部长。1990年5月初，政府出台了报刊销售许可证法案，阻止联邦德国大型媒介集团并购民主德国的出版社。同时在德梅齐埃主导下，媒介法起草委员会也召集各党派和社会团体、教会、新闻出版行业的各个协会，以及学者专家举行圆桌会议，共同制定了媒介法的四个基本原则：

——保证在信息领域平等而自由的权利
——保证媒体独立于国家和政府
——保证媒体能够满足人们对信息、文化和教育的需求
——制止媒介领域形成垄断

[①] Nölte, Joachim: Chronik medienpolitischer Ereignisse in der DDR. In: Claus, Werner (Hrsg.): Medien-Wende-Wenden-Media? Dokumentation des Wandels im DDR-Journalismus. Oktober 89 bis Oktober 90. Berlin: Vistas 1991, S.85.

此外，民主德国还成立了一个媒体监管委员会（Medienkontrollrat），用来监管和保证媒体能够执行人民议院做出的决定。媒体监管委员会的24位成员分别来自不同政党、民权运动人士、教会和犹太人的组织。5月底，民主德国报刊和媒体委员会的13位成员对媒介法起草委员会的草案提出意见，并且在媒体监管委员会的监督下进行投票。6月，人民议院（Volkskammer）[①]决定将德意志新闻总社改制为具有一定资产担保限制的企业。6月底还起草了广播电视过渡法案，并于9月3日开始实行。[②]8月底，人民议院因民主德国加入联邦德国而解散。1990年8月31日《统一合约》签署后，广播电视过渡法案也随之失效。至此，民主德国试图制定媒介法案的计划最终随着两德的统一而未能实现。统一后，新加入联邦德国的五个州各自制定了地方媒体法。[③]

另外，两德统一以前，民主德国的媒体不仅在组织形式上发生了巨大变化，就连内容也有很大的转变，批评社会的言论终于被解禁。另外，原民主德国地区的报业市场上涌现出很多新的报刊和出版发行企业，德国邮政失去了原本的发行垄断地位。联邦德国很多大型出版集团，也向原民主德国区域内的图书馆和档案馆免费赠送报刊。当然，他们需要先在民主德国内注册成为出版企业才能获得发行许可。

不久后，联邦德国的出版社开始在当地发行报纸。联邦德国的编辑和当地的编辑通过电话联系，并且交流当地媒介市场存在的问题，当地编辑也会根据本地特色来修改联邦德国发来的稿件。联邦德国出版协会的成员也呼吁，希望协会成员能够给民主德国地区提供一些技术设备上的支援。随着民主德国报业市场的不断开放，很多联邦德国的出版社还在民主德国成立了新的出版社。在1989年11月到1990年5月间，民主德国新创办的自主经营的报刊

---

① 民主德国最高人民代议机构，也是最高国家权力机构。
② Pürer, Heinz/Raabe, Johannes: Presse in Deutschland（3.Auflage）.Konstanz: UTB, 2007, S.214.
③ Nölte, Joachim: Chronik medienpolitischer Ereignisse in der DDR. In: Claus, Werner（Hrsg.）: Medien-Wende-Wenden-Media？ Dokumentation des Wandels im DDR-Journalismus.Oktober 89 bis Oktober 90. Berlin: Vistas 1991, S.75-116.

已经从 39 家增加到 48 家。但是，这些出版社的环境非常艰苦，因为报纸无法从联邦德国印好后再运过来，只能就地使用统一社会党党报留下来的旧印刷设备，印刷纸张经常出现短缺的情况。

1990 年后，随着统一社会党在地方所有的党报转变为全民资产，一些西德的出版社也开始与它们合作。虽然这种东西德之间的合作并没有在官方或者法律上得到承认，但是却渐渐改变着东西德原本分裂的报业格局。已经在联邦德国垄断市场的大型报业集团，如施普林格、布尔达、鲍尔、格鲁那与雅尔等媒介集团都已经进入民主德国的报业市场。一些出版社也通过合作和风险投资的方式开始融入民主德国议会党团的报刊中。例如施普林格集团收购了几乎所有东德亲近自由民主党的报刊，《法兰克福总汇报》接收了民主德国基督教民主联盟的报刊，而鲍尔集团则购买了国家民主党的机关报，西德意志总汇报报业集团购买了一家自由民主党的报纸，而南德意志报报业集团则收购了基督教民主联盟的机关报。

1990 年 5 月宣传部解散后，26 家统一社会党的报纸与西德意志总汇报报业集团合作。到 6 月时，合作的民主德国报刊已经超过了 100 家。对于民主德国的报刊来说，通过合作可以获得技术和人员方面的帮助，从而对这些报刊的现代化进程起到了巨大的推进作用。一些联邦德国的出版社，还在民主德国的报刊上开设广告版面。1990 年 9 月，格鲁那与雅尔出版社和麦克斯韦尔媒介集团以 2.35 亿马克购买了柏林出版社。这家出版社当时属于左派的民主社会主义党，所出版的报纸和杂志的发行总量能达到 1000 万份，旗下有《柏林报》和民主德国唯一的马路报《柏林报晚间版》，以及《每周邮报》、周刊《广播电视不错过》，还有《新柏林图片杂志》和《自由世界》。

当时很多西德的报纸都希望能够在东德的报业市场上得以推广，并赢得东德的读者。1990 年年初，进入东德报业市场的西德报刊在发行量上都取得了不错的成效。《图片报》发行量为 6.1 万份，《南德意志报》1 万份，《汉堡晨邮报》2.7 万份，《法兰克福总汇报》2.4 万份。另外，《明镜》周刊在东德每期也能卖出 1.7 万份，《布尔达时尚杂志》为 1.3 万份。到 1990 年 8 月，在民主德国地区报业市场上总共有350种来自联邦德国的报刊。但是民主德国本土的报刊,不管是全国性的还是地方报刊,发行量都不尽如人意。其中一个重要的原因,就是由于政治和经济的变革,民主德国的读者在政治、社会和物质生活,以及信息需求方面都变得越来越接近联邦德国。

3. 统一前民主德国报刊类型的多元发展

进入80年代后,尤其两德统一前,随着民主德国经济社会的变化,报业市场上除了统一社会党的党报,还出现了广告报刊等商业化的报刊类型。民主德国的报业市场,融合了传统党报和市场报刊,这种并存的局面成为两德统一前报业市场的特色。

(1)党派报刊

1989年11月初,众多统一社会党日报的主编和发行人要么辞职,要么被替换。很多民主德国的记者也被迫离开报社。1989年1月中旬,统一社会党主席团(Parteipräsidium)考虑到党内报刊的经济状况和公众对于报纸垄断的批评,决定将16份党的中央机关报中的11份,以及26份党内自己印刷的报纸中的21份,转为全民资产。到1月底,《新德国》成为统一社会党中央委员会的机关报,但在1989年12月18日之前只是普通的"社会主义报"。大多数统一社会党的日报为了显示出变更后已经独立于国家和党派,纷纷更换名字。另外,统一社会党的两份最大的地区报纸也在统一前被西德的出版社所购买。它们分别是在开姆尼茨出版、发行量为65万份的《自由报》,后来被位于路德维希港的莱茵普法尔茨媒体联盟(Medien Union/Rheinpfalz)所购买;还有在哈勒出版、发行量突破50万的《中德意志报》(*Mitteldeutsche Zeitung*,原名为《自由》),被杜蒙 – 肖贝格出版社所购买。[①]

(2)民权运动

1989年11月,随着《魏玛周报》(*Weimarer Wochenblatt*)的成立,民

---

① Pürer, Heinz/Raabe, Johannes: Presse in Deutschland(3.Auflage).Konstanz: UTB, 2007, S.220.

主德国境内产生了第一份独立的地区报。《魏玛周报》的第一期创刊号采用胶板印刷。继而，很多新成立的党派和民运组织陆续出版三十多种周报和日报。11月23日，民权运动组织还借《新埃尔福特报》（Neue Erfurter Zeitung）的版面来发行《新论坛》特刊。1989年年底和1990年年初是民权运动报刊的创办高峰期，先成立的地方民权运动报刊有罗斯托克的《市民议会报》（Bürgerrat，总发行量2.5万份）和《平台》（Plattform，发行量为5万份）。还有在什未林出版的《麦克伦堡觉醒》（Mecklenburger Aufbruch，发行量8万份）和《89觉醒》（Aufbruch 89）。此外还有一些跨地区的民权运动报纸，例如柏林出版的《他人》（发行量10万份）、《报纸》（Das Blatt，发行量25万份）和柏林的建设出版社（Aufbau Verlag）与西德意志总汇报报业集团联合发行的东德版《日报》（发行量6万份）。

在两德统一前，东德的民权运动报刊和针对政治群体的报刊对宣传民主政治起到了重要的推动作用。它们试图从不扭曲事实的角度来传递信息。可是在创办几个月以后，这些民权运动报刊就因为两德统一而失去了存在的必要。因此，很多民权运动报刊开始将出版周期缩短到一周或者一个月。

（3）议会党团和大众组织的报刊

民主德国的议会党团和大众组织的报刊在两德统一前，所占市场份额只有不到9%。其中包括14家地区报、以及分别属于基督教民主联盟、德国自由民主党、德国国家民主党和民主农民党的4种中央机关报。它们的生存条件非常有限，发行量远不及统一社会党的地区报和广告报刊。但是，联邦德国的众多报业集团却在民主德国的议会党团报刊上找到了盈利方式。1990年后，民主德国的议会党团报刊的种类明显增加。在法兰克福总汇报报业集团的支持下，民主德国基督教民主联盟的机关报从5家增加到6家，在德累斯顿出版的《联盟报》（之前属于议会党团的《德累斯顿最新新闻》，Dresdner Neueste Nachrichten）也与慕尼黑的南德意志报出版社合作。通过与施普林格出版社合作，德国自由民主党的机关报也从4家增长到5家，该党的《图林根最新新闻》和《图林根地方报》也与西德意志总汇报报业集团合作。在

1990年5月到7月间，德国国家民主党的机关报甚至从3家奇迹般地增长到6家，这3家报纸分别与鲍尔出版社、柏林的《明镜日报》（Tagesspiegel）合作，最后一家则被施普林格集团收购。

但是，西德的报业集团却对东德的跨地区日报和大众组织的报刊，例如自由德意志青年团的《青年世界》、工会的《论坛报》等，并没有多少兴趣。两德统一前，《青年世界》的发行量从150万份下降了75%，最后只有40万份左右。《论坛报》《新时代》《农民回声报》《晨报》和《柏林总汇报》（*Berliner Allgemeine*）等也在短短几个月内失去大量的订阅量和读者。对于一些跨地区的报纸来说，处境更是艰难，例如基督教民主联盟的机关报《勃兰登堡联盟报》，就不得不从日报改为周报，以节约成本。

（4）马路报刊

民主德国的内部报业市场开放后不久，马路报刊开始迅速涌入，造就了1990年东德市场上以西德地方报纸命名的、但在东德发行的新报刊不断问世的繁荣局面。1990年2月，施普林格报业集团的《图片报》开始在麦克伦堡发行第一份地区报。同年3月，在图林根、萨克森和萨克森－安哈特也陆续发行当地的《图片报》。几个月后，格鲁那与雅尔出版社的《汉堡晨邮报》也踏入东德的土地，在东德地区发行当地版的《德累斯顿晨邮报》（*Dresdner Morgenpost*），后来又陆续在开姆尼茨和莱比锡创办一些当地的马路报刊。1990年6月，科隆的M.杜蒙－肖贝格出版社也联合马德萨克出版集团（Verlagsgruppe Madsack）在哈勒创办了《新快报》（*Neue Presse Express*），之后马德萨克出版集团的投资加大，并在1991年春将这份报纸更名为《中德意志快报》（*Mitteldeutscher Express*）。

1990年1月底，莱比锡成立了两德统一以来的第一份马路报《我们在莱比锡》（*Wir in Leipzig*），起初每周出版一次，在大街上售卖，后来改为日报。创刊三个月后，《我们在莱比锡》已经在莱比锡地区发行五个不同的版本。该报与威斯特伐利亚出版商马蒂亚斯·芬克（Mathias Finck）合作，他所创立的埃姆斯代特我们的体育出版社（Emsdettener Sport-bei-uns-Verlag）已经出版过很多地区性的马路报刊，如《我们在戴腾》(*Wir in Detten*)①和《我们在格雷文》(*Wir in Greven*)和《我们在瑞尼》(*Wir in Rheine*)等。但是，《我们在莱比锡》这类马路报刊根本无法与各地发行的《图片报》相竞争。1991年10月，由于经营亏损，《我们在莱比锡》不得不彻底停刊。格鲁那与雅尔出版社购买了柏林出版社以后，还与麦克斯韦尔出版社（Maxwell）合作，在东德发行《柏林报晚间版》。

（5）周报和杂志

对于周报和杂志来说，两德的统一让它们失去了大量的发行量和读者。尤其东德报业市场开放以后，它们更因为缺乏竞争力而难以生存。而对于西德的周报和杂志来说，在两德统一后能够成功立足于东德地区的也不多。其中成功的案例有《明镜》周刊，因为吸纳了东德的读者，其发行量在两德统一后有了明显提高。此外还因为一些西德出版社原来发行经济类杂志的东德版，统一后两个版本合并，发行量自然也就增加了。而一些杂志和周报失败的原因，则是因为编辑部为了节约成本，没有单独在东德设立编辑团队，而直接在西德让编辑从"全德国"的角度来选取新闻。然而这些内容并没有得到东德读者的认可。

对于东德原本已经存在的杂志，例如《青年世界》来说，统一之后西德强势的大型媒介集团给他们带来了巨大的竞争压力。其中比较难得的是《新柏林图片杂志》，从1975年后它的发行量就一直保持在80万份左右，即使两德统一后，它通过风险投资和西德的出版社合作，但仍然保持了自己的独特风格。而很多东德的杂志，也试图通过寻找其他报道主题和新的编辑理念来寻找生存的空间。东德之前重点报道德国和苏联之间的合作与友谊的《自由世界》（发行量36万份），在进入自由市场后损失了80%的发行量。1990年开始改版成旅游杂志，并且和《地球》杂志竞争。但是，东德的杂志在排版、印刷和纸张质量上，都比西德的杂志要差一些。

---

① 戴腾和格雷文都为北莱茵－威斯特伐利亚州的城市。

另外,在两德统一前后,市场上还出现了一些新创办的月刊,例如《机遇》(Chance)和《新社会民主人士》(Der Neue Sozialdemokrat,出版周期14天)。而民主社会主义党的周报《我们的时代》和《新德国》等日报则无法在市场上立足,仅仅保留了非常小的发行量。

(6)统一社会党的企业报刊

之前,统一社会党的企业报刊只能在政府或者企业的指导下发行。但是,这类报刊现在面临最严重的问题就是自己需要确立新的出版方针。在柏林墙倒塌后三个月,这类企业报刊存活下来的数量只有原来总数的三分之一。很多企业报刊都将出版周期延长到14天或者四周。[①]

(7)地方报纸和地方广告报刊

1990年中期,从西德涌入的出版集团创办了地方广告代理和行政报刊,用来宣传一些政党思想或者报道政党新闻。两德统一后,这类报刊的数目突然增加。当然,从1989年年底起,西德的出版社开始活跃地参与到东德的地方报纸发行中。一开始这些周报很少进行编辑,为了打开市场,它们更多的是刊登大量广告。但是从1990年2月13日开始,民主德国开始控制报纸的价格,报刊的价格因此上涨了三倍,原来只卖0.15马克的报纸涨到了0.4甚至0.5马克,订阅的价格也从每日8.50马克上升到12.80马克。仅仅在1990年2月到3月间,整个东德的报纸订阅量就下降了1660万份,其中报纸价格上涨是主要原因。当然,很多东德的出版社也很难和西德的大型媒介集团竞争。特别是《新德国》《青年世界》和《论坛报》等原本就已经拥有很多读者的报刊,在价格上涨后几乎失去了一半读者。

4.民主德国对出版企业的规制

其实早在1990年1月26日东德政府规制报业市场之前,西德的大型媒介集团已经计划在东德建立起一系列的出版企业。施普林格、格鲁那与雅尔、布尔达和鲍尔出版集团在1990年1月23日与民主德国邮政达成一致,计划

---

① Grubitzsch,Jürgen: Presselandschaft der DDR im Umbruch. In: Media Perspektiven 3/1990, S.152.

通过风险投资来控制东德报业市场 50% 的份额。但因为市场容纳能力有限，只有 80 种西德报刊能够进入东德市场。无缘涉足东德市场的西德出版社为此抗议，指责东德政府控制言论。为了解决这一矛盾，建立一个独立而中立的评价体系非常必要。东德的媒体监管委员会因此制定了相应的规章来管理出版企业的许可证，这些规章最终在 1990 年 5 月 2 日由民主德国媒介政策部（Ministerium für Medienpolitik der DDR）发布，其中规定下列与出版相关的企业必须获得出版许可：

——邮政报刊服务处（Postzeitungsdienst）
——在民主德国境内的私人报刊批发商
——在民主德国境内的出版社（通过订阅来发行的）
——在民主德国境内的企业（拥有许可证且通过订阅来发行的）
——通过民主德国邮政或者报刊批发商来发行的企业

这样的规定有利于保持大型出版企业的独立性。其中的第三条第一款规定，"出版社的全部或者部分业务需要和报纸或者杂志有关"，这样能够有效控制中间经销商，使得出版社直接与市场挂钩而脱离中间商的控制。

西德的四家报业集团总共在东德设立了 12 家出版企业。它们只占有这些出版企业 25% 的股份，其他 25% 由其他联邦德国的日报和杂志出版社拥有，另外 25% 由东德出版社持有，最后剩下的 25% 则由一家东德商业协会拥有。后来出版社的数量增加到 19 家。两德统一以后，这些大型出版集团和联邦反垄断局之间达成协定，在原来东德境内设立的大型出版社彼此之间可以选择合作或者独立，不限制其规模。通过这项协议，很多在原来东德地区的大型出版社得以联合。而东德地区的报刊销售点也开始增长，到 1992 年已经增加到 15500 家，使得新统一的德国报刊销售点的密度在短短时间内，就比原来西德的提高了三分之二。①

5. 媒介行业组织的发展

两德的统一使得民主德国的媒体格局发生巨大的改变，同时也带动了职业组织的变革。联邦德国的两个具有代表性的媒介行业组织，媒体行业工会（IG Medien，今天隶属服务业工会联盟，Vereinte Dienstleistungsgewerkschaft，德文简写为 ver.di）和德国记者协会（Deutscher Journalisten-Verband, DJV），早已与东德记者协会（Verband Deutscher Journalisten, VDJ）有过合作。1990年4月，双方还举办过第一个两德记者日，以此促进双方记者的交流。东德的记者协会借此与西德记者的专业组织媒体行业工会合作，西德的记者协会也在东德五个不同的地方设立办公室，试图参与到东德记者协会的运作中。从1990年6月以来，这五个地方办公室发展为地方记者协会。在媒体行业工会的协助下，民主德国1990年10月1日成立了第一家工会，即印刷与造纸行业工会（IG Druck und Papier）。同年6月底，全国性的东德记者协会停办，并在9月30日宣布完全解散，其成员可以自由选择加入媒体行业工会，或者东德记者协会在地方新成立的协会。东德的报刊出版行业协会完全依照西德的模式来建立，并在地方建立很多当地的记者组织。到1990年6月，勃兰登堡、图林根、萨克森和萨克森-安哈特四个州都成立了出版协会。

二、两德统一后各联邦州报业发展情况

虽然1990年10月3日两德完成了统一，但报业市场并没有那么统一起来。新统一的德国内部各地媒介市场情况和现在的德国，甚至和东德时期的差别非常巨大。在经历了一个报刊繁荣发展的多元化时期后，1991年，统一的德国境内开始了报业集中化进程。原东德地区的14家统一社会党的地方报纸通

---

① Vgl.Wilke, Jürgen: Der Pressevertrieb in den neuen Deutschländern. In: Mahle, Walter A. (Hrsg.): Pressemarkt Ost.Nationale und internationale Perspektiven. München: Ölschläger 1992, S.51–59.

过重组，成为当地媒介市场的主导，而其他报纸在地方却很难找到生存空间。与此同时，西德地区的报纸市场格局并没有发生什么变化。

1. 媒介环境转变后的报业变化

1990 年秋天，德国的媒介环境发生了巨大的变化，而且报刊行业的变化要明显大于广播电视行业。1991 年初，在西德多家出版集团的影响下，原来东德的地区报纸和日报得到了多元的发展。1989 年 11 月到 1991 年 6 月之间，东德地区新成立了 26 家出版社，总共出版 61 种不同的地方报纸。到 1991 年年中的时候，西德地区的 21 家出版社又拓展了东德的报业市场，陆续出版 43 种不同的报刊。随着东德地区新报纸的不断创办，东西两德的出版社也开始合并，总共有 11 家出版社完成了合并。[①] 其中新创办的地方报纸有勃兰登堡地区发行的《奥拉宁堡总汇报》(*Oranienburger Generalanzeiger*)和《科特布斯总汇报》(*Cottbuser General-Anzeiger*)、麦克伦堡地区的《格赖夫斯瓦尔德日报》(*Greifswalder Tageblatt*)、图林根的《每日邮报》(*Tagespost*) 和《南图林根报》(*Südthüringer Zeitung*, stz)。在三个新成立的联邦州内（原东德地区），总共有六家出版社完成了统一。最早完成统一的是前统一社会党的地区报《勃兰登堡总汇报》(*Märkische Allgemeine*，原名《勃兰登堡人民之声》)，它的一部分从母报中分离出来。其他五家报纸则创立了马路报刊，原东德地区的马路报刊数量迅速增加。新成立的马路报刊分别是《真棒！》(Super！)、《我们在莱比锡》、《德累斯顿晨邮报》、《新快报》、《真棒！东德人》(*Super！Ossi*) 及其发行的《柏林信使报晚间版》(*Berliner Kurier am Abend*)，以及东德版的《图片报》，它们加在一起能够占总市场份额的 20%。

到 1991 年 7 月，11 家报纸中又有两家报纸完成了东西两部出版社的合并。东柏林出版的《真棒！东德人》于 2 月 15 日创刊后，发行量达到 30 万份，但是一个月后的 1991 年 3 月 22 日，这份报纸就停刊了。《科特布斯

---

① Pürer, Heinz/Raabe, Johannes: Presse in Deutschland (3.Auflage). Konstanz: UTB, 2007, S.229–230.

总汇报》因为出版社中没有任何西德的资产来源，在1991年5月底也需要重新改组。

1991年上半年，总共有42家东德的出版社进行改组，其中34家是在东德时期就已经存在的出版社，而另外8家是新创办的。他们总共出版325种不同的报刊，其中265种为之前的民主德国报纸，通过33家西德的母报在全德国范围内发行。

柏林则成为两德统一后报业发展最为繁荣的城市。1991年，这座城市总共有400万人口，报纸数量为16种，其中包括6种西柏林的报纸和10种东柏林的报纸，例如新创刊的《真棒！》，还有之前统一社会党、民主社会主义党和大众组织的一些跨地区机关报，以及一些议会党团的报纸。尽管报刊的种类增加了，但是总发行量却下降了25%左右，从1989年的980万减少到1991年第一季度的750万。在这750万的发行量里，前民主德国的报刊大概占530万，联邦德国的报刊和新成立的报刊加起来大概220万左右。[①] 原民主德国的报刊发行量损失尤为惨重，相比之前他们的发行量下降了46%：

- 对于之前就已经存在的18家议会党团的报纸来说，统一后只剩下了15家。其中《勃兰登堡联合报》在1990年3月改版成为周报。后来在1991年年中，之前东德基督教民主联盟的机关报《民主党人》和德国自由民主党的核心机关报《晨报》又相继停刊。剩下的12家报纸在1991年第二季度总发行量只有34万，相对1989年下降了60个百分点。
- 而统一社会党的核心机关报《新德国》、大众组织德意志青年团的《青年世界》《自由德意志》发行量不足之前的10%，两德统一后它们的市场份额加起来还不到30%。《德国体育回声报》从1990年开始与施普

---

① Pürer, Heinz/Raabe, Johannes: Presse in Deutschland（3.Auflage）.Konstanz: UTB, 2007, S.231.

林格出版社合作，1991年4月停刊。
- 少数民族索布人的《新时代》在1991年更名为《索布报》（*Serbske Nowiny*），发行也减少为每周三次。1991年6月恢复为每周五次，但是发行量只有1500份。
- 柏林出版社旗下的两家报纸，在统一的时候则被格鲁那与雅尔和麦克斯韦尔出版社购买。《柏林报》在1991年第二季度时的发行量只有原来的70%。而《柏林信使报晚间版》在1991年4月改版为《柏林信使晨报》（*Berliner Kurier am Morgen*）。这两份马路报刊的总发行量为23.6万份，相比1989年增加了15%。
- 相对而言比较成功的是14家前统一社会党的地区报，虽然它们的发行量下降了18%。早在东德时期，它们在各个地区就发行200多个版本的报纸，市场份额能达到90%，在当时基本形成了垄断地位。它们的成功不仅仅体现在完整地保持了东德地区的读者，而且更体现在托管局的收购政策方面。

2. 托管局的收购政策

根据两德《统一合约》第39条的规定，由托管局来完成民主德国时期全民所有资产的私有化转变。托管局并没有直接促成东西两德出版社的合并，而是直接将东德的出版社拍卖销售。早在统一前，柏林出版社旗下的《柏林信使报晚间版》和《柏林报》、开姆尼茨的《自由报》、哈勒的《中德意志报》以及另外两家统一社会党的地区报就被西德的出版社收购。12家地方报纸中的10家，在1990年12月就被托管局出售。这些报纸拥有广泛的读者群体和巨大的发行量，对于西德的出版社有着巨大的吸引力。这些出版社旗下有近8000名员工，收购金额为8.55亿马克。托管局将这些出版社分为80个不同的标的，分别由联邦德国的40家出版社收购。而托管局则根据收购者所提供的最高报价、管理能力和投资理念，以及所能保证提供的职位数量来对收购方进行评估，决定最后谁能够收购这些出版社。《萨克森报》最后由格鲁那与雅尔出版社出资51%、《莱茵邮报/西德意志总汇报》出资49%联合购买。施普林格报业集团则收购了统一社会党的《莱比锡人民报》《东海报》和《北部信使报》(Nordkurier)。而斯图加特报业集团则收购了《自由报》《勃兰登堡奥德报》(Märkische Oderzeitung)。格鲁那与雅尔出版社还购买了柏林出版社50%的资产,并且成为《萨克森报》的大东家。西德意志总汇报报业集团通过托管局收购了《图林根总汇报》和《东图林根新闻报》(Ostthüringer Nachrichten)两家报纸。虽然托管局对民主德国的报刊实行私有化转让,但是这些报纸并没有很快形成与联邦德国一样的报业体系。尤其是地方报刊,仍保持着民主德国时期的格局。

表30 出售和私有化前后统一社会党的报纸[1]

报纸名称	1988年发行量(万份)	报纸新名称	1991年发行量(万份)	新拥有者
《柏林报》	42.5	/	30.4	格鲁那与雅尔50% 麦克斯韦尔出版社50%
《柏林报晚间版》	20.4	柏林信使报晚间版	13	格鲁那与雅尔50% 麦克斯韦尔出版社50%
《新德国》(东德全国版)	110	/	12.8	半独立、半民主社会党
地方报				
《自由土地》,新勃兰登堡地区	20.2	《北部信使报》	16	《奥格斯堡总汇报》,《基尔新闻报》,《施瓦本报》各三分之一
《自由报》,开姆尼茨	66.1	《自由报》	58.6	莱茵兰-普法尔茨,路德维希港
《自由言论》	17.8	/	14.2	《科隆城市报》

---

[1] Röper, Horst: Die Entwicklung des Tageszeitungsmarktes in Deutschland nach der Wende in der ehemaligen DDR. In: Media Perspektiven 7/1991, S.422.Zit.nach Pürer, Heinz/Raabe, Johannes: Presse in Deutschland(3.Auflage).Konstanz: UTB, 2007, S.233.

续表

报纸名称	1988年发行量（万份）	报纸新名称	1991年发行量（万份）	新拥有者
《劳齐茨评论》，科特布斯	29.1	/	27.6	《萨尔布吕肯报》
《莱比锡人民报》	48.4	/	38	施普林格，《汉诺威总汇报》各50%
《勃兰登堡人民之声》	34.8	《勃兰登堡总汇报》	26.5	《法兰克福总汇报》
《新日子》，法兰克福（奥德）	21.1	《勃兰登堡奥德报》	18.4	《西南报》，乌尔姆
《东海报》，罗斯托克	29.2	/	23.8	《吕贝克新闻报》
《萨克森报》	56.6	/	51.3	格鲁那与雅尔51%，《莱茵邮报》与《西德意志总汇报》49%
《什未林人民报》	20.1	/	17.1	布尔达出版社
《人民之声》，马格德堡	45.1	/	37.5	鲍尔出版社
《人民观察报》，盖腊	23.8	《东图林根新闻报》	21	西德意志总汇报，埃森市各50%
《人民》	40.1	《图林根总汇报》	35	西德意志总汇报，埃森市各50%
总计发行量	683.8		493.9	

3. 东部报业市场的集中化进程

联邦德国的报业市场在20世纪70年代经历了集中化进程。而两德统一后，联邦德国报业体制开始影响民主德国的报业市场，德国东部的报业也同样经历了集中化进程。通过托管局，东部的报刊渐渐被收归西部的大型报业集团拥有，而原本东部报业市场的多元化发展，却因为报业的私有化进程而大打折扣。1991年中，仅仅在两德统一后四个月的时间里，整个德国开始了报业集中化进程。其中的主要原因，当然和托管局出售东德的报纸紧密相关。

原东德跨地区性的日报数量日渐减少，《新时代》也在1994年无法存活。

到90年代中期时，议会党团的14家地方报纸只有《图林根地方报》（发行量44500份），以及与西德意志总汇报合作的《图林根总汇报》《东图林根报》和《波茨坦最新新闻》(Potsdamer Neueste Nachrichten)在第一波集中化进程中留存下来。1993年5月，下萨克森的《西科县报》(Kreiszeitung Syke)也被柏林的《每日镜报》所收购。布尔达出版社下面的日报《北德意志最新新闻》也在1991年7月收购了《什未林人民报》。马克萨克和施普林格出版集团则联合收购了《哈勒日报》(Haller Tagblatt，前《自由民主党报》）和《德累斯顿最新新闻》（之前为德国国家民主党的《萨克森最新新闻》），以及统一社会党的地方报《莱比锡人民报》。

除了收购，西德的报业集团还在东部地区用同样的报名出版东德版报纸，但是因为东德地区也成立了很多新的报刊，双方渐渐形成市场竞争关系。因此，1992年8月，西德报纸的东德版种类也从33份下降到23份，而东德地区自己创办的报刊种类，也从66种下降到37种。

表31　1989—1995年间民主德国日报发行量在两德统一前后的变化（万份）[1]

报　　名	1989	1991	1993	1995
统一社会党和大众组织的报纸				
《新德国》	110.18	11.86	8.5	7.85
《青年世界》	150.03	15.8	5.08	1.92
《论坛报》	41.3	5	–	–
《德国体育回声报》	18.51	–	–	–
前议会党团的中央机关报				
《新时代》（东德基督教民主联盟）	11.4	2.5	3.94	–
《德意志地方报》(Deutsches Landblatt，前身为《农民回声报》)	9.42	2.20	–	–

[1] Pürer, Heinz/Raabe, Johannes: Presse in Deutschland（3.Auflage）.Konstanz：UTB，2007，S.237.

续表

报　　名	1989	1991	1993	1995
《晨报》	6.30	–	–	–
《国家报》	5.60	–	–	–
前统一社会党地方报				
《自由报》	66.37	60.20	51.06	47.93
《柏林报》	43.91	30.17	26.38	23.75
《图林根总汇报》	40.41	33.00	30.05	30.05
《勃兰登堡总汇报》	35.08	26.50	24.27	22.81
《东海报》	29.52	23.21	22.24	21.71

德国东部报纸的发行量和种类越来越少。而集中化的进程也让新成立的报纸难以在市场上立足。对于东部德国的居民来说这是巨大的损失，因为他们可选择的报刊越来越少。1991 年，在东德地区平均每个地区的居民还能看到两种地方报，但是 5 年后，他们再也没有可选择的余地了。集中化程度在 1992 年后加剧，有三分之二的原东德地区只有一种地方报纸，各地的日报已经完全垄断地方报业市场和当地的信息传播渠道。

4. 杂志和非日报类报刊

相比而言，虽然西德的日报比较难以被东德地区的读者接受，但是杂志和画报却获得了长足的发展，甚至能够引起东德读者的共鸣。

（1）大众杂志

在东德报业市场开放后，只存在以下几种杂志类型：传统的东德杂志、新成立的东德杂志、西德杂志的东德版、西德出版社在东德成立的新杂志，以及直接进入东德市场的西德杂志。在统一后的第一年里，东德的杂志就必须与西德的杂志和画报相竞争。出版大量统一社会党杂志的柏林出版社，也在 1992 年被格鲁那与雅尔和麦克斯韦尔出版社通过风险投资并购，风行一时的《青年世界》也被鲍尔集团收购。很多东德杂志失去了一半甚至四分之三的订阅量，例如在 1989 年到 1991 年之间，周刊《广播电视不错过》的发行量从 148 万下降到 56 万，《杂志月刊》从 56.85 万下降到 10.2 万。在民主德国时期发行量很大的妇女图片杂志《为你》（1989 年时还有 93.7 万的发行量）、广播电视杂志《请听》（1989 年时 13 万发行量）和著名的《新柏林图片杂志》（在统一前为 79.4 万发行量）都相继停刊。相对而言，此时的时尚、消费和妇女杂志情况稍微好些。主要出版《好建议》（Guter Rat）、《你的健康》（Deine Gesundheit）、《西比勒》（Sibylle）和《时尚网》（Modische Maschen）等杂志的铜锣出版社虽然发行量有所下降，但至少能勉强保留一部分杂志。例如《西比勒》在 1995 年年初停刊，但是消费杂志《好建议》的发行量还能维持在 13.3 万份。

事实上，有将近一半的东德杂志都停刊了，12% 的东德杂志则改换了名称，8.5% 左右的杂志借用其他杂志的名称继续发行，只有 30% 的杂志仍然使用自己原来的名称继续发行。西德的出版社也与东德的合作，出版了一些比较成功的杂志。例如交通报刊出版社（Transpress Verlag）和斯图加特汽车报刊出版社（Motor Presse Stuttgart）合资出版的汽车杂志《汽车/德国公路交通》（Auto/Der deutsche Straßenverkehr），这份杂志在 1991 年的发行量超过 60 万，是当时西德汽车杂志中发行量最大的。到 1995 年时，它的零售量也已经达到 34.1 万。讽刺杂志《诙谐者》虽然也从 49.2 万下降到 14.2 万，但至少能突破 10 万。而东德的《诙谐者》也与西德的《泰坦尼克》（Titanic，柏林）和《科瓦尔斯基》（Kowalski）成为统一后德国最著名的讽刺杂志。

东德的传统杂志处境困难，为了开辟市场，它们在西德出版社的协助下又陆续开发了经济、建筑和科技类、文化和旅行类，以及时尚资讯和妇女类杂志的市场。仅 1991 年就有 40 种新杂志创刊，其数量相当于原有杂志的一半。西德的杂志社也创办了自己在东德的分部（Ost-Ableger），来满足东德读者对于财经信息

图 99　1993 年 1 月讽刺杂志《科瓦尔斯基》封面

和投资资讯的需求。这类杂志包括《经济周刊》(Wirtschaftswoche)、《资本》、《德国马克》(DM) 以及一些能够提供职业规划咨询和企业管理方面建议的杂志。而西德的杂志有时候也会出版专门针对东德市场的专刊，附加在杂志中售卖。

西德的出版社还专门为东德报业市场新创办了一些杂志。其中电视节目图片类杂志有布尔达和铜锣出版社联合出版的《超级电视》(Super TV) 和《超级画报》(Super Illu)，还有鲍尔出版社的《我们的图片》(Unsere Illustrierte)。虽然

图100 2012年6月14日《经济周刊》封面①

东德的传统杂志发行量在减少，但这些图片杂志却填补了市场空缺，1991年，其发行量也从70万上升到90万。其中《超级画报》的发行量在1995年的时候为56万左右，而《超级电视》也在44万左右。同时，格鲁那与雅尔出版社也在西德发行《更美家居》(Schöner Wohnen) 杂志，在1990年7月改为《新潮家居》(Neues Wohnen)，只可惜它的东德版《家居文化》(Kultur im Heim) 在两德统一后未能留存下来。后来格鲁那与雅尔出版社又在东德市场上创办了所谓的"节约版"(Sparversion)《新潮家居》，价格相比在汉堡发行的西德版要低，因此也成功度过了东德报刊比较困难的时期。到1995年时，《新潮家居》的发行量为17万份，其中70%都主要面向西部市场。杂志《我的孩子和我》(Mein Kind und ich，发行量14.1万) 还对东西部市场采取差异定价的策略，其东德版《父母》(Eltern) 售价只是西德版的一半。另外，很多价格便宜的电视节目杂志也获得了众多读者的青睐，在市场上占主导地位的有《电视棱镜》(Tele Prisma，东德发行的

① Zeitschriften-Cover.de.

为《棱镜》)、《东部RTV》(*RTV Ost*)。这些杂志虽然在90年代中期发行量有些许下滑，从208万份下降到了184万份，但巨大的发行量却保证了足够的市场影响力。

此外，很多西德的杂志在东德报业市场上也取得了巨大成效，总发行量持续上升。例如《广播时间》、《喝彩》、《喝彩少女》(*Bravo Girl*)、《夹心巧克力》(*Praline*)、《休闲时间杂志》(*Freizeit Revue*)、《幸运》杂志(*Glücks-Revue*)、《周末》(*Wochenende*)和《汽车画报》(*Auto Bild*)。到1992年，这些杂志在西德市场上的份额能够占到25个百分点，后来有所下降。另外一份在东西德市场上都很成功的杂志是《闪电画报》(*Blitz-Illu*)，到1993年时这份杂志的发行量从53.4万份下降到22.5万份，其中40%主要在东德地区发行。电视节目杂志《一瞥》1993年的发行量也超过75万份，其中四分之一为东德读者。这类杂志市场的主导者之一是鲍尔出版社，旗下所出版的杂志在东德地区的总发行量从1990年的1990万份提高到1992年的2450万份。另外，西德的大型报业集团施普林格、布尔达和格鲁那与雅尔出版社在东德地区的总发行量也在70万-90万之间。

但是，西德的一些经典杂志和时政类杂志却很难在东德的市场上立稳脚跟。《明镜》周刊1992年的发行量只有5.7万份，《炫彩》周刊也只有6.5万份，各占东德报业市场份额的5个百分点。《明星》杂志的发行量也只有13.5万份，仅占市场的8%。到90年代中期，《明镜》周刊、《福克斯》和《明星》杂志所占的东德报业市场份额也仅仅在4%-6%之间徘徊。[①]在东德的杂志市场上，占主导地位的还是东德传统的杂志，或者西德出版社专门在东德创办的杂志。一些西德的杂志只能以很少的发行量在东德市场上立足，但至少比西德日报的生存情况要好一些。

（2）专业杂志

就专业杂志来讲，两德统一时期，10家东德的出版社发行的近100种专

---

① Pürer, Heinz/Raabe, Johannes: Presse in Deutschland（3.Auflage）.Konstanz: UTB, 2007, S.246.

业杂志（之前为 400 种）还在市场上存活。而到 90 年代中期，西德出版社的杂志则成为东德杂志市场的主导。很多东德的专业杂志则通过和西德出版社的合作来寻求出路。特别是东德的科学类杂志，不仅需要和西德的出版社合作，而且还需要与东欧的报业市场相联系。最终，在匈牙利、波兰和捷克出现了一些东德的专业杂志出版社，它们通过风险投资或者成立子公司的形式来开辟市场。

（3）周报

两德统一时，具体有多少周报目前还缺乏统计数据，但是可以想象，很多东德的周报要么停办，要么发行量骤减。那些能够存活下来的，发行量也十分有限。但是这其中确有一份周报是个例外。1953 年在民主德国境内发行的《每周邮报》不仅在两德统一时期存活下来，甚至还向联邦德国扩展。《每周邮报》在 1988 年的发行量是 120 万份，东德开放报业市场后发行量有所下降。1993 年 1 月后开始试图在竞争激烈的报业市场上开创东西德统一的版本，但是很快东西德读者对它们的兴趣就减弱了。1996 年，与《本周》的发行人托马斯·冈斯柯（Thomas Ganske）合作，成为其中的副刊，但《每周邮报》仍然拥有自己独立的编辑团队。东德的编辑也试图去了解和迎合西德读者的口味。《本周》最终在 2002 年停刊。

（4）机关报和地区报

在新成立的原东德地区的联邦州新创办的报刊里，协会和地方行政单位出版的报纸占了大多数。这些部门的机关报的内容不仅以地方协会、党派和教会信息为主，还包含着很多地方广告。特别是 1991 年原东德地区完成地方行政结构改革后，很多协会和城市行政单位都关闭了。到 1996 年时，原来东德地区总共有 1572 份地方机关报。①

---

① Pürer, Heinz/Raabe, Johannes: Presse in Deutschland（3.Auflage）.Konstanz: UTB, 2007, S.247.

（5）广告和报价报刊（Offertenblätter）

柏林墙倒塌以后，在东德出现了地方广告和报价报刊。广告报刊在西德发展了20年之后，东德才开始出现本地的广告报刊，成为除了日报以外地方最重要的纸质媒体。1990年时，原东德的所有地区还出现了报价报刊，其数量为200多种。它们的出现，为本地的出版社提供了更多的广告机会，特别是在日报只能以有限的版面来刊登广告的时候。西德的一些出版社，例如格鲁那与雅尔出版社也在东德地区成立广告公司来推进当地广告业的发展。因此，几乎所有在东德地区的大型广告公司，都是在西德的支持下建立起来的。但这些广告公司都独立于出版社。

1992年，东德地区的广告报刊发行量迅速提升了两倍，广告总额达到2.5亿马克。根据德国广告报刊联邦协会的统计，到1993年整个东德地区共发行270种广告报刊，总发行量为1700万份。到1996年时广告报刊在东德的不同地区版本增加到516种，由97家出版社发行，总发行量为2100万。相比日报，广告报刊的发行范围更广，接触的读者群体也更多。86%的广告报刊读者，也通过上面所登载的信息来了解当地新闻。甚至有65%的读者定期阅读广告报刊。

5. 两德统一后的媒介使用情况

由于电视的出现，两德统一后人们阅读报刊的时间相比从前减少很多。1990年统一后，德国开始实行一项长期的"德国电视一台/二台大众传播调查项目"（ARD/ZDF-Studie Massenkommunikation）。1991年的调查，对东德和西德地区的受众媒体使用情况进行了比较，结果两地差异十分显著。特别是在两德统一前，东德的居民每天使用媒体的时间比西德的居民要长，49%的东德居民每天都接触媒体。因为在两德统一前的过渡时期，东德居民非常希望能够获得与社会和国家变革有关的信息。在这样的年代里，他们心里缺乏安全感，需要通过及时获取信息来消除不确定带来的紧张和疑虑。而西德的居民使用媒体主要是在闲暇时间，用报纸杂志、广播电视等打发时间。

表32　1990年统一后德国东西部地区使用媒体对比[①]

媒体	德国西部	德国东部
媒体普及率（%）		
电视	81	90
广播	79	86
日报	71	78
至少使用以上其中一种	98	99
平均每周使用时间（小时：分钟）		
电视	2:15	2:51
广播	2:50	3:02
日报	0:28	0:33
至少使用以上其中一种	5:21	6:09

　　从上表中可以看出，电视、广播和报纸在东部德国的普及率都比较高，而且使用也比较多。1990年在东部地区，报纸的普及率也达到了78%，而德国西部只有71%。东部德国的读者每天也花33分钟来阅读日报，比西部的多五分钟。从对比中也可以看出，在东部德国的民意中起到重要作用的媒体是报纸。而三种不同的媒体中，东部德国居民也比较倾向于使用报纸。

　　在报纸内容上，东部的读者更加偏爱政治题材的报道，而西部读者更关注本地新闻。即使在两德统一后，东部居民还是继续保持对政治新闻的喜爱。这一点也说明，德国东部民众对政治新闻和政治动向非常关心。另外，东部地区的居民使用广播的时间较少，电视也是如此。在广播电视节目内容上，德国西部民众更加喜爱娱乐和生活类的轻松节目，因此主要关注商业化的私营广播电视台。而关注政治的公共广播电视台则能吸引更多的东德观众。

　　另外，东西部德国的读者在不同年龄层次也显示出对不同内容的偏好上。东部的年轻人非常喜爱阅读东德出版的图片类杂志或者画报。1992年后，随

---

① Kiefer, Marie-Luise: Massenkommunikation 1990. In: Media Perspektiven 4/1999, S.251.Zit.nach Pürer, Heinz/Raabe, Johannes: Presse in Deutschland（3.Auflage）.Konstanz: UTB, 2007, S.251.

着报纸和图片类杂志的市场越来越小,更多的年轻人转向广播和电视。东部德国的年轻人非常喜欢阅读西部出版的青年杂志:1990年3月,东部地区有近四分之三的年轻人定期阅读《喝彩》,到1990年甚至增加到70%。但是,来自西德的图片类杂志和画报却对东德的年轻人并没有多少吸引力,只有5%的年轻人会去阅读。25%的14岁以上东部德国年轻人阅读《超级画报》。

6. 原东德地区的新闻业:在继承和变革间前行

在整个东德政治、社会和新闻业发生变化的时候,东德的新闻记者也随之发生变化。他们的职业结构开始转变,而媒体内容不再受审查。媒体和记者不再为国家权力机关或者党派所控制和拥有,记者的职业市场也开始开放。这样的变革使得原来东德记者必须努力去适应,甚至报刊的版面风格和名称也都发生了很大的变化。其中最难以应付的,就是要改变以意识形态为主的报道方向,快速学会专业的采编技能,同时在市场化的职业竞争压力中学会生存。统一后,记者的角色也转变成"控制和规范者"和拥有"第四权力"的监督者,记者需要发现"社会中存在的问题和误解,并且去批判它"。

1989年民主德国从事报刊、广播和电视的记者人数为9000到10000人不等,统一后下降到8500人,其中一个重要的原因就是很多企业报刊和杂志停办,统一后原来东德的广播电视工作人员也由于政治背景原因而转行。记者岗位的就业竞争压力也非常大,1992年一年一共只有1500个记者职位,其中三分之二是固定职位。近五分之一的记者即使获得临时职位,也要随时准备更换工作。而报刊记者的生存环境也因为集中化进程而越来越糟。当年东德的大部分记者在统一后,主要在地方日报工作,25%-30%左右在杂志、广播和电视台工作。东德的报刊保留了60%的本地记者,大概有18%左右的记者来自西德。

如果比较东部和西部德国的记者,就会发现他们之间存在很大的差别。东德的女性记者能够达到总人数的36%,在这一点上远远高于西德(25%)。另外,当西德记者的从业时间越来越短时,东德记者从事这一行业的时间反而增长,其平均从业时长为37.2年。因此在两德统一后,可以发现东德媒体中有大量的年长记者。直到1993年,东德记者中30岁以下的人数才史无前例地突破了30%。两德记者的收入也存在明显差别，1992年东德记者的收入要比西德的低四分之一。①

三、统一之后的德国媒介市场

1. 统一后日报的境况

报业学家胥茨从1992年2月开始对德国报业进行调研统计，此后每年都发布相关的数据。两德统一后的第一年，全德国境内总共有158家出版社，总共出版1672种刊物，当时存在410家报刊企业，报刊的总发行量为2.73亿份。②在前东德区域的几个州内，跨地区报纸的订阅量增长非常缓慢。而在1989—1990年之间，西德地区的联邦州本地报纸订阅量却有大幅增长。就马路报刊来说，东德地区的销售量虽然不错，但从长远上讲仍然处于持续衰退的趋势，在1980—1993年间，其发行量下降了12个百分点，只有570万份。

表33　1991年德国各个联邦州日报出版情况③

联邦州	出版社数量	出版物数量	总发行量（万份）
巴登-符腾堡	17	214	237.31
巴伐利亚	24	277	306.45
柏林	14	31	209.90
勃兰登堡	6	50	74.34
不莱梅	3	26	35.96
汉堡	5	53	531.66
黑森	14	123	159.23

---

① Pürer, Heinz/Raabe, Johannes: Presse in Deutschland（3.Auflage）.Konstanz: UTB, 2007, S.254–255.
② 同上，第258页。
③ Erstellt nach Schütz, Walter J.: Die Redaktionen und verlegerische Struktur der deutschen Tagespresse 1991. In Media Perspektiven 2/1992, S.131–152.Zit.nach Pürer, Heinz/Raabe, Johannes: Presse in Deutschland（3.Auflage）.Konstanz: UTB, 2007, S.259.

续表

联邦州	出版社数量	出版物数量	总发行量（万份）
梅克伦堡－前波曼	5	39	60.8
下萨克森	12	131	160.78
威斯特伐利亚	26	418	459.1
莱茵兰－普法尔茨	5	59	77.53
萨尔	1	14	19.71
萨克森	9	72	175.91
萨克森－安哈特	4	46	93.89
石勒苏益格－荷尔斯泰因	6	47	48.99
图林根	7	73	82.37
总计	158	1673	2733.93

上表中所列出的158家报刊出版社中，有118家在原来东德地区。1990年统一的时候，原来西柏林的统一社会党的报刊《新时代》（原名《真相》）和德国共产党的《我们的时代》退出了日报市场，《我们的时代》改为每周出版一次。1989年创办的《埃姆斯代特日报》(Emsdettener Tageblatt)，算是所有新成立的报纸中的成功典范。这份报纸的前身是《埃姆斯代特人民报》(Emsdettener Volkszeitung)，之后被多特蒙德的《鲁尔新闻报》收购后又重新进入市场。另外，新进入市场报刊还有慕尼黑的《晚报》，从1990年起分别出版纽伦堡和奥格斯堡城市版，可惜并没有收到良好的市场效果。到1995年，整个德国的报业市场都呈现缩水的状况，根据胥茨的统计，当时留存下来的出版社135家，总发行量为161.4万份。

两德的统一改变了原有的报业格局。在原来东德地区，全国性日报《法兰克福总汇报》《南德意志报》《世界报》《法兰克福评论》和《日报》六家组合成《新德国》，其订阅量在不断增长，后来发行的《新时代》也成效不错。西德市场上的报纸在统一后大量进入东德市场。东部地区市场上的马路报刊主要有《柏林信使报》，而《图片报》是唯一一份在东部和西部都发行的马路报刊，即使1995年发行量下降之后，这份报刊仍然在全德国范围内发行35

个不同的版本,总发行量为 440 万份。此外,当时全德国总共有 122 家地区报刊,其中 103 家属于东德地区,剩下的 19 家在西德地区,它们在 90 年代中期总共发行 1500 种不同的报纸。在东德地区,原来统一社会党的地方报仍旧占有每个地区的市场主导地位。①

德国的日报市场,在统一后的两年就形成了稳定的格局。而且随着大量西德出版社在东德地区购买和创办报刊,原本多元化的东德报业市场也进入集中化的进程。最终,统一让东西两德的报业市场形成集中化的稳定局面:

- 1995 年出版日报的大型报业集团主要有 10 家,它们占据了整个发行量的 55.7%(1991 年为 54.4%)。其中占市场主导地位的施普林格报业集团占有 23.3% 的市场份额。统一后,因为收购东德地区的报刊,格鲁那与雅尔和霍尔茨布林克出版集团也成为媒体康采恩。这三家媒介集团形成德国日报市场的三巨头,业务也涉及杂志、电影和电视行业。
- 在订阅报刊行业,五家大型出版集团的市场份额从 1989 年的 24.9% 增加到 27.5%。西德意志总汇报报业集团取代了斯图加特报业集团的位置。而东德地区媒介集中化进程,则是通过西德地区的出版社来完成的。
- 在零售的马路报刊行业,施普林格报业集团的马路报刊《图片报》和《柏林报》总发行量能达到 500 万份,垄断性地占据了 80% 的市场份额。这个数字还不包含周末出版的《星期日图片报》,仅这份报纸的发行量就能达到 280 万份。

两德统一后,德国日报市场的发展可以说是稳定而卓有成效的。期间只有西德地区日报的发行量有过 1% 的小幅下降,另外地方报订阅报刊发行量虽有轻微下跌,但可以通过销量不断增加的马路报刊来弥补。东德地区的报业市场发展也相对平稳,不断兴起的广告报刊和报价报刊则弥补了大量市场空缺,它们在 1992 年的收入为 130.54 亿马克,1995 年上升到 163.2 亿马克,

---

① Pürer, Heinz/Raabe, Johannes: Presse in Deutschland(3.Auflage).Konstanz: UTB, 2007, S.261-262.

成为东德报业市场上盈利最大的媒体。①

2. 统一后的周报和杂志

统一后德国报业市场上的周报、杂志、图片和广播电视周刊都出现明显的变动。不仅有很多新的杂志创刊，很多已经存在的杂志也被大型出版集团垄断。特别是两德统一后，杂志在排版上也越来越喜欢使用简短的文章和大量彩色图片。很多彩色印刷的杂志，内容充斥着各种流言、政治、性和犯罪等话题。

图片杂志《快客》创刊于1948年，从1965年起由慕尼黑的海因里希·鲍尔出版社出版。到1992年时，这份杂志已经出版了44年，但仅在两德统一这几年内，这份杂志的广告收入减少了3500万马克。另外一些新成立的杂志也试图建立起自己稳定的市场。首先是由布尔达全权控股的慕尼黑焦点出版社（Focus-Verlag）发行的《焦点》（Focus）杂志，1993年1月18日创刊，它的副标题为"现代新闻杂志"。这份杂志的市场定位类似于新闻杂志《明镜》周刊，并且将《明镜》周刊、《明星》杂志和《经济周刊》等杂志列为竞争对手。每家新闻杂志在采集完信息后都会对内容进行采选和编辑，而《焦点》为了突出自己的特色，特意选用篇幅小的新闻，而且使用了大量彩色图片。《焦点》杂志的发行量持续上升，到90年代中期发行量就突破了75.2万份（当时《明镜》周刊的发行量为130万份左右）。

两德统一后正值杂志创刊的爆发期。布尔达出版集团还在此时创立了《ELLE

图101　2010年10月18日《焦点》杂志封面

---

① Pürer, Heinz/Raabe, Johannes: Presse in Deutschland（3.Auflage）.Konstanz: UTB, 2007, S.263.

世界时装之苑》、《假日》（Holiday）、《福布斯》（Forbes）、《超级画报》、《超级电视》等杂志。此外，施普林格报业集团也开始发行《阿莱格拉》（Allegra）杂志，鲍尔集团也出版了《劳拉》（Laura）和《悠悠》（Yoyo），格鲁那与雅尔出版集团还出版《年轻女士碧姬》（Brigitte Young Miss），还有瑞士的于尔格·马夸出版集团（Verlagsgruppe Jürg Marquard）出版的女性杂志《快乐》（Joy）、《世界公民》（Cosmopolitan）、《女孩》（Mädchen）和《爆米花》（Popcorn）等。1995年，汉堡出版周刊《盛会》（Gala），是这个时代非常典型的图片娱乐杂志。

图102　2010年2月4日的《盛会》杂志封面[1]

一些跨地区的周刊也纷纷成立。1993年2月18日，汉堡的四季出版社（Jahreszeiten Verlag，属于霍夫曼和卡姆佩出版社，Verlag Hoffman und Campe）首次发行《本周》。在柏林发行的版本采用四色印刷，全刊内容限制在25个大标题以内。起先的发行量为3万份，1995年下降到11.6万份。由于本周的广告销量一直不好，到2002年已经损失4000万欧元，并最终停刊。同一时期进入市场的还有东德地区的报纸《每周邮报》。这份报纸成立于1953年，在当时的民主德国非常有影响力，发行量为130万。[2] 两德统一后被柏林出版社购买，发行量急剧下降到11.5万。1992年2月18日重新改版后（这一天也是本周的创刊日）试图采用更为现代的编辑理念来改变版面，发行量于是开始慢慢恢复到30万，其中零售量为10万。1995年11月被迪特里希·冯·毕提歇（Dietrich von Boetticher）购买，但格鲁那与雅尔出版集团仍然占25%的

---

[1] Lemon Pharma France SARL.
[2] Pürer, Heinz/Raabe, Johannes: Presse in Deutschland（3.Auflage）.Konstanz: UTB，2007，S.265.

份额。后来《每周邮报》和《本周》合并，再后来则成为汉堡出版的一份周刊中的几页，但即使这样，也难以逃过最后停刊的命运。

而全国性的周报市场，则随着 1990 年秋在柏林成立的《星期五》(Der Freitag) 而得以开辟。这份以"东西两德的周末报"为副标题的周报起源于两份报纸，一份是东部的《星期日》(Der Sonntag)，在民主德国时期是一份萨克森基督教福音教会的报纸，另外一份是西

图 103　2011 年 9 月 12 日出版的《星期五》头版①

柏林的《人民时报》。1992 年，著名的发行人君特·高斯（Jünter Gaus）等人联合创办了这份周报。1995 年《星期五》的发行量为 1.75 万份，其中三分之二满足东德市场，三分之一满足西德市场。

另外，1994 年 1 月，年轻的自由出版社（Junge Freiheit Verlag）在波茨坦还创办了跨地区的《年轻的自由》(Junge Freiheit) 周报，它的前身是 1986 年在弗赖堡出版的同名周报，当时发行量仅有 400 份。正如《年轻的自由》

---

① der Freitag Mediengesellschaft mbH & Co.KG.

副标题所说的,这份杂志属于"政治和文化周报",政治立场上偏向右派保守主义,主要传播保守的民主思想。这份周报后来还开拓其他德语国家的市场,并在奥地利出版。到 90 年代中期发行量为每周 3.8 万份。①

图 104　2010 年 9 月 10 日《年轻的自由》的报头及头版标题

　　两德统一后的一段时间,也是广播电视类节目杂志成立的高峰期。1990 年 8 月,位于汉堡的银河出版集团(Verlagsgruppe Milchstrasse)创办了电视节目杂志《电视里的故事片》(*TV Spielfilm*),预告电视节目内容。而新成立的《汽车画报》则为杂志市场带来了超过百万的发行量。一年后,鲍尔出版集团发行的《电视电影》(*TV Movie*)杂志,以 160 万的发行量成为市场主导。另外,铜锣出版社也发行了《电视剧》(*TV-Serien*)杂志,发行量一度达 12 万。格鲁那与雅尔集团也在 1994 年秋成立了《今日电视》(*TV Today*),不仅预告电视节目内容,还有记者的专访报道,因此发行量也成功突破 72.1 万份。可惜在 1994—1995 年间,鲍尔出版社的《纯粹看电视》(*TV Pur*)并没有赶上好时机,创刊不久便宣告退出市场。

---

　　①　Pürer, Heinz/Raabe, Johannes: Presse in Deutschland(3.Auflage).Konstanz: UTB, 2007, S.265.

在1995年，德国市场上总共有18种广播电视节目类杂志，总发行量为2100万。其中占主导地位的是鲍尔出版社，旗下5家广告电视杂志的总发行量达到1000万份，占市场的46.6%。而格鲁那与雅尔出版集团也凭借《今日电视》精致的编辑和关于故事片的深入报道获得了众多观众的喜爱。特别是当时在德国新成立了20家电视台，每周播放的故事片能达到400部之多。之前在民主德国已经具有一定基础的杂志，在两德统一后也得到了发展。周刊《广播电视不错过》在民主德国时期的发行量为148万份，但1995年后下降到46.8万份。为了维持市场，该杂志开始采用倾销策略，降低杂志的定价，在东德地区继续保持市场领先地位。鲍尔出版社的《一瞥》也很成功。特别是这类杂志和广播电视媒体的发展相联系，广播电视的普及也直接带动它们的发展。此外，整个东德地区的所有日报为了增加销售量，也会在报纸中免费加送一份电视节目表。

四、广播电视的发展与变革

统一前，东西两德分别有着完全不同的广播电视体系。西德实行的是公共与私营并存的双重广播电视体制，而东德的广播电视则隶属于国家和统一社会党。随着1989年到1990年之间东西德的变革和统一，统一社会党执掌下的东德政府也并入西德，旗下的广播电视随之废弃。统一后的德国采用西德的双重广播电视体制。在第八章中曾经提到，20世纪80年代私营广播电视开始进入西德媒介市场，原本已经存在的公共广播电视体制面临变革，并最终在80年代后期建立了公共和私营并存的双重广播电视体制。但是在原来东德地区，广播电视格局发生了翻天覆地的变化，原本在计划经济体制下僵化的广播电视台也不得不适应商业化的市场需求。

两德统一后，公共广播电视台和德国邮政加紧铺设广播电视传输网络，使得更多受众能够接收到信号，大型广播电视台数目也增加到300个，分布在各地的广播电视插转台也有近万个。德国电视一台和电视二台的节目也全面覆盖东西两德，仅超短波发射站就有 1400 个。①70 年代，联邦德国邮政也开始铺设有线电视线路，到 80 年代时，德国邮政和德国电信开始增加有线电视的线路铺设工作，并计划在几年内能够让有线电视遍布全国。但是因为线路成本过高，使用有线电视的人数也受到了限制。直到 2001 年中期，只有 70% 的德国居民使用有线电视。②进入 90 年代后，卫星电视开始在德国普及，1994 年时只有 12 个家庭能够接收卫星电视信号，但是到 1997 年时三分之一的家庭都能够收看卫星电视了。然而，东西部地区的差别非常大，在东部地区只有百分之八的居民观看卫星电视，之后这个比率甚至持续下降。而在西部德国，到 2002 年时卫星电视的覆盖率已经达到 38%。③也正是随着有线电视和卫星电视的到来，原本依靠模拟信号传播节目的德国电视一台和二台之间的竞争关系开始蔓延，德国电视一台旗下的电视一台附加节目台（Eins Plus）和德国电视二台旗下的卫星三台（3Sat）成为直接竞争对手。卫星三台在竞争中找到了合适的策略，与奥地利和瑞士合作来拓宽自己的市场，而电视一台附加节目台最终不得不在 1993 年停播，并且成为卫星三台的四个合作伙伴之一。但是公共广播电视台之间除了竞争，也存在诸多合作。德国电视一台和二台之间还合作成立了三个电视台：首先是欧洲电视联盟台（arte）电视台，节目以欧洲艺术文化为主，其中一半的节目制作都是与法国的 La Sept 电视台合作完成的；第二家是在 1997 年 1 月 1 日成立的儿童电视频道（KIKA，Kinderkanal），与欧洲电视联盟台使用统一发射频率；第三家是 1997 年 4 月 7 日成立的凤凰电视台（Phoenix）。以上三家电视台和卫星三台，主要播放文化和娱乐节目。

---

① Materialien: Was Sie über Rundfunk wissen sollten.Materialien zum Verständnis eines Medium.Hrsg. von ARD und ZDF.Berlin，1997 S.219f.

② Dussel, Konrad: Deutsche Rundfunkgeschichte，2.Auflage. Konstanz: UVK，2004，S.270.

③ 同上，第 271 页

图 105　卫星三台、欧洲电视联盟台、儿童电视频道和凤凰电视台的台标

1. 私营广播电视台的设立

私营广播电视首先起源于地方广播电视台。私营广播电视虽然短期内迅速在各联邦州内扩散，但真正得以全面发展，则是在联邦宪法法院最终决定实行双重广播电视体制、确立了私营广播电视的合法地位以后。但是，从地方私营广播电视台的建立到联邦法院最终通过裁决，私营广播电视台的发展经历了一段漫长而艰难的历程。

就地方政府来说，一方面需要保证以服务公众为使命的公共广播电视的发展不受到威胁，而另一方面又需要为私营广播电视的发展提供一些机会。公共和私营广播电视台双方大概从 1984 年 12 月后开始妥协并存，但是公共广播电视的资金分配却一直存在争议。第二年，这一问题也引发了一些社会事件，例如基督教民主联盟在地方发起的取消广播电视费、在德国电视一台旗下的所有广播电视台平均分配收入的运动。这使得德国电视一台整个财政系统和组织机构受到了严重的威胁。在这一巨大压力下，1987 年 4 月 3 日开始实行"有关广播电视领域新秩序的国家合约"（Staatsvertrag zur Neuordnung des Rundfunkwesens）。这一新合约使得地方法律的实施也必须做出相应的修改，虽然新条约并没有对具体节目设置做出明确的规定，但很多广播电视台的节目质量参差不齐，需要进行调整。合约的第七条第 3 款规定："每天广告

的时间不能超过总节目时间的 20%"。而更难以确定的地方在于，第 4 款规定"广告不能影响广播电视节目的内容。"① 就这一点上来看，这一国家新合约在概念层面的意义大于实际操作层面的意义，而且对于商业广播电视来说，基本无法实现。新合约的前言部分甚至规定"私营广播电视台应该在内容上带来更为多元化的舆论。那些在政治上、世界观上和社会上弱势的力量或者团体的言论，也应该在节目中得以展现；关注少数民族的见解。"②

　　同时，新合约还在法律层面上确定成立 15 家私营广播电视台的核心组织——州媒体事务管理机构（Landesmedienanstalt），柏林和勃兰登堡共同成立一家州媒体事务管理机构。分散在各地的州媒体事务管理机构名称也各不相同，例如巴登 - 符腾堡州的州媒体事务管理机构称为"州通讯事务局"（Landesanstalt für Kommunikation），而莱茵兰 - 普法尔茨的则称为"州私营广播电视台管理中心"（Landeszentrale für private Rundfunkveranstalter）。然而它们的目的都是相同的，就是在媒体行政主管部门和私营广播电视台之间，能够设立一个像之前的电视委员会那样的顾问团或者委员会，来着手媒体立法的问题。各个州的州媒体事务管理机构的组成也大相径庭，例如柏林 - 勃兰登堡的州媒体事务管理机构 - 媒体委员会（Medienrat）由七名该地区的地方议会成员组成；而巴伐利亚州新媒体事务中心媒体委员会（Medienrat der Bayerischen Landeszentrale für neue Medien）的 50 名成员则来自社会各界。所有州媒体事务管理机构对各联邦州负责，管理媒介经营执照（Zulassung）和广播电视节目。但是，巴伐利亚州的宪法在 1972 年修正后，规定只有地方的公共广播电视台才需要获得经营执照。州媒体事务管理机构虽然管理着私营广播电视台的营业执照和播送频率，但是却无法干预节目内容，只能对已经播出的节目做出事后限制。事实上，州媒体事务管理机构的力量一直在减弱，特别是在处理广播电视台的管理、市场化进程与舆论引导过程中，总是遇到诸多阻力。因此，在私营广播电视的管理上也只能采取有限的措施。

---

① Dussel，Konrad：Deutsche Rundfunkgeschichte，2.Auflage. Konstanz：UVK，2004，S.273.
② 同上。

在欧洲广播电视市场上，最大的媒介集团当数卢森堡广播公司（Compagnie Luxembourgeoise de Télédiffusion），它属于完全商业化的媒体，因而赢利也成为其最根本目的。卢森堡广播公司起初属于贝塔斯曼股份公司（Bertelsmann AG）和环球电影公司完全控股的子公司。1983年12月，卢森堡广播公司和贝塔斯曼成立了卢森堡电台附设电视台，并且在次年1月开播时就加入到路德维希港有线电视项目中。在之后的发展中，又与西德意志总汇报报业集团、法兰克福总汇报和布尔达集团等纸媒合作。虽然卢森堡电台附设电视台的成员较为复杂，但不久后贝塔斯曼股份公司大量购入股票，成为主导者。同时，贝塔斯曼股份公司也是卢森堡广播电视集团（RTL Group）的核心股东。1992年后，德国的卢森堡电台附设电视台更名为卢森堡广播电视台（RTL）。之后又在1993年成立卢森堡广播电视二台（RTL 2），整个卢森堡广播电视集团拥有其中三分之一股份，鲍尔出版社、慕尼黑电视与媒体股权投资两合公司（Tele München Fernsehen GmbH & Co.Medienbeteiligung KG）也占有少量股份，此外布尔达集团还拥有1.1%的股份。

卢森堡广播电视集团旗下有众多电视台，除了卢森堡广播电视台和卢森堡广播电视二台，1995年年初，卢森堡广播公司和环球电影公司又与美国的瓦尔特·迪士尼公司（Walter Disney Company）合作，成立了超级卢森堡广播电视台（Super RTL），借此在德国市场上引进大量动画片。1993年1月，成立已经有一段时间的福克斯电视台（Vox）也介入到卢森堡广播电视集团。卢森堡广播电视集团的电视节目几乎遍布整个欧洲，它们在德国、法国、荷兰和卢森堡播放的节目比较类似，而最大的节目市场份额则在英国、波兰和匈牙利。它们也在全欧洲范围内设立广播电台。卢森堡广播公司和贝塔斯曼的合作直接促成了大型电视康采恩的形成，而贝塔斯曼也因此成为欧洲媒介巨头。1996—1997年间，贝塔斯曼集团的员工就有57000名，总资产达到220亿马克，净利润也突破10亿。而短短四年后，贝塔斯曼集团的利润又翻了一番，然而总资产当时只有200亿，其中卢森堡广播电视集团的总资产为40亿。[①]

[①] Basisdaten: Daten zur Mediensituation in Deutschland 2002.Hg.Durch Media Perspektiven.Frankfurt/M，2002，S.27.

虽然卢森堡广播电视集团凭借贝塔斯曼在电视市场上成为巨头,但也面临着众多强有力的竞争对手,其中一个便是基尔希集团(Kirch Gruppe)。基尔希集团在1983年开始投资有线和卫星电视,一开始的时候将资讯和娱乐信息整合起来,将新闻电视台融合到卫星电视平台上。新闻电视台起初是由165家报纸组成的新闻大杂烩,其特色是快速播报即时新闻。后来成为阿克塞尔·施普林格股份公司完全控股的子公司。卫星电视一台就是施普林股份公司和基尔希集团(占有其中40%的股份)合作创办的。但是2002年基尔希集团破产以后,旗下的电视七台与卫星电视一台媒体股份公司(Pro Sieben SAT.1 Media AG)被以色列与美国合资的萨班资本集团(Saban Capital Group)收购(占有72%的股份),只有小部分股权仍然在贝塔斯曼集团和基尔希媒体有限责任与股份两合公司(Kirch Media GmbH & Co KGaA)手中。卢森堡广播电视集团也试图收购这两家在德国具有一定影响力的私营电视台,但是由于联邦反垄断法对媒介集团的规模有所限制,最终只能放弃。后来股权又几经变动,基尔希集团的创始人利奥·基尔希(Leo Kirsch,1926—2011)的儿子托马斯·基尔希(Thomas Kirch,1957—)最终掌控着60%的股权,其余的40%属于西部采购合作社审计联合会中央股份公司(Rewe-Zentral Aktiengesellschaft)。此外,托马斯·基尔希还握有私营电视台有线电视一台(Kabel Eins)45%的股份。

贝塔斯曼和基尔希两家激烈的竞争,给电视市场带来了巨大的冲击。特别是基尔希集团,常常尝试各种新的合作方式和新型电视节目类型。它们曾与电视俱乐部(Teleclub)合作建立无广告的电视订阅频道;后来又与法国的付费娱乐电视频道添佳频道(Canal Plus)合作,甚至与直接的竞争对手贝塔斯曼旗下的环球电影公司合作,贝塔斯曼与这两家公司在1991年临时成立首映媒体有限两合公司(Premiere Medien GmbH & Co.KG)。因此,基尔希集团也迅速成为付费电视行业的翘楚,然而过度的亏损最终使得基尔希集团申请破产。但是首映媒体公司并没有因为基尔希集团的衰落而破产,在2003年被电视七台收购20%的股份,并且从2003年第三季度起开始盈利,总资产为2.3€

亿欧元,净利润为 1600 万欧元。①

和公共广播电视不同的是,私营广播电视台注重经济效益,电视节目和广告都占有同等重要的地位。甚至有的电视台就是纯粹为了播出广告和推销商品、提供生活资讯和消费信息。1996 年 12 月 1 日购物电视(TV-Kaufhäuser)这一理念从美国传入德国,德国的第一家购物电视 QVC(Quality, Value, Convenience, 意为"质量、价值、便利")也在杜塞尔多夫诞生了。1997—2002 年间,QVC 电视台的总资产从 1100 万上升到 2.89 亿欧元,拥有员工 2000 名,每天 24 小时播放节目,其中 19 小时为直播,观众达到 18000 人。另外一家购物电视叫"欧洲家庭购物"(Home Shopping Europe, hse24), 1994 年由美国人合资创办,是电视七台完全控股的子公司,并成为 QVC 的直接竞争对手。1999 年资产净收入达到 1.78 亿欧元,公司的形式也从有限责任公司变更为股份公司。德国购物电视在发展中还慢慢演变出旅行定制电视的形式。2003 年 3 月 1 日,欧洲家庭购物的合作伙伴"晴空丽日电视台"(sonnenklar.tv)开播,同样是每天 24 小时播出节目,为观众提供旅游路线规划资讯。晴空丽日电视台隶属于欧纬涯媒体股份与两合公司(Euvia Media AG & Co KG),该公司 46.4% 的股份由电视七台与卫星电视一台媒体股份公司所持有,另外的 45.6% 属于欧洲家庭购物电视台。2001 年 6 月 1 日,晴空丽日电视台被"电视旅游购物频道"(TV Travel Shop)收购。

和私营广播电视台在各地的蓬勃发展相比,地方的私营广播相对而言比较单一,也很少有能够与公共广播电台直接竞争的、覆盖全州范围的广播台。其中最典型的例子就是黑森州,该州先在联邦州以州立法的形式承认了地方私营广播的合法地位,再建立广播电台。1988 年 12 月 20 日,黑森州的地方媒体法允许私营广播电台占用超短波频率,并确认其合法地位。1989 年 11 月 15 日,黑森广播电视流行歌曲台(Hit Radio FFH, 私营广播电台)成立,这家电台由地方媒体、个人和跨州的媒介康采恩布尔达集团共同出资创办。巴

---

① Dussel, Konrad: Deutsche Rundfunkgeschichte, 2.Auflage. Konstanz: UVK, 2004, S.279.

登-符腾堡也采用了类似的方式,他们在 1985 年 12 月 16 日通过州媒介法,承纳私营广播,而且为了保证有线电视节目的多元化,也允许私营企业创办有线电视台。

出于经济原因,私营广播电台并没有形成激烈的竞争,也没有像地方报纸那样高度集中,然而为数众多的广播电台在节目模式上却越来越趋于同质化,广播节目内容都以音乐为主。其实,这一特色早在几十年前广播刚刚在德国普及的纳粹时期,已经存在了。然而这种以音乐为主的广播节目模式并没有受到公共广播电台的青睐,只是在私营广播中比较普及。私营电台也特别注重在广播广告中加入特别的音效来吸引听众。而就经济收入来看,公共和私营的广播电台也有着完全不同的处境。广播电视费是公共广播电台的最主要资金来源,2001 年公共广播电台的收入为 250 亿欧元。而私营广播电台主要依靠广告,仅有 1.92 亿欧元的收入。虽然私营广播电台的收入相比之下显得很少,私营广播也对如此大的收入差距多少有些不满,但电台的发展并没有因为他们的盈利数额有限而受到影响,甚至能长期与公共广播电台竞争。特别是在巴伐利亚州和柏林,私营广播电台的发展甚至超过了公共广播电台。①

2. 广播电视使用情况

就广播的收听方面而言,根据 2001 年和 2002 年的广播收听调查,听众每天收听广播的时间从 203 分钟降为 202 分钟,收看电视的时间从 193 分钟上升到了 198 分钟,收看电视的时间甚至低于收听广播。② 此外,东西部地区的广播电视使用情况也存在巨大差别。总体而言,东德受众更喜欢收听广播,而西德受众则更青睐电视。广播的受众群体主要集中在 30、50 和 60 这几个年龄段,他们每天收听广播的时间是青少年和 70 岁群体的两倍。而三分之二的人都固定收听一个节目。由于收听方便,收音机也便于携带,听众大多在室外收听广播,甚至连收听时间段也都形成了固定模式:每天早上 5 点到 8 点间,

---

① Dussel, Konrad: Deutsche Rundfunkgeschichte, 2.Auflage. Konstanz: UVK, 2004, S.283.

② 同上,第 284 页。

收听率大幅度上升，8-9 点之间形成高峰，收听率可达 30%。另外一个收听高峰在正午，但是持续时间非常短。晚上 20 点的晚收听高峰过后，收听率又会下降到 25%。总体而言，公共广播比私营广播起更受欢迎，2002 年的调查显示，53% 的听众在前一天收听过德广联旗下的公共广播，而只有 47% 的人收听过私营广播。① 公共和私营的广播电台在覆盖率上也存在巨大差别，黑森州的私营广播电台黑森广播电视流行歌曲台的流行榜音乐台（Hit-Radio）就能占三个百分点，而黑森州的八个公共广播电台加起来也才有 3.3% 的覆盖率。不过，在巴登-符腾堡州和莱茵兰-普法尔茨州的情况则截然相反，西南德国广播电台的覆盖率达到了 9.3%，这是任何一家私营广播电台都无法逾越的。

在电视方面，公共与私营电视长期处于竞争状态。但是卢森堡广播电视台和卫星电视一台等私营电视台，却能够凭着相对较少的收入轻松与公共电视台竞争。但是，因为这两家电视台当时还没有固定落地的节目波段，只能依靠卫星信号，观众数目和广告的影响都非常有限。为此，这些电视台也制定了应对策略。卫星电视一台继续采用利奥·基尔希的做法，大量播放美国电视剧和电影，甚至在一部美国电影中间插播广告。而卢森堡广播电视台并没有那么多美国电视和电影的片源，他们主要制作一些低成本的游戏节目，并在中间插播新闻。

80 年代，随着私营电视台慢慢发展起来，德国的公共和私营电视台都出现了类似的现象——娱乐内容逐渐增加。同时，电视节目的制作也进入到"产业化"（Industrialisierung）的进程。但是对于公共电视台来说，与私营广播电视直接竞争和争夺市场并不是其根本目的，其本质在于向受众提供高质量的资讯。因此，如何在获得观众喜爱的同时制作出高质量的节目，成为公共广播电视一直以来不断探索的问题。为了了解公共广播电视的实际表现，媒介调查专家克吕格（Udo Michael Krüger）在科隆展开了调查，其结果也常年在

---

① Klinger, Walter/Müller, Dieter K.: MA 2002 Radio: Radionutzung auf hohem Niveau stabil. Hörfunknutzung in Deutschland.In: Media Perspektiven, 9/2002, S.448-459.

德国电视一台的杂志《媒体视角》(Media Perspektiven)上发表,从中可以看出公共和私营广播电视的新闻资讯节目和其他节目的分布比率。

表34　1996年新闻资讯类节目在德国公共与私营电视台中的播出比率(%)①

电视台	节目播出时间 (6:00–18:00)	主要节目播出时间 (19:00–23:00)
德国电视一台:	42.1	37.3
新闻资讯	8.9	
政治信息类	7.7	
日常生活资讯	9.5	
早间电视新闻杂志(不含新闻)	9.1	
德国电视二台:	40.5	43.9
新闻资讯	7.6	
政治信息类	6.0	
日常生活资讯	8.3	
早间电视新闻杂志(不含新闻)	9.5	
卢森堡广播电视台:	17.3	26.2
新闻资讯	5.7	
政治信息类	0.9	
日常生活资讯	3.8	
早间电视新闻杂志(不含新闻)	0.9	
卫星电视一台:	12.6	7.3
新闻资讯	2.5	
政治信息类	0.7	
日常生活资讯	1.4	
早间电视新闻杂志(不含新闻)	6.2	
电视七台:	11.6	21.0
新闻资讯	2.8	
政治信息类	2.1	
日常生活资讯	5.4	
早间电视新闻杂志(不含新闻)	—	

① Krüger, Udo Michael: Modernisierung bei Stabilen Programmstrukturen. Programmanalyse 1997. In: Media Perspektiven 8/1998, S.314–330, hier S.315 und S.319. Zit. nach Dussel, Konrad: Deutsche Rundfunkgeschichte, 2.Auflage. Konstanz: UVK, 2004, S.287.

从上表中可以看出，公共和私营广播电视定位的明显不同。属于公共电视的德国电视一台和电视二台每天播放很多新闻、政治信息和早间电视新闻杂志节目，但是基尔希集团的卫星电视一台和电视七台相对较少播出这方面的内容。而作为市场主导的卢森堡广播电视台，更注重提供新闻和日常生活资讯来吸引关注，却对政治类信息兴趣不大。政治信息类节目几乎成了公共广播电视台的一大特色。另外，在调查中克吕格也发现，随着公共和私营广播电视台娱乐内容的增加，呈现出"小报化"的趋势。"小报化"（Boulevardisierung，英语为 Tabloidization）这个词原本指报刊上的硬新闻内容减少，而关于灾难、色情、丑闻和娱乐等能够吸引受众眼球的内容增加①，现在也用到电视节目中来。克吕格在 1997 年的调查结果明显表明，所有"小报化"程度达到 40% 以上的电视节目，除了德国电视一台的电视新闻杂志"爆炸"（Brisant）之外，都来自私营电视台。其中卫星电视一台的节目"闪电"（Blitz），"小报化"程度居然达到 63%。而另一方面，公共电视台节目的"小报化"程度一般在 30% 以下。② 公共电视台播出的硬新闻更多，而私营广播的娱乐和生活资讯特色更为明显。

除了"小报化"特点明显，私营电视台的广告比率也非常高。1995 年，卫星电视一台的广告播放比率居然达到了总节目长度的 18.8%，卢森堡广播电视台也在 1996 年突破了 15.4%。而相比之下，公共电视台的广告比率却非常低，只有 1.5%。其中一个主要的原因，就是德国公共电视台对播放广告有着严格的规定：工作日晚上 8 点以后和节假日不允许播出广告。对于商业电视来说，虽然可以在电视节目中插播广告，但是中断次数和广告时长也由节目总时间长短来决定，节目时长超过 45 分钟的才可以允许中断插播广告。公

---

① 'Tabloidization' of News: A Comparative Analysis of Anglo-American and German Press Journalism. European Journal of Communication, 1999, Vol.14, No.3, pp.291-324.

② Krüger, Udo Michael: Modernisierung bei stabilen Programmstrukturen. Programmanalyse 1997. In: Median Perspektiven 8/1998, S.314-330, hier S.327.

共和私营广播电视台在体育节目的播出量上也存在巨大区别。电视一台和电视二台播出很少的体育节目。1988年，卢森堡广播电视台斥巨资1.35亿马克购买了德国足联三年的足球赛转播权。其竞争对手1992年更是花6亿马克购买五年的转播权，几年间转播权的费用居然上涨了近5倍。更有甚者，为了获得2002年和2006年的世界杯足球赛转播权，基尔希集团总共花费34亿马克。① 此外，在播出的节目内容上，私营电视台之间也存在区别。电视七台播出的虚构类节目（Fiktion）在90年代曾经创下纪录，高达80%，到1996年时下降到50%。而卢森堡广播电视台这类节目也逐渐增加，从15%提高到了49%。②

虽然两德统一时，东德媒介制度完全按照西德模式，允许公共和私营广播电视台并存，在保证节目质量的情况下同时兼顾市场效益。但是东西德受众的媒介使用情况却长期存在巨大差异。首先，当西部德国观众把公共和私营电视台同等对待的时候，东德受众却对私营电视台有着特别的青睐。2002年的调查数字显示，东德观众收看私营电视比公共电视高出10个百分点。其次，西德的市场占有率排前三名的公共电视台之间差别不太大，而东德的前两名与第三名之间的市场占有率却有着明显的差距。最后，作为德国电视市场主导的卢森堡广播电视台在东西德地区之间的地位也完全不同。在西德市场上，卢森堡广播电视台仅排在第三位，紧接德国电视二台之后；而在东德市场上，卢森堡广播电视台可以说是独霸一方，市场占有率远远超过卫星电视一台和电视七台等竞争对手。③

---

① Dussel, Konrad: Deutsche Rundfunkgeschichte, 2.Auflage. Konstanz: UVK, 2004, S.291.
② 同上，第289页。
③ Darschin, Wolfgang/Gerhard Heinz 4/2003: Tendenzen im Zuschauerverhalten.Fernsehgewohnheiten und Fernsehreichweiten im Jahr 2002.In: Media Perspektiven，S.158–166, hier S.159.

表 35　德国电视受众市场分布（%）[1]

	1985 年	1990 年	1995 年	2000 年	2005 年	2010 年
德国电视一台	43.2	30.9	14.6	14.3	13.5	13.2
德国电视二台	42.5	28.7	14.7	13.3	13.5	12.7
卢森堡广播电视台	2.0	11.7	17.6	14.3	13.2	13.6
德国电视三台（ARD III）	10.8	9.1	9.7	12.7	13.6	13.0
卫星电视一台	1.5	9.1	14.7	10.2	10.9	10.1
电视七台	–	1.2	9.9	8.2	6.7	6.3
卢森堡广播电视二台	–	–	4.6	4.8	4.2	3.8
福克斯电视台	–	–	2.6	2.8	4.2	5.6
有线电视一台	–	–	3.0	5.5	3.8	3.9
卢森堡超级广播电视台	–	–	1.1	2.8	2.8	2.2
其他	–	9.3	7.5	11.1	12.0	15.6

3. 东德广播电视制度的转变

东西两德合并以后，东德原本国家与党对媒体的管理和所有权制度也废除，东德的政治制度和媒介制度都完全采用西德的模式，所以在媒介制度转变上，并没有存在太大阻力。但是东德地区被划入德国公共电视体制的电视台，在维持报道的客观性和专业主义上却下了很大的功夫，也努力适应着市场竞争和满足消费者等方面的需求。尽管在统一前，东德的媒体市场已经开放，但是这些变化仅仅是表面的。1989 年 12 月 1 日，主管东德电视台和广播的官员海因茨·亚当麦克（Heinz Adameck，1921—2010）和阿齐姆·贝克尔（Achim Becker，1931—）离职，东德的广播电视台也改制为西德的自由企业模式。紧接着在 1990 年 2 月 5 日，东德的人民议院通过讨论，最终确立保护言论、信息和媒介自由，并且将这些原则作为未来指导媒体发展事务的基本方针。同年 3 月 18 日，基督教民主联盟在人民议院的大选中获胜，并最终决定采用西德的公共广播电视体制，他们在政府官员戈特弗里德·穆勒

---

[1] AGF/GfK-Fernsehforschung und eigene Berechnung; Mo-So; Zuschauer ab 3 Jahren.

（Gottfried Müller，1934—）的带领下，联合西德政府的专家共同组建了媒介政策部（Ministerium für Medienpolitik），来制定媒介法。经过各方的讨论和妥协，人民议院终于在 1990 年 9 月 14 日通过了《广播电视过渡法案》（Gesetz zur überleitung des Rundfunks），为两德合并后东德广播电视的转变做准备。

然而，这个过渡法案只是一纸空文，决定性的事件在法案通过之前就已经发生了。早在 8 月 31 日，两德就共同签署了《统一合约》，其中第三十六条也成为东德媒体转型的基本法律依据，而其他法案都必须以此为据。随着 10 月 3 日《统一合约》生效，东德媒体和政府也随之完全融入西德体系。根据宪法的基本原则，《统一合约》的第三十六条规定德国广播电视在内容上具有独立性，而且媒介组织也是"公共的、独立于国家，具备法律行为能力"（gemeinschaftlich, staatsunabhängig, rechtsfähig）。之后，东德的媒体开始进行重组和转变，转变的最后一步就是设立广播电视特派专员（Rundfunkbeauftragte），作为广播电视咨询委员会（Rundfunkbeirat）的补充，取代之前的人民议会对媒体进行委托式的管理。广播电视特派专员则由联邦总理提议，在东部德国各联邦州政府的发言人中选出。最终，巴伐利亚州新媒体事务中心媒体委员会的主席鲁道夫·米尔芬策（Rudolf Mühlfenzl，1919—2000）担任广播电视特派专员。

随着东德广播电视体制的改变，地方州议会也承担着为公共广播电视立法的压力。东德地区的五个联邦州的地方广播电视台联合组成"东德意志广播电视台"（Ostdeutscher Rundfunk）。然而，这个机构因为承袭了太多过去东德的传统，并没有发挥实际效果。也因为两德在政治体制上的合并，东德的媒体也应该并入德广联。但是，只有东德图林根州的媒体和西德黑森州的媒体二者之间有合作意向。更糟的是，随着基督教民主联盟在 1991 年 1 月的州地方议会竞选中失利，无法与图林根州的基督教民主联盟联合起来，促进两边媒体的合作。最终，东德萨克森-安哈特州与萨克森州达成合作，再加上图林根州，三地共同组成"中德意志广播电视台"（Mitteldeutscher Rundfunk，MDR）。此外，勃兰登堡州议会也决定成立"勃兰登堡东德意志广播电视台"

（Ostdeutscher Rundfunk Brandenburg，ORB）。2003年5月1日，柏林与勃兰登堡州的广播电视台合并为"柏林-勃兰登堡广播电视台"。

东德的广播电视并入西德广播电视体系之后，也导致西德媒体结构发生相应的调整。1991年8月31日，《广播电视国家合约》（*Staatsvertrag für Rundfunk und Telemedien*，简称 *Rundfunkstaatsvertrag*，*StV*）通过并于1992年1月1日开始生效。德国电视一台将中德意志广播电视台和柏林-勃兰登堡广播电视台纳入旗下，此外，德国电视二台也并入了一些东德的电视台。其他东德的广播电台也一律并入公共广播电视系统。1993年6月17日，另一个广播电视国家合约生效，并决定成立德国无线电台（Deutschland Radio），由德国电视一台和电视二台联合经营，广播节目主要由电视二台提供。这里需要说明的是，在1990年的时候，东德媒体在转变过程中，并没有明确地提出要实行双重广播电视体制，而只是对原来东德国有广播电视台进行改制，变为公共广播电视。但是，当时东德已经存在私营的商业广播电视。直到1991年，才通过立法在东德地区确定了公共和私营广播电视共存的双重局面。

4. 两德统一后广播电视的发展情况

两德统一的时代正是卫星电视迅速发展和普及的年代。电视频道的数量也快速增加，当时已经上升到450家，同时，电视节目种类也越来越丰富多彩。其中不乏体育频道，后来还发展出音乐电视（MTV）和购物频道（Shopping-Kanäle），以及各种付费电视。广播电视的广告投放数量在此时也获得大幅度增长，1986、1992和2001成为三个重要的年份。首先，在1986年和2001年的广告收入分别是170亿马克和420亿马克，增长了两倍多。其中2000年达到广告峰值，全年广告收入达到了457亿马克；其次，每个投放广告的媒体平台都获得了快速的发展，但是彼此之间仍然存在巨大差距；再次，电视广告是所有广告媒体平台中的大赢家，每年收入可以增加70亿；最后，广播的广告收入表现也不差，15年间增长了两倍。

表36　两德统一前后不同媒体平台广告投放量比较（单位：百万马克）①

广告投放平台	1986年 增长值/增长率	1992年 增长值/增长率	2001年 增长值/增长率
日报	6285/36.4	10025/32.1	11035/26.0
大众杂志	2732/15.8	3378/10.8	4092/9.6
直接针对消费者的广告（Direktwerbung）	1961/11.3	4111/13.2	6368/15.0
海报广告	804/4.6	2410/7.7	3407/8.0
专业杂志	1475/8.5	2305/7.4	2067/4.9
电视广告	1496/8.6	4328/13.8	8740/20.6
广播广告	580/3.4	981/3.1	1326/3.1
互联网广告	—	25（1997）	362/0.9
总计	17290/100	31255/100	42402/1009

不仅不同的广告投放平台之间，公共和私营广播电视之间也存在巨大的广告收入差。如下表所示，私营广播电视台的广告投放量逐年增加，而公共广播电视台的广告投放量却在减少。同时，在这15年间，相比电视广告的增长幅度，广播广告增长速度相对缓慢。

表37　两德统一前后公共与私营广播电视台广告投放量对比（单位：百万马克）②

广告投放平台	1986年 增长值/增长率	1992年 增长值/增长率	2001年 增长值/增长率
公共电视台	1460/98	1298/30	615/7
私营电视台： 卢森堡广播电视台 卫星电视一台	36/2 25 11	3030/70 1471/34 1050/24	8125/93 2493/29 1687/19
总计	1496/100	4328/100	8740/100
公共广播	507/87	606/62	376/28
私营广播	73/13	375/38	950/72
总计	580/100	981/100	1326/100

---

① Dussel, Konrad: Deutsche Rundfunkgeschichte, 2.Auflage. Konstanz: UVK, 2004, S.303.
② 同上，第304页。

虽然公共广播电视的广告投放量逐年下降，但是每户缴纳的广播电视费却为他们带来了充足的资金来源。2001年，公共广播电视的可支配金额达到90亿马克。虽然金额庞大，但是其中一部分需要分配给儿童电视频道、凤凰电视台、欧洲电视联盟台和卫星三台等由公共广播电视台联合创办的频道。而私营广播电视台则依靠充足的广告收入稳定占领市场。1995年卢森堡广播电视台成立的时候，当年收入就达到4亿马克，后来虽然为了成立卢森堡广播电视二台投入了不少资金，但到1998年时卢森堡广播电视二台也开始盈利了。另外，电视七台虽然在起步初期投入大于产出，但是到1996年时也已经能够盈利2亿马克。以上综合性私营电视台慢慢在市场竞争中发展起来，但是付费电视的情况就没有那么乐观了。到2000年时，它们的亏损甚至超过了10亿马克。

第十章 德国媒介现状

CHAPTER 10

德国从20世纪90年代以后就形成一个相对稳定的媒体格局,占主导地位的报刊和电视台,几乎没有发生变化。报刊呈现出明显的集中化趋势,公共和私营广播电视平分秋色,大型媒介集团操控着媒介市场,媒介垄断严重。但是近年来由于受到互联网的冲击,尤其是2012年德国报业进入"寒冬",传统报刊衰落,发行量下降,广告额减少,而互联网和电子媒体却不断兴起,渐渐改变着德国媒介格局。这一章将介绍德国目前媒介格局、互联网的发展和德国十大媒介集团的状况,以及德国现行的媒介政策。

一、当前德国媒介格局

1. 报纸杂志

经过 20 世纪 90 年代两德统一之后的报业集中化进程，目前德国的报刊格局相对稳定，变化不大，主要呈现出以下特点：几乎所有报刊都属于私有财产；通常在早晨出版；地方报大部分都是日报；地区化明显；全国性的高质量报刊较少；除了《图片报》之外，报刊的零售量很少；具有超党派性质；报刊的集中化程度很高；媒介集团跨平台经营，旗下涵盖报刊和电视。

德国目前的报纸发行总量和种类在欧洲名列前茅，但是就报刊的覆盖范围来说，在欧洲只能处于中间位置（约 70%）①。两德统一时报纸的发行量曾经达到高峰，但是此后的 20 年里报纸的发行量却下降了 30%，特别是 2010 年，德国报业经历寒冬，有的报纸发行量甚至下降了 100 万。地方报的发行也受到巨大冲击。2000 年，哈勒发行的《中德意志报》发行量下降三分之一，而在奥得河畔的法兰克福发行的《勃兰登堡奥德报》以及《莱比锡人民报》的发行量甚至损失过半。在过去 10 年里，地方报的发行量平均下降三分之一到四分之一。②此后，德国报业情况一直不容乐观，尤其在 2012 年 12 月，《德国金融时报》和一直在市场上占有重要地位的全国性大报《法兰克福评论》相继宣告破产。互联网给传统报业带来巨大冲击，不仅改变着读者的阅读习

---

① BDZV Zeitung 2010/11, S.409.
② Meyn, Hermann/Tonnemacher, Jan: Massenmedien in Deutschland, 4., völlig überarbeitete Neuauflage. Konstanz und München: UVK Verlagesgesellschaft, 2012, S.70.

惯，使得读者更加乐意接受互联网上的信息，更直接的后果是德国报业广告收入连续下降，更多的广告资金流向互联网，而社交媒体的普及也直接威胁着报刊作为消息源的垄断地位。传统报刊失去了大量年轻读者群体，并开始试着进入电子报刊领域。

表 38　1980—2011 年德国媒体广告收入（单位：百万欧元）[①]

	1980 年	1990 年	2000 年	2010 年	2011 年
日报	2740	4122	6557	3638	3557
周报	105	181	278	218	214
大众杂志	1036	1565	2247	1450	1440
专业杂志	529	984	1210	860	875
广告报刊	–	1005	1792	2011	2060
电视广告	572	1461	4705	3954	3981
广播广告	204	465	733	692	709
电影广告	52	110	175	75	85
直邮广告	675	1531	3386	2984	2988
互联网广告	–	–	153	861	990

2014 年德国共发行 378 种日报，21 种周报。其中日报总发行量 1910 多万份，70.2% 为订阅，23% 为零售，2.2% 为飞机或火车上的赠阅（Bordexemplare），另外 4.6% 为其他发行方式。[②] 虽然发行量和广告收入都有所减少，但全国性大报的格局几乎没有任何改变，《南德意志报》《法兰克福总汇报》《世界报》

[①] Zentralverband der Deutschen Werbewirtschaft ZAW，Werbung in Deutschland，Jahrbücher，2012.
[②] Geschäftsbericht der IVW 2014/2015.

《日报》和《法兰克福评论》①仍然占据全国报业市场。电子报刊的销售量为每天 63 万,但其订阅和零售比率与纸质报刊完全不同,电子报刊中 30 万份为订阅,33 万份为零售,各占一半。相比日报,周报的发行量并没有发生太大变化。目前影响比较大的跨地区周报有《时代》周报,宗教类周报《莱茵信使报-基督与世界》《国会报》等。2014 年周报的总发行量为 123.6 万份,订阅占 44.9%,零售 40.1%,租阅(Lesezirkel)②4.0%,火车和飞机上的赠阅 1.9%,其他为 9.1%。③

和杂志的情况相似,德国杂志的种类和发行量近年来也有所下降,有的杂志发行量甚至降低了 2 万份。④2014 年所有杂志种类为 817 种,比上一年减少了 36 种。相比纸质杂志,电子杂志的种类呈现增长趋势,比上年增加了 11 种,目前有 77 种电子杂志。所有杂志中,大众杂志的零售量在 2014 年下降了 3.8%。汽车杂志销售量也从 1752 万下降到 1505 万,种类从 40 种减少到 29 种。⑤广播电视类杂志的发行量也下降 5 个百分点。目前市场上影响力较大的杂志有《明镜》周刊、《明星》杂志、《焦点》、《倾听》和《炫彩》周刊等。

---

① 2012 年底《法兰克福评论》宣告破产以后,南德意志报、土耳其的 Burak Akbay 和法兰克福总汇报等多家出版社都希望能够将其收购。最终法兰克福总汇报通过了联邦反垄断局的审核,成功收购。法兰克福的 Societät 媒体有限公司持有其 55% 股权,法兰克福总汇报拥有 35% 股权,其前股东卡尔·格罗尔德基金会持有 10% 股份。重新出版的《法兰克福评论》关闭了原来的印刷厂,只保留了一小部分编辑团队。

② 德语 Lesezirkel 原意为读书会,如今也指租阅书刊,由专门从事这类业务的公司从出版社订购书刊,出租给诊所、理发店等,提供在那里等候的顾客借阅。例如在德国的诊所候诊室中或者理发店中会摆放一些杂志,供顾客等待的时候阅读。阅读角的形式最早源于 18、19 世纪,读者组成协会来交流手中的书籍。

③ Geschäftsbericht der IVW 2014/2015.

④ Meyn, Hermann/Tonnemacher, Jan: Massenmedien in Deutschland, 4., völlig überarbeitete Neuauflage. Konstanz und München, UVK Verlagsgesellschaft, 2012, S.90.

⑤ Geschäftsbericht der IVW 2014/2015.

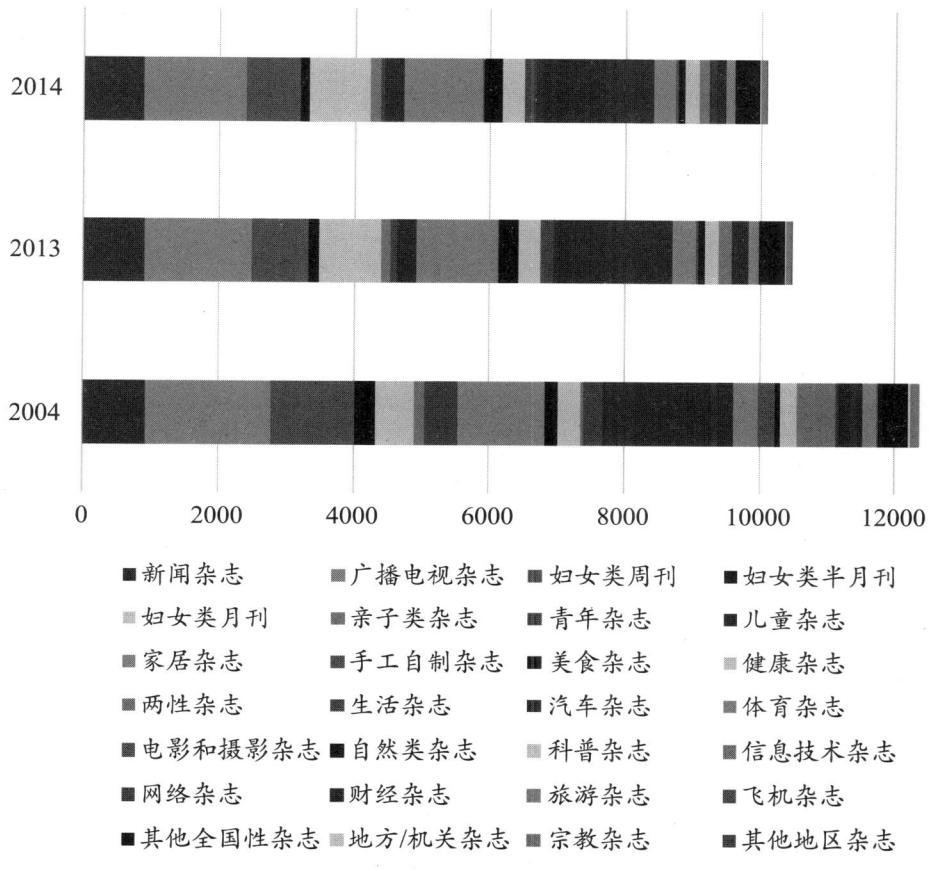

图 106　2004 年、2013 年和 2014 年德国杂志发行量比较（单位：万份）①

2. 通讯社

德国最大的通讯社为德国新闻社（Deutsche Presseagentur，dpa），简称德新社，由 185 家报社、出版社和广播电视台联合组成，并通过选举任命监事会、社长和主编。但是每家成员在德新社的资产份额不能超过 1.5%，由此可以防止某家媒体能够对德新社施加影响。北德意志电视台、西德意志电视台和德国电视二台是德新社的成员，广播、电视在德新社的总份额也超过 25%。另外，国家也在大力阻止商业资产进入德新社，尽量保持其独

---

① Geschäftsbericht der IVW 2014/2015.

立性和公共性。每天德新社都要处理来自大半个德国的日报和广播电视台的稿件。广播电视台将每条新闻编辑成3到5分钟长的音频或者视频文件传到德新社。旗下的全球媒体服务公司租用卫星，向世界各地传输新闻和评论。德新社报道保持客观，任何德国党派都无法影响其报道，因为全德国20%的报刊都会将时政新闻传到德新社，[1]这些报刊都有着各自不同的政治倾向。另外，其他通讯社也与德新社形成直接的竞争关系，例如2009年德意志电讯社（Deutscher Depeschendienst，ddp）和美联社联合改组的德国海外电讯社（Deutscher Auslands-Depeschendienst，DAPD），以及英国的路透社、法国的法新社、奥地利新闻社（Austria Presse-Agentur，APA）、瑞士电讯社（Schweizerische Depeschenagentur，SDA）等。德国国际通讯社是继德新社之后的德国第二大通讯社，可惜成立不到两年半的时间，就在2012年10月向法院提出破产申请，并于2013年4月12日宣布正式停止全部新闻发稿业务。

2001年，德新社与很多日报和杂志一样，都陷入经济困难时期。为了度过危机，很多通讯社开始把提供的新闻内容转向特定经济领域，并且开设网络版。很多日报也与德新社解除合同，或者考虑是否延长使用德新社稿件的合同。因为使用德新社稿件成本并不低，当时一份发行量为30万的日报，每年需要向德新社缴纳50万马克的费用。而德新社的稿件质量也备受质疑，很多报社抱怨德新社的报道充满空洞的语言，一篇报道中语言风格千变万化，难以保持一致，甚至还有错误。之后，德新社解除了与报业康采恩西德意志总汇报集团下的一些报刊的合作，但是其合作伙伴仍然囊括了德国市场上96%的日报。而其直接竞争对手德国新闻服务社和合作伙伴也能占到所有日报的80%，在所有每日发行的出版物中也能占九成以上。[2]2014年年末，德

---

[1] Meyn, Hermann/Tonnemacher, Jan: Massenmedien in Deutschland, 4., völlig überarbeitete Neuauflage. Konstanz und München, UVK Verlagesgesellschaft, 2012, S.162.

[2] Günter, Herkel: Schärfere Töne am Nachrichtenticker. In: Menschen machen Medien, 2/2012, S.8.Zit.nach Meyn, Hermann/Tonnemacher, Jan: Massenmedien in Deutschland, 4., völlig überarbeitete Neuauflage. Konstanz und München: UVK Verlagesgesellschaft, 2012, S.163.

新社的总资产为 8860 亿欧元，其中传统媒体行业占 70%，新媒体和非媒体行业占 30%。德新社在全世界 100 多个国家和地区设有 1200 名记者和编辑，在德国 12 个联邦州设有 60 多个办公点，国外设有 50 多个办公点。每天发出稿件 750 篇。

除了德国境内一些大型的国际新闻通讯社外，德国还有一些专门收集特定内容的通讯社，例如专门负责收集基督教新闻的基督福音教新闻通讯社（Evangelischer Pressedienst，epd），还有传送教会和社会信息的天主教新闻社（Katholische Nachrichtenagentur，KNA），以及专攻体育新闻的体育信息通讯社（Sport-Informations-Dienst，SID）。一些政党、报刊和社会组织也有自己的通讯社，每月收集相关领域的信息后免费发送给相关媒体，但是媒体也仅仅将这些新闻作为参考。

表39　2010 年德国主要新闻通讯社[①]

通讯社	固定记者	每日发稿	每日发图	每月视频	国内办公点	国内总发稿量	总资产（百万欧元）
法新社	约50	220	500-800	20	6	-	约7.5
德国海外电讯社	305	550	800	500	32	12 个分部/120	29.9
德新社	451*	650-750	600-800	80	50	12 个分部/80-200	87.8
汤普森-路透社	135	250-300	800	420	7	-	约7.5
体育信息通讯社	约60	14	-	-	5	-	约14

* 包括驻外记者

3. 广播电视

德国从 20 世纪 80 年代以来一直保持公共和私营两种广播电视并存的双重体制。总体而言，近年来德国私营广播电视的受众一直呈现出逐步增长的

---

① Goldhammer, Klaus/Lipovski, Jana: Markt der Nachrichtenagenturen in Deutschland und Europa. Kurzanalyse, Berlin: Goldmedia, 2011, S.13.Zit nach Beck, Klaus: Das Mediensystem Deutschlands: Strukturen, Märkte, Regulierung. Wiesbaden: Springer VS, 2012, S.47.

趋势。德国电视一台和电视二台仍然是最主要的公共电视台，而卢森堡广播电视台和卫星电视一台依然处于私营广播电视台市场份额最高的前两位。另外，公共电视台所拥有的受众群体仍然是最多的，但私营电视台却特别受到青少年群体的青睐。本章接下来的德国十大媒介集团的德广联部分将详细介绍德国广播电视台现状，因此这里不再细述。

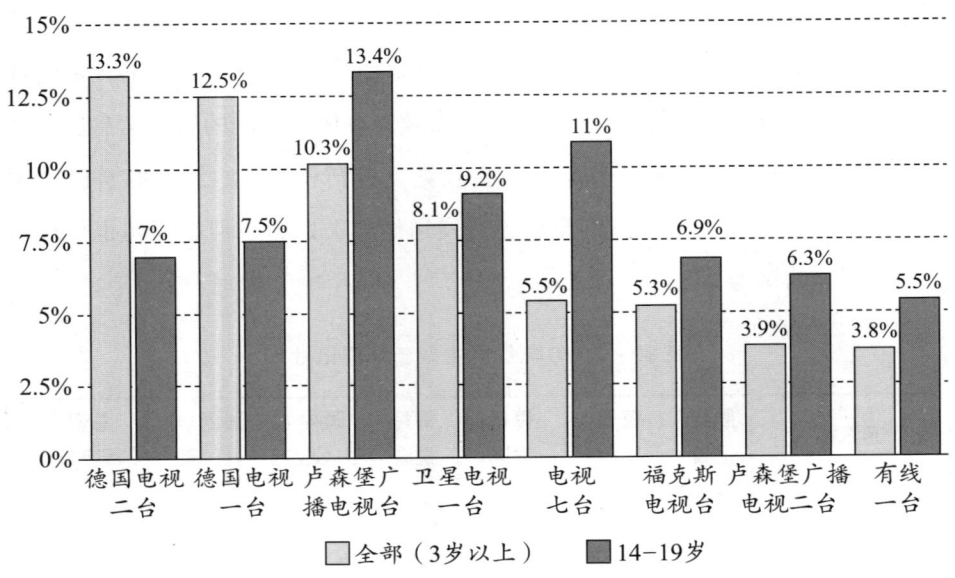

图107　2014年德国各电视台观众分布比率①

公共和私营电视台都有各自所侧重的节目内容。公共的德国电视一台和二台以播出信息类节目为主，但私营的卢森堡广播电视台、卫星电视一台和电视七台的信息类节目只占少部分，它们主要提供娱乐类和影视类节目。相比之下，公共电视台更加关注儿童和青少年节目。②

---

① Statista, http://de.statista.com/statistik/daten/studie/214350/umfrage/marktanteile-der-tv-sender-in-deutschland/［11.24.2015］.
② 关于德国双重广播电视体制的介绍及其与中国的比较可参见Zeng, Li: Beyond the Market Myth: A Research on the Dual Broadcasting System and Its Inspirations for China's Ongoing Television System Reform. Baden-Baden: Nomos, 2015.

表 40　2013 年德国各大电视台节目结构比较（单位：分钟/天）[1]

	电视一台	电视二台	卢森堡广播电视台	卫星电视一台	电视七台
信息类	631	623	319	229	141
体育类	88	73	20	5	—
娱乐类	79	133	472	495	118
音乐类	15	8	32	15	6
儿童青少年类	85	77	4	7	68
影视类	495	473	315	385	807
其他	27	29	67	72	118
广告	19	24	209	230	216

4. 德国互联网发展现状

2014 年，德国的互联网普及率为 79.1%，使用人数比上一年增加了 140 万（2%）。58.3% 的德国居民每天都使用互联网。而在所有人中，年轻群体的增长速度最快。下表显示德国互联网从 1997 年到 2014 年的使用情况，互联网在过去 15 年间增长迅速，逐年上升，特别是 2000 年增长率达到了 64%，但是之后逐步放缓，2010 年又迎来第二个增长高峰，但是此后增长速度再次放缓。

表 41　德国互联网使用情况（1997—2014）[2]

年份	偶尔使用										每天一次	
	1997	2000	2003	2006	2009	2010	2011	2012	2013	2014	2013	2014
百分比 %	6.5	28.6	53.5	59.5	67.1	69.4	73.3	75.9	77.2	79.1	57.0	58.3
总数（百万）	4.1	18.3	34.4	38.6	43.5	49	51.7	53.4	54.2	55.6	40.0	41.0
相比上一年增长率 %	—	64	22	3	2	13	6	4	2	2	—	3

德国互联网用户年龄分布区别明显，以 60 岁的人为分水岭，60 岁以上的用户仅占 9%-10%。14-29 岁之间的年轻群体中互联网的普及率最高，而 14-19

---

[1] Media Perspektiven，Basisdaten，2014.
[2] ARD-Onlinestudie 1997，ARD/ZDF-Onlinestudien 1998-2014.

岁的青少年每人都使用过互联网。由于老年用户数量极少，德国的互联网普及率相较其他27个欧盟成员国只处于中上水平，其中普及率最高的是丹麦、挪威和瑞典，平均达95%以上，卢森堡次之，普及率为94%。特别是多年来，互联网在丹麦的老年群体中已经完全普及。①德国的互联网使用还体现出性别差异，互联网在男性群体中更为普及。就使用目的而言，上网查阅信息（96%）、网络购物（68%）和观看网络视频（66%）是德国网民上网最常做的事情。②

表42　1997—2014年德国互联网用户年龄分布③

年份	至少使用过一次互联网的人数比率（%）									
	1997	2000	2003	2006	2009	2010	2011	2012	2013	2014
总计	6.5	28.6	53.5	59.5	67.1	69.4	73.3	75.9	77.2	79.1
男性	10.0	36.6	62.6	67.3	74.5	75.5	78.3	81.5	83.5	83.7
女性	3.3	21.3	45.2	52.4	60.1	63.5	68.5	70.5	71.1	74.6
14–19岁	6.3	48.5	92.1	97.3	97.5	100.0	100.0	100.0	100.0	100.0
20–29岁	13.0	54.6	81.9	87.3	95.2	98.4	98.2	98.6	97.5	99.4
30–39岁	12.4	41.1	73.1	80.6	89.4	89.9	94.4	97.6	95.5	97.4
40–49岁	7.7	32.2	67.4	72.0	80.2	81.9	90.7	89.4	88.9	93.9
50–59岁	3.0	22.1	48.8	60.0	67.4	68.9	69.1	76.8	82.7	82.1
60岁以上	0.2	4.4	13.3	20.3	27.1	28.2	34.5	39.2	42.9	45.4
学生	15.1	58.5	91.6	98.6	98.0	100.0	100.0	100.0	100.0	100.0
已就业	9.1	38.4	69.6	74.0	82.3	82.4	87.0	90.7	89.6	92.8
退休/失业	0.5	6.8	21.3	28.3	34.7	36.4	45.0	44.7	50.2	51.3

近几年，智能手机和平板电脑也在德国得以迅速普及，使用笔记本电脑上网的占69%，用手机上网的占60%，用台式电脑上网的占59%。其中使用平板电脑上网的人数增长速度最快，从2013年的15%上升到2014年的28%，同时通过互联网观看视频（电视）的需求也相应增加。④也正因为互联网新平台的

---

① Media Perspektiven 7-8/2014，S.380.
② Initiative D21 e.V.：D21-Digital-Index 2014.Die Entwicklung der digitalen Gesellschaft in Deutschland.
③ ARD-Onlinestudie 1997，ARD/ZDF-Onlinestudien 1998—2014.
④ Initiative D21 e.V.：D21-Digital-Index 2014.Die Entwicklung der digitalen Gesellschaft in Deutschland.

影响，德国传统媒体格局发生了巨大变化。特别是互联网带来的免费信息，使得很多报刊失去了大量的读者。虽然很多传统媒体都在试图转型，并为此投入大量的财力，但终究成效甚微。更为严重的是，互联网使得商家更容易直接接触潜在消费群体，因此大量的广告投放也开始转移到互联网上。因此，大量传统印刷媒体开始拓展互联网业务，开发网络版报纸杂志，并且借助智能手机和平板电脑等新媒体平台，开放应用程序，吸引更多的读者使用应用程序订阅电子报刊，或者定制自己感兴趣的新闻。此外，读者还能通过电子书等媒体平台，订阅电子报纸和书籍。在互联网的冲击下，几乎所有大型报刊都开始出版网络版。根据 2012 年第二季度的统计，每天电子报刊发行量为 200 万份（包括日报和周末报），相比之下，只占所有印刷报刊总发行量的 1%。电子版的大众杂志发行量为 44000 份，也仅为印刷版的 0.4%。[①]各种报纸的网络版定价也完全不同。印刷版零售价为 4 欧的《明镜》周刊电子版价格为 3.8 欧，相差不大。但是其中一部分内容会被放到明镜在线（Spiegel Online）上，网民即可免费阅读。

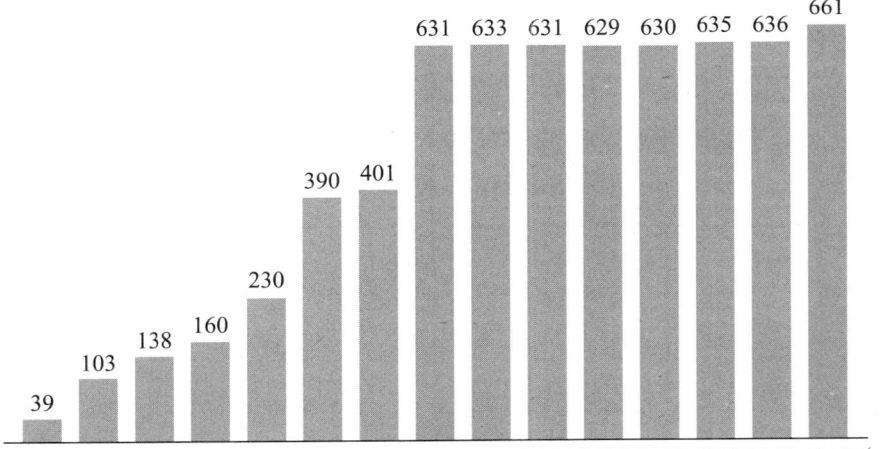

图 108　德国报刊上线数量增长趋势（1996—2010，单位：种）[②]

---

① Meyn, Hermann/Tonnemacher, Jan: Massenmedien in Deutschland, 4., völlig überarbeitete Neuauflage. Konstanz und München: UVK Verlagesgesellschaft, 2012, S.111.

② BDZV Zeitung, 2010/11, S.405.

而德国电视一台和电视二台的新闻节目《每日新闻》和《今日》则自己开发了应用程序，因为公众已经向公共电视台缴纳过视听费，因此可以免费下载观看。这些免费的应用程序也因此成为针对其他日报的强有力的竞争工具。对此，8家报刊出版社联合抗议，最终德国电视一台和二台也只能妥协，承诺在应用程序上仅限于播放与电视节目相关的内容。除了应用程序，传统媒体还借助社交媒体，发送即时新闻并与读者互动。德国报纸出版商联邦协会2010年曾做过统计，将近70%的日报在Facebook（脸书）都有公共主页，6%的报纸也在Twitter（推特）上设有账号，而且每份发行量超过20万份的报纸都在Facebook和Twitter上开设了公共账号。[1]这样，出版社和读者之间可以有更多的互动，无形中也塑造了报纸在读者心目中，特别是年轻群体中的良好形象。2011年，更多的地方报纸也加入到网络中，68.8%的读者（14岁以上）都同时使用印刷版和网络版，只有13%的读者只接触印刷报刊。[2]但是，当广播、电视、互联网三者比较时，电视仍然是最受德国公众欢迎的媒体。而且在过去的15年里，广播和电视使用时间并没太大变化。

表43　2000—2014年广播、电视和互联网使用时间比较
（分钟/天，周一至周日，平均14岁以上用户）[3]

年份 名称	2000	2003	2006	2007	2008	2009	2010	2011	2012	2013	2014
广播	205	195	186	185	186	182	187	192	191	191	192
电视	203	221	235	225	225	228	244	229	242	242	240
互联网	17	45	48	54	58	70	77	80	83	108	111

---

[1] Meyn, Hermann/Tonnemacher, Jan: Massenmedien in Deutschland, 4., völlig überarbeitete Neuauflage. Konstanz und München: UVK Verlagsgesellschaft, 2012, S.111.

[2] BDZV Intern vom 23.Dezember 2011, S.11.

[3] Media Perspektiven 7-8/2014, S.392.

德国的社交媒体使用也非常普及，2013年78%的互联网用户使用社交媒体，67%的用户使用活跃，25%的用户每天都会使用。① 常用社交网站有国际性的Facebook、Stayfriends、Twitter和Instagram，也有德国本土的Wer-kennt-wen（谁认识谁），meinVZ（我的目录）和StudiVZ(大学学习目录，针对大学生群体)，谷歌公司开发的社交网络

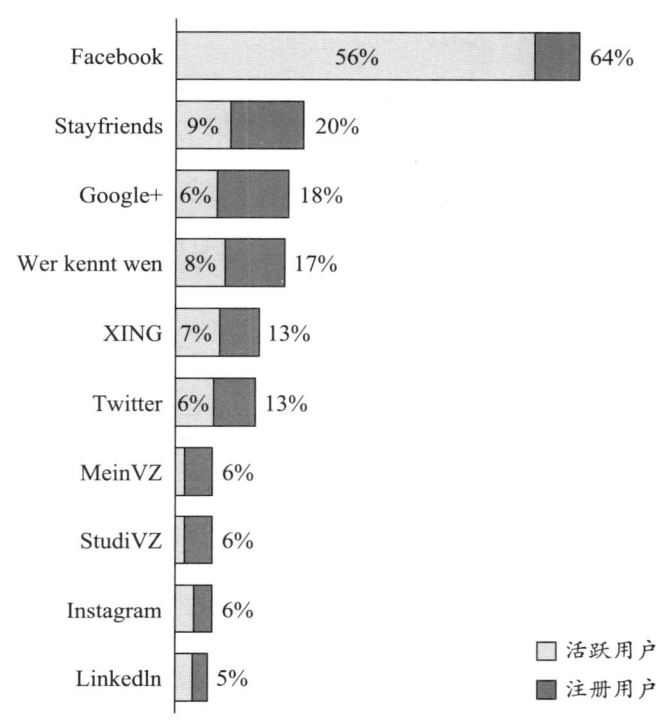

图109 2011年德国社交媒体使用情况②

Google+，此外还有职业社交网站Xing(德国本土)和LinkedIn。在所有社交媒体中，Facebook不仅一头独大，而且连续保持了大量活跃的用户，2012年56%的社交媒体用户使用Facebook，相比2011年增长了11%。14岁以上的社交媒体用户中，44%的人活跃于Facebook平台上。相比之下，青少年用户使用微博平台Twitter，Tumblr的频率极低，每天使用的才2%。③ 在此之前使用比较广泛的是德国本土的StudiVZ，2012年后出现转变。而相比之下Google+活跃度较低，StudiVZ渐渐失去活跃用户，Stayfriends已于2014年年初停止服务。德国的本土职业社交媒体Xing比国际化的LinkedIn更为普及。

---

① BITKOM: Soziale Netzwerke 2013.Eine repräsentative Untersuchung zur Nutzung sozialer Netzwerke im Internet.
② 同上
③ Media Perspektiven 7-8/2014，S.381.

5. 德国十大媒介集团

2015年，德国排名前10的媒介集团分别是贝塔斯曼集团、德广联、施普林格集团、电视七台与卫星电视一台、布尔达集团、鲍尔集团、德国电视二台、霍尔茨布林克出版集团、冯克媒体集团和世界图片出版集团。其中前三名在世界上也属于规模巨大的媒介集团，贝塔斯曼在全球排名第9，德国电视一台在全球位居第25位，施普林格集团也是全球第51强。

表44　2015年德国媒介集团规模排行（单位：10亿欧元）[①]

德国排名	媒介集团	总资产（10亿欧元）	世界排名
1	贝塔斯曼集团（居特斯洛）	16675	9
2	德广联（慕尼黑/柏林）	6284	25
3	施普林格集团（柏林/汉堡）	3038	51
4	电视七台与卫星电视一台（温特弗林）	2876	-
5	布尔达集团（奥芬堡）	2456	-
6	鲍尔集团（汉堡）	2263	-
7	德国电视二台（美因茨）	2011	-
8	霍尔茨布林克出版集团（斯图加特）	1719	-
9	冯克媒体集团（埃森）	929	-
10	世界图片出版集团（奥格斯堡）	610	-

（1）贝塔斯曼集团

贝塔斯曼集团的总部位于德国北莱茵-威斯特伐利亚州的居特斯洛（Gütersloh），在电视、广播、书报杂志和音乐出版，印刷和媒体服务，书籍和音乐俱乐部等领域都有所涉足，业务遍及近50个国家。其核心业务为媒体与服务，主要市场在西欧（尤其是德国、法国、英国、西班牙）和美国，同时也在中国、印度和巴西等发展中国家开拓市场。贝塔斯曼集团是一个综合性的媒介集团，旗下子集团包括卢森堡广播电视集团（广播电视）、企鹅兰登书屋（图

[①] http://www.mediadb.eu/rankings/deutsche-medienkonzerne-2015.html［09.08.2015］.

书出版)、格鲁那与雅尔(期刊)、欧唯特(服务)和贝氏印刷(Be Printers, 印刷)。

卢森堡广播电视集团是欧洲最大的广播电视集团,在全球范围内拥有54个电视频道和28个广播电台以及多个制作公司。电视频道包括德国的卢森堡广播电视台,以及荷兰、比利时、卢森堡、克罗地亚、匈牙利、南非和印度的卢森堡广播电视台。卢森堡广播电视集团通过小众化的节目策略来扩大电视市场,并利用节目开播时间展示附加内容,如家庭电视购物或现场连线服务。这样的做法在成熟市场中也有优势。此外,贝塔斯曼集团下的企鹅兰登书屋是全球最大的大众图书出版集团,拥有众多诺贝尔文学奖和其他知名文学奖得主作为签约作家,在15个国家设立了近250家独立编辑出版公司。旗下囊括了主要经营杂志出版和印刷的格鲁那与雅尔集团,在30多个国家出版500种期刊和数字化出版物。

数字化时代的到来给印刷媒体和广播电视带来了巨大的冲击,因此贝塔斯曼集团也试图通过数字化转型来维持发展。企鹅兰登书屋开始向电子书领域拓展,提供数万种英语、西班牙语和德语电子图书。这一策略的效果也非常显著,到2014年时,电子书所创造的收入占全球总收入的20%以上。此外,近年来德国公众越来越倾向于使用智能手机和平板电脑观看视频,不管是公共电视台还是私营电视台,都非常关注视频应用程序的开发。卢森堡广播电视集团也开始投资开发自己的应用程序,并通过旗下的电视节目制作公司Fremantle Media和Youtube对外发布节目,同时制作适合众多国家且可以出口的内容来拓展全球媒介市场。主要关注杂志出版的格鲁那与雅尔集团也同样开发应用程序,但主要根据网络用户的特定兴趣点来提供定制内容,例如借助互联网纵向渠道或网络社区,展开"烹饪"或亲子和家庭等讨论话题,提供内容的同时与读者互动。2014年,贝塔斯曼集团的营业额创下近7年来的最高水平,其中最主要推动力是过去一年半以来实行的战略性调整,包括企鹅出版集团与兰登书屋的合并,欧唯特收购金融服务公司Gothia和电子商务服务机构Netrada,以及对音乐版权管理公司BMG所有股权的收购。①

---

① http://www.bertelsmann.com.cn/ [09.08.2015].

（2）德广联

德广联是德国公共广播电台所组成的一个合作组织，分别由九个州立广播公司联合组成，包括巴伐利亚、黑森、中德意志、北德意志、不莱梅、柏林-勃兰登堡、萨尔、西南和西德意志广播电视台。这些州立广播电视台除了制作自己地方的节目外，还联合为德国电视一

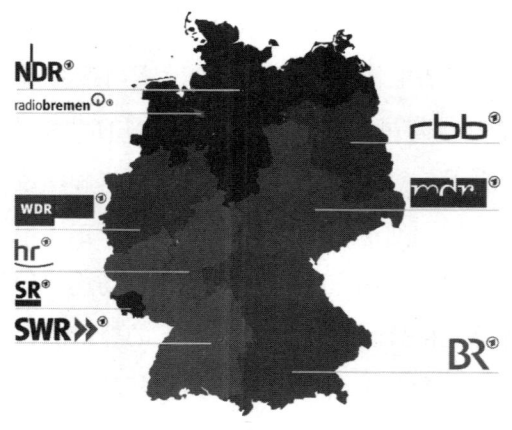

图110　德广联在各州的广播电视台分布图

台提供节目。除此之外，德广联的广播还包括德国文化广播电台和德国电台，负责对外宣传的德国之声广播电台也是德广联的成员。德广联属于公共广播电视，所提供的节目内容也主要以信息为主，娱乐类和生活服务资讯内容比较少。2012年，德广联旗下媒体提供的信息占所有节目内容的46%。[1]

巴伐利亚广播电视台（BR）主要负责向巴伐利亚州的1250万居民提供广播电视节目，旗下广播电台有巴伐利亚广播一台（Bayern 1）——播放当地的电视节目和音乐，巴伐利亚广播二台（Bayern 2）——播送国际文化和资讯节目，巴伐利亚广播三台（Bayern 3）——以流行音乐和服务类资讯为主，另外还有巴伐利亚古典音乐台（BR-Klassik），最新信息广播B5 aktuell，青年广播频道《脉动》（Puls）和播送德语音乐与当地民乐的网络电台Bayern plus。此外，还有巴伐利亚电视台、当地的教育电视台BR-alpha。

黑森广播电视台（hr）则在黑森州2.1万平方公里的土地上向610万居民提供节目。旗下的广播电台有以新闻广播著称的黑森广播一台（hr1），文化频道黑森广播二台（hr2-kultur），提供流行乐和资讯服务的黑森广播三台（hr3），地方广播黑森广播四台（hr4），青年广播电台You FM以及新闻广播电台黑森

---

[1] ARD Infobroschuere，https：//web.archive.org/web/20131102035101/http：//www.ard.de/intern/die-ard/-/id=2429396/property=download/nid=8036/qh8r89/ARD_Infobroschuere_deutsch.pdf［09.08.2015］.

信息台（hr-iNFO）。当然，还有黑森电视台。

中德意志广播电视台向萨克森、萨克森－安哈特和图林根三个州播送节目。广播电台分别有萨克森中德意志广播一台（MDR 1 Radio Sachsen），萨克森－安哈特中德意志广播电台（MDR Sachsen-Anhalt），图林根中德意志广播电台（MDR Thüringen），中德意志信息广播台（MDR INFO），文化广播中德意志费加罗广播电台（MDR Figaro），多媒体平台上的青年广播 MDR Sputnik 和流行音乐频道 MDR Jump。还包括中德意志电视台。

北德意志广播电视台（NDR）则为汉堡、下萨克森、石勒苏益格－赫尔斯泰因和梅克伦堡－前波曼州提供节目。广播电台有 NDR 90.3、北德意志梅克伦堡－前波曼广播一台（NDR 1 Radio MV），北德意志下萨克森广播一台（NDR 1 Radio Niedersachsen），北德意志广播一台北方电波电台（NDR 1 Welle Nord），流行音乐与服务资讯北德意志广播二台（NDR 2），北德意志文化广播（NDR Kultur），青年广播"北方的快乐"（N-Joy），以及网络电台北德意志广播蓝乐电台（NDR Blue），不莱梅广播电台和文化广播西北电台（Nordwest Radio）。电视台有西北德意志电视台和不莱梅电视台（Radio Bremen TV）。

柏林－勃兰登堡广播电视台（rbb）的节目覆盖了柏林和勃兰登堡州近600万的观众。其中有地方广播勃兰登堡电台（Antenne Brandenburg）和柏林电台调频88.8（Radio Berlin 88.8）、信息广播（Inforadio）、青年广播弗利茨（Fritz），文化与新闻广播一台（Radio Eins），以及与西德意志广播电台和不莱梅广播电台合办的欧洲跨文化广播电台欧洲广播大厦（Funkhaus Europa）。电视台有柏林－勃兰登堡电视台（irbb Fernsehen）。

萨尔广播电视台（SR）则立足于萨尔州，旗下有流行音乐和生活咨询服务的萨尔欧洲一台（SR1 Europawelle），文化广播萨尔二台（SR2），地方广播萨尔三台（SR3），与西南广播电台合作的青年多媒体广播"103.7兆我们的东西（103.7 UnserDing）"，以及和西德意志广播电台儿童频道合作的儿童频道电台（KiRaKa，全称 Kinder Radio Kanal），德法合作的萨尔信息台（Antenne

Saar)。电视台则是与西南德意志电视台合作建立的萨尔电视台。

位于德国西南部的巴登－符腾堡和莱茵兰－普法尔茨州则成立了**西南德意志广播电台（SWR）**。旗下有信息广播巴登－符腾堡西南德意志广播一台（SWR 1 Baden-Württemberg）和莱茵兰－普法尔茨西南德意志广播一台（SWR 1 Rheinland-Pfalz）、地方广播巴登－符腾堡西南德意志广播四台（SWR 4 Baden-Württemberg）和莱茵兰－普法尔茨西南德意志广播四台（SWR 4 Rheinland-Pfalz）、文化广播西南德意志广播二台（SWR 2）、流行音乐频道西南德意志广播三台、青年多媒体广播"这玩意儿（Das Ding）"、西南德意志信息广播（SWRinfo），以及西南德意志电视台。

（3）阿克赛尔·施普林格集团

阿克赛尔·施普林格股份公司（Axel Springer SE）是德国第三大媒介集团，子公司遍布全球。施普林格集团总部设在德国柏林，另在美国纽约、英国伦敦、日本东京、法国巴黎、西班牙巴塞罗那、意大利米兰、新加坡和中国香港都设有子公司。在德国、奥地利和瑞士，该集团还拥有许多出版公司、书店和工业实体。

1946年，施普林格创办广电杂志《请听》获得成功后，开始一系列的收购和创办报刊的活动，1960年购买下老牌的乌尔施泰因出版集团，战后又将其财产返还。随着收购和扩张不断推进，施普林格逐步形成欧洲大陆最大的出版集团，旗下所发行的报纸占所有德国报纸发行量的四分之一。该集团拥有欧洲发行量最大的《图片报》和高质量的日报《世界报》等60多家报纸、100多家杂志，以及众多的出版公司和广告社，同时还以直接或间接的方式控制着德国其他几十家报纸、私营电视台和广播电台。该集团年收入23.9亿欧元，其中网络出版收入为2.3亿欧元。集团的业务遍及世界32个国家，拥有员工1万人。2005年8月5日，该集团试图兼并德国最大的广播电视公司电视七台与卫星电视一台，但由于反垄断法的限制，施普林格集团被迫于2006年2月宣布放弃。

施普林格出版集团的《图片报》，早期风格模仿英国《每日镜报》（*Daily*

Mirror），报纸只有四版，以图片报道为主，配有简短的说明。报纸内容往往耸人听闻，众多名人逸事、星相、犯罪故事、政治分析、笑话等杂糅其中，而价格只有 10 芬尼。凭此办报方针，《图片报》迅速赢得大量读者。今日的《图片报》虽然不再以图片为主，但耸人听闻的风格并未改变，性、犯罪、战争仍然是报纸的主题，名人八卦也经常能成为报纸头版，体育特别是足球也是报道的重点，以此作为增加报纸销量的手段。《图片报》经常在头版头条以醒目的大字标题报道一些自己发掘的"新闻"，但事实上其中有很多都并非事实。许多读者购买《图片报》是因为它浅显的语言。特别是教育程度较低的读者不喜欢读关于政治的长篇大论，而是希望快速获取信息。

和《图片报》完全不同，施普林格集团的《世界报》属于高质量日报。其最主要的竞争对手是《法兰克福总汇报》《南德意志报》和《法兰克福评论》等全国性大报。该报每日发行（周日版名为《星期日世界报》），在政治立场定位上倾向

图 111　2013 年 4 月 22 日《图片报》头版

图 112　2011 年 10 月 24 日《世界报》头版

于保守派。

施普林格集团还发行著名的体育报——《体育图片报》（Sport Bild），1988年创刊，自创刊起就成为欧洲发行量最大的体育杂志。2015年第二季度的发行量约为37.4万份。①

此外，施普林格集团还针对个人电脑（PC）使用者，于1996年开始出版《计算机画报》（Computer Bild），该报也成为欧洲计算机杂志的市场领导者。2015年第二季度发行量为28.1万份。②

施普林格集团在妇女杂志市场上也取得了巨大成功，创刊于1983年的《妇女画报》至今仍是欧洲发行量最大的妇女杂志，2015年第二季度的发行量超过了82.3万份。③

（4）电视七台与卫星电视一台

该集团的核心业务是免费电视，但也涉足制造业、市场营销、互联网和电视信号传输行业。旗下的电视七台、卫星电视一台和有线电视一台2009年所占的观众比率为21.9%。此外，该集团还在2010年收购了德国著名的电

图113　2012年8月15日《体育图片报》封面

图114　2012年10月31日《计算机画报》封面

---

① IVW 2/2015, Informationsgemeinschaft zur Feststellung der Verbreitung von Werbeträgern e.V.
② 同上。
③ 同上。

视新闻频道 N24。电视七台与卫星电视一台下设有付费电视频道卫星电视一台喜剧频道（Sat.1 Comedy）和有线电视一台经典频道（Kabel eins classics）。2011年，该集团的资产占整个德国电视市场的 43.1%。①

（5）胡波特·布尔达媒体集团（Hubert Burda Media）

布尔达集团是德国著名的跨国媒体集团之一。经过一百多年的发展，目前，布尔达集团在世界范围内出版 262 种杂志，并且经营网站，制作电台和电视节目，还拥有直销公司。同时，布尔达集团也发展数字化商务和生活领域相关的业务。从地域上看，布尔达的业务主要集中在德国本土、中欧和东欧、俄罗斯和亚洲。集团的总部设在德国奥芬堡，世界各地的员工超过 7900 人。②布尔达集团下设有布尔达出版社，出版业务主要在德国国内（82%）。该集团对杂志出版业有着特别的兴趣，《炫彩》周刊、《焦点》等杂志都拥有广大的读者群体。

图 115　2014 年 5 月 2 日《妇女画报》封面

（6）鲍尔出版集团（Bauer Verlagsgruppe）

鲍尔出版集团创立于 1875 年，在鲍尔家族四代人的经营下至今已经发展为欧洲最大的杂志出版社之一。总部设在德国汉堡（Hamburg）。集团在德国、法国、西班牙、葡萄牙、英国、美国和墨西哥等 15 个国家出版 238 种杂志。其中包括著名的青年杂志《喝彩》，广播电视杂志《一瞥》、《电视电影》和《电视 14 天》（tv14）。鲍尔出版集团在世界各地的员工超过了 6400 人，2007 年

---

① http://www.mediadb.eu/datenbanken/deutsche-medienkonzerne/prosiebensat1-se.html［10.08.2015］.
② http://www.mediadb.eu/datenbanken/deutsche-medienkonzerne/hubert-burda-media.html［11.08.2015］.

营业额达到 17.9 亿欧元。

（7）德国电视二台

德国电视二台属于德国公共广播电视，总部位于美因茨。由于第七章和第九章对德国电视二台已经有过详细介绍，在此不再赘述。

（8）霍尔茨布林克出版集团

霍尔茨布林克出版集团 1948 年成立，总部设于斯图加特，旗下发行德国《时代》周报和众多自然科学期刊。1992 年以来不断拓展报刊市场，收购了柏林当地著名的报纸《明镜日报》，并且在 1996 年收购《时代》周报，2002 年又从格鲁那与雅尔出版社手中收购了柏林出版社及其旗下著名的《柏林报》。

（9）冯克媒体集团（Funke Mediengruppe）

冯克媒体集团最大的业务在传统的报刊出版，之前称为西德意志总汇报报业集团，总部位于埃森。冯克集团 2011 年总共发行 27 家日报，175 种杂志和 99 种广告报刊。其中包括德国最大的区域性报纸《西德意志总汇报》。该报 1948 年创刊于埃森，在国内有 4 个分社，在国外 8 个国家驻有记者。读者集中在鲁尔工业区，主要是企业职工，另外还出版 24 种不同的地方版。近几年，冯克媒体集团还投资电视和互联网。

（10）世界图片出版集团（Verlagsgruppe Weltbild）

世界图片出版集团是欧洲最大的互联网、图书和媒体零售公司之一，也是德国三大直邮广告公司之一，以及第二大在线图书零售商。总部设于德国奥格斯堡。德国著名的书店 Weltbild、Jokers、Kidoh 和 buecher.de 都隶属于该公司。世界图片出版集团也是德语图书和媒体产品零售领域的领头羊。其网站是一个最新媒体产品的集散地，以低廉的价格提供图书、音乐、DVD、软件和游戏，以及小电器和礼品等产品。凭借其多渠道经营的策略，世界图片出版集团已经成为零售领域顶尖的品牌，同时在图书领域也广为人知。

二、当代德国媒介政策与媒介规制

1. 德国媒介规制的机构介绍

在欧洲，公共性是公共媒体非常重要的理念。媒体需要引导人们关注全社会的公共利益，而非一己私利；保证媒介市场的良性和有序发展；保证媒体内容的多元化和高质量。通过媒介生产和消费来保证公众利益，并保证媒体内容多元化和高质量。在此基础上，德国的媒介规制遵循的是共治（Ko-regulierung）与自律（Selbstregulierung）的原则[①]，可分为法律规制、经济规制和媒介自律三种方式。

德国与媒介规制相关的法律架构非常完整，由欧盟法（欧盟法院、欧盟理事会制定）、国际法（如 1950 年在罗马签署的《欧洲人权公约》）和德国国内法组成。在德国国内法中，《联邦德国基本法》是德国的宪法，并在第五条规定了言论自由：

第 1 款 人人享有以语言、文字和图画自由发表、传播其言论的权利并无阻碍地以通常途径了解信息权利。保障新闻出版自由和广播、电视、电影的报道自由。对此不得进行内容审查。

第 2 款 一般法律和有关青少年保护及个人名誉权的法律性规定对上述权利予以限制。

第 3 款 艺术、科学、研究和教学自由进行。教学自由不得违反宪法。

除了《联邦德国》，德国本土的法律还包括一些全国性的法律和各个联邦州的法律，以及各州广播电视媒介管理局制定的法规。但是在原则上，所有

---

① Seufert, Wolfgang/Gundlach, Hardy: Medienregulierung in Deutschland: Ziel, Konzepte, Maβnahme. Baden-baden: Nomos, 2012, S.45.

法律都不能违反《联邦德国基本法》。①

德国媒介规制的另外一种方式是经济规制。媒介虽然提供内容产品,但是媒介组织自身作为经济组织也参与到市场运作中,尤其是私营的媒体。因此,德国政府机关和相关的媒介规制机构希望通过规范媒体的经济运作,来维护良好的市场秩序,并且保证媒体在市场竞争中能够提供高质量的内容,实现正确引导和教育公众的目的。对媒介的经济规制主要体现在以下几方面:(1)反垄断:从20世纪70年代起,德国报纸首先出现集中化的趋势,而后90年代不仅大型出版社垄断报业市场,以众多私营电视台为核心的综合性媒介集团更是加剧了媒体垄断的局面,因此,德国联邦反垄断局也参与调节媒介市场的经济行为,控制媒介集团的规模和并购活动,避免通过市场竞争而自然形成的媒体垄断威胁到媒体的多样化和公共舆论的多元化;(2)规制广告的内容:规制广告内容更多表现在保护青少年方面,《联邦德国基本法》第五条第2款也说明,保护言论自由不能与青少年保护相违背;(3)保护知识产权;(4)扶植媒介产业。经济规制的实施者,既可以是政府相关部门,如联邦反垄断局,也可以是社会组织,如各州的媒体行业组织。这里需要说明的是,德国的媒体经济规制可以理解为政府规制的一种,但是西方的政府规制理念只针对政府调控经济行为,媒体内容受到宪法保护,政治力量无法直接干预。德国的政党也只能采取间接的方式影响媒体,具体可参见后文。

最后一种媒介规制的重要方式是媒介自律,媒体和社会团体成立第三方行业管理部门,例如德国媒体理事会来管理媒介自身行为。媒介自律指媒体在排除了国家权力制裁之外而采取的自我约束行为,因为媒体通过自律也可以达到与国家制裁相同的效果。媒介自律的基本理念来自于宪法,《联邦德国基本法》第五条赋予言论自由和媒体的权利,因此任何组织或者个人不得对媒体进行审查。但是,这并不意味着媒体行为不受任何约束。《联邦德国基本法》的第五条第2款以及第二条第2款同时补充说明了在保护人格权和保护

---

① 更多关于德国媒体的法律介绍请参见 Beck, Klaus: Das Mediensystem Deutschlands. Strukturen, Märkte, Regulierung. Wiesbaden: Springer VS, 2012, S.33-45。

青少年的特殊情况下，媒体也会受到制约。媒体自律作为媒体自我内部的规制手段，强调参与者的"自愿性"。媒介自律服务于法律、公共组织和国家机构，是对法律和经济规制的重要补充，当然也可以与法律或经济规制一同施行。然而，媒介自律不能代替法律或者经济规制，只能作为补充。[①]

2. 德国媒介的规制措施

根据媒介形式的不同，德国的媒介规制可以划分为对报刊和出版物、对广播和电视、对电信和网络以及对商业广告的规制几个方面。除了管理媒体，德国也提供相应的媒介扶持政策。

（1）对报刊和出版物的规制

德国报刊市场集中化趋势一直蔓延，因此，对报刊和图书出版物的规制主要有以下几个目标：

保证媒介市场的多样化，防止媒体仅为某些特殊利益集团服务。

具体措施，一方面体现在人事任用上，即德国报刊在任命主编的时候，其政治理念可以与编委会成员不同。另外一方面则体现在反报业垄断上。联邦德国从70年代以来经历了报业集中发展时期，即使两德合并以后，报业集中化趋势仍然继续扩大。德国的鲍尔出版集团、布尔达出版集团、施普林格集团、格鲁那与雅尔集团和西德意志总汇报报业集团（后更名为冯克媒介集团）5家大型报业集团也从1990年以来一直占有市场主导地位，持续保持44%左右的市场份额，订阅量也占32%。其中最典型的代表就是《图片报》。2006年全国性的报纸在全国人口中的订阅量平均为6%，但当年仅《图片报》的读者群体就占了全国人口的18%。[②] 地方报纸明显的垄断局面更为严重，2008年德国的413个城市里，60%的城市只有一份地方日报，全国平均每个地方的读者只能读到1.5种地方报纸。新创办的报纸也面临着巨大的市场考验。一直以来，德国媒介政策都力图抑制德国的报刊和图书出版物市场集中化和垄断现象。和报纸市场一样，杂志市场被除了西德意志总汇报报业集团之外的其他四家大型报业集团

---

① Seufert, Wolfgang/Gundlach, Hardy: Medienregulierung in Deutschland. Ziel, Konzepte, Maβnahme. Baden-Baden: Nomos, 2012, S.148-157.

② 同上，第183页。

垄断。它们出版的杂志在 2010 年的杂志市场总发行量中占有 60%，而且从上世纪 90 年代以来就基本维持这个比例。[1] 因此，联邦反垄断局控制媒介集团的集中化发展趋势，支持报业市场竞争，以此来保证媒介内容提供者的多样性。

保证媒体内容的质量。

各联邦州也有当地法律相应规制媒介，保证内容质量，从而让媒体在社会上发挥正能量，起到对公众的教育作用。同时，德国媒体理事会也贯彻自律，控制新闻职业道德和媒介内容质量。在这里，实现德国报刊媒介自律主要有两个重要组织。一个是德国媒体理事会。它们除了负责媒体职业道德自律，也承担着监督报业集中化进程的任务，并在 1965 年成立委员会来解决德国报业集中化带来的问题。其成员来自发行人、主编或者报学研究者。该机构负责清算德国报刊的资产结构，并且按联邦州来分配资产额度。另外一个报刊自律的机构就是德国报纸出版商联邦协会。第七章介绍过这家协会，它成立于 1954 年，是德国报纸出版商的最高组织，下设 11 家州报业协会，会员共出版 320 种日报和 14 种周报。其职责在于保证和代表报业出版社在理念上及经济上的共同利益，并对外代表报纸出版社、主持谈判、缔结税率合同，对内调解竞争、培养报业人才。德国报纸出版商联邦协会以管理委员会的形式处理日常事务，各州报纸出版商协会根据报纸印数及会员多少派代表参加管理委员会，管理委员会对协会主席的选举及劳资纠纷具有决定权。

保护青少年。

德国宪法从根本上保护青少年，因此媒体的内容也必须遵循这些原则。因此，德国媒体理事会也会定期制作索引，列出可能对青少年造成伤害的媒体，并规范媒体的广告和市场行为，且以 18 岁为界限划分年龄分级，面向青少年群体的报刊和书籍，禁止刊登与酒、香烟和彩票相关的内容，违反者处以 5 万欧元以下罚金。[2]

---

[1] Seufert, Wolfgang/Gundlach, Hardy: Medienregulierung in Deutschland. Ziel, Konzepte, Maβnahme.Baden-baden: Nomos, 2012, S.183-184.

[2] 同上，第 197-199 页。

（2）对广播电视的规制

就对广播电视的规制而言，《联邦德国基本法》保障言论自由的规定是德国广电传媒政策制定的最基本的依据。另外，全国性的法律、各联邦州的法律和各广播电视机构法这三个层面的法律也为规范管理不同层面、不同类型的广电提供了具体的指导方针。同时，对广播电视的规制需要以欧盟法为指导，但具体规制措施由每个联邦州来制定，因此各个联邦州对广播电视的管理有很大的操作空间。

在这一法律框架下，德国对公共和商业广播电视采用了不同的行业管理机制。总体而言，德国对广播电视的规制要强于其他媒体。在双重广播电视体制下，公共和私营广播电视受到不同管制。公共广播电视关注信息和文化教育功能，而商业广播电视则强调娱乐功能，虽然市场和经济的压力存在，但两者在功能上形成互补。但由于近年来二者竞争的加剧，公共电视的节目生产与商业电视甚至出现趋同现象。因此，德国通过广播电视政策的不同要求，突出公共电视在节目中所应该体现出的文化传播和教育功能。公共广播电视实行自我监督和社会监督（通过独立机构和研究机构）相结合的方式，而商业广电则实施各州媒介管理机构、独立机构媒介集中度调查委员会和商业广播电视内部监管机构的"频道顾问部门"三管齐下的机制。

管理公共广播电视的主要机构是每个公共广播电视台下设的广电理事会，其职责在于保证全国和地方的广播电视的多元化、独立性和公共性，防止其受到政治和经济利益的影响。广电理事会的成员来自社会各界，主要负责制定广播电视台的总体规划和指导方针、任免台长（Intendant）、监督广播电视节目的合法性、审核年度财务报告、选举管理委员会（Verwaltungsrat）成员等。除了广播委员会外，管理公共广播电视的主要机构还有管理委员会和台长。这三个机构也称为公共广播电视民主监督的"三驾马车"。管理委员会监管广播电视台的行政和财政事务，并向台长提供相关建议。台长则主要负责"执行"层面的工作，例如策划和制作节目、管理行政事务等，并对广电理事会负责。

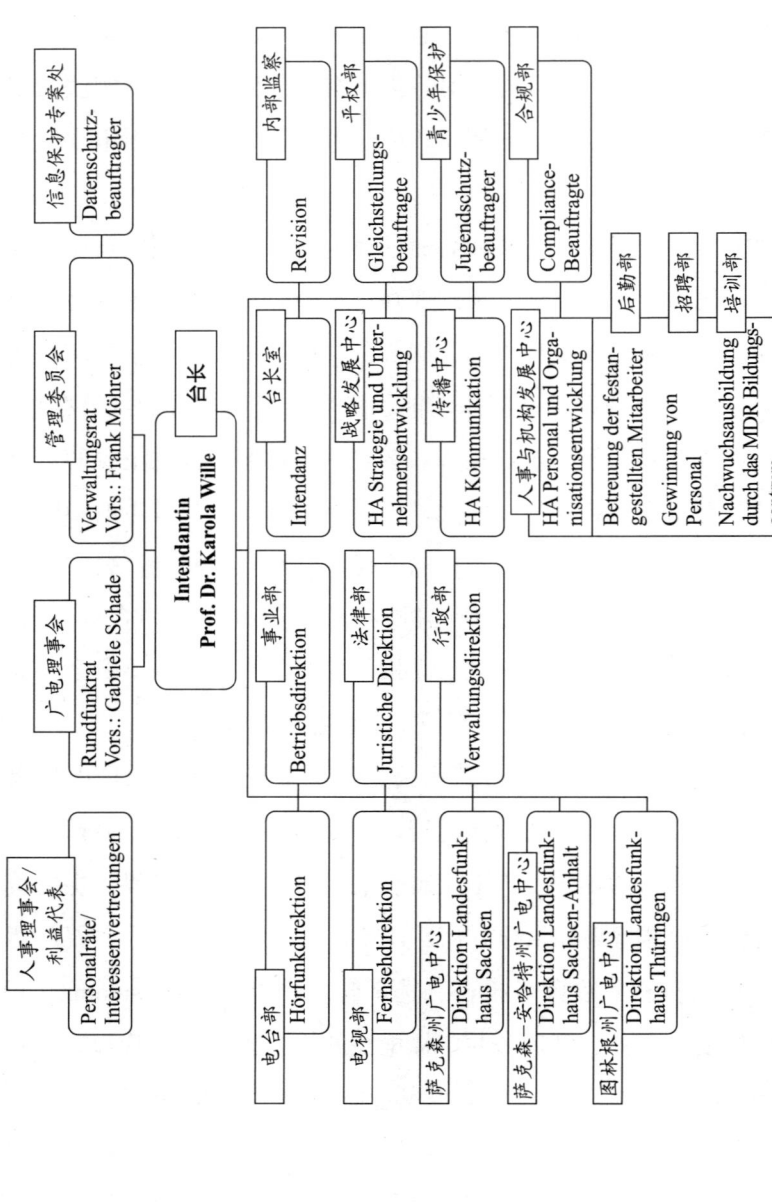

图 116 中德意志广播电视台管理结构图 ①

① 曾莉:《媒体客观中立的基石:从在德国不看电视也要交电视费谈起》,http://bolinyuedu.fyfz.cn/b/871517 [2015-11-08].

而商业广播电视则有另外一系列规制机构。首先是州媒体事务管理机构，这是管理商业广播电视台的特殊机构，负责通过国家而非个别利益集团来引导公共舆论。州媒体事务管理机构负责管理地方商业广播电视许可证（Zulassung）的发放、收回和撤销，分配节目传送频率，监管传输平台，控制节目制作和集中化程度，并决定与广播电视相关的网络媒体是否需要申请许可证。另外一些重要机构包括媒体集中化调查委员会（Kommission zur Ermittlung der Konzentration im Medienbereich）、许可证和监管委员会（Kommission für Zulassung und Aufsicht，ZAK）、青少年媒介保护委员会（Kommission für Jugendmedienschutz，KJM）和电视行业自愿自律联合会（Freiwillige Selbstkontrolle Fernsehen e.V.，FSF）。商业广播电视自律组织——电视行业自愿自律联合会成立于1993年，主要负责对电视剧进行分级，限制色情和暴力内容，并对可能对青少年造成伤害的节目进行监督等。[1]

（3）对电信和网络的规制

互联网在德国社会越来越普及，因此对电信和网络的规制也具有重要意义。其规制的目标在于：①保证互联网舆论的多元化：在互联网相对开放的言论环境里，各方言论得以表达，但有时也容易引起冲突，对电信和网络的规制同样也是为了保持媒介的多元化发展；②保护青少年：欧洲和美国都对互联网中可能对青少年造成不良影响和损害他人人格权的内容进行规制；③此外，一些传统媒体通过跨媒体平台，将内容放到互联网上，这些内容同样会受到针对传统媒体所进行的规制。电信网络同样有自律组织——多媒体服务供应商自愿自律联合会（Die Freiwillige Selbstkontrolle Multimedia-Dienstanbieter e.V.，FSM），1993年成立，总部设在柏林，主要管控那些对儿童和青少年有害的内容（如色情、暴力等）。

---

[1] Seufert, Wolfgang/Gundlach Hardy: Medienregulierung in Deutschland. Ziel, Konzepte, Maβnahme.Baden-baden: Nomos, 2012, S.239-265.

（4）对商业广告的管制

管制商业广告主要是为了打击不正当竞争，防止对广告内容进行垄断，禁止那些错误引导受众的广告和植入式广告，同时德国禁止直接针对儿童的广告。其涉及的法律包括《反限制竞争法》（*Gesetzt gegen Wettbewerbsbeschränkung*，GWB）和《反不公平竞争法》（*Gesetz gegen den unlauteren Wettbewerb*，UWG）。但是这些法律的规定都比较宏观，只作为其他媒介法（如《电信法》或《广播电视法》）的补充来实施。此外，广播电视国家合约也严格限制公共广播电视的广告时间：工作日广告总时长不得超过 20 分钟，晚 8 点后不能播放广告，而周日和节假日则完全禁止播放广告，广告收入限制在广播电视台总收入的 10% 以下。

（5）媒介产业发展扶持政策

欧盟、德国政府以及相关机构主要扶持以下对象：

- 媒体生产者——为媒介产品的生产者提供补贴（报刊和广播电视不给补贴，只减免税收）和减免税收
- 基础设施建设——例如电信或广播电视等通过基础设施来传播内容的媒体，在建设基础设施时可获得国家扶持
- 媒体技术——电子媒体在生产、储存和传播过程中可获得传播和通信技术支持
- 媒体使用——一些特殊群体（如老年人，接受再教育的人群）可以获得使用电子媒体上的扶持

对于上述机构，一方面欧盟支持信息社会的创新项目，新技术的应用和普及（如 eEurope 2005、eGovernance 等众多项目），创意文化产业（包括广播电视、音乐、电影等行业），另一方面德国也实行电影促进政策。1967 年，德国国会通过首个电影促进法案，并于 1968 年在柏林成立电影促进局（Filmförderungsanstalt，FFA）来协助完成那些新加入市场的、经济上存在困难的电影。促进政策不仅针对国内电影，也适用于德方投资占 30% 以上国际

合作的电影，以及在国外发行的德国微电影和儿童电影，而且电影企业也可获得扶持。州媒介事务局来具体执行媒介产业发展扶持政策。①

3. 德国政党对媒体的间接影响

虽然德国的各个政党一直希望能够影响媒体和公共舆论，但是德国的政治和媒介制度本身保证了媒体的独立性，政党力量更是无法介入电视委员会的媒介管理机构中。然而德国社会处在一个多元的民主政治框架之下，政党作为重要的组成部分，仍然可以代表社会大多数群体的利益，并通过影响一些社会组织，来间接影响政治和媒体。因此，德国政治制度试图让政党力量远离媒体的理想，是无法完全实现的。因为政党可以通过议会来影响媒体立法，同时可以在电视委员会中安插一些与自己政治立场相近的人。最典型的例子，就是德国电视二台的广电理事会。其中所有成员都是中立于任何政党的，77名成员中有12名是联邦议会的议员。②然而，这12名议员与社会民主党或者基督教民主联盟的关系非常近。而委员会的成员就像是媒介组织的说客，致力于将自己的利益融入广播电视节目中。此外广播电视监管委员会（Aufsichtsgremien）也是管理广播电视的重要组织，由各州代表组成，成员来自各个政党、工会、社会组织和教会等社会群体，政党成员的比率不得超过三分之一。影响广播电视监管委员会同样能够间接控制媒体，而且是比较隐蔽的方法。例如社会民主党或者基督教社会联盟执政的联邦州，长期以来都不组建自己政党相关的协会或者组织。相反，他们主要建立企业联合会，或者工会等更加中立的社会组织，目的在于让这些组织能够在立法等关键时刻投出决定性的一票。

---

① Seufert, Wolfgang/Gundlach Hardy: Medienregulierung in Deutschland: Ziel, Konzepte, Maβnahme.Baden-baden: Nomos, 2012, S.387-411.

② Meyn, Hermann/Tonnemacher, Jan: Massenmedien in Deutschland, 4., völlig überarbeitete Neuauflage. Konstanz und München, UVK Verlagsgesellschaft, 2012, S.130.

表 45　广播电视监管委员会的成员结构[1]

	公共广播电视	私营广播电视
政府、政党	172（32%）	105（23%）
经济组织	133（25%）	136（30%）
社会组织	105（20%）	95（21%）
教会	50（9%）	40（9%）
教育和学术组织	34（6%）	21（5%）
文化组织	28（5%）	36（8%）
其他	16（3%）	14（3%）
总计	538	447

而各个党派也试图将自己的意志加入到电视委员会中，特别是在人事决策上。最有代表性的就是委员会按照比率代表制选举最高管理者。当最高管理者是社会民主党的时候，地位仅次于他的管理者必然是基督教民主或者社会联盟一方的。2001年德国电视二台的电视委员会选举台长，按照国家条约的规定，选票必须超过五分之三才能生效。然而选民大部分不是和社会民主党关系很近的人，就是支持基督教民主联盟的人，其中一位候选人马库斯·谢西特（Markus Schächter，1949—）与两大党派都有密切的联系，最终当选。虽然他更亲近基督教民主联盟，但是很多政策上也是支持社会民主党的。除了影响人事决策，党派也可以通过影响台长之外的其他大多数委员会成员或者记者，来实现自己的政治诉求。中德意志广播电视台就是典型的例子，其中大部分记者都是支持基督教民主联盟的。此外，党派还能通过给电视节目提建议或者批评影响节目，以此进一步影响民意，甚至通过电视节目来达到教育公众的目的。这种隐性优待政党的节目，对德国媒介自由和民主社会造成了威胁。[2]

---

[1] Meyn, Hermann/Tonnemacher, Jan: Massenmedien in Deutschland, 4., völlig überarbeitete Neuauflage. Konstanz und München, UVK Verlagesgesellschaft, 2012, S.130.

[2] 同上，第133页。

党派试图通过各种手段来影响媒体和民意，其某些意愿也能够反映在监管委员会上，能够直接影响电视台的节目方针。不过，这种影响还是有限的，因为各种阻力仍然存在着。首先，就是独立的电视委员会主席，节目的编导、主持人和记者也在合法的范围内维持着媒体的独立性，政党难以在媒体中形成主导力量。其次，就是一些广播电视台的新闻或者行政人员，他们为了保证节目的质量也会尽量站在一个高于自己党派立场的角度来制作节目。公共广播电视台的观察者也表明，2011年德国政党对媒体的施压有减少的趋势。其中一个重要的原因，就是现在电视频道的数目也越来越多，政党的影响也随之分散。而另一个重要的原因是，电视市场上激烈的竞争也使得公共广播电视台引导舆论的功能无法充分发挥。

参考文献

外文文献

Abel, Karl Dietrich: Presselenkung im NZ-Staat. Berlin: Colloquium, 1986.

Als die Lettern laufen lernten: Medienwandel im 15.Jahrhundert.Inkunabeln aus der Bayerischen Staatsbibliothek München；[Ausstellung 19.August-31.Oktober 2009]/[Ausstellung und Katalogredaktion: Bettina Wagner].Wiesbaden: Reichert-Verlag, 2009.

ARD Infobroschüre, https://web.archive.org/web/20131102035101/http://www.ard.de/intern/die-ard/-/id=2429396/property=download/nid=8036/qh8r89/ARD_Infobroschuere_deutsch.pdf.

ARD-Onlinestudie 1997, ARD/ZDF-Onlinestudien 1998—2014.

Bahrmann, Hannes: Der Funktionär wird Journalist.Neubeginn für den DDR-Journalismus. In: Bertelsmann-Briefe Nr.127 vom April 1992.

Basisdaten: Daten zur Mediensituation in Deutschland 2002. Hrsg.durch Media Perspektiven. Frankfurt/M, 2002.

Bausch, Hans: Rundfunkpolitik nach 1945.2 Teile. München, 1980.

BDZV (Hrsg.), Zeitung 90, 1990.

Beck, Klaus: Das Mediensystem Deutschlands. Strukturen, Märkte, Regulierung. Wiesbaden: Springer VS, 2012.

Behnen, Michael: Deutschland unter Napoleon, Restauration und Vormärz. In: Vogt, Martin (Hrsg.): Deutsche Geschichte, von den Anfängen bis zur Gegenwart. Frankfurt/M: Fischer, 2002.

Behnke, Jürgen: Für wenig Geld ein sauberes Heim. In: Bien, Helmut/Giersch, Ulrich(Hrsg.): Spurensicherung.40 Jahre Werbung in der DDR.Frankfurt/M: Deutsches Werbemuseum, 1990.

Behringer, Wolfgang: Zeichen des Merkur: Reichspost und Kommunikationsrevolution in der Frühen Neuzeit, (Veröffentlichungen des Max-Plank-Instituts für Geschichte, Bd.189). Göttingen: Vandenhoeck & Ruprecht, 2003.

Berg, Klaus/Kiefer, Marie-Luise: Das Verhältnis des Rundfunk zu Presse und Film. In: Aufermann, Jörg/Scharff Wifried/Schlie, Otto (Hrsg.): Fernsehen und Hörfunk für die Demokratie. Opladen: Westdeutscher Verlag, 1981.

Berg, Klaus/Kiefer, Marie-Luise (Hrsg.): Massenkommunikation V.Eine Langzeitstudie zur Mediennutzung und Medienbewertung 1964—1995. Baden-Baden, 1996.

Bericht der Bundesregierung über die Lage von Presse und Rundfunk in der Bundesrepublik Deutschland (1974) -Medienbericht- (BT-Drucksache VIII/2264), hrsg.Vom Presse-und Informationsamt der Bundesregierung. Bonn, 1978.

Bericht der Bundesregierung über die Lage von Presse und Rundfunk in der Bundesrepublik Deutschland (1985) -Medienbericht- (BT-Drucksache 10/5663), hrsg.von Presse-und Informationsamt der Bundesregierung. Bonn, 1986.

Blaum, Verena Ideologie und Fachkompetenz.Das journalistische Berufsbild in der DDR. Köln: Verlag Wissenschaft und Politik-Berend von Nottbeck, 1985.

BITKOM: Soziale Netzwerke 2013.Eine repräsentative Untersuchung zur Nutzung sozialer Netzwerke im Internet.

Bohrmann, Hans: Zeitschrift.In: Faulstich, Werner (Hrsg.): Kritische Stichwörter zur Medienwissenschaft. München: Wihelm Fink, 1979.

Böning, Holger: Das Intelligenzblatt.In: Ernst Fischer, Wilhelm Haefs, York-Gothart Mix (Hrsg.): Von Almanach bis Zeitung.Ein Handbuch der Medien in Deutschland 1700-1800. München: Beck, 1999.

Bos, Ellen: Leserbriefe in Tageszeitungen der DDR.Zur "Massenverbundenheit" der Presse

1949–1989. Opladen: Westdeutscher Verlag, 1993.

Dahms, Gustav: Das Literarische Berlin.Berlin: Taendler, 1895.

Darschin, Wolfgang/Gerhard Heinz: Tendenzen im Zuschauerverhalten.Fernsehgewohnheiten und Fernsehreichweiten im Jahr 2002.In: Media Perspektiven, 4/2003.

Das Deutsche Rundfunkarchiv (DRA), http://www.dra.de/rundfunkgeschichte/75jahreradio/neubeginn/alliierte/3221.html.

Das journalistische System der Deutschen Demokratischen Republik im überblick, Lehrheft des DDR-Handbuchs, hrsg.vom Bundesministerium für innerdeutsche Beziehungen. Köln: Verlag Wissenschaft und Politik, 1979.

Das journalistische System der Deutschen Demokratischen Republik.Lehrheft der Sektion Journalistik der Karl-Marx-Universität. Leipzig, 1988.

DDR-Handbuch, hrsg.vom Bundesministerium für innerdeutsche Beziehungen.Köln: Verlag Wissenschaft und Politik, 1979.

Die bundesdeutsche Presse im Spiegel der amtlichen Statistik.Statistisches Bundesamt veröffentlicht Ergebnis der ersten Erhebung: 1975. In: Media Perspektiven 4/1978.

Die Freie Presse im Wandel der Zeit, http://www.freiepresse.de/SERVICE/MEDIENHAUS/CHRONIK/.

Diederichs, Helmut H.: Daten zur Konzentration der Tagespresse und der Publikumszeitschriften in der Bundesrepublik Deutschland im IV.Quartal 1982. In: Media Perspektiven 7/1983.

Diederichs, Helmut H.: Daten zur Konzentration der Tagespresse und der Publikumszeitschriften in der Bundesrepublik in IV.Quartal 1980. In: Media Perspektiven 7/1981.

Diederichs, Helmut H.: Daten zur Konzentration der Tagespresse und der Publikumszeitschriften in der Bundesrepublik Deutschland im IV.Quartal 1984. In: Media Perspektiven 8/1985.

Diederichs, Helmut H.: Medienkonzentration in der BRD.Konzept und empirischer überblick. In Prokop, Dieter (Hrsg.): Massenkommunikationsforschung, (Produktion, Bd.I). Frankfurt/M: Fischer, 1973.

Diederichs, Helmut H.: Daten zur Pressekonzentration in der Bundesrepublik Deutschland 1976/1977. In: Media Perspektiven 5/1977.

Dresler, Adolf: Die Rorschacher Monatsschrift von 1597.München, 1953.

Duchrow, Alfred: Entwicklungsetappen des Deutschen Demokratischen Rundfunks.VIII: 1952—1955.In: Beiträge zur Geschichte des Rundfunks 6, Heft 1, 1972.

Durchschnittliches monatliches Bruttoarbeitseinkommen der vollzeitbeschäftigten Arbeitnehmer in der Deutschen Demokratischen Republik (DDR) von 1949 bis 1989 (in DDR-Mark). Statistisches Amt der DDR, Statista, 2014.

Dürr, Alfred: Weltblatt und Heimatzeitung.Die >>Süddeutsche Zeitung<<. In Thomas, Michael Wolf (Hrsg.): Porträts der deutschen Presse. Berlin: Volker Spiess, 1980.

Dussel, Konrad&/Lersch, Edgar (Hrsg.): Quellen zur Programmgeschichte des deutschen Hörfunks und Fernsehens.Göttingen: Muster-Schmidt, 1999.

Dussel, Konrad: Der DDR-Rundfunk und seine Hörer.Ansätze zur Rezeptionsforschung in Ostdeutschland (1945—1965).In: Rundfunk und Geschichte 24, 1998.

Dussel, Konrad: Deutsche Rundfunkgeschichte, 2.Auflage. Konstanz: UVK, 2004.

Dussel, Konrad: Deutsche Tagespresse im 19.und 20.Jahrhundert.Berlin: LIT Verlag Dr.W.Hopf, 2011.

Dussel, Konrad: Die Interesse der Allgemeinheit vertreten.Die Tätigkeit der Rundfunk-und Verwaltungsräte von SDR und SWF 1949 bis 1969.Baden-Baden, 1995.

Ege, Konrad: Karikatur und Bildsatire im Deutschen Reich: Der "Wahre Jacob", Hamburg 1879/80, Stuttgart 1884—1914. In : Mediengeschichte, Mitarbeiter, Chefredakteure, Grafik. Münster, Hamburg: Lit, 1992.

Engelsing, Rolf: Massenpublikum und Journalisten im 19.Jahrhundert in Nordwestdeutschland. Berlin: Duncker Humblot, 1966.

Fischer, Bernhard: Der Verleger Johann Friedrich Cotta: chronologische Verlagsbibliographie 1787—1832.Aus den Quellen bearbeitet, Deutsches Literaturarchiv.Verzeichnisse, Berichte, Informationen, Bd.30/1-3, Bd.1. München, 2003.

Fischer, Erika J. /Fischer Heinz-Dietrich: Die ersten Zeitungwochen.Reprints deutschsprachiger Presseorgane aus der Frühphase der Nachkriegspublizistik, Süddeutsche Zeitung, Bd.I. München: Süddeutscher Verlag, 1985.

Flieger, Wolfgang: Die » taz «.Vom Alternativblatt zur linken Tageszeitung. München: Ölschläger, 1992.

Geißler, Rainer: Vom Kampf der Agitatoren mit einem widerspenstigen Publikum. Die Geißler, Rainer: Vom Kampf der Agitatoren mit einem widerspenstigen Publikum.Die Massenmedien der DDR im überblick. In: medium, 16/1986, H.2.

Gerhardt, Clauas: Geschichte der Druckverfahren, Teil 2, Der Buchdruck. Stuttgart: Anton

Hiersemann, 1975.

German Federal Archives Link back to Institution Infobox tempelte wikidata: Q685753.

Gesamtdeutsches Institut: Zahnspiegel Bundesrepublik Deutschland/Deutsche Demokratische Republik.Ein Vergleich, hrsg.Vom Bundesministerium für Innerdeutsche Beziehungen. Bonn: Bundesministerium für innerdeutsche Beziehung, 1988.

Geschäftsbericht der IVW 2014/2015.

Geserick, Rolf: 40 Jahre Presse, Rundfunk und Kommunikationspolitik in der DDR. München: Minerva Publikation, 1989.

Gier, Hermut/Jonata, Johannes (Hrsg.): Augsburger Buchdruck und Verlagswessen.Von den Anfängen bis zur Gegenwart. Wiesbaden: Harrassowitz Verlag, 1997.

Glotz, Peter/Langenbucher, Wolfgang R.: Aspekte einer modernen Pressepolitk. In dies.: Der missachtete Leser.Zur Kritik der deutschen Presse. München: Fischer (Neuaufl.), 1993.

Goldhammer, Klaus/Lipovski, Jana: Markt der Nachrichtenagenturen in Deutschland un Europa.Kurzanalyse. Berlin: Goldmedia, 2011.

Groth, Otto: Zeitung.Ein System der Zeitungskunde (Journalistik), Bd.3, Mannheim/Berlin/Leipzig, 1928—1930.

Grubitzsch, Jürgen: Presselandschaft der DDR im Umbruch. In: Media Perspektiven 3/1990.

Günter,Herkel: Schärfere Töne am Nachrichtenticker. In: Menschen machen Medien, 2/2012. Höhne, Hansjoachim: Report über Nachrichtenagenturen, (Die Geschichte der Nachricht und ihrer Verbreiter, Bd.2). Baden-Baden: Nomos, 1997.

Hackei, Renate: Katholische Publizistik in der DDR 1945—1984. Mainz: Matthias-Grünewald Verlag, 1987.

Hackei-de Latour, Renate: Katholische (Ex-) DDR-Medien in der Umstellung auf die Marktwirtschaft. In: Communication Socialis.Zeitschrift für Publizistik in Kirche und Welt 2/1991.

Hadamovsky, Eugen: Dein Rundfunk.Das Rundfunkbuch für alle Volksgenossen.München, 1934.

Hale, Oron J.: Presse in der Zwangsjacke 1933—1945. Düsseldorf: Droste, 1965.

Hanke, Helmut: Das »deutsche Fernsehen«—doch kein Null-Medium? Fernsehgesellschaft und kulturelle Chance. In: Medien der Ex-DDR in der Wende (Beiträge zur Film-und Fernsehwissenschaft), 32/1991, H.40, 7—23.

Hartmann, Franz: Statistische und Geschichte Entwicklung der Nazi-Presse 1925—1935.

München (Ms.), 1936.

Heenemann, Horst: Die Auflagehöhen der deutschen Zeitung.Ihre Entwicklung und ihre Probleme. Diss.Phil Leipzig, Berlin, 1929.

Heinrich, Jürgen: Medienökonomie, (Mediensystem, Zeitung, Zeitschrift, Anzeigenblatt,Bd.I). Oplanden: Westdeutscher Verlag, 1994.

Herding, Richard/Krohn, Dörthe: »Selbstverständlich nur für den innerkirchlichen Gebrauch«.Die Untergrundpresse der DDR (1986 bis 1989)und die Menschen, die sie machten. In: medium, 23/1993, H.3.

Hoff, Peter: Fernsehen in der DDR.In: Hickethier, Knut: Geschichte des deutschen Fernsehens.Stuttgart: J.B.Metzler Verlag, 1998.

Holtz-Bacha, Christina: Alternative Presse. In: Wilke, Jürgen (Hrsg.): Mediengeschichte der Bundesrepublik Deutschland. Köln, Weimar, Wien: Böhlau, 1999.

Holtz-Bacha, Christina: Mitspracherechte für Journalisten-redaktionsstatuten in Presse und Rundfunk. Köln: Studienverlag Hayit, 1986.

Holzweiβig, Cunrer: Massenmedien in der DDR. Berlin: Holzapfel, 1989.

Holzweiβig, Guncer: DDR-Presse unter Parteikontrolle, hrsg.vom Gesamtdeutschen Institut (BfgA)(Ms.). Bonn: BfgA, 1991.

Holzweiβig, Gunter: Informationsaustausch. In: Weidenfeld, Werner/Korte, Karl-Rudolf (Hrsg.): Handwörterbuch zur deutschen Einheit, Frankfurt/M: Campus, 1992.

Holzweiβig, Gunter: Massenmedien in der DDR. In: Wilke, Jürgen (Hrsg.): Mediengeschichte der Bundesrepublik Deutschland.Köln, Wien, Weimar: Böhlau, 1999.

Huber, Ernst Rudolf: Deutsche Verfassunggeschichte seit 1789, (Reform Restrauration 1798 bis 1830, Bd. I). Stuttgart, Berlin, Köln: Verlag W.Kohlhammer, 1990.

Huneke, Friedrich/Bulst, Neithard: Lippische Intelligenzblätter Lemgo 1767—1799: Lektüre und gesellschaftliche Erfahrung. Gütersloh, Verlag für Regionalgeschichte, 1989.

Initiative D21 e.V.: D21-Digital-Index 2014.Die Entwicklung der digitalen Gesellschaft in Deutschland.

Interstate Treaty on Broadcasting and Telemedia, 2013.

IVW 2/2015,Informationsgemeinschaft zur Feststellung der Verbreitung von Werbeträgern e.V.

IVW-Auflagenlisten IV/1989: Von der Informationsgesellschaft zur Feststellung der Verbreitung.

Kepplinger, Hans Mathias: Kommunikationspolitik. In: Noelle-Neumann, Elisabeth/Schulz, Winfried/Wilke, Jürgen (Hrsg.): Fischer Lexikon Publizistik-Massenkommunikation. Frankfurt/M: Fischer Verlag, 1989.

Kieslich, Günter: Wettbewerber Massenmedien und Konzentration in Pressewesen. In : Publizistik 13/1967, H.204.

Kisker, Klaus Peter/Knoche, Manfred/Zerdick, Axel: Wirtschaftskonjunktur und Pressekonzentration in der Bundesrepublik Deutschland. München: K.G.Saur, 1979.

Klinger, Walter/Müller, Dieter K.: MA 2002 Radio: Radionutzung auf hohem Niveau stabil. Hörfunknutzung in Deutschland.In: Media Perspektiven, 9/2002.

Klingler, Walter: Nationalsozialistische Rundfunkpolitik 1942—1945.Organisation, Programm und die Hörer.Diss.Mannheim, 1983.

Knoche, Manfred: Ansätze und Methoden der Konzentrationsforschung in Pressebereich. In Media Perspektiven 5/1979.

Koszyk, Kurt/Pruys, Karl Hugo (Hrsg.): Wörterbuchh zur Publizistik. München-Pullach: Verlag Dokumentation (Saur), 1970.

Koszyk, Kurt/Pruys, Karl Hugo: Handbuch der Massenkommnunikation. München: DTV Deutscher Taschenbuch, 1987.

Koszyk, Kurt: Die Zeitung.17.Jahrhundert bis zur Gegenwart. In: Dovifat, Emil (Hrsg): Handbuch der Publizistik, Bd.3. Berlin: de Gruyter, 1969.

Koszyk, Kurt: Presse unter alliierter Besatzung. In : Wilke, Jürgen (Hrsg.): Mediengeschichte der Bundesrepublik Deutschland. Köln, Weimar, Wien: Böhlau, 1999.

Koszyk, Kurt: Pressepolitik für Deutsche 1945—1949. In: Wagner, Hans (Hrsg.): Idee und Wirklichkeit des Journalismus.Festschrift für Heinz Starkulla. München: Olzog, 1988.

Koszyk, Kurt: Zwischen Kaiserreich und Diktatur.Die sozialdemokratische Presse von 1914 bis 1933. Heidelberg: Quelle und Meyer, 1958.

Koszyk, Kurt: Deutsche Presse 1914-1945. Berlin: Colloquium Verlag, 1972.

Koszyk, Kurt: Deutsche Presse im 19. Jahrhundert. Berlin: Colloquium Verlag, 1966.

Krüger, Udo Michael: Modernisierung bei stabilen Programmstrukturen.Programmanalyse 1997.In: Median Perspektiven, 8/1998.

Langenbucher, Wolfgang R./Roegele Otto B./Schumacher, Frank: Pressekonzentration und Journalistenfreiheit. Berlin: Volker Spieβ, 1976.

Lerche, Peter: Verfassungsrechtliche Frage zur Pressekonzentration.Rechtsgutachten und Anregung des Bundesverbands Deutscher Zeitungverleger. Berlin: Duncker und Humblot, 1971.

Lindemann, Margot: Deutsche Presse bis 1815.In: Geschichte der deutschen Presse, Teil 1.Berlin: Colloquium Verlag, 1969.

Mast, Claudia/Weigert, Matthias: Medien in der Region.Eine empirische Untersuchung der Informationsleistungen von Hörfunk und Zeitung. Konstanz: Universitätsverlag, 1991.

Materialien: Was Sie über Rundfunk wissen sollten.Materialien zum Verständnis eines Medium.Hrsg.von ARD und ZDF.Berlin, 1997.

May, Georg: "Die Aufhebung der kirchlichen Bücherverbote". In: Karl Siepen (Hgg.): Ecclesia et ius: Festgabe für Audomar Scheuermann.Paderborn u.a.: Schöningh, 1968.

Media Perspektiven, 7–8/2014.

Media Perspektiven, Basisdaten, 2014.

Medienberichte der Bundesregierung von 1970, 1974, 1978, 1985, 1994, 1998 (BT-Drucksachen VI/692, VII/2014, VIII/2264, X/5663, 12/8587, 13/10650).

Meggs, Philip B.: A History of Graphic Design.John Wiley & Sons, Inc., 1998.

Mehnert, Gottfried: Evangelische Presse.Geschichte und Erscheinungsbild von der Reformation bis zur Gegenwart. Bielefeld: Luther-Verlag, 1983.

Menges, Franz: Scherl, August.In: Neue Deutsche Biographie (NDB).Band 22. Berlin: Duncker & Humblot, 2005.

Meier, Klaus: Resort, Sparte, Team.Wahrnehmungsstrukturen und Redaktionsorgani sation im Zeitungsjournalismus. Konstanz: UVK Verlagsgesellschaft, 2002.

Meyen, Michael: Denver Clan und Neues Deutschland.Mediennutzung in der DDR. Berlin: Ch.Links, 2003.

Meyn, Hermann/Tonnemacher, Jan: Massenmedien in Deutschland, 4., völlig überarbeitete Neuauflage. Konstanz und München: UVK Verlagsgesellschaft, 2012.

Meyn, Mathias: Staatliche Repressionsmaβnahmen und » Karlsbader Beschlüsse «. In: Fischer, Heinz-Dietrich (Hrsg.): Deutsche Kommunikationskontrolle des 15.Bis 20.Jahrhunderts. München: Saur, 1982.

Mügge, Theodor: Die Censurverhältnisse in Preuβen.Leipzig, 1845.

Mühlberg, Liselotte: Hörerforschung des DDR-Rundfunks.In: Riedel Heide (Hrsg.): Mit uns zieht die neue Zeit.40 Jahre DDR-Medien.Berlin, 1993.

Mühlegger-Reisenauer, Marlies/Böcking, Tabea: Kampfplatz Kirchenpresse.Zensurmaβnahmen kirchlicher Publizistik in der DDR. In: Wirke, Jürgen (Hrsg.): Mediengeschichte der Bundesrepublik Deutschland.Köln, Wien, Weimar: Böhlau, 1999.

Müller, Georg Wilhelm: Das Reichsministerium für Volksaufklärung und Propaganda. Berlin, 1940.

Noelle-Neumann, Elisabeth/Ronnenberg, Franz/Stuiber, Heinz-Werner: Streitpunkt lokales Pressemonopol.Untersuchung zur Alleinstellung von Tageszeitungen. Düsseldorf: Droste, 1976.

Noelle-Neumann, Elisabeth: Pressekonzentration und Meinungsbildung. In: Publizistik, 13/1968, H.2-4.

Noller, Sonja/von Kotze, Hildegard (Hrsg.): Facsimile Querschnitt durch den Völkischen Beobachter. München, Bern, Wien: Verlag Scherz, 1976.

Nölte, Joachim: Chronik medienpolitischer Ereignisse in der DDR. In: Claus, Werner(Hrsg.): Medien-Wende-Wenden-Media ? Dokumentation des Wandels im DDR-Journalismus.Oktober 89 bis Oktober 90. Berlin: Vistas, 1991.

Otto, Elmar Dieter: Nachrichten in der DDR.Eine empirische Untersuchung über » Neues Deutschland «. Köln: Verlag Wissenschaft und Politik-Berend von Norrbeck, 1979.

Pohle, Heinz: Der Rundfunk als Instrument der Politik. Zur Geschichte des deutschen Rundfunks von 1923-1938. Hamburg: Hans-Bredow-Institut.

Pürer, Heinz/Raabe, Johannes: Presse in Deutschland (3.Auflage).Konstanz: UTB, 2007.

Reiss, Erwin: "Wir sind Frohsinn".Fernsehen unterm Faschismus. Das unbekannteste Kapital deutscher Mediengeschichte.Berlin: Elefanten Press, 1979.

Roegele, Otto B./Wagner, Hans: Die katholische Presse in Deutschland.In: Dovifat, Email (Hrsg.): Handbuch der Publizistik, Praktische Publizistik, Bd.3, 2. Teil. Berlin: de Gruyter, 1969.

Ronneberger, Franz: Kommunikationspolitik, (Kommunikationspolitik als Medienpolitik, Bd.3).Mainz: von Hase und Koehler, 1986.

Röper, Horst: Daten zur Konzentration der Tagespresse in der Bundesrepublik Deutschland im I.Quartal 1989. In: Media Perspektiven 6/1989.

Röper, Horst: Die Entwicklung des Tageszeitungsmarktes in Deutschland nach der Wende in der ehemaligen DDR. In: Media Perspektiven 7/1991.

Rosenstock, Roland: Evangelische Presse im 20.Jahrhundert.Stuttgart, Zürich: Kreuz Verlag, 2002.

Scharf, Wilfried: Unterhaltsam, erzieherisch, staatstragend.Die Publikumszeits chriften der DDR. In: medium 16/1986.

Schiwy, Peter/Schütz, Walter J.: Medienrecht.Lexikon für Wissenschaft und Praxis. Neuwied: Luchterhand, 1990.

Schneider, Beate/Schönbach, Klaus/Srürzebecher, Dieter: Journalisten im vereinigten Deutschland.Strukturen, Arbeitsweisen und Einstellungen im Ost-West-Vergleich. In: Publizistik 38/1993, H.3.

Schneider, Beate: Strukturen, Anpassungsprobleme und Entwicklungschancen der Presse auf dem Gebiet der neuen Bundesländer (einschließlich des Gebiets des früheren Berlin-Ost), unter Mitarbeit von Jürgen Grubitzsch, Marianne Kramp und Dieter Srürzebecher.Forschungsbericht für den Bundesminister des Innern, Bd.1. Hannover, Leipzig (vervielf.Ms.), 1992.

Schöne, Walter (Hrsg.): Die Relation des Jahres 1609.In: Faksimiledruck: Die deutsche Zeitung im ersten Jahrhundert ihres Bestehens (1609—1770), Bd.2.Leipzig, 1940.

Schöne, Walter (Hrsg.): Der Aviso des Jahres 1609.In: Faksimiledruck: Die deutsche Zeitung im ersten Jahrhundert ihres Bestehens (1609-1770), Bd.1, Leipzig, 1939.

Schulze, Volker: Der Bundesverband Deutscher Zeitungsverleger. Düsseldorf: Droste, 1985.

Schütz, Walter J.: Deutsche Tagespresse 1989. In: Media Perspektiven 12/1989.

Schütz, Walter J.: Deutsche Tagespresse 1985. In: Media Perspektiven 7/1985.

Schütz, Walter J.: Deutsche Tagespresse in Tatsachen und Zahlen.Ergebnisse einer Strukturuntersuchung des gesamten deutschen Zeitungswesens. In: Publizistik, 1/1956, H.1.

Schütz, Walter J.: Die Redaktionelle und verlegerische Struktur der Tagespresse 1989. In: Media Perspektiven 12/1989.

Schütz, Walter J.: Die Redaktionen und verlegerische Struktur der deutschen Tagespresse 1991. In Media Perspektiven 2/1992.

Schütz, Walter J.: Zeitungdichte und Zeitungswettbewerb in der Bundesrepublik Deutschland 1976. In: Publizistik 23/1978.

Schütz, Walter J.: Entwicklung der Tagespresse. In: Wilke, Jürgen (Hrsg.) Mediengeschichte der Bundesrepublik Deutschland. Köln, Weimar, Wien: Böhlau, 1999.

Schwanebeck, Axel: Evangelische Kirche und Massenmedien.Eine Historische Analyse der Intentionen und Realisationen evangelischer Publizistik. München: Fischer, 1990.

Sektion Journalistik, hrsg.von der Karl-Marx-Universität, Sektion Journalistik. Leipzig, 1988.

Seufert, Wolfgang/Gundlach, Hardy: Medienregulierung in Deutschland: Ziel, Konzepte, Maβnahme.Baden-Baden: Nomos, 2012.

Starkulla, Heinz: Zeitschriften.Die öffentliche Meinung, hrsg.vom Presse-und Informationsamt der Bundesregierung, Bonn, 1971.

Stöber, Rudolf: Deutsche Pressegeschichte (2.Auflage).Konstanz: UTB, 2005.

Stöber, Rudolf: Erfolg verführte Nation. Deutschlands öffentliche Stimmungen 1866 bis 1945. Stuttgart: Franz Steiner Verlag, 1998.

Strarkulla, Heinz: Zeitschrift. In Wagner, Hans/Schröter, Detlef/Starkulla, Heinz: Marktplätze sozialer Kommunikation.Bausteine einer Medientheorie. München: Reinhard Fischer, 1933.

Tarifvertrag über das Redaktionsvolontariat an Tageszeitungen, abgedruckt in Zeitungen 90, BDZV-Jahrbuch, hrsg. vom Bundesverband Deutscher Zeitungsverleger Bonn, 1990.

Thiel, Michael H.: Presseunternehmen in der Fusionskontrolle. München: Florenz, 1992.

Tolkemitt, Brigitte: Der Hamburgische Correspondent.Zur öffentlichen Verbreitung der Aufklärung in Deutschland, (Studien und Texte zur Sozialgeschichte der Literatur, Bd.53). Berlin: de Gruyter, 1995.

Walter Strauss: The German Single-Leaf Woodcut. New York: Abaris Books Inc., 1976.

Weber, Johannes: Avisen, Relationen, Gazetten.Der Beginn des europäischen Zeitungswesens. Oldenburg: Universität, 1997.

Weber, Johannes: Der groβe Krieg und die frühe Zeitung. Gestalt und Entwicklung der deutschen Nachrichtenpresse in der ersten Hälfte des 17. Jahrhunderts. In: Böning, Holger/Kutsch, Arnulf/Stöber, Rudolf (Hrsg.): Jahrbuch für Kommunikationsgeschichte. Stuttgart: Franz Steiner Verlag, 1999.

Werner, Hadorn/Cortesi, Mario: Mensch und Medien.Die Geschichte der Massenkommunikation, Bd.2. Stuttgart: Aarau, 1986.

Wilke, Jürgen: Der Pressevertrieb in den neuen Deutschländern. In: Mahle, Walter A.(Hrsg.); Pressemarkt Ost.Nationale und internaitonale Perspektiven. München: Ölschläger, 1992.

Wilke, Jürgen: Grundzüge der Medien-und Kommunikationsgeschichte.Von den Anfangen bis ins 20.Jahrhundert. Köln: Böhlau Verlag, 2008.

Wilke, Jürgen: Grundzüge der Medien-und Kommunikationsgeschichte.Köln: Böhlau Verlag, 2008.

Wilke, Jürgen: Nachrichtenauswahl und Medienrealität in vier Jahrhunderten. Berlin: de Gruyter, 1984.

Wilke, Jürgen: Pressegeschichte.In Noelle-Neumann, Elisabeth/Schutz, Winfried/Wilke Jürgen (Hrsg.): Fischer Lexikon Publizistik-Massenkommunikation. Frankfurt/M: Fischer, 2003.

Wittmann, Reinhard: Geschichte des deutschen Buchhandels. München: C.H.Beck, 1999.

Wulf, Joseph: Presse und Rundfunk im Dritten Reich. Gütersloh: Sigbert Mohn Verlag, 1964.

Wolf, Konrad: Schriftenreihe der Hochschule für Film und Fernsehen der DDR. Berlin: Vistas, 1991.

Wolter, Hans-Wolfgang: Geschichte des General-Anzeigers.In: Leonhardt, Joachim-Felix; Ludwig, Hans-Werner; Schwarze, Dietrich; Strassner, Erich (Hrsg.): Medienwissenschaft.2.Teilband. Berlin: de Gruyter, 2001.

World Press Trends 2007, World Association of Newspapers (WAN).

Wörterbuchh der sozialistischen Journalistik, hrsg.von der Karl-Marx-Universität Leipzig, Sektion Journalistik, 1981.

Wulf, Joseph: Presse und Funk im Dritten Reich. Gütersloh: Mohn, 1964.

Wunderlich, Christine: Telegraphische Nachrichtenbüros in Deutschland bis zum Ersten Weltkrieg. In Wilke, Jürgen (Hrsg.): Telegraphische Nachrichtenbüros in Deutschland. München: de Gruyter Saur, 1991.

Zentralverband der Deutschen Werbewirtschaft ZAW, Werbung in Deutschland, Jahrbücher, 2012.

Zeng, Li: Beyond the Market Myth: A Research on the Dual Broadcasting System and Its Inspirations for China's Ongoing Television System Reform. Baden-Baden: Nomos, 2015.

Zeitung. In: Zedlers Universal-Lexikon, Bd.61, 1991.

中文文献

《联邦德国基本法》(2002中文版),http://www.recht-harmonisch.de/GG-chinesisch.pdf
德意志民主共和国1968年宪法,http://www.documentarchiv.de/ddr/verfdd r1968.html。
杜美,《德国文化史》,扬智文化,台北,1993年。
李伯杰等著,《德国文化史》,对外经济贸易大学出版社,2002年。
《马克思恩格斯全集(中文版第21卷)》,北京,人民出版社,1958年。
马丁·基钦著,赵辉、徐芳译,《剑桥插图德国史》,北京,世界知识出版社,2005年。

索引

A

《ADAC 汽车世界》（ADAC Motorwelt）..............222

阿道夫·格林（Adolf Grimm, 1889—1963）....223

阿道夫·希特勒（Adolf Hitler, 1889—1945）...096

阿尔伯特·诺登（Albert Norden, 1904—1982）..............271

阿尔弗雷德·胡根贝格（Alfred Hugenberg, 1865—1951）..............087

阿尔弗雷德·罗森贝格（Alfred Rosenberg, 1893—1946）..............111

《阿尔托纳报》（Altonaische Relation）..............034

阿克塞尔·施普林格（Axel C.Springer, 1912—1985）..............085

阿克塞尔·施普林格出版社（Axel Springer Verlag）..............183

阿克赛尔·施普林格股份公司（Axel Springer SE）..............356

阿拉广告有限责任公司（Ala Anzeigen GmbH）138

阿拉曼人（Alamannen）..............003

《阿莱格拉》（Allegra）..............319

《阿默湖信使报》（Ammersee Kurier）..............204

阿诺·鲁德特（Arno Rudert, 1897—1954）.....208

阿齐姆·贝克尔（Achim Becker, 1931— ）....334

阿提拉（Attila）..............004

埃贝哈德·京特（Eberhard Günther, 1911—1994）..............188

埃布罗河（Ebro）..............005

埃尔茨贝格尔（Matthias Erzberger, 1875—1921）..............099

埃尔恩斯特·路德维希·福斯（Ernst Ludwig Voss, 1880—1961）..............115~116

《埃尔姆斯霍尔恩新闻报》（Elmshorner Nachrichten）..............200

埃贡·克伦茨（Egon Krenz, 1937— ）..............289

埃里希·昂纳克（Erich Honercker, 1912—1994）..............172

埃米尔·科恩（Emil Cohn, 1832—1905）........084

埃米尔·拉特瑙（Emil Rathenau, 1838—1915）..............114

《埃姆斯代特人民报》（Emsdettener Volkszeitung）....316

《埃姆斯代特日报》（Emsdettener Tageblatt）..............316

埃姆斯代特我们的体育出版社（Emsdettener Sport–bei–uns–Verlag）..............297

埃森纳赫（Eisenach）..............013

《埃森人民报》（Essener Volkszeitung）..............109

《埃森总汇报》（Essener Allgemeine Zeitung）....139

艾尔玛·米歇尔（Elmar Michel, 1897—1977）..............187

艾津（Micheal von Aitzing, 1530—1598）........030

艾莫尔（Egenolff Emmel, 生卒年不详）..............033

艾瑟尔（Esser）..............125

爱北斐特（Elberfeld）..............006

《爱国者》（Der Patriot）..............040

爱尼·布尔达两和公司（Aenne Burda KG）.....184

安全局（Sicherheitsdienst, SD）..............146

奥地利新闻社（Austria Presse–Agentur, APA）..344

《奥尔登堡日报》（Oldenburger Tageblatt）.........176
《奥格斯堡信息报》（Augsburgischer Intelligenz-Zettel）.........037
奥古斯丁出版联盟（Augustinus-Verein）.........074
奥古斯特·谢尔（August Hugo Friedrich Scherl，1849—1921）.........076
《奥拉宁堡总汇报》（Oranienburger Generalanzeiger》.........301
奥托·布劳恩（Otto Braun，1872—1955）.........142
奥托·迪特里希（Otto Dietrich，1897—1952）.........123
奥托·冯·俾斯麦（Otto von Bismarck，1815—1898）.........067
奥托·格罗特（Otto Groth，1875—1965）.........032
奥托·斯特拉瑟（Otto Strasser，1897—1974）...113
奥托三世（Otto III，在位时间 996—1002）.........008
奥托王朝（Ottonen，919—1024）.........006
奥托一世（Otto I，在位时间 962—973）.........007

B

B5 aktuell 354
Bayern plus 354
BR-alpha 354
《八点晚报》（Acht-Uhr Abendblatt）.........071
巴登-符腾堡西南德意志广播四台（SWR 4 Baden-Württemberg）.........356
巴登-符腾堡西南德意志广播一台（SWR 1 Baden-Württemberg）.........356
《巴登日报》（Badener Tagblatt）.........161
巴伐利亚德意志时光，无线电教育和娱乐有限公司（Deutsche Stunde in Bayern. Gesellschaft für drahtlose Belehrung und Unterhaltung mbH）.........117
巴伐利亚电台（BR）.........227
巴伐利亚古典音乐台（BR-Klassik）.........354
巴伐利亚广播电视台（BR）.........354
巴伐利亚广播电台（Bayerischer Rundfunk）.....284
巴伐利亚广播二台（Bayern 2）.........354
巴伐利亚广播三台（Bayern 3）.........354
巴伐利亚广播一台（Bayern 1）.........354
巴伐利亚广告电视有限责任公司（Bayerische Werbefernsehen GmbH）.........232
巴伐利亚人民党（Bayerische Volkspartei）.........109
《巴伐利亚信使报》（Bayernkurier）.........213
巴伐利亚州新媒体事务中心媒体委员会（Medienrat der Bayerischen Landeszentrale für neue Medien）.........325
巴塞尔报（Basler Zeitung）.........035
班哈特·沃尔夫（Bernhard Wolff，1811—1879）.........089
邦联议会（Bundestag）.........051
《保护德意志人民和国家的帝国总统法令》（Verordnung des Reichspräsidenten zum Schutz von Volk und Staat）.........100
保罗·冯·埃尔茨·吕本那赫（Paul von Eltza Rübenach，1875—1943）.........143~144
保罗·林道（Paul Lindau，1839—1919）.........079
保罗·马钧柯（Paul Majunke）.........074
保罗·施瓦巴赫（Paul Hermann von Schwabach，1867—1938）.........102
保罗·万德尔（Paul Wandel，1905—1995）....171
保罗六世（Papst Paul VI）.........044
保罗三世（Papst Paul III）.........043
保罗四世（Papst Paul IV）.........043
报道（Berichterstattung）.........032
《报告》（Relation aller Fürnemmenund gedenckwürdigen Historien，或简称 Relation，）.....032
报价报刊（Offertenblätter）.........312
《报刊合并管控法》（Gesetz zur Pressefusionskontrolle）.........191
《报刊统计法》（Pressestatistik-Gesetz）.........190
报刊问题工作协会（Arbeitsgemeinschaft für Pressefragen e.V）.........177
报刊销售部门（Postzeitungsvertrieb）.........239
报刊新闻电视台（Aktuell Presse Fernsehen，

APF）..200

报纸（Zeitung）...................................029

《报纸》（Das Blatt）............................295

鲍尔出版集团（Bauer Verlagsgruppe）.....359

《爆米花》（Popcorn）..........................319

"爆炸"（Brisant）................................332

北部广播股份公司（Nordischer Rundfunk AG, Norag）......................................117

《北部信使报》（Nordkurier）................304

《北德意志报》（Norddeutsche Zeitung）...163

北德意志广播电台（NDR）....................227

北德意志广播二台（NDR 2）.................355

北德意志广播蓝乐电台（NDR Blue）......355

北德意志广播一台北方电波电台（NDR 1 Welle Nord）....................................355

北德意志梅克伦堡—前波曼广播一台（NDR 1 Radio MV）...............................355

北德意志文化广播（NDR Kultur）..........355

北德意志下萨克森广播一台（NDR 1 Radio Niedersachsen）................................355

《北德意志总汇报》（Norddeutsche Allgemeine Zeitung，后来改名为 "Deutsche Allgemeine Zeitung"《德意志总汇报》）..................065

《北德意志最新新闻》（Norddeutsche Neueste Nachrichten）.........................252

"北方的快乐"（N-Joy）........................355

《北方信使报》（Nordische Mercurius）...034

《贝格多夫报》（Bergedorfer Zeitung）...200

贝塔斯曼股份公司（Bertelsmann AG）...326

贝特霍尔德（Berthold）.........................043

贝氏印刷（Be Printers）........................353

《本周》（Diese Woche）.......................217

《本周画报》（Die Woche）....................086

彼得·潘特（Peter Panter）...................080

《边界倒塌》（Grenzfall）.....................262

《边界使者》（Die Grenzboten）............079

编年史（Chronik）................................031

《波茨坦最新新闻》（Potsdamer Neueste Nachrichten）....................................306

波恩大学替代性报刊工作中心（Arbeits Gruppe Alternative Presse der Bonner Universität）....................................219

波希米亚捷克国王（König von Böhmen）..........009

伯恩哈德·伍尔夫（Bernhard Wolff）......066

勃艮第人（Burgunden）........................003

《勃兰登堡奥德报》（Märkische Oderzeitung）....304

勃兰登堡电台（Antenne Brandenburg）...355

勃兰登堡东德意志广播电视台（Ostdeutscher Rundfunk Brandenburg, ORB）......335~336

《勃兰登堡联盟报》（Märkische Union）.............251

《勃兰登堡人民之声》（Uärkische Volksstimme）................................163

勃兰登堡镇疆侯（Markgraf von Brandenburg）..009

《勃兰登堡总汇报》（Märkische Allgemeine）.....301

《勃兰登堡最新新闻》（Brandenburgische Neueste Nachrichten）.........................252

柏林-勃兰登堡电视台（rbb Fernsehen）..........355

柏林-勃兰登堡广播电视台（rbb）.........355

《柏林报》（Berliner Zeitung, B.Z.）.....085

《柏林报晚间版》（BZ am Abend）.......247

《柏林晨报》（Berlin am Morgen，明策贝格创办）...107

《柏林晨报》（Berliner Morgen-Zeitung，莫瑟创办）...084

《柏林晨邮报》（Berliner Morgenpost）...076

柏林的报刊销售局（Zeitungsvertriebsamt Berlin）...239

《柏林地方报》（Berliner Lokal-Anzeiger）.....076

柏林电台调频88.8（Radio Berlin 88.8）...355

《柏林二台》（Berlin II）.....................272

《柏林交易所报》（Berliner Börsenzeitung）.....139

《柏林人民报》（Berliner Volkszeitung）...........071

《柏林日报》（Berliner Tageblatt）........065

柏林三台（Berlin III）..........................272

柏林市议会（Berliner Stadtverordnetenversammlung）
....085

《柏林图片周刊》（Berliner Illustrirte Zeitung）...077

《柏林晚邮报》（Berliner Abendpost）.................085

《柏林午间报》（Berliner Zeitung am Mittag）......076

《柏林信使报晚间版》（Berliner Kurier am
  Abend）..301

《柏林信使晨报》（Berliner Kurier am Morgen）..303

柏林一台（Berlin I）...272

柏林之声（Berliner Welle）................................275

《柏林周刊》（Berliner Revue）..........................079

不莱梅电视台（Radio Breme TV）....................355

不莱梅电台（RB）..227

《不伦瑞克报》（Braunschweiger Zeitung）.........160

布尔达康采恩（Burda Konzern）.......................184

《布尔达时尚》（Burda-Moden）.......................185

布尔达有限责任公司（Burda GmbH）...............184

《布里吉特》（Brigitte）....................................185

布伦瑞克（Braunschweig）................................032

部长会议主席下设的新闻局（Presseamt
  beim Vorsitzender des Ministerrats）..............236

《擦客》（ZACK）...185

C

藏有德国最好杂志的图书馆（Bibliothek der
  besten deutschen Zeitschriften）....................038

侧光（Streiflicht）...205

《侧光灯》（Streiflichter）..................................262

查房（Visite）...282

查理大帝（771—814）.....................................004

产业化（Industrialisierung）..............................330

《超级电视》（Super TV）..................................309

《超级画报》（Super Illu）.................................309

超级卢森堡广播电视台（Super RTL）..............326

《晨报》（Der Morgen）.....................................162

《晨邮报》（Morgenpost）..................................212

《诚实者》（Der Biedermann）..........................040

城堡教堂（Schlosskirche）................................012

《城市和乡村人民杂志》（Volksblatt für Stadt
  und Land）...082

出版物审查敕令（Zensuredikt）........................053

传单（Flugblätter）...025

《纯粹看电视》（TV Pur）..................................321

D

DT 64 青年广播电台（DT 64 Jugendradio）........275

DT 64 青年工作室（Jugendstudio DT 64）........275

大区（Gau）...123

大西洋城（Atlantic City）.................................168

大众科学期刊和文学评论刊物（Literatur-
  und Rezensionsorgane）...............................039

大众杂志（Publikumszeitschriften）...................196

丹提尼（Francesco Datini, 1335—1410）..........026

单一报刊区域（Ein-Zeitung-Kreis）...................180

党性（Parteilichkeit）..265

党中央印刷、采购和审核协会（Zentrale
  Druckerei-, Einkaufs-und
  Revisionsgesellschaft, ZENTRAG）................239

道德周刊（Moralische Wochenschrift）.............040

德芭·威兰德（Deba Wieland, 1916—1992）..241

德国报刊协会（Verband der Deutschen Presse）269

德国报纸出版商联邦协会（Bundesverband
  Deutscher Zeitungsverleger,
  BDZV）..177

德国报纸发行人联合会（Verein Deutscher
  Zeitungsverleger, VDZV）............................076

德国编辑协会（Verein Deutscher Redakteure）..094

《德国博物馆》（Deutsches Museum）...............079

德国电视二台（Zweite Deutsche Fernsehen,
  ZDF）..186

德国电视三台（ARD III）................................334

德国电视台（Deutsches Fernsehen）................226

德国电视一台/二台大众传播调查项目
  （ARD/ZDF-Studie
  Massenkommunikation）..............................312

德国电视一台二台及德国电台收费服务中心

（ARD ZDF Deutschlandradio Beitragservice）..168

德国电视有限责任公司（Deutschland-Fernsehen-GmbH）............................232

德国独立社会民主党（Unabhängige Sozialdemokratische Partei Deutschlands, USPD）..105

德国工人党（Deutsche Arbeiterpartei, DAP）...096

德国公共广播联盟（Arbeitsgemeinschaft der öffentlich-rechtlichen Rundfunkanstalten der Bundesrepublik Deutschland, ARD）.........................226

德国电视一台（ARD-Das Erste）......................186

德国共产党（Kommunistische Partei Deutschlands, KPD）..........................096

德国广播电台（Deutschlandfunk）..................226

德国无线广播电台（Deutschlandsender）.........274

《德国广播条例》（Deutsche Rundfunkordnung）...118

德国广告报刊联邦协会（Bundesverbund Deutscher Anzeigenblätter, BVDA）...196

德国广告公司（Deutsche Werbe-und Anzeigengesellschaft, DEWAG）.......239

德国国家民主党（National-Demokratische Partei Deutschlands, NDPD）................249

德国国家人民党（Deutsche nationale Volkspartei）...................................088

德国国民教育中央管理局（Deutsche Zentralverwaltung für Volksbildung）.................171

德国海外电讯社（Deutscher Auslands-Depeschendienst, DAPD）.........344

德国海外通讯社（Deutscher Überseedienst, DÜD）..090

德国记者和作家协会（Verband deutscher Journalisten und Schriftsteller）............093

德国记者协会（Deutscher Journalisten-Verband, DJV）..300

《德国金融时报》（Financial Times Deutschland）.....................................211

德国进步党（Deutsche Fortschrittspartei）..........071

德国联邦司法与消费者权益保护部（Bundesministerium der Justiz und für Verbraucherschutz）..........................104

《德国马克》（DM）.......................................309

德国媒体理事会（Deutscher Presserat）..189

德国媒体理事会执委会（Kommission des Deutschen Presserats）..................187

德国民主党（Deutsche Demokratische Partei, DDP）.......................................110

德国民主妇女联合会（Demokratischer Frauenbund Deutschlands, DFD）...............256

德国农民民主党（Demokratische Bauernpartei Deutschlands, DBD）..........162

《德国评论杂志》（Deutsche Rundschau）.........079

德国人民党（Deutsche Volkspartei, DVP）.......110

德国人民党报刊联合会（Presse-Verein der Deutschen Volkspartei）.....................111

德国人民联盟（Deutsche Volksunion, DVU）...215

《德国日报经济状况备忘录》（Memorandum zur wirtschaftlichen Lage der deutschen Tageszeitung）..................................192

德国社会民主党（Sozialdemokratische Partei Deutschland, SPD）.........................072

德国社会主义工党（Sozialistische Arbeiterpartei Deutschlands, SAP）..................072

德国体操和体育联合会（Deutscher Turn-und Sportbund, DTSB）..............................253

《德国体育回声报》（Deutsches Sportecho）........252

《德国天主教历史与政治杂志》（Historisch-politische Blätter für das katholische Deutschland）.........................082

德国通讯处（Deutsches Nachrichtenbüro, DNB）..091

德国通讯社（Deutsche Nachrichten Agentur, DENA）...155

德国统一社会党（Sozialistische Einheitspartei Deutschlands, SED）..........................162
德国无线电台（Deutschland Radio）..................336
德国无线广播电台（Deutschlandsender）..........274
德国宪法（Grundrechte des deutschen Volks）....057
德国新闻服务处（German News Service）..........155
德国新闻社（Deutsche Presseagentur, dpa），简称德新社 343
德国新闻通讯总社（Deutsche Allgemeine Nachrichtenagentur, DANA）...........................155
德国新闻总社（Allgemeiner Deutscher Nachrichtendienst, ADN）..............................234
《德国信息总汇报》（General-Anzeige für Deutschland）...075
德国印刷协会（Verband Deutscher Druckfabriken）..103
德国犹太人总理事会（Zentralrat der Juden in Deutschland）..215
德国之声（Deutsche Welle）..............................118
德国自由广播电台 904（Deutscher Freiheitssender 904）..274
《德累斯顿晨邮报》（Dresdner Morgenpost）........296
《德累斯顿最新新闻》（Dresdner Neueste Nachrichten）...295
德意志邦联（Deutscher Bund）..............................050
德意志邦联大会（Bundesversammlung）............050
《德意志报》（Deutsche Zeitung）..........................066
德意志报刊出版商协会（Verein Deutscher Zeitungsverleger）..124
德意志报刊出版商总会（Gesamtverband der Deutschen Zeitungsverleger）...........................177
德意志出版社（Deutscher Verlag）.....................138
德意志大学生运动（Burschenschaften）............051
《德意志地方报》（Deutsches Landblatt）............306
德意志帝国报刊出版商协会（Reichsverband der Deutschen Zeitungsverleger）.......................124
德意志帝国广播成员联盟（Reichsverband Deutscher Rundfunkteilnehmer, RDR）...........141
德意志帝国广播节目总监（Reichssendeleiter im deutschen Rundfunk, 1933—1942）..145
德意志帝国新闻社（Reichsdienst der deutschen Presse）..110
德意志帝国新闻协会（Reichsverband der deutschen Presse）..................................091~092
德意志电视台（Deutsches Fernsehen）...............279
德意志电讯社（Deutscher Depeschendienst, ddp）..344
德意志军人广播电台 935（Deutscher Soldatensender 935）..274
德意志联邦共和国（Bundesrepublik Deutschland, BRD）..................................174
《德意志联盟报》（Deutsche Union）...................085
《德意志每日邮报》（Deutsche Tagespost）..........212
德意志民主报刊联盟（Verband der deutschen demokratischen Presse）..................110
德意志民主共和国（Deutsche Demokratische Republik, DDR）.....................................174~175
德意志民主共和国新闻专科学校（Fachschule für Journalistik der Deutschen Demokratischen Republik）.................................268
《德意志人民报》（Deutsche Volkszeitung）........162
《德意志日报》（Deutsche Tagezeitung）..............068
德意志神圣罗马帝国（Heiliges Römisches Reich Deutscher Nation, HRR）.......................007
德意志时光，无线电教育和娱乐有限公司（Deutsche Stunde. Gesellschaft für drahtlose Belehrung und Unterhaltung mbH）...................116
《德意志手工业报》（Deutsche Handwerkszeitung）..215
《德意志天主教历史—政治报》（Historisch-Politische Blätter für das Katholische Deutschland）..070
德意志通讯社（Allgemeiner Deutscher

Nachrichtendienst，简称德通社，AND）........155
德意志无线电视台（Deutscher Fernsehfunk）....279
德意志新闻处（Deutscher Pressedienst，dpd）..155
《德意志月报》（Deutsche Monatsblatt）...............213
《德意志中部地区日报》（Mitteldeutsche
　　Tageszeitung）..163
德意志中部广播股份公司（Mitteldeutsche
　　Rundfunk AG，Mirag）...................................117
《德意志周报》（Deutsche Wochen-Zeitung）.....215
《低地德国报》（Niederdeutsche Zeitung）..........160
迪尔鲍姆（Samuel Dilbaum，1530—1618）.......038
迪森（Dießen）..204
迪特里希·爱卡特（Dietrich Eckart，
　　1868—1923）..111
迪特里希·冯·毕提歇（Dietrich von
　　Boetticher）..319
地方小报（Heimatpresse）......................................122
地方议会委员会（Landtagsausschuss）.............224
《地湖信使报》（Land-und Seebote）...................204
《地平线》（Horizont）...258
《地球》（Geo）...185
地区广告报（Kreisblatt）..036
地下报刊（Untergrundpresse）.............................261
《地址办公室报》（Feuille du Bureau
　　d'adresses）...036
帝国财产托管人（Reichstreuhänder）................130
帝国出版行业协会（Reichspressekammer）.....126
帝国大区（Reichsgau）...124
《帝国电影法》（Reichslichtspielgesetz）...........115
帝国电影行业协会（Reichsfilmkammer）..........126
帝国广播行业协会（Reichsrundfundkammer）...126
帝国广播企业管理处（Reichsfunk-
　　Betriebsverwaltung）.......................................115
帝国广播委员会（Reichsfunkkommission）.....115
帝国广播协会（Reichsrundfunkverband）........118
帝国广播有限责任公司（Reichs-Rundfunk-
　　Gesellschaft mbH，RRG）.............................118

帝国国民启蒙与宣传部（Reichsministerium
　　für Volksaufklärung und
　　Propaganda，RMVP）......................................123
帝国国民启蒙与宣传部部长（Reichsminister
　　für Volksaufklärung und Propoganda）......125
帝国国内新闻中心（Reichszentrale für
　　Heimatdienst）..101
帝国皇家最高法院的检察官（Fiskal am
　　Reichskammergericht）..................................045
帝国媒介法（Reichspressegesetz）....................058
帝国文化行业协会（Reichskulturkammer）.....124
帝国新闻行业协会（Reichspressekammer，
　　RPK）..124
帝国戏剧行业协会（Reichstheaterkammer）....126
帝国新闻官（Reichspressechef）........................100
帝国宣传局（Reichspropagandaämter）..........123
帝国音乐行业协会（Reichsmusikkammer）....126
帝国杂志行业协会（Reichsschriftskammer）....126
帝国主导出版商/主导报刊出版商协会
　　（Reichsverband der Leitungsverleger/
　　Leitschriftenverleger）....................................126
帝国专员（Reichskommissar）............................142
《电报》（Telegraf）..160
电器总公司（Allgemeine
　　Elektrizitätsgesellschaft，AEG）...................114
《电视14天》（tv14）...359
《电视电影》（TV Movie）.......................................321
电视购物指南千万条（Tausend Tele-Tips）.....282
电视行业自愿自律联合会（Freiwillige
　　Selbstkontrolle Fernsehen e.V.，FSF）.......367
电视俱乐部（Teleclub）..327
《电视剧》（TV-Serien）..321
《电视棱镜》（Tele Prisma）..................................309
《电视里的故事片》（TV Spielfilm）....................321
电视旅游购物频道（TV Travel Shop）..............328
电视七台（Pro Sieben）...200
电视七台与卫星电视一台媒体股份公司

（Pro Sieben SAT.1 Media AG）........................327
《电视视听》（TV Hören und Sehen）..................185
电视一台附加节目台（Eins Plus）....................323
《电视周刊》（Fernsehwoche）.......................185
电影促进局（Filmförderungsanstalt，FFA）.......368
定期（Periodizität）...............................032
《东部 RTV》（RTV Ost）............................310
东德记者协会（Verband Deutscher
　　Journalisten，VDJ）............................300
东德意志广播电视台（Ostdeutscher
　　Rundfunk）.....................................335
《东海报》（Ostsee-Zeitung）.......................250
《东荷尔斯泰因日报》（Ostholsteinische
　　Tageblatt）....................................200
东疆广播股份公司（Ostmarken Rundfunk
　　AG，Orag）.....................................117
《东图林根新闻报》（Ostthüringer Nachrichten）...304
《斗士报》（Kämpfer）..............................105
斗争出版社（Kampf Verlag）........................113
读者来信（Leserbrief）............................266
杜塞尔多夫（Düsseldorf）..........................006
《杜塞尔多夫快报》（Express Düsseldorf）.........184
《杜塞尔多夫新闻报》（Düsseldorfer
　　Nachrichten）..................................139
短波通讯局（Kurzwellendienst）....................275
短评（Glosse）....................................205
《对遭受低价竞争破坏的广告报刊的规
　　定》（Regelung des durch Preisschleuderei
　　verdorbenen Anzeigengeschäftsblätter）.........076
多媒体服务供应商自愿自律联合会（Die
　　Freiwillige Selbstkontrolle
　　Multimedia-Dienstanbieter e.V.，FSM）..........367
《多瑙信使报》（Donau Kurier）.....................159

E

《ELLE 世界时装之苑》.........................318~319
《恶作剧》（Ulk）..................................081
恩格斯（Friedrich Von Engels，1820—1895）...069

恩斯特·奥古斯汀（Ernst Augustin，
　　1902—1961）...................................278
恩斯特·路德维希·冯·格尔拉赫（Ernst
　　Ludwig von Gerlach）..........................067
《恩西斯海姆的陨石》（Donnerstein von
　　Ensisheim）....................................027
儿童电视频道（KIKA, Kinderkanal）................323
儿童频道电台（KiRaKa，全称 Kinder Radio
　　Kanal）..355
《二十世纪的神话》（Der Mythus des 20.
　　Jahrhunderts）.................................111

F

Facebook（脸书）..................................350
Fremantle Media..................................353
《法国新闻》（Nouvelles de France）............156~157
《法兰克福报》（Frankfurter Zeitung）
　　..065
法兰克福出版集团（Frankfurter
　　Verlagsgruppe）................................202
法兰克福广播电台（Radio Frankfurt）..............168
《法兰克福评论》（Frankfurter Rundschau，
　　FR）...207
《法兰克福评论晚报》（FR am Abend）..............208
法兰克福书籍委员会（Kaiserliche
　　Bücherkommission zu Frankfurt）...............045
《法兰克福新报》（Frankfurter Neue Presse）.....159
《法兰克福新闻》（Frankfurter Journal）..........033
法兰克福邮报（Frankfurter Postzeitung）.........035
《法兰克福总汇报》（Frankfurter Allgemeine
　　Zeitung，FAZ）.................................177
《法兰克福总汇报杂志》（FAZ Magazin）...........206
法兰克人（Franken）................................003
《法兰克邮报》（Frankenpost）......................201
《凡尔登条约》（Vertrag von Verdun）..............006
《反不公平竞争法》（Gesetz gegen den
　　unlauteren Wettbewerb，UWG）..................368
反公共性（gegen Öffentlichkeit）..................261

《反限制竞争法》（Gesetzt gegen Wettbewerbsbeschränkung, GWB）..................368
《飞行传单》（Fliegende Blätter）.........................080
菲尔特（Fürth）..085
菲利普·梅兰希通（Philipp Melanchthon, 1497—1560）..............................012
费尔斯克（Wolf Eberhard Felsecker, 生卒年不详）..039
《芬尼杂志》（Pfennig-Magazin）.......................077
冯·霍恩塔尔（Peter Freiherr von Hohenthal, 1726—1794）..................038
冯·罗畴（Gustav von Rochow, 1792—1847）..054
冯克（Funk）..125
冯克媒体集团（Funke Mediengruppe）...............360
冯塔纳（Theodor Fontane）..............................078
讽刺文学杂志（Satirezeitschrift）.....................080
凤凰出版社（Phönix Verlag）.........................137
凤凰电视台（Phoenix）..................................323
弗莱德·约尔斯勒（Fred Oelßner, 1903—1977）..271
弗兰茨·埃尔（Franz Eher, 1851—1918）...137
弗兰茨·埃尔出版社（Franz Eher Verlag）........136
弗兰茨·董柯（Franz Duncker）........................067
弗兰茨·约瑟夫·施特劳斯（Franz Josef Strauβ, 1915—1988）.........................217
弗兰克·韦德金德（Frank Wedekind, 1864—1918）...081
弗朗茨·冯·帕彭（Franz von Papen, 1879—1969）...142
弗里德里希·佛格尔（Friedrich Vogel, 1902—1976）..210
弗里德里希·克虏伯股份有限公司（Friedrich Krupp AG）...087
弗里德里希·施坦普费尔（Friedrich Stampfer）...073
弗里德里希·威廉三世（Friedrich Wilhelm III, 1770—1840）.....................054
弗里德里希·威廉四世（Friedrich Wilhelm IV, 1795—1861）.............................054
弗里德里希·威廉一世（Friedrich Wilhelm I, 1688—1740）.............................049
弗里德里希·席勒（Johann Christoph Friedrich von Schiller, 1759—1805）.............018
弗里德里希·扎贝尔（Friedrich Zabel）............066
弗里德里希二世（Friedrich II, 1712—1786）..049
弗伦斯堡广播电台（Flengburger Sender）.........167
《弗伦斯堡日报》（Flensburger Tageblatt）.........160
服务广播（Servicewellen）..............................229
《福布斯》（Forbes）.......................................319
福克斯唱片和留声机股份公司（Vox Schallplatten-und Sprechmaschinen-AG）........117
福克斯电视台（Vox）....................................284
《福斯报》（Vossische Zeitung）......................071
《福音教会周刊》（Evangelische Kirchenzeitung）..082
《父母》（Eltern）...309
《妇女画报》（Bild der Frau）..........................197
《妇女之路》（Der Weg der Frau）...................107
富格尔家族（Fugger Familie）........................012
《富格尔商业通讯》（Fugger-Zeitung）...............026

G

《盖斯林根报》（Geislinger Zeitung》...................201
高级出版审查委员会（Ober-Zensur-Kollegium）..053
高级中学毕业考试（Abitur）..............................268
戈尔巴乔夫（Michail Gorbatschow, 1931—）....288
戈特弗里德·穆勒（Gottfried Müller, 1934—）.......................................334~335
戈特弗里德·威廉·莱布尼茨（Gottfried Wilhelm Leibnitz, 1646—1716）.............017~018
戈特霍尔德·埃弗拉姆·莱辛（Gotthold Ephraim Lessing, 1729—1781）.............018
戈特兰岛（Gotland）......................................021
戈特舍德（Johann Christoph Gottsched,

1700—1766）..040
哥本哈根电波会议（Kopenhagener
　　Wellenkonferenz）.........................169
哥特人（Goten）.....................................003
革命的国家社会主义者（Revolutionäre
　　Nationalsozialisten）........................113
格奥尔格·伯恩哈德（Georg Bernhard）............072
格奥尔格·哥特弗里德·格维努斯（Georg
　　Gottfried Gervinus）.........................066
格奥尔格·霍尔茨布林克（Georg von
　　Holtzbrinck, 1909—1983）..................210
格奥尔格·施魏策尔（Georg Schweitzer,
　　1850—1940）................................101
格尔德·布塞留斯（Gerd Bucerius, 1906—
　　1995）.......................................216
格哈德·弗赖（Gerhard Frey, 1933—2013）....215
格莱芬格（Georg Greifinger, 1620—1677）......034
格赖夫斯瓦尔德（Greifswald）......................284
《格赖夫斯瓦尔德日报》（Greifswalder
　　Tageblatt）..................................301
格雷戈尔·居西（Gregor Gysi, 1948—）..........290
格雷戈尔·施特拉赛尔（Gregor Strasser,
　　1892—1934）...............................143
格雷戈利七世（Gregorius VII, 1020—1085）...008
格鲁那与雅尔/贝塔斯曼出版社（Gruner
　　und Jahr/Bertelsmann Verlag）..............184
格皮德人（Gepiden）................................003
《各邦与帝国一体化法令》（Gesetz zur
　　Gleichschaltung der Lander mit dem Reich）
　　...................................119~120
《更美家居》（Schöner Wohnen）................309
《工人画报》（Arbeiter Illustrierte Zeitung, AIZ）...106
《工人摄影》（Der Arbeiterfotograf）.............107
公法形式（öffentlichrechtlich）....................168
公共广播电视体制（öffentlich-rechtliches
　　System）...............................166~167
公爵领地（Herzogtümer）..........................049
公开（Publizität）..................................032
公民媒体（Bürgerliche Medien）..................198
公民权利（Bürgerrechte）..........................262
宫廷办事处（höfische Kanzleien）................026
《共产党通讯》（Kommunistische
　　Parteikorrespondenz）.......................105
《共产主义者报》（Kommunist）..................105
《共和国保护法》（Gesetz zum Schutz der
　　Republik）....................................099
共治（Koregulierung）.............................361
购物电视（TV-Kaufhäuser）......................328
购物频道（Shopping-Kanäle）....................336
古登堡（Johannes Gensfleisch, 又称
　　Gutenberg, 1397/1400—1468）...........023
古斯塔夫·施特雷泽曼（Gustav
　　Stresemann, 1878—1929）.................111
古特尔（Guttere）..................................125
顾茨科夫（Karl Gutzkow, 1811—1878）.......078
《关于帝国与宗教信仰的奥格斯堡和约》
　　（Augsburger Reichs-und
　　Religionsfrieden, 简称《奥格斯堡和约》）.........015
《关于解散西北德意志广播电台的国家合
　　约和在西北德意志广播电台迄今节目覆
　　盖区域内的广播新规定》（Staatsvertrag
　　über die Liquidation des NWDR und die
　　Neuordnung des Rundfunks im bisherigen
　　Sendegebiet des NWDR）.............225~226
《关于具体划分帝国国民启蒙与宣传部任务
　　的规定》（Verordnung über die Aufgaben
　　des Reichsministeriums für Volksaufkl.rung
　　und Propaganda）..........................144
关于美国的真相（Die Wahrheit über Amerika）....276
关于民主德国广播中娱乐节目工作的思考
　　（Gedanken über Unterhaltungsarbeit in den
　　Programmen des Deutschen Demokratischen
　　Rundfunk）..................................277
《关于新闻报道》（De Relationibus Novellis）... 代序 002

《观察家图片报》（Illustrierter Beobachter）........134
《观察者》（Moniteur）...050
官方和私人商贸信息紧急事务有限责任
　公司（Eildienst für amtliche und private
　Handelsnachrichten GmbH）.........................116
管理书籍的总警司（Generalsuperintendenten
　des Bücherwesens）..044
管理委员会（Verwaltungsrat）........................365
《广播报》（Der Rundfunk）.............................242
《广播电视不错过》（FF dabei）......................256
《广播电视国家合约》（Staatsvertrag für
　Rundfunk und Telemedien，简称
　Rundfunkstaatsvertrag, StV）........................336
《广播电视过渡法案》（Gesetz zur überleitung
　des Rundfunks）...335
广播电视监管委员会（Aufsichtsgremien）......369
《广播电视节目》（FF-Programm）..................258
广播电视特派专员（Rundfunkbeauftragte）....335
广播电视咨询委员会（Rundfunkbeirat）........335
广播和电视技术研究所（Rundfunk- und
　Fernsehentechnisches Institut）.....................278
广播时刻（Radio-Stunde）................................117
广播停播时间（Funkstille）.............................170
广播一台（Radio Eins）....................................355
广电理事会（Rundfunkrat）.............................222
广告与外国展会协会（Gesellschaft für
　Werbung und Auslandsmessen）...................264
郭士立（Karl Friedrich August Gützlaff,
　1803-1851）..代序 001
国防部（Verteidigungsministerium）................275
《国会报》（Das Parlament）..............................215
国会新闻办公室（Parlamentsdienst）...............090
《国会纵火法令》（Reichstagsbrandverordnung）.100
国际工人扶助会（Internationale Arbeiterhilfe）.106
国际通讯社电报联盟（Telegraphen-Union
　Internationaler Nachrichtendienst GmbH, TU）088
国家补贴（Staatliche Subventionen）..............254

国家电视委员会（Staatliches Komitee für
　Fernsehen）...236
国家构建原则（Prinzip des Staatsaufbaus）.........260
国家广播委员会（Staatliches Komitee für
　Rundfunk, STKFR，也称 Staatliches
　Rundfunkkomitee, SRK）................................236
国家广播委员会的统一社会党企业党组
　织（SED Betriebsparteiorganisation im
　Staatlichen Rundfunkkomitee）......................277
国家社会主义德国工人党
　（Nationalsozialistische Deutsche
　Arbeiterpartei, NSDAP）.................................096
国家至上原则（Staatsräson）............................044
国家自由主义通讯社（Nationalliberale
　Correspondenz）....................................110~111
《国民报》（National-Zeitung）.........................066
国民议会（Nationalversammlung）..................056
国务秘书（Staatssekretär）...............................125
国有广播电视体系（Staatsrundfunksystem）.....167
国有企业（Volkseigener Betrieb）....................264

H

哈布斯堡王朝（Habsburg）..............................010
《哈勒日报》（Haller Tagblatt）........................306
哈伦伯格（Eduard Hallenberger）..........078~079
海恩茨·普尔（Heinz Pürer）..........................180
海若德出版有限责任公司（Herold Verlags-
　GmbH）...137
海因茨·盖戈尔（Heinz Geggel）.....................271
海因茨·亚当麦克（Heinz Adameck,
　1921—2010）...334
海因里希·鲍尔出版社（Heinrich Bauer
　Verlag）...184
海因里希·布吕格曼（Heinrich Brüggemann）..072
海因里希·海涅（Heinrich Heine, 1797—
　1856）..120
海因里希·霍兰德斯（Heinrich Hollands）........157
海因里希二世（Heinrich II，在位时间

1014—1024）..................................008

海因里希四世（Heinrich IV，在位时间
　　1056—1106）..................................008

海因里希一世（Heinrich I der Vogler，在位
　　时间 919—936）................................007

《汉堡－阿尔托纳地区信息总汇报》
　　（General-Anzeiger für Hamburg-Altona）.........086

《汉堡广告报》（Hamburger Anzeiger）................139

《汉堡通讯》（Hamburger Correspondent）.............086

《汉堡晚报》（Hamburger Abendblatt）................160

《汉堡无党派通信》（Hamburgische
　　unpartheyische Correspondent，HUC）.............034

《汉堡总汇报》（Hamburger Allgemeine
　　Zeitung）..160

汉克（Hanke）......................................125

汉娜斯·巴尔曼（Hannes Bahrmann，1952— ）269

《汉诺威报》（Hannoversche Presse）.................159

《汉诺威总汇报》（Hannoversche Allgemeine
　　Zeitung）..160

汉萨（Hansa）......................................021

汉斯·布雷多（Hans Bredow，1879—1959）....115

汉斯·哈贝（Hans Habe，1911—1977）..........157

汉斯·亨克尔（Hans Hinkel，1901—1960）......147

汉斯·马勒（Hans Mahle，1911—1999）..........170

汉斯·莫德罗（Hans Modrow）.....................271

《行为》（Tat）.....................................079

行政区（Gaubezirk，包括区和帝国大区）.........123

《好建议》（Guter Rat）.............................308

《喝彩》（Bravo）...................................221

《喝彩少女》（Bravo Girl）..........................310

赫尔伯特·克兰普（Herbert Kremp，1928— ）.207

赫尔曼·阿克森（Hermann Axen，1916—
　　1992）..270~271

赫尔曼·迪特里希（Hermann Dietrich，
　　1879—1954）.....................................110

赫尔曼·卡道恩斯（Hermann Cardauns）.........074

赫尔曼·普罗贝斯特（Hermann Proebst，
　　1904—1970）.....................................205

赫尔曼·瓦格纳（Hermann Wagener，
　　1815—1889）.....................................067

赫尔穆特·科尔（Helmut Kohl, 1930— ）.190~191

黑森电台（hr，公共广播台）........................227

黑森广播电视流行歌曲台（Hit Radio FFH，
　　私营广播电台）..................................328

黑森广播电视台（hr，公共广播电视台）...........354

黑森广播二台（hr2-kultur，公共广播台）..........354

黑森广播三台（hr3，公共广播台）.................354

黑森广播四台（hr4，公共广播台）.................354

黑森广播一台（hr1，公共广播台）.................354

《黑森林信使报》（Schwarzwälder Bote）...........184

黑森信息台（hr-iNFO）.........................354~355

亨利·格拉斯迈尔（Heinrich Glasmeier，
　　1892—1945）.....................................147

亨利·纳能（Henri Nannen，1913—1996）......216

《红旗》（Rote Fahne）..............................105

胡波特·布尔达媒体集团（Hubert Burda
　　Media）..359

胡戈·斯汀尼斯（Hugo Stinnes，1870—1924）110

胡根贝格康采恩（Hugenberg-Konzern）...........084

胡克（August Huck，1849—1911）..................076

胡克报业康采恩（Huck Pressekonzern）............139

《花花公子》（Playboy）............................185

《环境保护材料》（Materialien für
　　Umweltschutz）...................................262

《环境报》（Umweltblätter）.........................262

环球电影公司（Universum-Film AG，Ufa）......088

《诙谐者》（Eulenspiegel）..........................081

汇报（referieren）...................................032

《火炬》（Die Fackel，1899—1936）................079

霍恩索伦（Hohenzollern）..........................017

霍尔茨布林克出版集团（Verlagsgruppe
　　Georg von Holtzbrinck）.........................210

霍夫（Hof）..201

霍夫曼和卡姆佩出版社（Verlag Hoffman
　　und Campe）.....................................319

J

《机遇》（Chance）..................................298
《基督符》（Chrismon）..........................214
基督福音教新闻通讯社（Evangelischer
　　Pressedienst，epd）........................345
基督教民主联盟（Christlich Demokratische
　　Union，CDU）................................213
基督教社会联盟（Christlich-Soziale Union，
　　CSU）..213
《基督与世界》（Christ und Welt）..........214
基尔希集团（Kirch Gruppe）...................327
基尔希媒体有限责任与股份两合公司
　　（Kirch Media GmbH & Co KGaA）.....327
《基尔新闻报》（Kieler Nachrichten）......160
吉恩·帕普斯特·冯·施魏策尔（Jean
　　Baptist von Schweitzer）....................073
吉拉德特出版社（Der Girardet Verlag）.....084
《计算机画报》（Computer Bild）.............358
记者代表大会（Journalistentag）..............093
技工证书（Facharbeiterbrief）..................268
加洛林王朝（Karolinger，751—911）......004
《家居文化》（Kultur im Heim）................309
《家庭围炉娱乐杂志》（Unterhaltung
　　am häuslichen Herd）.........................078
家庭杂志（Familienzeitschriften）.............078
《家园》（Daheim）..................................078
《夹心巧克力》（Praline）.........................310
《假日》（Holiday）..................................319
监管委员会（Aufsichtsgremien）..............369
《简约主义》周刊（Simplicissimus）.........139
建立国家广播委员会的命令（Verordnung
　　über die Bildung des Staatlichen
　　Rundfunkkomitees）.........................272
建设出版社（Aufbau Verlag）...................295
建台法令（Gründungsverordnung）..........224
交通报刊出版社（Transpress Verlag）......308
交通电视杂志（Verkehrsmagazin）..........282

《焦点》（Focus）....................................318
焦点出版社（Focus-Verlag）....................318
《教会和学校杂志》（Kirchen-und
　　Schulblättern）..................................082
《教会和宗教杂志》（kirchlichkonfessionelle
　　Presse）...081
教授资格考核（Habilitation）..................092
"街报"或者"马路报刊"
　　（Strassenverkaufs-oder Boulevard-Blätter）.....212
节约版（Sparversion）.............................309
今日（heute）..282
《今日电视》（TV Today）.......................321
金玺诏书（Bulla aurea）.........................010
《金鱼草》（Löwenmaul）.......................262
紧急法令（Notverordnung）....................098
紧急事务部门（Eildienst）.......................116
《进攻》（Angriff）..................................134
《禁书索引》（Index Librorum Prohibitorum）.....015
京特委员会（Günther-Kommission）.......187
经济改革（Perestroika）.........................261
经济广播电台（Wirtschaftsrundspruch）...116
经济论坛（Wirtschaftsforum）.................282
《经济新闻》（Oeconomische Nachrichten，
　　1749—1763年间发行）....................038
《经济周刊》（Wirtschaftswoche）...........309
《九十五条论纲》（95 Thesen）...............012
《居家》（Zu Hause）..............................079
君特·高斯（Jünter Gaus）.....................320
君特·夏博夫斯基（Günter Schabowski，
　　1929—2015）..................................289

K

卡尔·艾斯讷（Karl Eisner）..................073
卡尔·格罗尔德（Karl Gerold，1906—1973）..208
卡尔·冯·奥西埃茨基（Carl von Ossietzky，
　　1889—1938）..................................080
卡尔·格罗尔德基金会（Karl-Gerold Stiftung）208
卡尔·克劳斯（Karl Kraus，1874—1936）........079

卡尔·李卜克内西（Karl Liebknecht, 1871—1919）..................096
卡尔·马克思城行政区（Karl-Marx-Stadt）.....247
卡尔·马克思大学（Karl-Marx-Universität Leipzig）..................243
卡尔斯巴德决议（Karlsbader Beschluss）..........052
卡尔五世（Karl V，在位时间 1520—1558）.....015
卡诺莎（Canosa）..................009
卡普暴动（Kapp-Putsch）..................096
卡斯巴·豪塞尔（Kaspar Hauser）..................080
《卡特尔协议》（Kartellvertrag）..................089
开放政策（Glasnost）..................261
开明思想（Liberalität）..................205
凯尔（Ernst Keil, 1816—1878）..................078
康拉德·阿勒斯（Conrad Ahlers, 1922—1980）..................217
康拉德二世（Konrad II，在位时间 1027—1039）..................008
《莱茵报》（科隆）..................055
柯诺尔与希尔特出版社（Knorr & Hirth-Verlag）..................139
科堡（Coburg）..................201
科布伦茨广播电台（Radio Konblenz）..................168
科尔平（Adolph Kolping, 1813—1865）..................082
《科隆报》（Kölnische Zeitung）..................071
《科隆城市报》（Kölner Stadt-Anzeiger）..................176
科隆大主教（Erzbischof von Köln）..................009
科隆教会大辩论时期（Kölner Kirchenstreit）...073
《科隆快报》（Express Köln）..................184
《科隆评论报》（Kölnische Rundschau）..................159
《科隆人民报》（Kölnische Volkszeitung）..................074
《科隆日报》（Kölner Tageblatt）..................110
《科特布斯总汇报》（Cottbuser General-Anzeiger）..................301
《科瓦尔斯基》（Kowalski）..................308
科学性（Wissenschaftlichkeit）..................265
克里斯蒂安·冯·伍尔夫（Christian von Wolff, 1679—1754）..................018
克里斯蒂安·托马修斯（Christian Thomasius, 1665—1728）..................017
克里斯蒂娜·霍尔茨·巴查（Christina Holtz-Bacha）..................199
克里斯提安·福斯（Christian Friedrich Voß）...072
克洛维（Chlodwig, 466—511）..................004
克吕格（Udo Michael Krüger）..................330
客观：事件–背景–对比（Objektiv: Tatsachen-Hintergründe-Kontraste）..................282
空位时期（Interregnum）..................009
库尔特·巴赫曼（Kurt Bachmann, 1909—1997）..................213
库尔特·马格努斯（Kurt Magnus, 1887—1962）..................117
库尔特·图霍尔斯基（Kurt Tucholsky, 1890—1935）..................080
跨洋通讯社（Transocean GmbH）..................090
《快报》（Express，杜塞尔多夫出版）..................212
《快报》（L'Express，法国出版）..................217
《快客》（Quick）..................185
《快乐》（Joy）..................319
矿山和金属银行（Berg-und Metallbank）..........087

L

La Sept 电视台..................323
拉贝（Wilhelm Raabe）..................078
拉特瑙（Walther Rathenau, 1867—1922）..........099
《来自东方的新报纸》（Newe Zeytung von Orient und Aufgange）..................029
《莱比锡报》（Leipziger Zeitung）..................035
《莱比锡人民报》（Leipziger Volkszeitung）..........251
《莱比锡信息总汇报》（Leipziger Generalanzeiger）..................086
《莱比锡总汇报》（Leipziger Allgemeine Zeitung）..................110
莱斯沃斯岛（Lesbos）..................029
《莱翁贝格县报》（Leonberger Kreiszeitung）......166

《莱茵－鲁尔报》（Rhein-Ruhr-Zeitung）...........160

《莱茵－普法尔茨报》（Rheinpfalz）..................162

《莱茵－山地出版集团（Rheinisch-Bergische Verlagsgruppe）..202

《莱茵－威斯特伐利亚报》（Rheinisch-Westfälische Zeitung）..................................068

《莱茵报》（科布伦茨）（Rhein-Zeitung，二战后法占区发行）..................................162

《莱茵报》（科隆）（Rheinische Zeitung，全称为 Rheinische Zeitung für Politik，Handel und Gewerbe，科隆出版）..............055

莱茵兰－普法尔茨伯爵（Pfalzgraf bei Rhein）..009

莱茵兰－普法尔茨西南德意志广播四台（SWR 4 Rheinland-Pfalz）.........................356

莱茵兰－普法尔茨西南德意志广播一台（SWR 1 Rheinland-Pfalz）.........................356

莱茵普法尔茨媒体联盟（Medien Union/Rheinpfalz）......................................294

《莱茵人民家居、家庭和手工杂志》（Rheinischen Volksblättern für Haus, Familie und Handwerk）.........................082

莱茵通讯社（Rheinische Nachrichtenagentur, RHEINA）..155

《莱茵信使报－基督与世界》（Rheinishcher Merkur-Christ und Welt）.........................214

《莱茵信使报》（Rheinischer Merkur）.............214

《莱茵邮报》（Rheinische Post）...................160

兰斯（Rhens）..010

《劳拉》（Laura）...319

《劳齐茨评论》（Lausitzer Rundschau）..........250

《老维也纳的一个舒伯特之夜》（Ein Schubert-Abend in Alt-Wien）..................150

雷诺多（Théophraste Renaudot，1586—1653）.036

"棱镜"（Prisma）电视新闻杂志.....................282

里奥波德·索讷曼（Leopold Sonnemann）.....072

里奥波德·汉尼希（Leopold Hainisch，1891—1979）.......................................150

《历史报告》（Relatio historica）..................030

利奥·基尔希（Leo Kirsch，1926—2011）.......327

利奥波德·施瓦茨希尔德（Leopold Schwarzschild，1851—1950）.................080

利奥波德·乌尔施泰因（Leopold Ullstein，1826—1899）...................................076

埃里克·玛利亚·雷马克（Erich Maria Remarque，1898—1970）......................120

连续出版（continuatio）..............................031

《联邦德国基本法》（Grundgesetz für die Bundesrepublik Deutschland）................166

联邦反垄断局（Bundeskartellamt）.................188

《联邦军队：有条件的军备》（Bundeswehr: Bedingt abwehrbereit）........................217

《联邦政府的媒介报告》（Medienberichte der Bundesregierung）..............................190

《联邦政府关于联邦德国报刊和广播状况的调查报告》（Bericht der Bundesregierung über die Lage von Presse und Rundfunk in der Bundesrepublik Deutschland）.......190

联邦政府媒介信息局（Presseund Informationsamt der Bundesregierung）.190

联邦政治教育中心（Bundeszentrale für Politische Bildung）..............................215

联合国际通讯社（United Press International，UPI）..090

联合通讯社（United Presse）.......................090

联合新闻部（Vereinigte Presseabteilung）....100

《联盟报》（Die Union）...............................251

联盟党（Blockparteien）.............................162

《联系册》（Kontakte）................................262

零点时分（Stunde Null）..............................167

流行榜音乐台（Hit-Radio）..........................330

流行商店－青少年的广播杂志（Pop Shop- das Teenagermagazin）...........................229

流行商店晚间节目（Pop-shop am Abend）........229

隆多普（Michael Caspar Lundorp，1580—

1629）...031
卢森堡电台附设电视台（RTL Plus）.................201
卢森堡广播电视二台（RTL 2）..........................326
卢森堡广播电视集团（RTL Group）...................326
卢森堡广播电视台（Radio Télévision Luxembourg，RTL）.................283~284
卢森堡广播电台（Radio Luxemburg）...............146
卢森堡广播公司（Compagnie Luxembourgeoise de Télédiffusion）.................326
鲁道夫·奥格斯坦（Rudolf Augstein，1923—2002）.................217
鲁道夫·达梅尔特有限责任公司（Rudolf Dammert GmbH）.................110
鲁道夫·米尔芬策（Rudolf Mühlfenzl，1919—2000）.................335
鲁道夫·莫瑟（Rudolf Mosse，1843—1920）...065
鲁尔新闻/F.兰辛-沃尔夫出版集团（Ruhr-Nachrichten/F.Lensing-Wolff）.............202
路德维希·托马（Ludwig Thoma，1867—1921）.................081
路德维希一世（Ludwig I，1786—1868）.............056
伦巴第人（Langobarden）.................003
《轮廓》周刊（Profil）.................217
《论坛报》（Tribüne）.................163
罗登贝格（Rodenberg）.................203
罗尔夫·李恩哈特（Rolf Rienhardt，1903—1975）.................136
《罗尔沙赫月刊》（RorschacherMonatsschrift，又名 Historische Erzöhlung）.................038
罗莎·卢森堡（Rosa Luxemburg，1871—1919）.................096
《罗特林根新闻报/普富林根报》（Reutlinger Nachrichten/Pfullinger Zeitung）.................204
罗伊希林（Johannes Reuchlin，1455—1522）.................044~045
洛克豪斯出版社（Verlag F.A.Brockhaus）..........077
洛伦茨电报公司（Lorenz Telegrafen-Anstalt）...115

洛塔·德梅齐埃（Lothar de Maizière，1940—）.................290
《吕贝克新闻报》（Lübecker Nachrichten）.........200

M

M.杜蒙-肖贝格出版社（Verlag M. Dumont Schauberg）.................183
MDR Jump 355
MDR Sputnik 355
meinVZ（我的目录）.................351
马德萨克/盖尔斯滕贝格出版集团（Verlagsgruppe Madsack/Gerstenberg）..........202
马德萨克出版集团（Verlagsgruppe Madsack）..296
马蒂亚斯·芬克（Mathias Finck）.................296
马丁·路德（Martin Luther，1483—1546）......011
马尔库斯·杜蒙（Marcus DuMont）.................072
马格德堡（Magdburg）.................006
马可曼人（Markomannen）.................003~004
马克思（Karl Heinrich Marx，1818—1883）......069
马克斯·阿曼（Max Amann，1891—1957）......111
马克斯·温克勒（Max Winkler，1875—1961）130
马克斯·西德维茨（Max Seydewitz，1892—1987）.................171
马克西米连·哈登（Maximilian Harden，1861—1927）.................079
马克西米连二世（Maximilian II，1527—1576）.................056
马克西米连一世（Maximilian I，在位时间 1508—1519）.................044
马路报刊（Boulevardzeitung）.................076
《麦克伦堡觉醒》（Mecklenburger Aufbruch）.....295
麦克斯韦尔出版社（Maxwell）.................297
《脉动》（Puls）.................354
《曼海姆晨报》（Der Mannheimer Morgen）........159
梅根塔勒（Ottmar Mergenthaler，1854—1899）064
梅特涅（Klemens Wenzel Lothar von Metternich，1773—1859）.................051
媒介经营执照（Zulassung）.................325

媒介政策部（Ministerium für Medienpolitik）......335
媒体行业工会（IG Medien）..............................300
媒体集中化调查委员会（Kommission zur Ermittlung der Konzentration im Medienbereich）..367
媒体监管委员会（Medienkontrollrat）.................292
《媒体视角》（Media Perspektiven）....................331
媒体委员会（Medienrat）..................................325
《媒体主编法》（Schriftleitergesetz）............126~127
每日和每周的口令（Tages-und Wochenparolen）..131
《每日镜报》（Daily Mirror）........................356~357
《每日评论》（Tägliche Rundschau）....................156
每日新闻播报（Tagesschau）.............................282
《每日邮报》（Tagespost）..................................301
《每月谈话》（Monats-Gespräch）........................040
《每周新闻》（Wochenschau）.............................150
《每周邮报》（Wochenpost）...............................256
美国占领区广播电台（Rundfunk im amerikanischen Sektor，RIAS）......................284
美军广播网（American Forces Network）............168
《美丽家居》（Schöner wohnen）..........................185
美因茨大主教（Erzbischof von Mainz）................009
门克（Otto Mencke，1644—1707）....................039
米勒父子印刷公司（M.Müller und Sohn）...........137
米夏埃尔·迈雅（Michael Mayer）.......................285
米歇尔委员会（Michel-Kommission）..................187
民主报通讯社（Der Demokratische Zeitungsdienst）...110
《民主党人报》（Der Demokrat）.........................251
民主德国电视台（Fernsehen der DDR）..............280
民主德国广播电台（Radio DDR）.......................274
民主德国广播至1980年的发展总方针（Generallinie der Entwicklung für den Deutschen Demokratischen Rundfunk bis 1980）..277
民主德国国家安全部（Ministerium für Staatssicherheit，简称 MfS 或 Stasi）................262
民主德国国家青年团（DDR-Staatsjugend）.......275
民主德国国内报道办公室（DDR-Reportagedienst）..241
民主德国媒介政策部（Ministerium für Medienpolitik der DDR）................................299
民主德国全国阵线（Nationale Front der Deutschen Demokratischen Republik）..........233
民主德国之声广播电台（Stimme der DDR）......275
民主化（Demokratisierung）................................153
民主社会主义党（Partei des Demokratischen Sozialismus，PDS）.......................................290
《明镜》周刊（Der Spiegel）..................................217
《明镜日报》（Tagesspiegel）..................................158
明镜在线（Spiegel Online）..................................349
明斯特（Münster）...118
《明斯特报》（Münstersche Zeitung）....................176
《明星》（Stern）...185
摩尔斯（Samuel Morse，1791—1872）................088
莫瑟出版社（Der Mosse Verlag）..........................084
莫瑟广告发行部（Mosse-Annoncen-Expedition）...138
墨洛温王朝（Merowinger，481—751）................004
《慕尼黑报》（Münchener Zeitung）......................134
慕尼黑报业集团（Münchener Zeitungsgrupp）...202
慕尼黑电视与媒体股权投资两合公司（Tele München Fernsehen GmbH & Co.Medienbeteiligung KG）..............................326
《慕尼黑观察家报》（Münchner Beobachter）......137
慕尼黑广播电台（Radio München）...............167~168
《慕尼黑潘趣酒》（Münchener Punsch）..............081
《慕尼黑晚报》（Abendzeitung München）............184
《慕尼黑信使报》（MüNchner Merkur）................159
《慕尼黑最新新闻》（Münchner Neuesten Nachrichten）..071

N

NDR 90.3 355

纳粹党的各大区分部的报刊（Gaupresse）........534
纳粹党首席新闻发言人（NSDAP
　　Reichspressechef）...............................125
纳粹党中央出版社（Zentral Partei Verlag）........125
纳粹通讯社（Nationalsozialistische
　　Korrespondenz）..................................125
纳粹新闻出版管理局（Verwaltungsamt der
　　NS Presse）..125
纳粹新闻总监（Pressestelle der NSDAP）........125
纳粹主义（Nationalsozialismus，即国家社
　　会主义）...122
《南北》（Nord und Süd，1877—1904）..........079
《南德意志报》（Süddeutsche Zeitung）..........158
南德意志出版社（Süddeutsche Verlag）..........183
南德意志电台（SDR）...............................227
南德意志广播股份公司（Süddeutsche
　　Rundfunk AG，Sürag）..........................117
南德意志通讯社（Süddeutsche
　　Nachrichtenagentur，SüDENA）..............155
《南方信使报》（Südkurier）........................161
《南图林根报》（Südthüringer Zeitung，stz）......301
瑙曼（Naumann，1944—1945）..................125
尼德兰（Niederland）................................021
《你的健康》（Deine Gesundheit）................308
你和你的花园（Du und Dein Garten）..............282
年报（Jahrbuch）....................................031
《年轻的自由》（Junge Freiheit）..................320
年轻的自由出版社（Junge Freiheit Verlag）......320
《年轻女士碧姬》（Brigitte Young Miss）..........319
《纽伦堡法案》（Nürnberger Gesetze）..........120
《纽伦堡晚报》（Abendzeitung Nürnberg）......184
《纽伦堡消息报》（Nürnberger Nachrichten）....159
《农民回声报》（Bauern Echo）............162~163
《浓缩咖啡》周刊（L'Espresso）..................217
诺伊斯（Neuss）....................................213
《女孩》（Mädchen）................................319
《女友》（Freundin）................................185

O

欧根·哈达默夫斯基（Eugen Hadamovsky，
　　1904—1945）....................................145
欧纬涯媒体股份与两合公司（Euvia Media
　　AG &Co KG）....................................328
欧洲电视联盟台（arte）............................323
欧洲广播大厦（Funkhaus Europa）..............355
欧洲家庭购物（Home Shopping Europe，
　　hse24）..328

P

《帕绍新报》（Passauer Neue Presse）..........159
皮埃尔·柯尼西（Pierre König，1898—1970）224
《皮内贝格日报》（Pinneberger Tageblatt）......200
《平台》（Plattform）................................295
评论杂志（Rundschauzeitschriften）............079
普遍（Universalität）..............................032
普鲁茨（Robert Eduard Prutz，1816—1872）....079

Q

QVC（Quality，Value，Convenience）..........328
齐格弗里德·雅各布森（Siegfried
　　Jacobsohn，1881—1926）....................080
《其他人》（Die Andere）..........................263
企业集团（Kombinat）............................264
《企业章程法》（Betriebsverfassungsgesetz）....193
《汽车/德国公路交通》（Auto/Der deutsche
　　Straβenverkehr）................................308
《汽车画报》（Auto Bild）..........................310
《汽车杂志》（Autozeitung）......................185
《前锋》（Der Stürmer）............................113
《前进-社会民主杂志》（Vorwärts.
　　Sozialdemokratisches Magazin）............213
《前进报》（Vorwärts）............................072
青年广播弗利茨（Fritz）..........................355
《青年人》（Der Jüngling）........................040
《青年世界》（Junge Welt）......................252
青少年媒介保护委员会（Kommission für
　　Jugendmedienschutz，KJM）................367

轻歌剧杂志（Operetten Magazin）......................282
清晨流行乐（Pop am Morgen）......................229
晴空丽日电视台（sonnenklar.tv）......................328
晴雨表（Barometer）......................267
《请听》（Hörzu）......................185
区（Bezirk）......................124
区领导（Bezirksleitung）......................271
去军事化（Demilitarisierung）......................153
去纳粹化（Denazifizierung）......................153
全德工人联合会（Allgemeine Deutsche
　　Arbeiterverein, ADAV）......................072
全民所有资产（Volkseigentum）......................291
群众性（Massenverbundenheit）......................265

R

冉霍尔德·麦尔（Reinhold Maier, 1889—
　　1971）......................224
《人民》（Das Volk）......................162
《人民报》（Volksblatt）......................160
《人民观察家报》（Völkische Beobachter）......111
《人民国家报》（Volksstaat）......................073
《人民警卫报》（Volkswacht）......................251
《人民时报》（Volkszeitung，后更名为《柏
　　林人民报》，Berliner
　　Volkszeitung）......................067
人民通讯员（Volkskorrespondent）......................266
人民议院（Volkskammer）......................292
人民拥有主权原则（Volkssouveränität）......................055
《人民之声》（马格德堡）（Volksstimme）......................251
《人民之声报》（德累斯顿）（Volksstimme）......163
《日报》（柏林）（Tageszeitung, taz）......................199
《日报》（慕尼黑）（tz）......................212
《日报》（苏黎世）（Tages-Anzeiger）......................086
《日耳曼报》（Germania）......................074
《日记》（Das Tage-Buch）......................080
容克地主（Junker）......................061
瑞士电讯社（Schweizerische Depeschenagentur,
　　SDA）......................344

S

StudiVZ（大学学习目录）......................351
萨班资本集团（Saban Capital Group）......................327
《萨尔布吕肯报》（Saarbrücker Zeitung）......................161
萨尔电视台......................356
萨尔电台（SR）......................227
萨尔二台（SR2）......................355
萨尔广播电视台（SR）......................355
萨尔欧洲一台（SR1 Europawelle）......................355
萨尔三台（SR3）......................355
萨尔无线电（Saalfunk）......................116
萨尔信息台（Antenne Saar）......................355~356
萨克森-安哈特中德意志广播电台（MDR
　　Sachsen-Anhalt）......................355
《萨克森报》（Sächsische Zeitung）......................251
萨克森公爵（Herzog von Sachsen）......................009
萨克森人（Sachsen）......................004
《萨克森日报》（Sächsische Tageblatt）......................251
萨克森中德意志广播一台（MDR 1 Radio
　　Sachsen）......................355
《萨克森最新新闻》（Sächsische Neueste
　　Nachrichten）......................252
萨利安王朝（Salier, 1024—1125）......................008
塞巴斯蒂安·勃兰特斯（Sebastian Brants,
　　1457/1458—1521）......................027
《赛格贝格报》（Segeberger Zeitung）......................200
三月革命（Märzrevolution）......................066
闪电（Blitz）......................332
《闪电画报》（Blitz-Illu）......................310
《商报》（柏林）（Handels-Zeitung，莫瑟创办）......084
《商报》（杜塞尔多夫）（Handelsblatt）......................210
商报出版集团（Verlagsgruppe Handelsblatt）......210
商业和供应部（Ministerium für Handel und
　　Versorgung）......................264
商业通讯（Geschäftskorrespondenzen）......................026
上施瓦本报刊出版商联盟（Verband
　　oberschwäbischer Zeitungsverleger）......................109

《尚流 TATLER》...040
《绍姆堡－戴斯特报》（Schaumburg-Deist-
　　Zeitung）..203
《绍姆堡周报》（Schaumburger Wochenblatt）.....203
《社会民主党人》（Der Sozialdemokrat）..............073
社会民主工党（Sozialdemokratische
　　Arbeiterpartei，SDAP）.............................072
《社会民主周报》（Demokratisches
　　Wochenblatt）..073
社会民主主义报刊（Sozialdemokratische
　　Presse）..059
社会主义的教会（Kirche im Sozialismus）........261
社会主义者法案（Sozialistengesetz）...................059
《社交者》（Der Gesellige）.................................040
《什未林人民报》（Schweriner Volkszeitung）......250
省域报纸（Provinzzeitung）................................087
《省域通讯》（Provinzial-Correspondenz）..........068
《盛会》（Gala）...319
施佩耶尔（Speyer）..009
施塔恩贝格（Starnberg）...................................204
施陶芬王朝（Staufer，1138—1254）.................009
《施瓦本报》（Schwäbische Zeitung）...................161
《施瓦本回声报》（Schwabenecho）.....................162
《施瓦本森林评论》（Rundschau für den
　　Schwäbischen Wald）...................................201
《时代》杂志（Time）..217
《时代》周报（Die Zeit）.......................................161
时间（或时代，Zeit）..038
《时尚网》（Modische Maschen）..........................308
《时尚者》（Die vernünftigen Tadlerinnen）........040
《实践》杂志（Practic）..258
实习生的集体合同（Trarifvertrag）.....................193
《世界报》（Die Welt）..156
《世界公民》（Cosmopolitan，于尔格·马夸
　　出版集团，女性杂志）....................................319
《世界公民》（Der Weltbürger，18世纪娱乐
　　杂志）..040

世界图片出版集团（Verlagsgruppe Weltbild）...360
《世界晚报》（Die Welt am Abend）.....................106
《世界舞台》（Die Weltbühne）.............................080
《市民议会报》（Bürgerrat）................................295
市政厅（Rat）..048
手抄新闻（geschriebene Zeitungen）................025
手工业协会（Handwerkskammer）......................215
首映媒体有限两合公司（Premiere Medien
　　GmbH & Co.KG）...327
《授权法》（Ermächtigungsgesetz）.....................100
《舒伯特身边的三位姑娘》（Drei Mäderl um
　　Schubert）..150
书籍印刷厂（Werk der Bücher）.........................023
司法管辖权（Bestimmung zur
　　Berufsgerichtsbarkeit）...............................128
思想意识报（Gesinnungspresse）................065~066
斯巴达克斯联盟（Spartakusbund）....................096
斯道特亨（Stotternheim）..................................011
《斯普特尼克》（Sputnik）....................................240
斯特凡·格罗斯曼（Stefan Grossmann，
　　1875—1935）...079~080
斯特拉斯（Straβburg）..023
斯通（Theodor Storm）......................................078
《斯图加特报》（Stuttgarter Zeitung）..................158
斯图加特报出版社（Stuttgarter Zeitung）.........139
斯图加特报业集团（Gruppe Stuttgarter
　　Zeitungsverlag）..183
斯图加特广播电台（Radio Stuttgart）................168
斯图加特汽车报刊出版社（Motor Presse
　　Stuttgart）..308
《斯图加特新闻报》（Stuttgarter Nachrichten）....159
四季出版社（Jahreszeiten Verlag）....................319
《四十二行圣经》..023
苏军柏林城市指挥部（Sowjetische
　　Stadtkommandanten von Berlin）...............170
苏联占领区广播电台总台长
　　（Generalintendant der Rundfunksender in

der sowjetischen Besatzungszone）...................171
苏维埃新闻办公室（Sowjetisches Nachrichtenbüro）...................155
《索布报》（Serbske Nowiny）...............................303
索尔曼（Wilhelm Sollmann, 1881—1951）.........108

T

Telefunken..114
Twitter（推特）......................................350
塔斯社（Telegraphenagentur der UdSSR, TASS）..241
塔西陀（Gaius Cornelius Tacitus, 约55—117）...002
台长（Intendant）..................................365
泰格尔广播电台（Sender Tegel）...............170
《泰坦尼克》（Titanic，柏林）..................308
《特勒穆尼亚报》（Tremonia）..................109
特里尔大主教（Erzbischof von Trier）............009
《特里尔人民报》（Trierische Volkszeitung）.....162
特伦托会议（Konzil von Trient）................043
特普利策（Teplice）................................052
提奥巴尔特·泰格尔（Theobald Tiger）...........080
提莫特乌斯·里兹（Timotheus Ritzsch, 1614—1678）................................033~034
《缇娜》（Tina）...................................221
《体育图片报》（Sport Bild）...................358
体育现场（Sport Aktuell）........................282
体育信息通讯社（Sport-Informations-Dienst，SID）.....................................345
替代性报刊（Alternativpresse）...................198
《替代性报刊索引》（Verzeichnis der Alternativmedien）.................................198
替代性报刊运动（后来称为新社会运动，neue soziale Bewegung）.........................198
《天主教徒》（Katholik）..........................082
天主教新闻社（Katholische Nachrichtenagentur，KNA）..................345
添佳频道（Canal Plus）............................327

条顿堡森林（Teutoburger Wald）..................003
通报（Mitteilungsblätter）.........................243
《通报》（Aviso）..................................032
通告（Mitteilung）..................................029
通告作者（Avisenschreiber）.......................031
通讯（Korrespondenzen）..........................025
通讯处（Korrespondenzbüro）....................026
通讯会（Korrespondenz-Dienst）.................074
通讯网络（Korrespondenzennetz）...............025
同盟军新闻服务处（Allied Press Service，APS）...155
铜锣出版社（Gong-Verlag）.......................196
《统一合约》（Einigungsvertrag）...............290
统一社会党中央委员会宣传动员员部（Abteilung für Agitation und Propaganda beim Zentralkomitee der SED）.........236
统一社会党主席团（Parteipräsidium）..........294
《图画周刊》（Illustrirte Zeitung）..............077
《图林根地方报》（Thüringer Landeszeitung）..................................251
图林根人（Thüringer）............................004
《图林根人民报》（Thüringer Volk）............163
《图林根日报》（Thüringer Tageblatt）..........251
图林根中德意志广播电台（MDR Thüringen）...355
《图林根最新新闻》（Thüringer Neueste Nachrichten）......................................252
《图片报》（Bild）..................................212
《图片世界》（Illustrirte Welt）..................079
《图片与广播》（Bild und Funk）...............185
图像艺术帝国行业协会（Reichskammer der Bilden Künster）.................................126
《推理家》（Vernünftler）........................040
托比亚斯·波伊瑟（Tobias Peucer, 生卒年不详）..代序 002
托管局（Treuhandanstalt）........................287
托马斯·冈斯柯（Thomas Ganske）..............311
托马斯·基尔希（Thomas Kirch, 1957—）......327

托马斯·曼（Thomas Mann, 1875—1955）........081

托马希乌斯（Christian Thomasius, 1655—1728）..039

W

W. 吉拉德特两合公司（W.Girardet KG）...........086

Wer-kennt-wen（谁认识谁）.......................351

瓦尔特·布鲁赫（Walter Bruch, 1908—1990）278

瓦尔特·迪士尼公司（Walter Disney Company）..326

瓦尔特·乌布利希（Walter Ulbricht, 1893—1973）..172

瓦尔特·胥茨（Walter J.Schütz）.........................177

瓦尔特堡（Wartburg）..013

瓦尔特尔（Erhaldt Walther）..............................045

《晚报》（Abendzeitung）..................................159

《晚邮报》（Abendpost/Nachtausgabe）............212

汪达尔人（Vandalen）..004

威利·明策贝格（Willi Münzenberg, 1889—1940）..106

威廉·吉拉德特（Wilhelm Girardet, 1838—1918）..086

威廉·弗里克（Wilhelm Frick, 1877—1946）..143

威廉·盖尔（Wilhelm Gayl, 1879—1945）.......142

威廉·哈瑟尔曼（Wilhelm Hasselmann）.......073

威廉·哈森克莱弗（Wilhelm Hasenclever）.......073

威廉·吉拉德（Wilhelm Girardet, 1838—1918）..076

威廉·李卜克内西（Wilhelm Liebknecht）.......073

威廉·魏斯（Wilhelm Weiβ, 1892—1950）.....129

威廉一世（Wilhelm I, 1797—1888）.................061

《威斯特伐利亚评论》（Westfälische Rundschau）..159

《威斯特伐利亚邮报》（Westfalenpost）...............184

薇拉出版社（Vera Verlagesgesellschaft）...........137

薇拉出版有限公司（VERA Verlagsanstalt GmbH）..087

韦斯特（Johannes Vest）.......................................045

《为你》（Für Dich）..256

维尔纳·弗里德曼（Werner Friedmann, 1909—1969）..205

维尔纳·朗拜茨（Werner Lamberz, 1929—1978）..272

维尔纳·朗拜茨国际新闻学院（Internationales Institut für Journalistik Werner Lamberz）..269

维纳·奈斯特尔（Werner Nestel, 1904—1974）..231

《维斯特曼月刊》（Westermanns Monatshefte）...079

《维悉信使报》（Weser-Kurier）......................158

维歇恩（Johann Heinrich Wichern, 1808—1881）..082

维也纳帝国枢密院（Reichshofrat zu Wien）.......045

卫星电视一台（SAT.1）.......................................200

卫星电视一台喜剧频道（Sat.1 Comedy）..........359

卫星三台（3Sat）..323

《未来》（Die Zukunft）...................................079

《魏布林根县报》（Waiblinger Kreiszeitung）......201

《魏玛周报》（Weimarer Wochenblatt）.................294

文化协会（Kulturbund）..258

文章办公室（Artikeldienst）..............................241

文字（Schrift）..038

《我的奋斗》（Mein Kampf）...........................097

《我的故事》（Meine Geschichte）..................185

《我的孩子和我》（Mein Kind und ich）................309

《我们的时代》（Unsere Zeit, UZ）.......................213

《我们的时代》（报头副标题为"劳动者的报纸——德国共产党的报纸, Die Zeitung der arbeitenden Menschen-Zeitung der DKP）..213

《我们的图片》（Unsere Illustrierte）.....................309

《我们在戴腾》（Wir in Detten）......................297

《我们在格雷文》（Wir in Greven）........................297

《我们在莱比锡》（Wir in Leipzig）..........................296

《我们在瑞尼》（Wir in Rheine）......................297

沃尔芬比尔特（Wolfenbüttel）..............032
沃尔姆斯（Worms）...........................009
沃尔姆斯圣谕（Wormser Edikt）..........045
乌尔施泰因出版社（Der Ullstein Verlag）..........084
无限制出版自由（uneingeschränkte Freyheit der Presse）..........049
无线电报公司（Gesellschaft für drahtlose Telegraphie）..........114
无线电服务股份公司（Drahtloser Dienst AG, Dradag）..........118
无线电时刻（Funk-Stunde）................117
《无线电时钟》（Funk-Uhr）................185
无线电事务处（Der Drahtlose Dienst）..........143
无线电通信网（Richtfunknetz）............279
五一节目（Das 1.Mai-Programm）..........145
伍尔夫电信局（Wolffs Telegraphisches Bureau）..........102
伍尔夫松（Wilhelm Wolfsohn, 1820—1865）..........079
《伍珀塔尔报》（Generalanzeiger für Wuppertal）...139
物资配额制度（Materialkontingentierung）..........238

X

Xing（德国本土职业社交网站）..........351
西奥多·伍尔夫（Theodor Wolff）..........072
西柏林统一社会党（Sozialistische Einheitspartei Westberlins, SEW）..........213
西北德报刊出版协会（Zeitungsgesellschaft Nordwestdeutschland）..........109
西北德意志电视台（Nordwestdeutscher Fernsehdienst）..........231
西北德意志电视台..........355
西北德意志广播电台（Nordwestdeutscher Rundfunk）..........167
西北电台（Nordwest Radio）.............355
《西比勒》（Sibylle）........................308
西部采购合作社审计联合会中央股份公司（Rewe-Zentral Aktiengesellschaft）..........327
西部电视公司（Tele West）..............201
《西德意志报》（Westdeutsche Zeitung）..........086
西德意志广播电台（WDR）..........167
西德意志广播股份公司（Westdeutsche Rundfunk AG, Werag）..........118
西德意志无线电时光电台（Westdeutsche Funkstunde AG）..........118
《西德意志总汇报》（Westdeutsche Allgemeine Zeitung, WAZ）..........160
西德意志总汇报报业集团（Westdeutsche Allgemeine Zeitungsgruppe, WAZ-Gruppe）..........183
西格蒙德·弗洛伊德（Sigmund Freud, 1856—1939）..........120
《西科县报》（Kreiszeitung Syke）..........306
西里西亚无线电时光电台（Schlesische Funkstunde）..........118
西门子（Werner Siemens, 1816—1892）..........088
西门子与哈尔斯克公司（Siemens & Halske）...114
《西南报》（Südwest Presse）............184
西南德意志电视台..........................356
西南德意志广播电台（SWR）..........356
西南德意志广播二台（SWR 2）..........356
西南德意志广播股份公司（Südwestdeutscher Rundfunkdienst AG, SWR）..........117
西南德意志广播三台..........356
西南德意志信息广播（SWRinfo）..........356
西南广播电台（Südwestfunk, SWF）..........168
西南广播电台（SWR）..................227
希特勒青年团（Hitler-Jugend, HJ）..........120
《闲暇时光》（Erbauliche Ruh-Stunden）..........040
县报（Kreiszeitung）.......................243
县领导（Kreisleitung）....................271
现场镜头（Aktuell Kamera）.............246
现代的广告册（Anzeigenblätter）..........036
消息（Nachrichten）........................029
小报（Blätter）..............................072

小报化（Boulevardisierung，英语为 Tabloidization）.................332
小箱原则（Kästchen-Prinzip）..............228
协会杂志（Verbandszeitschrift）...........222
谢尔出版社（Der Scherl-Verlag）..........084
心理战部门（Psychological Warfare Division，PWD）....................154
《新埃尔福特报》（Neue Erfurter Zeitung）..........295
《新巴登地区报》（Neue Badische Landeszeitung）....................110
《新柏林图片杂志》（Neue Berliner Illustrierte）.256
《新报》（Die Neue Zeitung，二战后美占区发行）.....................156
《新报》（Neue Presse，科堡发行）.......201
《新报》（Neue Zeitung，柏林发行，前身为西柏林统一的机关报《真相》）........213
《新报》（Neue Zeitung，慕尼黑发行，德国共产党报刊）..................105
新报纸（Newe Zeitungen，又作 Neue Zeitungen）.....................025
《新潮家居》（Neues Wohnen）...........309
《新到新闻》（Einkommende Zeitung）.................034
《新德国》（Neues Deutschlan，又译作《新德意志报》）....................162
《新汉堡报》（Neue Hamburger Zeitung）......086
《新教和教会杂志》（Zeitschrift für Protestantismus und Kirche）............082
新近（Aktualität）............................032
《新警察规章》（neue Polizeiordnung）....046
《新快报》（Neue Presse Express）.......296
《新莱茵报》（Neue Rheinische Zeitung）......066
《新鲁尔/新莱茵报》（Neue Ruhr/Neue Rhein Zeitung）...................201
《新鲁尔报》（Neue Ruhr-Zeitung）.......159
《新路》（Der Neue Weg）.................251
《新论坛》（Neues Forum）................262
《新普鲁士报》（《十字报》）（Neue Preußische Zeitung）....................067
《新日子》（Neuer Tag）....................250
《新萨尔布吕肯报》（Neue Saarbrücker Zeitung）161
《新社会民主党人》（Neuer Social-Demokrat，19世纪社会民主党报刊）..........073
《新社会民主人士》（Der Neue Sozialdemokrat，两德统一前创办的月刊）.....298
新社会运动（neue soziale Bewegung）.................261
《新时代》（Neue Zeit，苏联杂志）....................240
《新时代》（Nowa Doba）..................252
《新时代报》（Neue Zeit，基督教民主联盟党的报刊）....................162
新闻（Nachricht）............................032
新闻（Neuigkeit）............................029
新闻（Zeytung）...............................026
新闻发布会（Pressekonferenz）..........101
新闻记者高等教育证书（Journalist mit Hochschulbildung）....................267
《新闻评论周刊》（News Review）.........217
新闻署（Amt Presse）........................125
新闻信（Brief-Zeitungen）..................025
新闻纸（Nachrichtenblätter）..............028
新闻专科学院（Fachschule für Journalistik）......266
《新闻专业教育基本原则》（Grundsätze für die Journalistische Ausbildung）.......267~268
新闻专业硕士文凭（Diplomjournalist）....267
《新邮杂志》（Neue Post）.................185
《新周刊》（Neue Revue）..................185
《新周一报》（Neue Montagszeitung）....107
《信使报》（Kurier，二战后柏林发行）.................162
《信使报》（Relations-Courier，17世纪汉堡发行）.....................034
《信使墨丘里》（Götter-both Mercurius）..........039
信息报（Intelligenzblätter）................036
信息广播（Inforadio）........................355
《星期日》（Der Sonntag）.................320
《星期日世界报》（Welt am Sonntag）...219

《星期日图片报》（Bild am Sonntag）..................219
《星期日最新资讯》（Sonntag Aktuell）................219
《星期天》（Sonntag）................................258
《星期天总汇报》（Die Allgemeine
　　Sonntagszeitung）................................214
《星期五》（Der Freitag）............................320
兴登堡（Paul von Hindenburg，1847—1934）...097
《幸运》杂志（Glücks-Revue）.........................310
兄弟协会（Bruderverbänden）.........................269
《雄皋新闻报》（Schongauer Nachrichten）............194
休·卡尔顿·格林（Sir Hugh Carleton
　　Greene，1910—1987）............................223
休斯顿·斯图尔特·张伯伦（Houston
　　Stewart Chamberlain，1855—1927）..............146
《休闲时间杂志》（Freizeit Revue）....................310
许可证和监管委员会（Kommission für
　　Zulassung und Aufsicht，ZAK）.................367
许可证义务（Lizenzpflicht）..........................237
宣传部（Abteilung Agitation）.......................271
宣传册（Flugschriften）..............................025
宣传委员会（Kommission für Agitation）.............271
《喧声》（Kladderadatsch）............................080
《炫彩》周刊（Bunte，又译作《彩色周刊》）....185
《学术纪事》（Acta Eruditorum）......................039
学术期刊（Gelehrtenzeitschriften）..................039
《学者杂志》（Journal des sçavans）..................039

Y

You FM...354
押金（Kaution）.....................................048
亚琛（Aachen）......................................006
《亚琛人民报》（Aachener Volkszeitung）..............160
《亚琛消息报》（Aachener Nachrichten）...............152
《亚他那修》（Atanasius）.............................073
《一瞥》（Aufeinen Blick）............................197
一体化政策（Gleichschaltung）.......................120
伊格纳斯·若贝尔（Ignaz Wrobel）....................080
伊诺森斯八世（Innozenz VIII）.......................043

《伊瑟隆县报》（Iserlohner Kreisanzeiger）...........201
《医生报》（ÄrzteZeitung）...........................211
《医学物理学杂记》（Miscellanea Curiosa
　　Medico-Physica）................................041
《医院诊所新医疗汇报》（Neue Ärztliche/
　　Allgemeine Zeitung für Klinik und Praxis）...211~212
中央—议会通讯社（Centrums-Parlaments-
　　Correspondenz）.................................108
音乐点播（Wunschkonzert）..........................147
音乐电视（MTV）.....................................336
银河出版集团（Verlagsgruppe Milchstrasse）.....321
印刷术发展初期（Frühdrucken，或者
　　Postinkunabeln）............................024~025
印刷术发展雏形期（Wiegendruck，或者叫
　　"Inkunabeln"）..................................024
印刷义务总纲（allgemeine Impressumspflicht）.046
印刷与造纸行业工会（IG Druck und Papier）....300
英诺森三世（Papst Innozenz III）....................067
《悠悠》（Yoyo）......................................319
尤里乌斯·恺撒（Gaius Julius Caesar，约
　　公元前100—公元前44）..........................002
尤里乌斯·施特莱彻（Julius Streicher，
　　1885—1946）....................................113
《邮报》（Post）......................................068
邮售报刊名录（Postzeitungsliste）...................239
邮政报刊服务处（Postzeitungsdienst）...............299
邮政和电信事业部（Ministerium für Post-
　　und Fernmeldewesen）...........................239
《犹太总汇周报》（Allgemeine Jüdische
　　Wochenzeitung）.................................215
有关广播电视领域新秩序的国家合
　　约（Staatsvertrag zur Neuordnung des
　　Rundfunkwesens）................................324
有线电视一台（Kabel Eins）..........................327
有线电视一台经典频道（Kabel eins classics）...359
于尔格·马夸出版集团（Verlagsgruppe Jürg
　　Marquard）......................................319

于尔根·本克（Jürgen Behnke）......263
预防审查（Präventivzensur）......045
预告（ankündigen）......032
《园圃小屋》（Gartenlaube）......078
《园圃小屋图片杂志》（Illustrierte Gartenlaube）086
约阿希姆·赫尔曼（Joachim Herrmann, 1928—1992）......246~247
约翰·卡洛斯（Johann Carolus, 1575—1634）032
约翰·伯恩哈德·巴塞多夫（Johann Bernhard Basedow, 1724—1790）......017
约翰·弗里德里希（Johann Friedrich der Groβmütige, 1503—1554）......013
约翰·沃尔夫冈·歌德（Johann Wolfgang von Goethe, 1749—1832）......018
约翰内斯·福斯特（Johannes Fust, 1400—1466）......023
约瑟夫·戈培尔（Joseph Goebbels, 1897—1945）......120
约瑟夫·格雷斯（Joseph Görres, 1776—1848）......073
约斯勒（Oeßler）......044

Z

杂志（Zeitschriften）......038
杂志业务处（Zeitschriften-Dienst）......125
《杂志月刊》（Magazin）......257
杂志周刊办公室（Zeitschriften-und Wochendienst）......132
责任费（Pflichtbezug）......037
赠阅（Bordexemplare）......341
展会报告（Messrelationen）......025
展会之声广播（Messewelle）......264
《战争与世界商业快讯》（Neu-einlauffende Nachricht von Kriegs-und Welt-Händeln）......034
《哲学汇刊》（Philosophical Transactions）......039
《这俩》（die zwei）......196
这玩意儿（Das Ding）......356
《真棒！》（Super！）......301

《真棒！东德人》（Super！Ossi）......301
《真实的雅各布》（Der Wahre Jacob）......081
《真相》（Die Wahrheit）......213
《征询与广告信息周报》（Wochentliche Frag-und Anzeigungs-Nachrichten）......036
政府媒体和信息事务局（Presseund Informationsdienst der Regierung）......291
政府信息局（Regierungsamt für Information）......172
政治局（Politbüro）......172
《政治与当代史》（Aus Politik und Zeitgeschichte）......215
知识界群众组织（Massenorganisation der Intelligenz）......258
直接针对消费者的广告（Direktwerbung）......337
直辖市（Reichstädten）......034
指令（Anordnungen）......124
纸张批发商行（Papiergroβhandlung）......085
掷出窗外事件（Prager Fenstersturz）......016
《中德意志报》（Mitteldeutsche Zeitung）......294
中德意志费加罗广播电台（MDR Figaro）......355
中德意志广播电视台（Mitteldeutscher Rundfunk, MDR）......335
《中德意志快报》（Mitteldeutscher Express）......296
中德意志信息广播台（MDR INFO）......355
《中德意志最新新闻》（Mitteldeutsche Neueste Nachrichten）......252
中央图片社（Bildagentur Zentralbild）......240~241
中央委员会（Zentralkomitee, ZK）......236
中央委员会宣传书记（Zentrale Komitee-Sekretär für Agitation）......172
州媒体事务管理机构（Landesmedienanstalt）...325
州私营广播电视台管理中心（Landeszentrale für private Rundfunkveranstalter）......325
州通讯事务局（Landesanstalt für Kommunikation）......325
周报（Wochenzeitung）......031
《周末》（Wochenende）......310

《周日最新资讯》（Sonntag Aktuell）................... 195
轴心行动区（Operations zone）......................... 124
主理事会（Hauptausschuss）............................ 223
《铸造厂报》（Giesserei-Zeitung）..................... 084
准确性（Genauigkeit）................................. 029
《资本》（Capital）................................... 185
自律（Selbstregulierung）............................. 361
《自由》（Freiheit）.................................. 248
自由柏林广播电台（Sender Freies Berlin）.............. 167
《自由报》（Freie Presse，统一社会党最大
　　区报，卡尔·马克思城行政区发行）................ 247
《自由报》（Freiheit，杜伊斯堡出版，德国
　　共产党报刊）................................... 105
《自由大地》（Freie Erde）............................ 250
"自由德国"广播电台（Freies Deutschland）............ 170
自由德意志工会联合会全国理事会
　　（Bundesvorstand des Freien Deutschen
　　Gewerkschaftsbunds，FDGB）..................... 236
自由德意志青年团（Freie Deutsche Jugend，
　　FDJ）... 236

自由电视有限责任公司（Freies Fernsehen
　　GmbH）... 232
自由记者（Freie Journalisten）........................ 269
《自由民主报》（Liberal-demokratische Zeitung）251
自由民主党（Liberal-Demokratische Partei
　　Deutschlands，LDPD）........................... 162
《自由言论》（Freies Wort）........................... 248
自治地区（Autonome Region）........................... 124
总管（Geschäftsführer）............................... 111
《总汇报》（Allgemeine Zeigung）...................... 092
总秘书（General-Sekretariat）......................... 271
总书记／第一书记（Generalsekretär/1.
　　Sekretär）..................................... 271
租阅（Lesezirkel）.................................... 342
祖国德国（Deutschland als Vaterland）................. 207
最高行政官员（Oberpräsident）......................... 055
最高审查法庭（Oberzensurgericht）..................... 055
103.7兆我们的东西（103.7 UnserDing）.................. 355
1199（Elf 99）.. 283
《89觉醒》（Aufbruch 89）............................. 295